Gerhard Schmidtchen
Die Dummheit der
Informationsgesellschaft

Gerhard Schmidtchen

# Die Dummheit der Informationsgesellschaft

Sozialpsychologie der Orientierung

Leske + Budrich, Opladen 2002

Gedruckt auf säurefreiem und alterungsbeständigem Papier.

Die Deutsche Bibliothek – CIP-Einheitsaufnahme
Ein Titeldatensatz für die Publikation ist bei
Der Deutschen Bibliothek erhältlich

**ISBN 3-8100-3139-9**

© 2002 Leske + Budrich, Opladen

Satz: Verlag Leske + Budrich, Opladen
Druck: DruckPartner Rübelmann, Hemsbach
Printed in Germany

# Inhalt

# Vorbemerkungen: Orientierungsprobleme in der Transformationsgesellschaft

Das Projekt „Informationsgesellschaft" ist eines der atemberaubenden und intelligentesten der Menschheit. Wo sollte da noch Platz für Dummheit sein? Dummheit erwächst der Informationsgesellschaft aus der Erwartung, der Markt neuer Techniken der Kommunikation verbürge allseitige Transparenz, Aufklärung und Humanität. Keine Technik führt automatisch eine bessere Welt herbei. Buchdruck und Bibelübersetzung haben Auschwitz nicht verhindert.

Von der Dummheit der Informationsgesellschaft handeln wir nicht, um überlegene Intelligenz zu zelebrieren. Wir erleben ja gerade den Siegeszug der Mikroelektronik, der intelligenten Technik in unserer Kultur. Die Automation in den Fabriken ist schon nicht mehr neu. Niemand will zurück zum alten Zustand. Die Versprechungen sind groß, der Enthusiasmus ist ungebrochen. Der Konsens über die neue Technik erreicht den Zustand der Fraglosigkeit. Genau hier beginnt das Problem.

Technik ist immer ein Mittel. Richten sich der Enthusiasmus, die Vergöttlichung, auf Werkzeuge, so werden wir blind für die Ziele, denen sie dienen sollen. Aus angebeteten Dienern sind noch immer Herrscher geworden, und dann stehen wir eines Tages dumm da. Es ist nicht Arroganz, wenn wir uns Gedanken machen, was auf der Verlustseite der Digitalisierung stehen könnte.

Obwohl wir das Intelligente und das Beste tun wollen, können wir von dummen Folgen eingeholt werden. Das Eindringen der digitalen Werkzeug- und Bedienungswelt in unser Bewusstsein führt zum Rückzug jener Gewissheiten, die zur Rollendistanzierung wichtig wären, und zur Aufrechterhaltung des Sinnes für Proportion bei der Antwort auf die Frage: „Wohin wollen wir gehen?" Verlustängste werden die Wege in die Zukunft begleiten. Deren brauchen wir uns nicht zu schämen. Kluge Ängste waren für die Menschheit stets bessere Ratgeber als dummes Vertrauen

Alle neuen Werkzeuge, alle neuen Medien potenzieren unsere Befähigungen. Damit potenzieren sie zugleich neue Chancen des besseren Lebens und des Unheils. Von wo könnte es kommen? – Geistige Prozesse erheben sich über die Werkzeug-Ebene. Geistige Strukturen, Grundsätze und Regeln, sind wesentliche Organisationsmittel der Gesellschaft wie des individuellen Lebens. Wenn wir vor lauter Technikbegeisterung geistig erblinden, haben wir Orientierungsschwierigkeiten. Die Art und Weise, wie Menschen sich orientieren, kann als Basis einer Kritik der Informationsgesellschaft dienen: Wo entstehen neue Orientierungsprobleme, wo entsteht in der Fülle der Informationstechnologien eine neue Wissensarmut – wo geistige Behinderung? Vernichtet die intelligente Technik die kulturelle Intelligenz der Gesellschaft?

Die Orientierungsweisen der Menschen sind entwicklungsgeschichtlich sehr alt, manche teilen wir immer noch mit allen anderen Wirbeltieren. Diese biologischen Orientierungsmechanismen ändern sich auch nicht grundsätzlich mit dem technischen Fortschritt, so das Grundschema von Annäherung und Flucht. Die Moderne und die Zukunft der Aufklärung müssen wir mit dem alten ADAM und der alten EVA leisten. – Schauen wir ihnen dabei zu.

## 1.   Die neue Wissenstechnik und ihre Folgen

Das Wort Informationsgesellschaft wurde noch in den achtziger Jahren des zwanzigsten Jahrhunderts nicht verstanden, rief ungläubige Blicke im Publikum hervor. Um 2000 aber war es schon zu einem universellen Begriff geworden, zierte die Titel von Aufsätzen und Büchern. Seine Karriere verdankt es dem Enthusiasmus über die Geburt einer besseren Gesellschaft aus einer neuen Technik. Die Versprechungen der Informations- und Kommunikationstechnologien sind in der Tat groß. Neue Beschäftigungspotenziale, bessere Wettbewerbsfähigkeit, virtuelle Marktplätze und Universitäten, Online-Verwaltungsdienste – das sind einige Stichworte. Die Entstehung einer Informationsgesellschaft lässt sich auf das letzte Drittel des zwanzigsten Jahrhunderts zurückdatieren, als die Industrie damit begann, Mensch-Maschine-Systeme durch mikroelektronisch gesteuerte Automaten zu ersetzen. Die Investition von Wissen in unsere Handlungssysteme war der entscheidende Schritt in die Informationsgesellschaft. Zwischen die handelnde Person und das Werkstück, die Dienstleistung tritt ein Informationssystem, dessen Funktion der Einzelne nicht mehr zu verstehen braucht. Wissen wird zu Bedienungswissen. Ein neues Spezialistentum entsteht, mit den ihm eigenen Begrenzungen.

Es gibt verschiedene Versuche, die Informationsgesellschaft zu definieren. Eine Möglichkeit besteht darin, den Informatisierungsgrad der Industrie als Index zu nehmen. Das ist insofern gerechtfertigt, als die Informatisierung der Industrie nur möglich ist, wenn alle anderen Bereiche, die Privathaushalte eingeschlossen, sich in hohem Maße ebenfalls der IuK-Techniken bedienen.

Die OECD lässt seit 1978 die Entwicklung der Volkswirtschaften in neun Mitgliedsländern untersuchen, mit dem Ziel, das Wachstum des Informationssektors abzuschätzen. Wesentliches Instrument ist die Erhebung der Zahl der „Informationsarbeiter". In drei großen Kategorien werden die Berufe zusammengefasst, die mit Information zu tun haben: die Informationsproduzenten, die Informationsverarbeiter, und schließlich die Informationsverteiler. Zu den Produzenten zählen auch klassische Berufe wie Chemiker, Physiker, Ärzte, Versicherungsmakler, Architekten und Komponisten. Zu den Verarbeitern rechnet man zum Beispiel Richter, Regierungsbeamte, Wirtschaftsprüfer, Mitarbeiter und Mitarbeiterinnen in Sekretariaten, in Reisebüros, Theaterintendanten. Die Gruppe der Verteiler bietet ein besonders buntes Bild: Universitätsprofessoren (Wo wird deren Forschung untergebracht? Sie gehört doch zur Wissensproduktion.), Radioansager, Personal an EDV-Maschinen, Buchbinder, Telefoninstallateure und Briefträger. Nach dieser Berufe-Definition von Bill Gates bis zum Postboten konnten bereits 1980 die USA, Japan, Großbritannien und die Bundesrepublik Deutschland als Informationsgesellschaften klassifiziert werden. Die Erfassung des Wertschöpfungspotenzials der Informationssektoren wurde versucht, brachte aber keine überzeugenden Ergebnisse. (Matthias Hensel 1990).

Aufschlussreich sind die internationalen Vergleiche der Ausgaben pro Kopf für Informations- und Kommunikationstechnik (IuK). Das Institut der Deutschen Wirtschaft, Köln, veröffentlichte Internationale Wirtschaftszahlen 2001 (Deutschland im globalen Wettbewerb). Daraus geht hervor, dass für IuK pro Kopf in der Schweiz am meisten ausgegeben wird. Mit 2359 Euro pro Kopf liegt die Schweiz noch vor den USA mit 2023 Euro. Es folgen Schweden, Dänemark, Norwegen, Niederlande, Vereinigtes Königreich, Finnland, Japan, Frankreich, und dann erst Deutschland mit 1265 Euro (Stand 1999). Die weltwirtschaftliche Selbstbehauptung der Schweiz hängt offenbar auch mit dem Informatisierungsgrad der gesamten Gesellschaft zusammen.

Wenn Menschen sich zusammentun, sich organisieren, um etwas zu erreichen, oder zu produzieren, müssen sie etwas wissen und auch miteinander reden, schriftliche Botschaften austauschen. Interaktion und Kommunikation gehören untrennbar zusammen. Die Erfahrung lehrt, dass neues Wissen und bessere Kommunikation die Produktivität steigen lässt, aber das geschieht nicht unter sonst gleichbleibenden Bedingungen. Zunächst ändert sich die Organisation selbst, veränderte und neue Produkte sind möglich, neue Mitarbeiterqualifikationen werden gefragt. So stehen der Einzelne, aber auch die Firmenleitung, das mittlere Management vor Orientierungsproblemen, die sich mit der Technik, die sie erzeugt hat, nicht lösen lassen.

Brillante und bestechende Technologien führen zu neuen Organisationen, die zugleich immer auch Orte neuer Dummheiten werden können; so liefert die Räumlichkeit unseres Denkens zwar ein grobes Orientierungsschema, enthält aber keinerlei Garantien der Humanität. Wie sollen wir das Ferne, das uns Fremde bewerten, welche Art von Beziehungen sollen wir zu ihm herstellen? Auf diese Fragen können nur ethische Grundsätze eine Antwort geben, die, wenn sie gelebt werden sollen, die Menschen zur Differenzierung ihrer Einsichten und Gefühle, zur Lust der Einfühlung führen.

Die Erhöhung der Kommunikationsdichte durch neue Technologien, die leichte Zugänglichkeit zur Fülle des Wissens und preiswertes telefonieren von jedem Ort, werden wahrscheinlich den Intelligenzquotienten der Bevölkerung steigen lassen. Hinweise gibt es auf die Steigerung des IQ unter jungen Leuten in amerikanischen Großstädten. Andererseits beschäftigt die Frage, wie Menschen mit der „Wissensflut" (Reinhard Mohn) fertig werden. Der zentrale Glaube der Informationsgesellschaft ist der an sich selbst, als Verkörperung von Transparenz und Rationalität. Es klingt manchmal so, als habe das Problem der Aufklärung eine technische Dauerlösung gefunden. Intelligenz schützt nicht vor Dummheit. Diese intelligente Gesellschaft wird von irrationalen Strömungen, von Gewalt und finsteren Religionslehren heimgesucht. Die Technik kann hervorragendes Mittel der Vernunft sein, aber sie ist nicht ihre Heimat. Ob aus einer Informationsgesellschaft eine kluge Gesellschaft wird, hängt von anderen Voraussetzungen ab. Es hat den Anschein als opferten wir dem Informationsstrom etwas Entscheidendes: den Platonismus der Kultur des Denkens, das in der Vielfalt der Erscheinungen verborgene Einfache zu suchen. Die reine Informationsgesellschaft wäre eine Gesellschaft ohne Prinzipien. Orientierung braucht Grundsätze, durch die Information gewählt und fruchtbar gemacht werden kann.

Wo der Glaube sich ausbreitet, in der Informationsgesellschaft fänden Orientierungsfragen eine automatische Lösung, öffnen sich Zonen der

Dummheit. Die Abschaffung der Dummheit durch Technik ist nicht möglich. Individuelle und kollektive Orientierung finden ihren Anker im sozialen, politischen und kulturellen System. Sinnvolle Orientierungen sind gerade gegenüber der Informationsgesellschaft notwendig, sie entstehen nicht in ihr. Das Glasfaserkabel oder die drahtlose Telefonie sind nicht der Quell der Moral, der Wahrheit und Aufklärung, die neuen Medien können Wissenshelfer sein, aber Vorsicht ist geboten: sie transportieren auch den blanken Wahnsinn und gemeinschaftsfeindliche Parolen. Andererseits entsteht durch das Intelligenzpotenzial der Informationsgesellschaft, durch die bessere Verfügungsmacht über Wissensbestände eine neue moralische Lücke: vorhandenes Wissen wird nicht genutzt. Wir sind auf Orientierungsprobleme verwiesen, die außerhalb der Reichweite der Informationsgesellschaft liegen. So ist die Frage, wie Menschen sich orientieren und wie es um die Orientierung und Orientierungspflicht der Institutionen bestellt ist, das Thema der hier vorgelegten Analyse. Erst von hier aus lässt sich abgrenzen, wo neue Intelligenz in neue Dummheit übergeht.

Fehlorientierungen sind kostspielig. Diese Tatsache führt über eine rein akademische Betrachtung geistiger Orientierung hinaus. Orientierungssysteme bestehen aus Wirklichkeitsbeschreibungen, aus der Angabe von Zielen, wohin man gelangen möchte, der Kenntnis der Wege, die zum Ziel führen sollen und der Position des Individuums in Raum und Zeit. Aus solcher Orientierung gehen Handlungsphantasien hervor, in ihnen sind Erwartungen enthalten, die aus Werten und Normen bestehen. Diese muss der Einzelne nicht erfinden. Orientierungssysteme sind immer ein Bestandteil der sozialen Organisation. Damit tritt zugleich ihr überindividueller Aspekt in Sicht: Die Chance, mit einer Handlung oder Handlungsofferte von anderen verstanden und akzeptiert zu werden, wächst mit der kulturell oder institutionell gegebenen Garantie, dass andere ähnlich denken, fühlen und handeln. Die so sich ergebenden Interaktionsnetze werden aus der Perspektive der einzelnen Person als Verhaltensoptionen empfunden, die im wesentlichen nach Ertragsgesichtspunkten bewertet werden. Orientierung ist nicht rein kontemplativ, sondern soll der Person die Erträge ermöglichen, die sie braucht, um Selbstbewusstsein und Handlungsfähigkeit aufrecht zu erhalten. Erträge sind norm- und interpretationsabhängig. Daher werden Menschen solche Orientierungssysteme und ihre Zuschreibungsmöglichkeiten bevorzugen, die es ihnen erlauben, vor sich selbst gut dazustehen und mit anderen gut zurecht zu kommen. Unter solchen psychoökonomischen Voraussetzungen kann die Frage nach der „Wahrheit" von Orientierungssystemen nicht inhaltlich, d.h. nicht nach üblichen Textkriterien beantwortet werden. Die politische Geschichte und die Sozialgeschichte sind reich an Beispielen dafür, dass mit brüchigen, widerlegbaren Theorien Interaktionssysteme errichtet worden sind und lange gedauert haben: Falsche Theorien können richtiges Handeln einleiten, wie z.b. die Phlogiston-Theorie der Medizin, die immerhin zu einer Isolierung der Infizierten führte und zur Massenflucht der noch Gesunden aus den Städten, wenn die Cholera ausbrach. Umgekehrt können richtige Theorien falsche Praxis einleiten, wie etwa die neuen und in mancher Beziehung richtigen pädagogischen Theorien, die jedoch das Verhalten der Mütter so verkünstelt haben, dass in ihren Beziehungen zu den Kleinkindern Verhaltensstörungen auftraten. Konsens kann funktionell werden, auch wenn er Falsches beinhaltet, und er muss nicht funktionell sein, wenn er inhaltlich richtig ist. Dieser pragmatische Relativismus findet jedoch seine Grenze darin, dass Interaktionsnetze als kulturelle Subsysteme sich übergeordnete Bewertungen gefallen lassen müssen. Zur Entwicklung seiner eigenen Theorie braucht ein Sozialsystem Wertmaßstäbe, nach denen sich entscheiden lässt, welche Optionen den Weg zu einer humanitären Entfaltung der Gesellschaft öffnen und welche ihn verschließen.

## 2.  Orientierungsprobleme in der pluralistischen Gesellschaft

Die Orientierungssuche der Menschen in den entfalteten Demokratien bezieht sich auf eine pluralistische Gesellschaftsordnung, die ihre Ursprungsregeln in der französischen Revolution hat. Die pluralistische Organisation des Lebens bildet den Rahmen für die weiteren Betrachtungen. Deshalb ist es wichtig, zunächst die Strukturelemente des Pluralismus vorzustellen und in Erinnerung zu rufen und einige allgemeine Orientierungstendenzen, die in ihm entstehen. Die Perspektive dieser Analyse ist die sozialpsychologische.

Das Entscheidende einer pluralistischen Gesellschaft ist nicht, wie vielfach gesagt wird, dass es viele Gruppen gibt, denen man angehören kann oder angehören muss, sondern was diese Gruppen tun dürfen. Die Konstruktionsgrundsätze der modernen Demokratie sind Gleichheit und Freiheit.

Gleichheit heißt, niemand darf diskriminiert werden aufgrund hergebrachter Eigenschaften. Positionen sollen nur nach Kompetenz besetzt werden. Freiheit heißt zunächst praktische Gedankenfreiheit. Jede Organisation darf ihre eigene Wahrheit formulieren und anbieten. Die Unabhängigkeit der Wissensproduktion in den einzelnen Segmenten der Gesellschaft wird durch das in der Verfassung verankerte oder wortlos tradierte Verbot gesichert, dass eine zentrale Wahrheit politisch nicht institutionalisiert werden darf. Mit der Autonomie der Wissensproduktion entstehen Deutungssysteme, die nicht ohne weiteres miteinander vereinbar sind. Aber im gleichen Klassenzimmer treffen sie zusammen: Mathematik und Naturwissenschaften, Religionsunterricht, Sozialkunde, humanistische Fächer. Am meisten beschäftigen sich die Menschen mit jenen Deutungssystemen, die mit der größten Macht ausgestattet sind. Das sind die wissenschaftlichen, die technischen und wirtschaftlichen Organisationen mit ihren Selbstauslegungen. Auch die ‚Business Administration' hat eine eigene, aufs Ganze bezogene Philosophie.

Diese verschiedenen Organisationen mit ihren eigenen Deutungssystemen kommen recht gut miteinander aus, denn jede für sich macht, soweit sie kann, die anderen irrelevant. Jede Organisation verlangt nur Orientierungen, die man braucht, um in ihr mitwirken zu können. Das übrige sind Privatmeinungen, die für den Betrieb nicht zählen. Natürlich haben wir eine pluralistische Sozialisation hinter uns und sind mit Ansatzpunkten ausgestattet, die das Verständnis Andersdenkender ermöglichen. So lassen wir ihnen entweder die Wohltat toleranter Gleichgültigkeit zuteil werden oder aber, wenn sie uns wirklich affektiv interessieren, übernehmen wir etwas von ihren Anschauungen, versuchen ihre Gesichtspunkte zu teilen. Und allmählich wird dann das, was wir denken und glauben, synkretistische Züge annehmen. Wachsender Synkretismus ist tatsächlich ein Kennzeichen der pluralistischen Gesellschaft und um so mehr, je konsequenter sie nach ihren Prinzipien organisiert ist.

Die kognitive Orientierung des Einzelnen unterliegt in einer mobilen Gesellschaft, in der man auf andere Partner, Andersdenkende und vielleicht auch Mächtige trifft, noch einer anderen funktionalen Bedingung: man darf sich mit bestimmten und einseitigen Meinungen nicht zu sehr exponieren, sonst verliert man vielleicht die Kooperationsfähigkeit. Also wird man zurückhaltend sein gegenüber den eigenen Standpunkten und offen für das, was andere meinen. Jeder Standpunkt hat seine Vor- und Nachteile. Sobald man denkt, begibt man sich in die Zone der Ambivalenz. Sie ist für die meisten von uns fast ein Dauerzustand geworden. Wir wissen nicht mehr genau, was richtig ist, und halten uns offen für alles mögliche.

Dieses Provisorische des Denkens hat eine grundlegende Konsequenz für das Personverständnis. Im Zeitalter des Absolutismus und hoher sozialer Kontrolle war es der Ausweis der Identität, des Selbstgefühls, dass man denken konnte. Im reißenden Strom der Bilder und Mitteilungen einer Informationsgesellschaft wird die Selbstvergewisserung durch Denken zum Problem. Ist mein Gedanke nur ein fremder „Clip"? Skepsis ist angebracht. Was also ist jetzt das Zeichen der untrüglichen Identität? Es bleibt nur übrig, dass man einen Körper hat. Dieser Körper wird Gegenstand der Sorge und Pflege, muss trainiert und fit gehalten werden, ist gewissermaßen heilig, muss außerordentlich stark verteidigt werden, bis hin zum territorialen Verhalten in Fußgängerzonen, das vollkommen idiotisch wirkt, und zwar im klassischen Sinne, also vollkommen privatisiert, ohne Blick für den anderen. Nur Ältere sind noch höflich und halten sich an Verkehrsregeln. Wenn vor allem der Körper zählt, werden die Bedürfnisse heilig. Und wenn die Bedürfnisse an die Spitze gesetzt werden, dann gelten die Institutionen nichts mehr. Sie werden an diesen Maßstäben gemessen. Körperlichkeit wird zur Legitimitätsbasis. Die Explosion der Gesundheitskosten hat hier ihre letztlich religiöse Quelle.

Kulturelle und wirtschaftliche Produktion, Kontrolle der gesellschaftlichen Abläufe wird durch Organisationen geleistet. Organisationen bestehen aus einem Arrangement von Positionen. Dies wird am besten klar, wenn wir fragen, wie eigentlich in der Gesellschaft Geld verteilt wird. Das meiste Personeneinkommen ist Positionseinkommen. Der Leistungswettbewerb ist in der Regel ein Wettbewerb um Positionen. Damit verlagert sich der Wettbewerb in die Bildungsinstitutionen. Schon früh drängen Eltern ihre Kinder auf die besseren Bildungswege und setzen sie damit der Anstrengung von Qualifikation und Selektion aus. So werden schon die Kinder, eh sie's verstehen warum, früh in eine kalte Welt geworfen. „Irgendwelcher Erfolgsnormen zuliebe wird die Gefühlswelt von Kindern misshandelt. Vieles ist wichtiger als das Schicksal der menschlichen Seele. Gesellschaftlicher und menschlicher Erfolg wird an guten Zensuren und hohem Einkommen gemessen. Erfolg ersetzt Moral. Misserfolg und die Angst davor werden zu Neurosen: Eine angstbesetzte Welt mit ihrem Fegefeuer der Selektionsprüfungen und der Verdammnis der Zurückgebliebenen. Es ist eine Welt, in der Kinder nicht mehr wirklich angenommen werden als das, was sie sind: Menschen voller Charme und Hoffnung."[1]

Diese pluralistische Positionengesellschaft hat einen Leistungseffekt. Im allgemeinen wird er als Wachstum interpretiert, als wirtschaftliches

---

[1] Gerhard Schmidtchen: Schritte ins Nichts. Selbstschädigungstendenzen unter Jugendlichen. Leske + Budrich. Opladen 1989

vor allem. Dieses wird gemessen. Dauernd ist von Wachstum die Rede, Jahr für Jahr, über die Jahrzehnte hinweg, ‚mal klein‘, ‚mal groß‘. Aber kann der endlichen Welt eigentlich irgend etwas endlos wachsen? Das ist mit Sicherheit nicht der Fall. Bei näherer Betrachtung ist Wachstum nichts anderes als Sektorwachstum. Das, was wächst, verschiebt sich immer auf neue Sektoren, die als besonders wichtig gelten. Entsprechend werden neue Maßstäbe gesetzt für das, was als Lebensstandard zu akzeptieren ist. Wenn es zu Sektorwachstum kommt, verschwinden alte Sachen. Düsenflugzeuge lassen die Ozeandampfer verschwinden, das Auto löste die Kultur der Pferdefuhrwerke ab. Nur noch auf Festumzügen sind sie zu sehen. Aus Hufschmieden werden Autoschlosser, die mechanisierte, chemie-intensive Landwirtschaft braucht kaum noch Bauern. Dem positiven Wachstum steht immerzu auch negatives Wachstum gegenüber. Wir leben nicht eigentlich in einer Wachstums-, sondern in einer Transformationsgesellschaft. Auch bei Nullwachstum hält die Transformation zum Teil mit ungeheurer Geschwindigkeit an. Das zur Zeit nicht lösbare Arbeitslosenproblem zeigt die Höhe der Transformationsgeschwindigkeit. Die Arbeit geht nicht aus, aber die einfache Arbeit. Nur wenn Gegenstände und Lebensformen so rasch verschwinden wie gegenwärtig, breitet sich Nostalgie aus. Sie belebt nicht nur die Antiquitätenmärkte, sondern alle Sehnsuchtsgeschäfte mit dem Ursprünglichen.

Synkretismus, Ambivalenz, Körperlichkeit und Nostalgie sind strukturgerechte Antworten der Seele auf die Organisation unserer Epoche. Körperlichkeit und Esoterik sind Quellen des Widerstandes, der Skepsis gegen die Institutionen: gegen Wissenschaft, Wirtschaft, Politik und Kirchen.

## 3. Die Orientierungspflicht der Institutionen

Wir stehen einem Wissens-Paradox gegenüber, es gab noch nie in der Geschichte so universell verbreitete und technisch raffinierte Medien der Orientierung. Aber die damit ausgestattete Gesellschaft erzeugt zugleich in hohem Maße Desorientierung und Ratlosigkeit. Es gibt wohl Interpretationsversuche, aber sie treffen nicht den Kern der Sache. Der Einbruch irrationalistischer Strömungen in eine sich rational verstehende Gesellschaft gehört zu den Zeichen unserer Gegenwartskultur, die eine ärgerliche Vertrautheit für all jene gewonnen haben, die darin keine Verheißung erblicken können. In der Verblüffung darüber, dass sich die New-Age-Tendenz und ontologischer Blödsinn wie Fernheilung gerade unter Intellektuellen ausbreiten, spiegelt sich die Tatsache, dass die bewegenden Kräfte der neuen Chancen des Irrationalen noch nicht ausreichend interpretiert werden können. Im allgemeinen werden kulturelle Defizite dafür verantwortlich gemacht.[2] Dieser Interpretationskonsens, Defizite für unerwünschte Fehlentwicklungen namhaft zu machen, darf jedoch nicht in die Vorstellung münden, Sektenbewegungen und die Tendenzen zu einer geistigen Alternativkultur seien das Ergebnis allgemeiner Institutionenschwächung. Man muss eher von dem Gegenbild ausgehen, dass wir in einer Welt sehr mächtiger Institutionen leben, die energisch ihre Ziele durchsetzen. Es sind nicht die Schwächen, sondern gerade die Stärken, insbesondere der säkularen Organisation, die die Menschen so in Anspruch nehmen, dass sich Probleme des Personseins und der Weltdeutung auf neuer Ebene stellen. Nicht Mangel an Rationalität im Erziehungssystem ist die Quelle neuer Orientierungsprobleme, sondern gerade die erfolgreiche Durchsetzung der Rationalität, einer Rationalität freilich, die existentielle Probleme aufwirft und sie selber nicht behandelt.

Fehlorientierungen beeinträchtigen nicht nur das Wohlergehen der einzelnen Person, schädigen unter Umständen nicht nur ihre Lebensplanung und ihre Beziehungen, sondern betreffen auch die Gemeinschaft. Fehlorientierungen führen immer zu Verlusten, sozial, wirtschaftlich und politisch. Auf's Ganze gesehen, sinkt der Rationalitätsstatus der Gesellschaft. Politische Fehlorientierungen können historische Dimensionen annehmen. 1933 haben die Deutschen inmitten der Fülle besseren Wissens die Aufklärung verraten und eine Weltkatastrophe ausgelöst.

Orientierung bezieht sich immer auf etwas, das außerhalb der Person liegt. Das Individuum wählt seine Wege nach der Wahrnehmung von Offerten und Regeln, in denen sich die Institutionen vergegenständlichen. In seinen Entscheidungen ist das Individuum auf die Orientierungsleistungen der Institutionen angewiesen. Ohne den Dialog zwischen Person und Institution kann keine Orientierung gelingen. So kommt den Institutionen eine Orientierungspflicht zu. Carlo Schmid sagte mir Mitte der fünfziger Jahre des zwanzigsten Jahrhunderts, es erfordere eine ungeheure Kraft, ein Gesellschaftssystem auf dem richtigen Pfad zu halten, gegen die Abweichungen nach ganz links und ganz rechts. Wenn die Institutionen ihrer Orientierungspflicht nachkommen wollen, müssen sie sich zunächst selber kundig machen. Das geschieht

---

2  Gottfried Küenzlen: Das Unbehagen an der Moderne: Der kulturelle und gesellschaftliche Hintergrund der New-Age-Bewegung in Hans-Jörg Hemminger (Hrsg.): Die Rückkehr der Zauberer. Reinbeck 1987

nicht immer. Dem deutschen Bundesministerium für Familie, Senioren, Frauen und Jugend lag 1995 ein umfassender Bericht über die psychische Verfassung und die soziale sowie politische Orientierung der Jugend in Ost- und Westdeutschland vor. Ein erster Bericht über Rohergebnisse wurde dem Ministerium im Herbst 1994 übergeben. Darauf sei, so ein Beamter, im Ministerium von Frau Angela Merkel die Panik ausgebrochen. Die Ergebnisse passten nicht zu dem geschönten Bild, das sich die CDU-Leitung von den Verhältnissen in Ostdeutschland gemacht hatte. Die Publikation der Ergebnisse wurde zunächst untersagt. Der Hauptbericht wurde erst im Jahre 1997 freigegeben, nachdem DIE ZEIT eine ganzseitige Vorschau veröffentlicht hatte.[3] Ein beträchtlicher Teil des Buches, das dann erschien, war der Analyse der politisch motivierten Gewalttendenzen gewidmet. Im Ministerium gab es allem Anschein nach keine Arbeitsgruppe mit dem Auftrag, die sozialwissenschaftlichen Erkenntnisse auszuwerten und in politische Schlussfolgerungen zu überführen. Der Bericht enthielt alarmierende Befunde über die steigende und selbstbewusste Gewaltbereitschaft in der rechtsradikalen Szene: Während 1980 die Gewaltmotivation hauptsächlich im extrem linken Spektrum angesiedelt war (das zeigten Untersuchungen zum Terrorismus), hatte sich das Bild bis 1994 grundlegend geändert. In dem 1995 verfügbaren Bericht hieß es dazu: „Die Rechten haben die Gewalt entdeckt. Eine so deutliche Entwicklung ist ohne einen organisatorischen Hintergrund nicht denkbar. 1980 war die Rechte kaum organisiert, jetzt aber ist sie es. Es gibt Gruppenzusammenschlüsse und ein Kommunikationssystem, ein Schrifttum. Die Gewaltbereitschaft etabliert sich in Gruppen und deren Philosophien."[4] Hätte man 1995 begonnen, Konsequenzen zu ziehen so wäre der Bundesrepublik Deutschland und ihren Nachbarn im Jahre 2000 und weiter einige Aufregung über rechten Terror erspart geblieben.

## 4.  Zur Vorgeschichte des Problems

Unsere Epoche kennt Humanität und Entsetzen, höchste Intelligenz und organisierte Verblödung. Alles erwächst aus den Orientierungssystemen

---

3  Wanfried Dettling: Die moralische Generation. Eine außergewöhnliche Studie in Ost- und Westdeutschland entdeckt die Sehnsucht junger Menschen nach Werten – aber auch Bereitschaft zu Gewalt. DIE ZEIT Nr. 8, 14. Februar 1997

4  Gerhard Schmidtchen: Wie weit ist der Weg nach Deutschland? Sozialpsychologie der Jugend in der postsozialistischen Welt. Leske + Budrich, Opladen 1997, S. 305

der Menschen und ihrer Gesellschaft. Dies ist das Motiv für die Analyse, wie die Orientierung der Menschen sich aufbaut und welche Unterstützung oder Behinderungen sie durch die Institutionen erfährt.

Wissenschaftliche Kolloquien über Orientierungsprobleme wurden schon vor geraumer Zeit von bedeutenden Stiftungen gefördert, an denen der Autor teilgenommen und zu deren Publikationen er Beiträge geschrieben hat.[5] Dass diese Kolloquien im letzten Viertel des zwanzigsten Jahrhunderts stattfanden, ist kein historischer Zufall. Der rasche wirtschaftliche und gesellschaftliche Wandel ließ alte Orientierungsmarken fragwürdig erscheinen. Die Eliten waren beunruhigt. Kolloquien richteten aus:

Der Stifterverband für die Deutsche Wirtschaft 1975-1977.
Die Fritz Thyssen Stiftung über religiöse Orientierung 1977-1980.
Die Konrad-Adenauer-Stiftung 1989-1990.
Die Bertelsmann Stiftung 1994-1998.

Diesen Kolloquien verdanke ich viele Anregungen für die vorliegende Arbeit. Da Sozialpsychologie das Verhalten der Menschen im gesellschaftlichen Zusammenhang zu verstehen sucht, sind Orientierungsfragen immer im Spiel, angefangen von der Sozialisation, vom ersten Laufen und Sprechen, bis zum politischen Verhalten und den Antworten auf existentielle, religiöse Situationen.

Methodisch ist die Untersuchung einer transzendentalphilosophischen Betrachtungsweise verpflichtet: Wie ist Orientierung möglich? Gibt es Gesetzmäßigkeiten und Grenzen in dem Wechselspiel zwischen Geist, Psyche und kulturellem System? Warum spielt unser Orientierungsvermögen uns manchmal Streiche?

Die Arbeit an dieser Fragestellung schließt auch einen Gang durch die eigenen Forschungen ein, die als Vorarbeiten zu diesem Buch gedient haben. Ergebnisse empirische Forschungen gelten als wertlos, wenn sie nicht neu sind. Macht es dann noch Sinn, Recherchen zu zitieren, die Jahre und Jahrzehnte zurückliegen? Auf die Frage lässt sich eine Antwort finden, wenn der Unterschied zwischen der Erhebung von Tagesmei-

---

5  Lübbe, Köhler, Lepenies, Nipperdey, Schmidtchen, Roellecke: Der Mensch als Orientierungswaise? Ein interdisziplinärer Erkundungsgang. Alber, Freiburg 1982; Rendtorff, Trutz (Hrsg.): Religion als Problem der Aufklärung. Vandenhoeck & Ruprecht, Göttingen 1980. Zum Projekt „Geistige Orientierung" der Bertelsmann Stiftung haben die folgenden Autoren Monographien beigetragen: Peter L. Berger, Warnfried Dettling, Wolfgang Huber, Thomas Luckmann, Dirk Rumberg, Gerhard Schmidtchen, Werner Weidenfeld. Alle Verlag Bertelsmann Stiftung, Gütersloh

nungen und grundlegender Strukturforschung, auch der experimentellen Klärung von Prozessen beachtet wird. Die Meinungsforschung bietet Auskünfte mit kurzen Verfallsdaten an. Die Meinungsregistraturen beschränken sich auf eine Wiedergabe von Antworten in Prozenten. Experimente der Sozialpsychologie und die Darlegung von Motivstrukturen stützen sich auf höhere Formen der Datenverarbeitung, auf „Datenreduktionen" großen Stils. Die einmal gefundenen Zusammenhänge bleiben, auch wenn aktuelle Meinungen schwanken. Die Natur tut keine Sprung und die Seele auch nicht. So kann die empirische und experimentelle Sozialpsychologie Erkenntnisse hervorbringen, die ihre Entstehungsgeschichte überdauern. Wenn es so wäre, dass alte Erkenntnisse ihre Gültigkeit verlieren, dann müsste man auch sagen können: Die Fallgesetze Newtons sind schon über 300 Jahre alt – Sie können ruhig aus dem Fenster springen.

Die steigende Zahl von Texten über Orientierung zeigt einen Bedarf an. Wo ist das Bedürfnis, neue Sicherheiten zu finden, besonders akut: beim Individuum oder bei den Organisationen? Haben Organisationen die Tendenz, sich dadurch zu entlasten, dass sie die Verantwortung für eine zweckmäßige Orientierung in dieser Gesellschaft dem Individuum zuschieben? Oder haben umgekehrt Organisationen eine Orientierungspflicht gegenüber dem Einzelnen? Und wenn es so ist, wie kann sie eingelöst werden?

Antworten auf diese Fragen lassen sich finden, wenn wir untersuchen, wie der Einzelne innerhalb seiner sozialen und organisatorischen Umwelt die Orientierung leistet. Garantien für Aufklärung und Humanität liegen weder in den anthropologisch gegebenen Orientierungsbefähigungen und -tendenzen des Individuums, noch in der allseitigen Herrschaft neuer Informationstechnologien, sondern einzig in der Qualität des Diskurses zwischen Mensch und Institution. Verfehlen wir den Aufklärungsdiskurs als stete Aufmerksamkeit und Anstrengung, werden Entwicklungen von schrecklicher Dummheit über uns hereinbrechen.

*Gerhard Schmidtchen*          Feldmeilen am Zürichsee, Frühjahr 2002

# 1. Raum und Zeit als Gestaltungsprinzipien des Psychischen

Als die muslimische Welt nach Mohammed sich im Westen bis nach Spanien, im Osten bis an die Grenzen Chinas ausgebreitet hatte, in dieser weltumspannenden umma, der Gemeinschaft des Islam, wurde es wichtig, genau zu wissen, wo Mekka liegt, damit jeder Muslim gegen den heiligen Ort sich beugend seine Gebete verrichten konnte, wie Allah nach dem Zeugnis von Mohammed es von ihm verlangt, fünfmal am Tag. Die arabische Astronomie diente auch zur religiösen Orientierung.

Wie fast alle Kirchenbauten ist auch das Großmünster von Zürich mit dem Chor nach Osten gerichtet, aber die Achse des Kirchenhauses steht, wie man erst kürzlich feststellte, nicht genau in der Ost-West-Richtung, sie weicht 35,9 Grad Süd davon ab. Was war der Grund, war es die Ungenauigkeit der Messverfahren zur Zeit der Gründung des Baus? Etwas anderes wurde festgestellt: Die Achse des Kirchenschiffs weist ziemlich genau am Weihnachtstag auf den Punkt der aufgehenden Sonne. Wenn es nicht gerade bewölkt ist, erstrahlt der Chor an diesem Tage in einem besonderen Licht. Die Strahlen der Morgensonne durchfluten Chor und Kirchenschiff.[6] Mit der Geburt Christi kommt das Licht über die Welt, an jedem Tage länger. Dies mag eine Anknüpfung an vorchristliche Sonnenwendfeiern sein, aber eines ist ersichtlich: Die Positionierung des Kirchenbaues hat liturgische Bedeutung und einen großen symbolischen Gehalt. Geometrische Daten verwandeln sich über Symbolik in eine Geografie der Seele.

Alles Psychische erschließt sich über Vergegenständlichungen, damit über Bilder, über Sprache, auch durch Träume. Was wir lieben oder was uns gleichgültig ist, was wir hoffen oder befürchten, was uns nützlich oder unnütz erscheint, erstrebenswert oder abzulehnen, gefährlich oder

---

6 Christof Hugentobler: Weshalb das Großmünster so steht. Magazin Uni Zürich. 3/1996, S. 64-67

friedlich, was uns Angst macht oder sicher sein lässt, darin kommt psychische Wirklichkeit zum Ausdruck. Diese Gegenstände des Psychischen, sinnreich erforscht und erfragt, lassen sich mit Hilfe mathematisch-statistischer Verfahren in den euklidischen Raum überführen. Das aber bedeutet nichts anderes, als dass die Psyche ihre Gegenstände räumlich ordnet. Mindestens also zweidimensional, oft aber zeigen die Lösungen, dass drei oder mehr Dimensionen im Spiel sind. Henri Bergson: „Wir drücken uns notwendig durch Worte aus und wir denken fast immer räumlich."[7] Die Welt ist in der Seele ein Erfahrungsraum, bevölkert mit Personen, Gegenständen, Erinnerungen, Verheißungen und Enttäuschungen. In diesem Szenenbild der Seele vollzieht sich die Orientierung. Die Bilder der Welt mögen bizarr und unrealistisch sein, diese Welt mag in hellem oder dunklem Licht erscheinen, aber alle diese Innenwelten bleiben räumlich. Damit ergeben sich neue Fragen: Wie werden diese Räume gebildet? Mit welcher Elle misst die Seele? Können diese Innenansichten der Welt kommuniziert werden? Und was macht sie realistisch und unrealistisch?

## 1.1. Nähe und Ferne – Fremdes und Vertrautes

Wenn wir in Interviews gefragt werden, was uns sympathisch und unsympathisch ist, so können wir schnell und sicher antworten, denn es entspricht unseren Gewohnheiten, die Welt nach diesem Gefühlsakzent zu ordnen – so fern sie uns überhaupt berührt hat. Das ist gleichsam die äußere Grenze dieses Universums. Aussagen über Sympathie verlangen eine Reflexion, ein Innewerden der gefühlsmäßigen Einordnung, also eine kurze Mobilisierung dieser Emotionalität. Einfacher ist es, die Dinge räumlich zu beschreiben. Wie nahe, wie fern fühlt man sich diesem Menschen, dieser Menschengruppe oder der Sache, einer Idee. Die Ordnung der Welt nach Sympathie bzw. Nähe und Ferne spiegelt ein biologisches Grundschema aller beweglichen Natur: die Tendenz zu Annäherung und Flucht. Schützendes, Nährendes, Liebevolles ist attraktiv; Feindselig-gefahrvolles ist aversiv. Wir versuchen Widriges zu meiden, im Zweifel wegzulaufen. Nur sind wir allzu oft durch soziale Konventionen und durch Verträge daran gehindert fortzulaufen, wenn wir das möchten, aber der Impuls ist vorhanden.

---

7  Henri Bergson: Zeit und Freiheit. Anton Hain, Meisenheim am Glan 1949. S. 5 (Vorwort)

Die Frage nach Nähe und Ferne von Gegenständen ist ein wichtiges psychologisches Diagnoseinstrument. Zur Veranschaulichung mögen zwei Beispiele dienen. Die Tätigkeit von Sekten ist seit Jahrzehnten ein Politikum geworden. Die Vertreter der Sekten wehren sich dagegen, dass ihre Vereinigungen so genannt werden. Aber eine Überprüfung der Verkehrsgeltung zeigte, dass die Bevölkerung Vereinigungen wie Hare Krishna, Jehovas Zeugen, Kinder Gottes, Scientology, transzendentale Meditation usw. zu rund 90 Prozent als Sekten bezeichnet, soweit sie sich darüber äußert. Auf die Frage, wie nahe oder wie fern man diesen Vereinigungen stehe, antworteten nur jeweils 1 Prozent „sehr nahe" oder „nahe", 11 Prozent äußerten sich neutral, „fern" sagten 10 Prozent und „sehr fern" 77 Prozent. Die meisten gehen also auf Distanz zu den Sekten. Was Nähe bedeutet, konnte verifiziert werden. Es sind großenteils Mitglieder, und sie würden Nahestehenden auch den Beitritt empfehlen.[8] Ein Trendvergleich bis zum Jahre 1995 zeigt, dass die ablehnende Haltung gegenüber Sekten unter Jugendlichen noch fester wurde, und dass sich die Jugend im Osten Deutschlands im Durchschnitt noch deutlicher von den Sekten distanzierte als die im Westen. Die Hinwendung zu Sekten ist wie ein Prüfstein für die Reichweite der aufgeklärten Gesellschaft. Zum Rechts- und Verfassungsproblem können diese Sektenorganisationen dann werden, wenn sie ihre Mitglieder wirtschaftlich ausbeuten, sie in ihrer Organisation durch psychischen oder physischen Druck gefangen halten, zu Verbrechen anstiften, systematisch Familienbande zerstören.

Das diagnostische Potential der einfachen räumlichen Frage nach Nähe und Distanz zu Sekten erwies sich in der Analyse der Motive, die zu Sekten hinführen: Junge Menschen mit ausgeprägten Ausstiegs- und Rückzugstendenzen sind anfällig für magisch-animistische Weltbilder. Diese wiederum dienen als Brücke zu den Sekten. Sie aber wird erst in einem Zustand emotionaler Verwirrung beschritten. Wenn sich ein junger Mensch generell zurückgesetzt, von niemand mehr, auch von den Eltern nicht verstanden fühlt, wächst die Neigung, das Außergewöhnliche zu tun und das ist etwas, was die meisten anderen Menschen ablehnen. So nimmt es nicht Wunder, dass das Interesse an Sekten wächst, wo

---

8 Vgl. Gerhard Schmidtchen: Sekten und Psychokultur – Reichweite und Attraktivität von Jugendreligionen in der Bundesrepublik Deutschland, Herder, Freiburg 1987

Vandalismustendenzen hervortreten. Wo psychische Desorganisation ist, können die Sekten als Retter erscheinen.[9] Ein zweites Beispiel: Wie stehen Jugendliche zu den verschiedenen Gruppierungen der Jugendkulturen? Anhand einer Liste wurden zwölf Jugendgruppen diskutiert, die sich selbst einen Namen gegeben haben, und die für landesweite Aufmerksamkeit gesorgt haben, jedenfalls unter Jugendlichen, von Discofans bis zu Hooligans. Die Frage lautete, wie nahe, wie fern man diesen Gruppen stehe. Die Antworten konnten auf einer 5stufigen Skala gegeben werden: 1 bedeutet „fühle mich diesen Gruppen sehr nahe" und 5 würde bedeuten „ich stehe ihnen sehr fern". Zu den beliebtesten zählen Discofans, Motorradfans, Fußballfans, auch Alternative und sogar Hausbesetzer. Wenig beliebt sind nationalistische Jugendgruppen, Skinheads und Hooligans. Wie aber stehen diese Gruppen zueinander oder anders ausgedrückt, welche Position bezieht der Jugendliche, die Jugendliche selbst, wenn sie irgendwelche Gruppen als anziehend oder abstoßend beschreiben? Die Auskunft über Nähe und Distanz zeigt ja nur ein Entfernungsmaß an, gleichsam so, als würde man Städte, die man kennt, auf einer Entfernungsskala ordnen. Das kann interessant sein, bringt aber nicht viel, wenn man wissen will, in welche Richtung man gehen muss, um eine der Städte zu erreichen. Also muss man noch wissen, in welchem Abstand die Städte zueinander liegen. Wenn man solche Daten, und seien es nur Schätzdaten, der Entfernungen zwischen verschiedenen Städten in das Programm der multidimensionalen Analyse eingeben würde, so könnte als Ergebnis eine Karte ausgedruckt werden, die exakt die geographische Position der Städte zueinander wiedergibt. Als Datenmaterial, als Eingabe benötigt dieses Programm eine Matrix der verschiedenen Objekte nach einem Ähnlichkeitsmaß. Ähnlichkeiten werden dann in Strecken übersetzt. Unähnliches rückt auseinander, ähnliches steht zusammen. Objekte bzw. Orte gleicher Entfernung müssen in dieser Betrachtung aber nicht dicht zusammen liegen, es kommt vielmehr darauf an, in welchem Verhältnis sie zu anderen Objekten (Orten) liegen. Das Programm erkundet also, ob die Beziehungen der Objekte in einer zweidimensionalen oder mehrdimensionalen Lösung adäquat dargestellt werden können. Wenn die Ungenauigkeiten einer zweidimensionalen Lösung zu groß werden, dann wird eine dritte Dimension hinzu genommen, die Objekte werden im Raum dargestellt und nicht mehr auf der Fläche. Im vorliegenden Fall der Ähn-

---

9   Gerhard Schmidtchen: Wie weit ist der Weg nach Deutschland? Sozialpsychologie der Jugend in der postsozialistischen Welt, Leske + Budrich, Opladen 1997, S. 177ff.

lichkeit oder Unähnlichkeit von Jugendgruppen ist die zweidimensionale Lösung als die adäquate ausgewiesen worden. Jetzt erscheinen die zwölf Jugendgruppen wie auf einer Landkarte. Um zu überprüfen, wie eng die Verwandtschaftsbeziehungen der verschiedenen Jugendgruppen unter einem Motivgesichtspunkt sind, wird ein zweites Verfahren, die hierarchische Clusteranalyse, darauf gelegt. Nun kann man unabhängig von der geografischen Positionierung und unabhängig von der Unterschiedlichkeit der Gruppen sehen, ob es übergeordnete motivationale Zusammenhänge gibt, also gleichsam landsmannschaftliche Ähnlichkeiten. Das Schaubild mit den Ergebnissen der Analyse ist auf der folgenden Seite wiedergegeben. Zunächst zu den Achsen des psychischen Raumes, in dem die Jugendgruppen angesiedelt sind: Das Gemeinsame der waagerechten Achse scheint das Verhältnis zur Mehrheitskultur zu sein. Motorradfans und Discofans, auch Fußballfans sind Gruppierungen, denen sich jemand in dem Bewusstsein anschließen kann, dass viele mitmachen. Ihnen entgegengesetzt sind die sezessionistischen Gruppen: Alternative, Punks, Hausbesetzer, Yuppies. Sie sind zweifellos untereinander sehr verschieden, aber es kennzeichnet sie gemeinsam, dass sie exklusiv sind in dem Sinne, dass sie Standpunkte oder Stile verkörpern, die der Mehrheit entgegengesetzt sind. Das Selbstbewusstsein speist sich aus diesem Anderssein. Die senkrechte Dimension wirkt zunächst irritierend, wir sehen oben die Popper, aber auch im oberen Feld die Alternativen und die Motorradfans und unten in relativ dichter Versammlung die Hooligans, Skinheads und nationalistische Jugendgruppen. Man kann hier auf die folgenden Motive schließen: Sowohl Alternative als auch Motorradfans, Popper oder Punks akzeptieren im wesentlichen, dass andere anders sind. Gerade auch die Sezessionistischen leben ja von ihrem eigenen Anderssein.

Die plurale Welt der Jugendgruppen wird also akzeptiert. Das sieht bei den Hooligans, Skinheads und nationalistischen Gruppen anders aus. Sie wirken uniform, haben ein vereinfachtes Gesellschaftsbild, stark unterschieden werden Freund und Feind, körperliche Durchsetzung und die Nähe zur Gewalt verraten Dominanzphantasien. Sie haben Kampf- und Herrschaftsideen, in denen für plurale Existenzen kein Platz mehr ist.

## Determinanten der Vorliebe für Jugendgruppen

**MDS und Clusteranalyse der Zu- und Abneigungen**
**Jugendliche in Deutschland 15-30 Jahre**

**I : Freizeit - und Erlebnisgruppen**          **III : Alternativen zur Mehrheitskultur**
**II: Individualistische Gruppen**              **IV : Nationalistische Gruppen**

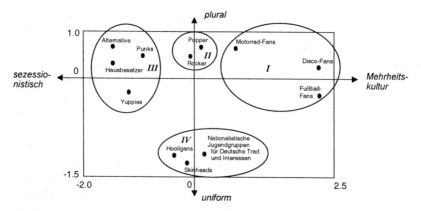

Quelle:    Gerhard Schmidtchen: Wie weit ist der Weg nach Deutschland. Verlag Leske +
           Budrich, Opladen 1997

Die räumliche Darstellung der Antworten auf die einfache Frage nach
Nähe und Distanz gibt überraschende Informationen frei. Es zeigen sich
Motivstrukturen, die den Jugendlichen selbst nicht notwendigerweise
bewusst sind, aber sie sind in ihrem Gefühl für Nähe und Distanz verborgen.

Aus diesem Bild kann der jugendpolitisch interessierte Leser die verschiedensten Konsequenzen ziehen. Die Förderung eines pluralen Grup-
penverständnisses und Gruppenklimas wäre wichtig. Die Tatsache, dass
die uniformen Gruppierungen einer Wand von Ablehnung gegenüber
stehen, ist noch keine Garantie für deren Wirkungslosigkeit. Wenn der
Terror des Baseballschlägers sich mit Herrschaftsphantasien verbündet,
können sie in bestimmen Vierteln oder Gemeinden die Kontrolle übernehmen. Sie tendieren dazu, ein Klima von Angst zu verbreiten, in dem
sich plurale Gruppen nicht mehr entfalten können. Eine pluralistische
Orientierung der Mehrheit schafft noch keine Sicherheit.

## 1.2. Die Zeit – Hoffnungen und Befürchtungen

Wie erleben wir Zeit, und was tun wir in ihr? Wenn wir Erwartungen hegen, so treten wir aus dem reinen Gegenwartserleben heraus und schaffen uns einen Zeithorizont. Er wird durch Ziele definiert, die wir in kalendarisch messbaren Spannen erreichen möchten. Verläufe und ihre Risiken stehen uns vor Augen. Wenn wir uns bewegen wollen, um etwas zu erreichen, so zählt die Zeit.

Zeit stellen wir uns ewig vor, ohne Anfang, ohne Ende. Alles in der Zeit aber hat einen Beginn, eine Gegenwart und endet irgendwann. Die durch nichts zu überlistende Vergänglichkeit, in der, wie Detlef von Uslar sagt, die Härte der Zeit zum Ausdruck kommt, wird zum Thema von Reflexion, Kunst und Religion. Chronos frisst seine Kinder, nichts bleibt wie es ist, der Lauf der Welt lässt sich nicht endgültig erlernen. Gegen den Schrecken der dahin fließenden Zeit haben die Menschen Kalender und Rituale ersonnen. Es gibt die Feste von Geburt, Tod und Auferstehung, Weihnachten, Ostern, Pfingsten – es sind meist frohe Feste. Wenn dann noch, wie in Bayern, der Ausstoß von Biersorten dem Kirchenkalender folgt, sind die Tröstungen gegen die Härte der Zeit vollkommen.

Das Innewerden der Endlichkeit ist etwas anderes als der Gedanke an den Tod. Das Problem liegt vielmehr im Umgang mit der Zeit. Uhren und Terminkalender begleiten unser Leben. Der verzweifelte Blick in die Agenda ist die konkrete Form der Endlichkeit. Sie meldet sich auch mit der Frage, wann soll man welche Dinge tun ? – In welchem Alter soll man lernen, sich verlieben, heiraten, Kinder bekommen, wann kann der Einstieg in den Beruf beginnen? Einfache Gesellschaften haben dafür festgefügte Regeln. Je komplexer die Gesellschaft, desto weiter streut das Heiratsalter, das Alter der Eltern bei der Geburt des ersten Kindes. Überall da, wo die gesellschaftlichen Institutionen keine festen Regeln vorschreiben, wo man zum Beispiel so lange studieren kann, wie man will, dort wird die Frage des Zeitpunktes, zu dem etwas geschehen soll, zu einer großen persönlichen Konfliktsituation. Die Türen für den Übergang von der Ausbildung in den Beruf bleiben nicht immer offen. Endlichkeit bedeutet, dass Zeit unter ökonomischen und organisatorischen Bedingungen ein knappes Gut ist. Sorgfältig mit der Zeit umgehen heißt, möglichst viel in gegebener Zeit zu realisieren. Menschen sind von Natur aus langsame und auch verträumte Wesen. So haben sie in ihren Mythen und Sagen immer schon Geschwindigkeit bewundert, bei den Helden von Troja ebenso wie bei modernen Fußballstars.

## Die Zeit-Hegemonie der Organisationen

Wer schnell ist, hat einen Wettbewerbsvorteil. Deshalb bemühen sich Industrie und Dienstleistungsbetriebe um die Beschleunigung von Abläufen, insbesondere auch mit Hilfe der elektronischen Steuerung. In modernen Produktionsbetrieben haben sich nicht nur die Aufgaben verlagert, sondern es hat sich auch die Personalstruktur verändert, einfache Arbeiten verrichten jetzt die Automaten. Der technische Fortschritt hat Arbeitslosigkeit erzeugt und für die im Produktionsprozess Verbleibenden einen spürbaren Zeitdruck. Die Ausnutzung der Anlagen bestimmt das Tempo der Arbeit. Es gibt zahlreiche Ingenieure, die über diese Entwicklung nicht ganz glücklich sind.

Organisationen haben im allgemeinen ein egoistisches Verhalten. Wenn durch technische Neuerungen Zeitvorteile entstehen, so wird die Organisation bestrebt sein, sie zu kassieren. Die Zeitentlastungen werden selten an die Mitarbeiter weitergegeben.

Das lässt sich gut durch Schilderung einer historischen Umbruchsituation des Personenverkehrs zwischen Europa und den Vereinigten Staaten darlegen. Ein Mitarbeiter der IG Farben brauchte für eine Reise von Frankfurt (über Bremerhaven) nach New York und zurück mindestens 14 Tage, 12 davon verbrachte er auf einem Ozeandampfer. Wenn sich das für die Unternehmung lohnen sollte, musste er sich mindestens 14 Tage, wenn nicht vier Wochen in New York aufhalten. Die Mission erstreckte sich schätzungsweise über einen Monat. Seit der Flugverkehr die Ozeanriesen außer Verkehr setzte, dauert die Geschäftsreise nach New York, die früher 30 Tage in Anspruch nahm, etwa drei Tage, wenn man an dem einen verbleibenden Tag zügig verhandeln kann. Der Zeitgewinn von 27 Tagen wird indessen nicht zwischen Mitarbeitern und Unternehmungen geteilt, sondern die Unternehmungen beanspruchen den Zeitvorteil vollkommen für sich. Der Mitarbeiter darf sich jedoch sehr weltläufig vorkommen, wenn er im Jumbo und vielleicht noch erster Klasse in die Vereinigten Staaten fliegt, in einem großen Hotel übernachtet und nach dem dritten Tag der Reise wieder an seinem Arbeitsplatz in Europa zu finden ist. Der technische Fortschritt hat die Muße des Reisens zwischen den Kontinenten beseitigt. Man kann diese Muße nur noch nostalgisch erleben, aber dann wenigstens auch mit Concorde-Rückflug und auf persönliche Kosten. Reisen mit Muße werden von den Firmen nicht mehr bezahlt.

Die Verkürzung der Arbeitszeit, der wöchentlichen wie der Lebensarbeitszeit, die Flexibilisierung der Arbeitszeit und die daraus sich ergebende Zeitautonomie scheinen der These zu widersprechen, dass die Organisationen Zeitegoisten sind. Arbeitszeitverkürzungen wurden psychologisch und politisch möglich in Zeiten steigenden Wohlstands. Die Freizeit wurde interessanter. Mit wachsendem Grenznutzen der Freizeit wurde die Arbeitsmotivation zwar nicht geringer, aber erfuhr eine Relativierung durch gebieterische Interessen in Familie, Partnerschaft und gesellschaftlicher Kultur.[10] Ulrich Pfeiffer wies nach, dass Arbeitszeitverkürzungen immer in Zeiten des Wachstums erfolgten.[11] Wachstumszeiten sind aber nur möglich durch technische Neuerungen. Die Entwicklung wird sowohl von Arbeitszeitverkürzungen als auch von Freisetzungen begleitet. Die Betriebe behalten oder bekommen das Arbeitspotential, das sie brauchen. Die Arbeitszeitverkürzung wird mit relativem Einkommensverzicht der Arbeitnehmer bezahlt, zum Teil von der Gesellschaft in Form von Arbeitslosengeld. Die Unternehmen sind bestrebt, den Rationalisierungsgewinn in Wettbewerbsvorteile zu verwandeln, wozu auch eine Gewinnsteigerung gehört, die den Anstieg der Löhne hinter sich lässt.

Zeitmessung und Definitionen dessen, was in der Zeit geschehen soll, was den Ort oder die Orte des Geschehens einschließt, sind eine wesentliche Voraussetzung zwischenmenschlichen Handelns und für den Ablauf von Produktions- und Dienstleistungsvorgängen. Pünktlichkeit ist ein hoher Wert immer dann, wenn es auf gleichzeitige Präsenz ankommt. Chor- und Orchesteraufführungen würden sofort in Karikatur übergehen, wenn einige Mitwirkende kommen, wann sie wollen, den Einsatz verpassen und nach eigenem Takt spielen oder singen. Musikalische Kompositionen sind immer auch Zeitkunstwerke.

Die moderne Betriebsorganisation vermag wegen des großen Anteils elektronischer Steuerung die Präsenzzeiten zu entzerren. Es gibt gleitende Arbeitszeiten mit sogenannten Kernarbeitszeiten, was bei einigen Leuten zu dem Irrtum geführt hat, es käme auf Pünktlichkeit nicht mehr an. Auch die gleitende Arbeitszeit erfordert Zeitdisziplin. Die Notwendigkeit der Interaktion und der von ihr abhängigen Produktion führen zur Objektivierung der Zeit. Leistungen werden in Zeiteinheiten gemessen. In Arbeitsverträgen werden auch die Zeiten festgelegt, während derer sich jemand verpflichtet, einer Organisation zur Verfügung zu stehen.

---

10 Gerhard Schmidtchen: Neue Technik – Neue Arbeitsmoral. Deutscher Institutsverlag, Köln 1984, S. 50ff.
11 Ulrich Pfeiffer: Deutschland – Entwicklungspolitik für ein entwickeltes Land. Europäische Verlagsanstalt, Hamburg 1999

Der Umgang mit Zeit wird verträglich und auch öffentlich-rechtlich geregelt, Abweichungen vom erwarteten Zeitschema unterliegen sozialen wirtschaftlichen oder rechtlichen Sanktionen, sind genehmigungspflichtig. Die Zeit nutzen heißt, etwas in ihr vollbringen, was einen sozialen, einen wirtschaftlichen oder aber einen subjektiven Wert hat.

## Die subjektive Relativität der Zeit

Die objektivierte, gesellschaftlich verhärtete Zeit uniformiert jedoch nicht die subjektive Zeiterfahrung. Wer in existenzieller Fülle lebt, spürt das Zeitproblem höchstens als Zeitknappheit. Wegen des Phantasieüberschusses, mit dem Menschen begabt sind, sich immerzu mehr ausdenken als ausführen zu können, ist das Bedauern über fehlende Zeit das Zeichen eines aktiven Daseins. Zeit zu viel, also nicht nutzbare Zeit, beklagen junge Menschen, die ihr Thema nicht gefunden haben und keinen attraktiven sozialen Netzen angehören. Der depressive Zug, der immer in Langeweile liegt, ist ein Hinweis darauf, wie es sein sollte: Die Menschen brauchen Tätigkeitsfelder und Themen, die ihnen das Gefühl geben, sich in ihrer Person zu entwickeln, zu wachsen, eine hohe Zeit zu erfahren.

Die Materie der Erinnerung ist ein wichtiges Reservoir für die Gestaltung der Zukunft. So versuchten Menschen, ihre eigene Biografie durch Zeitmarkierungen zu ordnen. Diese Zeitmarkierungen bestehen primär nicht aus Jahreszahlen, sondern aus einschneidenden Ereignissen von größerer emotionaler Bedeutung, auch deswegen, weil sich hier etwas entschieden hat. Das kann der Abschluss der Schulzeit sein oder der Beginn des Berufes, Fortgang von zu Hause, Verlust von Personen und Gewinn neuer Beziehungen, Heirat, Kinder, Enkelkinder, Krisen und Erfolge. Auch die Geschichte spielt für das Verständnis und die Ordnung der eigenen Biografie eine wesentliche Rolle. Die Generation, die um die Jahrhundertwende 1900 geboren wurde, betrachtete den ersten Weltkrieg als das herausragende Ereignis ihres Lebens – so berichtet das amerikanische Gallup-Institut. Für die nachfolgenden Generationen war es der zweite Weltkrieg. Für die 68er Generation – in Amerika müsste man eigentlich sagen für die 63er Generation, denn damals begannen die Unruhen in Berkeley – war es der Vietnamkrieg. Der 11. September 2001 wird eine neue psychlogische Zäsur werden, ein neuer Zeitanker.

Für das biografische Bewusstsein in Deutschland ist zweifellos die Wiedervereinigung das große Datum geworden. Aber in seiner Bedeutung ist es nicht für alle gleich. Mitte der 90er Jahre wurde die Frage ge-

stellt, ob die Wiedervereinigung gefühlsmäßig eigentlich schon lange her
sei oder ob die Zeit seit der Wiedervereinigung als kurz empfunden werde. Man hätte sich vorstellen können, dass junge Menschen in Ostdeutschland nach dem Zusammenbruch eines Regimes, das Ewigkeit be-
anspruchte, immer noch staunend vor dem doch erst vor kurzem erfolgten Zusammenbruch des Systems stehen. Wer das historische Zeit-
gefühl im Osten so einschätzte, den werden die Antworten überrascht
haben. Die große Mehrheit der Jugendlichen im Osten erklärte im Jahre
1995, die Wiedervereinigung läge doch nun schon lange zurück, während
im Westen eine beträchtliche Minderheit anders empfand: Die Wiedervereinigung sei doch erst vor kurzem gewesen. Das subjektive Zeitmaß
wird also mitbestimmt durch die Dramatik der Ereignisse. Während Jugendliche im Osten einen aufregenden Systemwechsel zu verarbeiten
hatten, lebten junge Menschen im Westen im Gleichmaß des Bestehenden und rückblickend kam ihnen deswegen, weil nichts anderes die Sicht
verstellte, die Wiedervereinigung als noch ganz junges Ereignis vor.

Das Wort Wiedervereinigung hat für Jugendliche im Osten einen ganz
anderen Erlebnisgehalt als für Jugendliche im Westen. Die Ambivalenzen gegenüber dem Prozess der Wiedervereinigung sind im Osten stärker, bekommen durch krisenhafte Entwicklungen neue Nahrung. Sie
finden ihren Ausdruck in anderen politischen Bewertungen und einer
Tendenz zu überraschendem parteipolitischen Wechsel.[12]

## Die Zukunft: Ängste und Vertrauen

Das Vergangene betrachtet man im allgemeinen als unveränderlich, was
insofern stimmt, als Entscheidungen in der Vergangenheit nicht wieder-
holbar sind und in ihren Ergebnissen nur begrenzt korrigierbar. Aber in
der Vergangenheit sind auch Ressourcen entstanden, die für die Zukunft
eingesetzt werden können, je nachdem wie es die Situation verlangt oder
ermöglicht. So liegt in der Vergangenheit der einzelnen Biografie ein Zu-
kunftspotenzial, das genutzt werden kann, je nachdem welche Register
sich ziehen lassen. Damit stehen wir vor der Frage, wie Menschen dem
Zukünftigen begegnen und somit dem Unbekannten. Die Zukunft, auch
die persönliche, ist verheißungsvoll und bedrohlich in einem. Menschen
begegnen dem Zukünftigen immer mit einem Gemisch aus Angst und
Hoffnung. Wann gehen Menschen mit sicherem Schritt in die Zukunft
und wann verzagen sie? Wir beschäftigen uns also mit der Dynamik von

---

12 Wie weit ist der Weg nach Deutschland?, a.a.O., S. 73ff.

Angst und Hoffnung und den praktischen Lehren, die daraus zu ziehen sind. Ohne Angst hätte die Schöpfung Mensch wahrscheinlich keine Überlebenschancen gehabt. Angst ist emotionale Aktivierung durch bedrohliche Dinge, die wir kommen sehen. Erwartungen und Situationsbewertungen sind wesentliche Voraussetzungen für das Aufsteigen von Ängsten. Somit steckt in der Angst zunächst Intelligenz. Das lässt Angst sympathisch und nützlich erscheinen. Es gibt kluge Ängste und dummes Vertrauen. Hätten die Deutschen in den 20er und 30er Jahren des zwanzigsten Jahrhunderts vor den richtigen Dingen Angst gehabt, wäre dieser Nation und der Welt manches erspart geblieben.[13] Ob eine Situation Angst macht oder nicht, hängt davon ab, ob wir sie bewältigen können. Somit entscheidet über das Ausmaß der Angst das Niveau der Anforderungen und unsere Kompetenz, mit diesen Anforderungen fertig zu werden. Eine schwarze Skipiste hinabfahren, ist für den Könner ein Vergnügen und für den Anfänger ein Alptraum. Freud dachte auch an Kompetenz, als er Angst beschrieb, Angst als Ergebnis von Hilflosigkeit. Aber das ist nur ein Sonderfall. Die Erwartungen, die Angst erzeugen, haben eine Zwei-Komponenten-Struktur, Anforderungen und Kompetenz.

In einer Mediengesellschaft sind auch die Ängste informationsabhängig. Gibt es in den bedrohlichen Vorstellungen, die die Menschen heute plagen, Schwerpunkte und Grundmuster? Eine empirische Untersuchung Anfang der 80er Jahre des zwanzigsten Jahrhunderts ergibt ein Bild, das weiterhin gültig ist.[14] Die großen Angstauslöser sind Arbeitslosigkeit, Umweltzerstörung, aber auch die Befürchtung, einen geliebten Menschen zu verlieren, das Wachstum der Kriminalität, Krieg in Europa, die zunehmende Rücksichtslosigkeit der Menschen, die Verwandlung der Arbeitswelt durch moderne Technologie, das Versiegen der Energiequellen und persönlich: schwere Krankheit, Unfall. Es gibt zahlreiche weitere Gründe für Angst und Beunruhigung, kaum ein Thema, das nicht fast die Hälfte der Bevölkerung in Sorge versetzt. Diese verschiedenartig wirkenden Angstauslöser reduzieren sich auf vier große thematische Bereiche. Das zeigt eine sogenannte Clusteranalyse. An erster Stelle steht ein Komplex, den man allgemein als „grünes Thema" bezeichnen

---

13 Dazu Sebastian Haffner: Geschichte eines Deutschen. DVA. Stuttgart, München 2000
14 Gerhard Schmidtchen: Angst und Hoffnung. Beobachtungen zur Sozialpsychologie der Krise. In: Nikolaus Lobkowicz (Hrsg.): Irrwege der Angst, Chancen der Vernunft, Mut zur offenen Gesellschaft. Hanns Martin Schleyer-Stiftung, Köln 1983

könnte: „Arbeitslosigkeit, Umwelt, Energiequellenpessimismus und Computer". In einem zweiten Themenbereich kommen persönliche Ängste zusammen. „die Furcht, einen geliebten Menschen zu verlieren, Krankheit, Verschlechterung der persönlichen Wirtschaftslage, Ärger in der Familie oder im Betrieb". In diesem persönlichen Themenbereich steht aber überraschenderweise auch die Kriegsfurcht. Das bedeutet: Krieg gilt als Inbegriff der Auflösung der persönlichen Sicherheiten.

Ein drittes Grundthema, das Angst auslöst, lässt sich durch die folgenden Entwicklungen kennzeichnen: „steigende Kriminalität, die Menschen werden rücksichtsloser, das Misstrauen wächst, man stellt Ansprüche, ohne glücklich zu werden, immer weniger Menschen glauben an Gott, es ist schwer, heute Bescheid zu wissen". Das Gemeinsame dieser Angstauslöser ist die schwindende Geltung der Moral. Moralischer Konsens erhöht die Verhaltenssicherheit, damit die Kompetenz des Einzelnen. Wenn man Mitmenschen trauen kann, lässt sich leichter etwas ins Werk setzen, Probleme lassen sich leichter lösen. Wenn man auf die Moralität der Mitmenschen nicht mehr setzen kann, steigen die Interaktionskosten. Die Menschen werden misstrauisch und verschließen sich. Situationen, die nach moralischen Regeln beherrschbar wären, erweisen sich plötzlich als unbeherrschbar und bedrohlich. Zu diesem Moralfaktor gehört übrigens auch die Klage, dass in den Medien immer nur das Negative berichtet wird. Die Medien werden also unter der Perspektive gewertet, ob sie zu einer Moral beitragen, die die Lebensqualität erhöht. Der vierte Bereich der Angstauslöser ist durch drei Themen repräsentiert: Gefährdung der Demokratie, Bedrohung der Freiheit, die Angst vor freiheitswidrigen Entwicklungen des politischen Systems. In den Ängsten wird negativ deutlich, was positiv zur Handlungsarena der Menschen gehört: die physische und organisatorische Umwelt, die persönlichen Beziehungen, der moralische Konsens und das System der Politik. In diesen vier Bereichen sind die modernen Angstauslöser zu suchen, die Plagen von heute.

Ängste haben nicht nur eine thematische Ordnung, sondern auch einen Bezug zum Handelnden. Eine mehrdimensionale Skalierung (MDS-Analyse) zeigt die Anordnung der Ängste im psychischen Raum. Die MDS-Analyse beruht auf einer Matrix von Ähnlichkeitsmaßen aller Äußerungen. Diese Ähnlichkeiten werden, wie schon dargelegt, in Distanzen übersetzt, je ähnlicher zwei Äußerungen, desto mehr rücken sie im Raum zusammen und je unähnlicher, desto größer ist die Distanz zwischen ihnen. Für die vorliegenden Äußerungen über Angst erwies sich eine dreidimensionale, also räumliche Lösung als die adäquateste. In diesen drei Dimensionen des Raumes, der sich nun ergibt, verbergen sich drei Ordnungsprinzipien. Schauen wir uns die Plazierung der Ängste an, so sehen wir, dass links externe Bedrohungen gruppiert sind, wie Umweltzerstörung, einen geliebten Menschen verlieren oder Krieg, und sodann gibt es auf der rechten Seite interne Bedrohung, wie Unglaube, Unmoral, Misstrauen der Menschen gegeneinander. Die zweite Dimension, die zusammen mit der ersten die waagerechte Fläche definiert, könnte Person und System genannt werden. Ein Beispiel für die Bedrohungen aus dem System ist die Angst vor einer unmenschlichen Arbeitswelt, im Hintergrund die Bedrohungen, die sich nur auf die Person beziehen und diese treffen können, wie Unfall, Krankheit. Die dritte, senkrechte Dimension, das Oben und Unten, reicht vom Sozialen zum Politischen. Weit oben angeordnet ist die Angst vor Arbeitslosigkeit und Kriminalität, ganz unten die Furcht vor zuviel staatlicher Kontrolle, vor einer Gefährdung der Demokratie. (Vergl. die folgenden Schaubilder)

**Angst-Themen im psychischen Raum. MDS undCluster-Analyse**

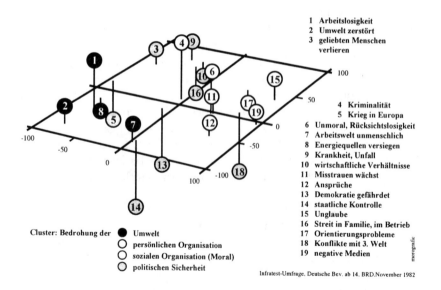

1  Arbeitslosigkeit
2  Umwelt zerstört
3  geliebten Menschen verlieren
4  Kriminalität
5  Krieg in Europa
6  Unmoral, Rücksichtslosigkeit
7  Arbeitswelt unmenschlich
8  Energiequellen versiegen
9  Krankheit, Unfall
10  wirtschaftliche Verhältnisse
11  Misstrauen wächst
12  Ansprüche
13  Demokratie gefährdet
14  staatliche Kontrolle
15  Unglaube
16  Streit in Familie, im Betrieb
17  Orientierungsprobleme
18  Konflikte mit 3. Welt
19  negative Medien

Cluster: Bedrohung der  ● Umwelt
                        ○ persönlichen Organisation
                        ○ sozialen Organisation (Moral)
                        ○ politischen Sicherheit

Infratest-Umfrage. Deutsche Bev. ab 14. BRD.November 1982

Infratest-Umfrage, Deutsche Bev. ab 14, BRD, November 1982

Die Zahl der Sorgen und Ängste ist groß. Wollte man nur danach urteilen, so müsste man zu dem Schluss kommen, dass die Deutschen eine lamentöse Nation von Verzagten sind. Eine Antwort darauf verbietet sich, bevor man nicht eine zweite Komponente zur Kenntnis genommen und mit der Angst in Verbindung gebracht hat, die Hoffnung. In einer Welt voller bedrohlicher Probleme sehen die Deutschen zugleich große Hoffnungen. Die größte erwächst im ganz persönlichen Bereich, beruht auf der Gewissheit, Menschen um sich zu haben, die man schätzt (75 Prozent). Die Fortschritte der Medizin betrachten 66 Prozent als Hoffnungsquelle, den heute so starken Friedenswillen 64 Prozent, es sind ebenfalls so viele, die sich zutrauen, sich auch persönlich in schwierigen Zeiten zu behaupten. 60 Prozent vertrauen hoffnungsvoll auf die Kollektivtugend von Fleiß und Tüchtigkeit, ebenso 60 Prozent auf den Freiheitswillen der Menschen, 50 Prozent schöpfen Hoffnung aus der Beobachtung, dass die jungen Menschen heute so selbständig sind. 45 Prozent stimmt es zuversichtlich, dass sich die Bürger heute besser Gehör verschaffen können, 44 Prozent glauben an den Erfolg der freien Marktwirtschaft, 41 Prozent erwähnen bei dieser Frage ihr persönliches Gottvertrauen und 35 Prozent gibt die UNO Hoffnung.

## Angst-Themen im psychischen Raum

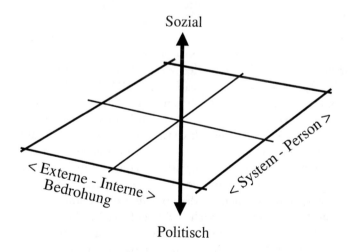

In dieser rhapsodischen und nicht vollständigen Aufzählung scheint ein zentrales Hoffnungsmotiv nicht sichtbar. Überprüfen wir jedoch mit einer mehrdimensionalen Analyse und einer zusätzlichen Clusteranalyse die Verwandtschaftsbeziehungen der verschiedenen Äußerungen, wie weit sie einander ähnlich sind und was sie trennt, so sind zwei große Bereiche erkennbar: Der erste ist gekennzeichnet durch persönliches Selbstvertrauen und durch zahlreiche Hinweise auf die Kompetenz des Staatsbürgers: besser informiert als früher, die jungen Leute sind selbständig, mehr Menschen haben eine gute Ausbildung, die Bürger verschaffen sich mehr Gehör, Friedenswille, Freiheitswille und die Idee der sozialen Gerechtigkeit seien verankert. Und schließlich gehört in diesen Bereich der Hinweis, dass man Menschen um sich habe, die man schätze. Die persönliche, auch ins politische hineinwirkende Kompetenz des Bürgers ist also psychologisch im Primärbereich angesiedelt, erfährt hier ihre Verstärkung. Kompetenz und Selbstbewusstsein sind sozial abgesichert und bedürfen dieser Absicherung. Damit sind wir auf eine erste zentrale Motivgruppe gestoßen: Bürgerkompetenz und das sozial abgesicherte Selbstbewusstsein des Einzelnen sind eine Quelle der Hoffnung, gerade auch in schwierigen Zeiten. Alle übrigen Äußerungen bilden einen zweiten besonderen und räumlich deutlich abgegrenzten Motivbereich. Das gemeinsame Thema dieser Hoffnungsquellen ist die institutionelle Kompetenz. Die Stichworte lauten: Fortschritte der Medizin, wir, also das Kollektiv, können mit Fleiß und Tüchtigkeit schwierige Zeiten meistern, auf die Dauer siege die Vernunft, gleichsam die naturrechtliche Basis der Institutionen. Die Großmächte würden die Verantwortung für den Frieden erkennen, die freie Marktwirtschaft bewähre sich, die Währung sei stabil und es gäbe die UNO. Eingebettet in diesen institutionellen Vertrauensbereich sind die Äußerungen, dass sich die Kirche für die Menschlichkeit einsetze und „mein Glaube und mein Gottvertrauen". Die Welt mag schwierig sein, aber wer sich auf das Bewusstsein persönlicher und institutioneller Kompetenz stützen kann, vermag zuversichtlich auf beängstigende Situationen zuzugehen.

Im Bewusstsein des Akteurs bilden die Hoffnungsthemen einen Bedeutungsraum, der im Wesentlichen wiederum durch drei Dimensionen erschlossen werden kann. Von links nach rechts auf der Fläche verläuft die Dimension „individuell – kollektiv". Beispiele für die individuell, also im Personensystem begründeten Hoffnungen sind, dass die jungen Leute so selbständig sind, dass die Bürger heute im allgemeinen besser informiert sind. Auf der rechten Seite sind die kollektiven Tugenden angesiedelt, zum Beispiel dass wir mit Fleiß und Tüchtigkeit auch schwierige

Zeiten meistern können. Es ist also von „wir" die Rede. Von vorn nach hinten sind die Äußerungen in der Dimension „institutionell" und „personell" geordnet. Für die institutionelle Seite der Achse steht zum Beispiel der medizinische Fortschritt, für die persönliche Seite, dass ich Menschen um mich habe, die ich schätze. Für die dritte Dimension, die „ideell" oben und „pragmatisch" unten genannt werden kann, steht die Bürgeraktivität als ideell und die Selbstbehauptung, die persönliche, als pragmatisch. Charakteristisch ist auch die Hoffnung auf die UNO ganz oben im ideellen Bereich und ganz unten, also antipodisch, die Hoffnung auf den Sieg der Vernunft. Das zweite ist pragmatisch und wird offenbar in einer gewissen Entfernung von der UNO gesehen. (Vergl. die folgenden Schaubilder)

## Hoffnungsthemen im psychischen Raum
## MDS und Cluster-Analyse

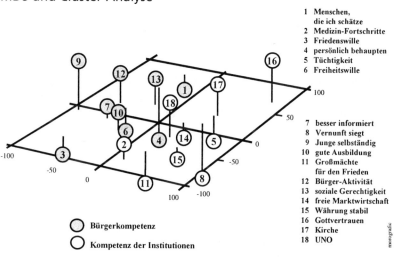

1 Menschen, die ich schätze
2 Medizin-Fortschritte
3 Friedenswille
4 persönlich behaupten
5 Tüchtigkeit
6 Freiheitswille

7 besser informiert
8 Vernunft siegt
9 Junge selbständig
10 gute Ausbildung
11 Großmächte für den Frieden
12 Bürger-Aktivität
13 soziale Gerechtigkeit
14 freie Marktwirtschaft
15 Währung stabil
16 Gottvertrauen
17 Kirche
18 UNO

Bürgerkompetenz
Kompetenz der Institutionen

Infratest-Umfrage, Deutsche Bev. ab 14, BRD,November 1982

Hoffnungsthemen im psychischen Raum

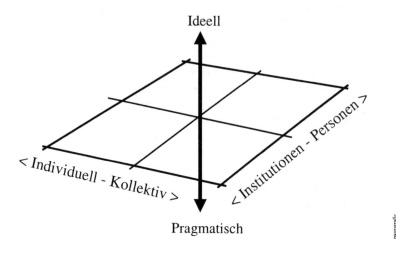

In welchem Verhältnis stehen Angst und Hoffnung zueinander? Wird die Gnade der Hoffnung nur denen zuteil, die unfähig sind, Probleme zu sehen? In einem weiteren Schritt der Datenreduktion verwandeln wir zunächst unsere Testserien über Angst und Hoffnung in zwei Skalen. Setzt man beide zueinander in Beziehung, so zeigt sich, dass sie fast nichts miteinander zu tun haben. Der Korrelationskoeffizient Kendalls Tau-B ist mit 0,17 so niedrig, dass man praktisch nicht von einem Zusammenhang sprechen kann. Das bedeutet: Ängste und Hoffnungen entstehen auf ganz verschiedenen Feldern durch unabhängige Kommunikation und Lernprozesse, durch Erfahrungen, die unabhängig voneinander sind. Hoffnung kann es also auch in fast verzweifelten Situationen geben und Hoffnungslosigkeit ohne rechte Gründe. Somit wäre die Frage der Zukunftsperspektiven ein Problem des Gleichgewichtes von Ängsten und Hoffnungen. Unsere beiden Skalen lassen sich in etwas drittes verwandeln, nämlich in eine Bilanzierung von eben Ängsten und Hoffnungen. Diese Bilanzskala zeigt sehr deutlich, dass man unabhängig von der Zahl der Ängste dort hoffnungsvoll in die Zukunft blickt, wo es mehr Quellen der Zuversicht gibt, als Anlässe zur Besorgnis. Kleinmütig werden Menschen, wo die Zahl der Angstthemen die Zahl der Hoffnungsquellen überwiegt, dort sind die Ausblicke schwarz. Die bloße Addition von Ängsten macht nicht ängstlich und die bloße Addition von Hoffnungen nicht hoffnungsvoll. Es kommt auf die Bilanz zwischen beiden an. Ein Angstvoller kann zuversichtlich sein, wenn seine Hoffnungsstützen überwiegen – und „Angstfreiheit" ist kein Programm, das notwendigerweise zu Optimismus führt.

Da das Ausmaß von Angst und Hoffnung sich aus dem Zusammenspiel von Anforderungssituation und Kompetenz ergibt, kann der soziale Wandel auf zweierlei Weise das Ausmaß von Angst oder Hoffnung in einer Gesellschaft beeinflussen: durch Steigerung der Probleme oder durch Schwächung der Kompetenz. Eine Schwächung der individuellen Kompetenz des Selbstvertrauens tritt ein, wenn man mit dem bisherigen Wissen, mit der bisherigen Praxis nicht mehr weiter kommt; wenn zum Beispiel junge Menschen merken, dass sie zwar gebildeter sind als ihre Väter, aber gleichwohl ratlos vor Problemen stehen. Interessant ist in diesem Zusammenhang eine amerikanische Untersuchung von 1957, die der damalige Hauptautor Josef Veroff[15] nach fast 20 Jahren wiederholte. Es handelte sich um ein Projekt über mental health. Die Antworten auf projektive Bildergeschichten wurden zwischen den Jahren 1957 und 1976 verglichen. Männer betonen mehr die Selbstdurchsetzung, den Machtgewinn. Gleichzeitig stieg damit die Angst vor Machtverlust, Angst vor Schwächen, nicht nur im Beruf, sondern auch in der Familie, gegenüber Kindern, gegenüber Frauen. Deutlich schwächer wurde bei Männern die Neigung, persönliche Beziehungen zu kultivieren. Die Autoren bemerken: ein ironischer Befund angesichts der Tatsache, dass in den letzten Jahrzehnten so viel von Interaktion und der Entwicklung von Kommunikationsbefähigungen die Rede gewesen ist. Frauen im Gegensatz zu Männern suchen mehr als früher den Erfolg, nicht die Macht, sie wollen etwas interessantes tun und erreichen. Das verträgt sich viel besser mit der Pflege persönlicher Beziehungen als das reine Machtstreben. Offenbar haben die Männer die Erfahrung gemacht, dass das Streben nach Macht und Einfluss mehr belohnt wird als die Pflege persönlicher Beziehungen und das Interesse an der Sache. Männer scheinen, so Veroff, menschliche Beziehungen zu opfern, um durch Einfluss und Status in der sozialen Umwelt Profil zu finden. Die alte Rolle, auch gegenüber Frauen, können Männer nicht mehr spielen und so ziehen sie sich auf das scheinbar befriedigende Geschäft zurück, Einfluss zu erringen und werden genau dabei von Ängsten verfolgt. Die Studie rückt in helles Licht, was passiert, wenn sich das Verständigungssystem über Normen,

---

15 Josef Veroff, Charlene Depner, Richard Kulka and Elisabeth Douvan: Comparison of American Motives: 1957 versus 1976. Journal of Personality and Social Psychology 1980. Vol. 39, No. 6, 1249-1262

über Rollen, über das, was richtig und falsch ist, so ändert, dass zwischenmenschliche Beziehungen problematisch erscheinen, risikoreich, eine Quelle von Misserfolgserlebnissen und Vergeblichkeit. Die Kompensation dieses Verlustes durch Streben nach Macht und Einfluss trägt zur weiteren Unterkühlung und Zerstörung von Beziehungen bei und heftet die Ängste genau an das, was man jetzt begehrt, nämlich Einfluss. Wieviel Angst in der Gesellschaft ist, hängt vom Stil unserer Beziehungen ab.

## 1.3. Perspektivität in Raum und Zeit: Bewegung und Geborgenheit

Eine ursprünglich aus einem pastoralen Interesse angeregte Frage, was den Menschen heilig ist, führte zu zwei überraschenden Einsichten. Die erste Überraschung: das Heilige beschränkt sich nicht auf kirchliche Schriften, Rituale und Sakramente, auch nicht auf eine personal verstandene Andachtsfrömmigkeit, sondern in der Hauptsache auf Gesellschaftliches und Politisches. Obenan steht die persönliche Freiheit, die freiheitliche Staatsform, das Erziehungsrecht der Eltern, aber dann auch das Weihnachtsfest in der Familie, der Zusammenhalt in Familie und Verwandtschaft. Max Weber schreibt: „Das Heilige ist das spezifisch Unveränderliche".[16] Unter dem Heiligen stellen sich die Menschen also Garantien vor, soziale Schutzbereiche, Dinge, die sie sich unter keinen Umständen abhandeln lassen wollen. Die zweite Überraschung bestand in der Motivstruktur dieser Antworten. Sie ordnen sich in zwei Dimensionen, eine Antwortgruppe ist eindeutig der Freiheit, der Bewegung zugeordnet. Grundlegend für das Bewusstsein von Freiheit ist zunächst der Gedanke, gehen zu können, wohin man will, ohne sinnlose Grenzen oder sinnlose Regeln sein Ziel erreichen zu können. Deswegen tauchen die Freiheits-Ideale in der Bewegungsdimension auf, ferner Pünktlichkeit des Arbeitsschlusses, die Fahrt in die Ferien, die Fahrt mit dem eigenen Auto, mit der Mode mitgehen zu können, abends ungestört Fernsehen, aber auch der Sonntag als Ruhetag. Die andere Motivdimension ist das Streben nach Geborgenheit. Hierher gehört die Familie, die Feste in der Familie, dass ich Deutscher bin, die Heimatliebe, Pflichterfüllung, die christliche Taufe als ein Sakrament, das für die Verankerung im sozialen Kosmos sorgt und schließlich gehören in diese Dimension der Gebor-

---

16 Max Weber: Wirtschaft und Gesellschaft, Tübingen 1925

genheit die religiösen Symbole und Rituale, das Kruzifix, der Kirchgang, die Prozession, das Vaterunser, die Wallfahrt, das neue Testament. Bewegung und Geborgenheit geben sich als elementare anthropologische Grundbedürfnisse zu erkennen. Der Mensch ist ein Wesen unter Interaktionszwang. Wenn Menschen überleben wollen, müssen sie dauernd mit Objekten und Personen interagieren. Wer das nicht mehr kann, ist entweder psychiatrisch oder körperlich ein klinischer Fall. Getrennt von der Welt der Alltagsobjekte, in einer Wüste zum Beispiel, sind wir in wenigen Tagen tot. Interagieren zu können, heißt aber zugleich, dass die Präsenz von Partnern und Objekten gewährleistet ist. Interaktion wird in der Regel mit Hilfe und oft allein über Geräte erfolgen. Der Mensch ist ein Gerätewesen – auch in der Kommunikation. Die Umwelt muss also eine bestimmte Struktur haben, um optimales Handeln zu ermöglichen. Im Heiligen repräsentieren sich die Garantien von Bewegung und Geborgenheit, auf die jeder ortsunabhängige, mit einem Wahrnehmungs- und Informationsverarbeitungssystem ausgestattete Organismus angewiesen ist. Jeder bewegliche Organismus braucht Ruhe- und Zufluchtsräume, in denen die Regeneration und Reproduktion geleistet werden kann. Jeder mit Fortbewegungsorganen ausgestattete Organismus braucht Bewegungsräume und Bewegungsfreiheit, ohne die keine Ressourcen beschafft werden können. Die Bewegungsdimension ist also die Unterhaltsbeschaffungsgarantie und die Geborgenheitsdimension die Garantie für eine bestimmte Ordnung der Dinge, welche die für die Regeneration, das Spiel, die Reproduktion erforderliche Gewissheit und Erwartungsstabilität zur Verfügung stellt. Diese Garantiedimensionen schreiben indessen noch nicht vor, was in Wirklichkeit geschieht, was die Menschen tun werden, um zwischen Geborgenheitsanforderungen und Bewegungsansprüchen zu optimieren. Dies kann man sich durch eine Pareto-Kurve veranschaulichen (Grafik). Die Zweidimensionalität der Grundbedürfnisse eröffnet zahlreiche Gestaltungsmöglichkeiten, die Gegenstand von gesellschaftlichen und politischen Entscheidungen bzw. Optimierungstheorien sein können. Es gibt Gesellschaftssysteme, die der Geborgenheit zu viel an Beweglichkeit und freier Interaktion opfern. Diese, meistens zentral geleiteten Gesellschaftssysteme bremsen die eigene Entwicklung. Es gibt andere Gesellschaftssysteme, die Interaktion und Beweglichkeit protegieren und dafür ein hohes Maß von sozialer Desorganisation von individueller Verlorenheit und Kriminalität in Kauf nehmen. Gewiss ist nur, dass innerhalb dieser Grunddimensionen die Optimierung individuellen Lebens und des sozialen Verbandes gesucht werden muss. Anhand dieser Pareto-Kurve kann man sich auch leicht

klar machen, dass junge Leute mehr an der Bewegungs- und Ressour-
cendimension interessiert sein werden und Ältere ihre Optimierung näher in die Geborgenheitsdimension rücken.

## Dimensionen des „Heiligen": Bewegung und Geborgenheit
## Die Gesellschaftliche Übersetzung: Freiheit und Kontrolle

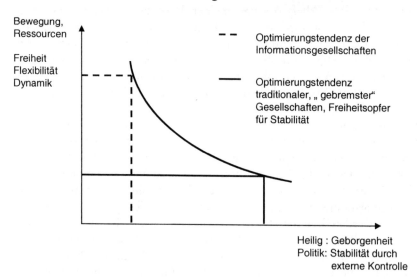

Bewegung,
Ressourcen

Freiheit
Flexibilität
Dynamik

– –  Optimierungstendenz der
     Informationsgesellschaften

——  Optimierungstendenz
     traditionaler, „ gebremster"
     Gesellschaften, Freiheitsopfer
     für Stabilität

Heilig : Geborgenheit
Politik: Stabilität durch
externe Kontrolle

Wenngleich die zweidimensionale Struktur der Grundbedürfnisse, das
heißt: der elementaren Ansprüche an die Gestalt der Umwelt, auf ein
biologisches Schema verweist und insofern gut begründet ist, also auch
immer wieder geltend gemacht wird, so folgt daraus noch kein bestimmter Aufbau von Gesellschaft und Staat. Im Gegenteil, gerade diese
zweidimensionale Grundstruktur eröffnet unterschiedliche Optionen.
Selbst unter Optimierungsgesichtspunkten sind verschiedene Lösungsmöglichkeiten denkbar. Das Ertragsoptimum wird sehr verschieden aussehen, je nachdem wie die Komponenten der Geborgenheit und der Bewegung bewertet werden, und das liegt nicht in den Dimensionen selbst,
sondern ist konsensabhängig. So gesehen besteht gegenüber den Grundbedürfnissen Konstruktionsfreiheit, nur die unteroptimalen Grenzberei-
che werden Widerstand erzeugen. Eines aber ist mit Sicherheit zu sagen,
dass jeder menschlichen Gemeinschaft das Problem der Bewegungsfreiheit, der Mobilität und das Problem der Geborgenheit, der Ordnung auf-

getragen ist, und dass legitimierte Lösungsmöglichkeiten gefunden werden müssen. Legitimation wird durch Leistung produziert, das heißt: durch Produktivität und distributive Gerechtigkeit. Wohin die Reise geht, sagen die Grundbedürfnisse nicht, aber sie bleiben die ständigen Begleiter der Politik und der gesellschaftlichen Ordnung.

## 1.4. Pannenanfälligkeit des Denkens in Raum und Zeit

Grundlegend für das Verständnis der Orientierungsweisen der Menschen ist der Einblick in die Räumlichkeit ihres Denkens, in die Zeitperspektive, die psychisch sich im Wesentlichen als Angst und Hoffnung präsentiert. In diesen Koordinaten bewegen sich die Menschen, suchen nach Möglichkeiten der Expansivität und Freiheit ebenso wie nach Geborgenheit. Aus diesem vertrauten Nahbereich brechen sie immer wieder in die Ferne auf.

*Raum*: Psychische Welten bauen sich aus der Vergegenständlichung unserer Erfahrung auf. Die Wirklichkeit des Seelischen besteht aus einem Arrangement von Gegenständen nach Analogie des Raumes. Der *erste* Ordnungsgesichtspunkt ist zunächst Nähe und Ferne, Vertrautheit und Fremdheit. Damit aber geraten die verschiedenen Gegenstände untereinander in eine dynamische Situation. Die Beziehung der Gegenstände zum Subjekt bleibt nicht eindimensional, sondern sie werden je nach ihrer emotionalen Bedeutung kreuz und quer oder nach Höhe und Tiefe geordnet. Das ist das *Zweite*. Dieser psychische Raum bleibt nicht konstant. Das Subjekt kann sich ändern, seine Position darin wechseln oder aber die Gegenstände ändern sich durch Neuinterpretation, durch neue Information. Wir erfahren dauernd etwas, das unser Weltbild verändert. Unsere Innenwelt kann expandieren, aber auch schrumpfen. Jeder Nachrichtenstrom löst dynamische Prozesse aus. Die Richtung dieser Vorgänge wird durch zwei Prinzipien gesteuert: Widerspruchsfreiheit als Moment der Realitätskontrolle und Einfachheit als ökonomisches Orientierungsprinzip. Weder das eine noch das andere Prinzip garantieren am Ende besseres Wissen oder gar Aufklärung. Das Gebot der Widerspruchsfreiheit kann zur Leugnung führen, das Ökonomieprinzip zum Vorurteil. Aus diesen Beobachtungen über die elementaren Prinzipien der Weltwahrnehmung lässt sich eine anthropologische Einsicht ableiten. Das Orientierungsverhalten der Psyche enthält keine Garantie für Vernunft. Aufklärung kann sich erst im Überindividuellen entfalten, im moralischen Diskurs der Gemeinschaft. Wenn eine Gesellschaft und ihre

Institutionen dies vergessen, und die Orientierung in falschem Liberalismus allein dem Einzelnen überlassen, ist der Weg zu kollektiver Dummheit nicht weit. Daran ändern auch die elektronischen Medien nichts. Die neuen Kommunikationsmedien, die weder nationale noch kontinentale Grenzen kennen, und die schnellen Verkehrsmittel ändern das Raumgefühl. Zunächst wird die Möglichkeit, global zu kommunizieren und für relativ wenig Geld in andere Länder zu reisen, als atemberaubender Zuwachs an praktischer Freiheit empfunden. Wir erleben die Demokratisierung eines einstigen Elite-Typus, des Weltbürgers. Mit der universellen Zugänglichkeit der Welt wird aber auch der eigene Kulturraum für Andere von weither geöffnet. Der Schutz der Regionalität schwindet, soweit dieser Schutzraum um den Preis der Immobilität und durch schwache, aber teure Medien gesichert wurde. In einer globalen Kommunikations- und Reisewirklichkeit kann das Fremde und Befremdliche schnell vor unsere Tür oder per Internet in unsere Wohnung kommen. In das neue globale Souveränitätsgefühl, das mit den schnellen Medien und Verkehrssystemen verbunden ist, schlichen sich Ängste ein. Sie öffnen das Tor für regressive Vereinfachungen.

*Die Zeit als Zukunftsperspektive:* Zu den großen Quellen der Angst, so haben wir gesehen, gehört die Beobachtung, dass sich andere Menschen nicht mehr an moralische Regeln halten oder an die ästhetischen Gesetze des Anstands. Die Klage über die zunehmende Rücksichtslosigkeit ist fast so verbreitet wie die Furcht vor Kriminalität. Drei Fünftel der Bevölkerung glauben Gründe für die Annahme zu haben, dass das allgemeine Misstrauen wächst. Das Anspruchsdenken und die Unfähigkeit, inmitten der Güterfülle glücklich zu leben, irritieren. Die Erfahrung, dass moralische Regeln nicht mehr anwendbar sind, macht Angst. Mit dem Versprechen der Aufklärung und der Befreiung von angeblich bloß restriktiver Moral haben wir eine moralische Verdummung der Gesellschaft eingeleitet. Erst in den Beschränkungen der Handlungschancen, die sich jetzt ergeben, in den negativen Erfahrungen wird die produktive Kraft der Moral wie in einem Gegenbild sichtbar. Die Kreativität der Moral, von der Gemeinschaft abhängig ist, wird wieder entdeckt. Die Kompetenz, mit bedrohlichen Dingen fertig zu werden, hängt also auch vom moralischen Konsens ab. Er ist eine wichtige Ressource für Verhaltenssicherheit und Hoffnung. Wenn es so ist, dass Menschen aus Defiziten lernen, so werden wir eines Tages eine steigende Nachfrage nach Moral erleben oder ästhetisch gewendet: nach neuen, überlegenen Stilbildungen. Moralsysteme sind Vertrauenssysteme.

Viele Menschen sind ängstlich. Zu viele. Das ist kein guter Zustand. Der Einzelne möchte gewiss nicht darin verharren, das Gemeinwesen darf es nicht. Zeiten der Angst bergen immer Gefahren für die Freiheit, insbesondere in einem Land hoher politischer Verführbarkeit. Die Bereitschaft, die persönliche Kompetenz, die Befähigung schwierige Lagen zu meistern, sind da. Was noch fehlt ist die öffentliche Organisation, um diese millionenfachen Befähigungen wirksam werden zu lassen. Wir brauchen nicht nur eine stabile Geldwährung, sondern auch einen berechenbaren Kurswert moralischer Grundsätze. Es muss gültig gesagt werden, was anerkennenswert ist und was nicht. Wenn die Institutionen den Menschen diesen Dienst erweisen, dann wird Misstrauen durch Erfahrung von Gemeinschaft verdrängt und dann werden die Menschen in der Lage sein, ihre Ängste in Hoffnung zu verwandeln.

*Mobilität*: Wenn Menschen auf der Basis von Geborgenheit Freiheit suchen, so denken sie an institutionelle Garantien und religiöse Traditionen. Das aber heißt nicht, dass die sozialen und kulturellen Netze, die Geborgenheit sichern, grundsätzlich konservativ sind, und hinter den Mobilitätserwartungen steckt auch kein Freiheitsbegriff, der nicht wandlungsfähig wäre. Unter neuen gesellschaftlichen und wirtschaftlichen Bedingungen muss auch Freiheit wieder neu bedacht und neu formuliert werden. Die sozialen Netze selbst können Prinzipien der Entwicklung, der Mobilität enthalten und den Einzelnen zum Mitmachen, zur Teilnahme am Fortschritt einladen und motivieren. Aus den Grundbedürfnissen selbst erwächst gesellschaftliche Dynamik, jede Statik würde ihnen zuwider laufen. Das aber bedeutet, dass die Menschen von vornherein damit rechnen, sich innerhalb eines beweglichen Systems orientieren zu müssen, in dem es aber einige verläßliche Grundsätze geben sollte.

Ein Beispiel ist die Lebensplanung junger Leute und ihre Bereitschaft, in diese Planung zu investieren. Wenn die bewegliche Gesellschaft so konstruiert ist, dass sich Bildung auszahlt und wenn die Bildungsangebote den Anforderungen der künftigen Berufswelt und der gesellschaftlichen Kultur entsprechen, dann kann dies zur Planungssicherheit junger Menschen ganz wesentlich beitragen. Sie müssen sich nur diesem Grundsatz anvertrauen und die große Mehrheit tut es, sie ist der Auffassung, dass Bildung sich auszahlt. Diese allgemeine Überzeugung reicht aber meistens nicht aus, um wirklich in Bildung zu investieren. Investition heißt, auf kleinere Gegenwartsbelohnungen verzichten, um die Anwartschaft auf größere in der Zukunft zu gewinnen. Das aber wird nur jemand tun, der darauf vertraut, dass solche Belohnungen auch kommen und es werden nur diejenigen tun, die psychologisch so etwas wie Bedürfnisaufschub gelernt haben. Nach allem was man in der Forschung darüber weiß, lernen Kinder in einer vertrauensvollen Umgebung, dass Lernen keine Mühsal ist, sondern spannend sein kann, und dass Bedürfnisaufschub keine Strafe ist. Geborgenheit in verständnisvollen Familien und Schulen sind die Voraussetzung dafür, dass Kinder und Jugendliche neugierig einen Weg beschreiten, der sich als Investition in die eigene Zukunft erweist. Ob die Investition sich auszahlt oder der Lohn ausbleibt, ist eine Frage der wirtschaftlichen und kulturellen Umwelt. Nicht nur wirtschaftlich sollte es naheliegend sein, solche Investitionen zu nutzen und damit anzuerkennen, auch ein kultureller Konsens ist notwendig, um für Bildungsanstrengungen und ethische Motive ein Klima von Anerkennung zu schaffen, das wiederum ein Anreiz ist, zu einer zivilen Wissenskultur beizutragen. Aus der Geborgenheit der pädagogischen Kultur kommend werden den Kindern die elektronischen Informationszugänge eine große Hilfe sein.

# 2. Die geheime Ordnung von Erlebnissen

Warum beschäftigen wir uns mit den grundlegenden Strukturen menschlicher Orientierung, mit dem biologischen Bauplan der Informationsverarbeitung? Es geht um die Frage: Wie können wir uns in Zeiten der Veränderung treu bleiben? Treu können wir uns bleiben, wenn wir auf die Signale des Geschöpfes Mensch horchen und sie entziffern, ordnen. Die digitale Welt ist dieser Schöpfung Mensch entsprungen, eine Extension der Intelligenz. Die digitale Informationstechnologie tut das, was alle Technik tut, die Menschen sich ausdenken: sie verleiht Herrschaft und verspricht Entlastung. Darin ist Verführung und Schrecken zugleich. Das technische System und seine Organisation treten dem Menschen eigengesetzlich entgegen. Das Geschöpf Mensch kann darin, in seinen eigenen Schöpfungen beschädigt werden und an seiner Bestimmung vorbeigehen, die Mitmenschlichkeit und Freiheit verheißt. Wenn wir nach den Grundtatsachen der Orientierung fragen, so geht es um die Selbstbehauptung in einer Welt, die wir als übermächtig empfinden.

Die millionenfachen alltäglichen Gespräche zwischen Menschen sind die eigentliche Massenkommunikation. Ihr wesentlicher Inhalt sind Erlebnisse. Die Gesprächspartner und -partnerinnen berichten einander, was der oder die gesagt, getan haben, wie sie sich selber dazu stellen. Auf das Niveau von Erfahrungen können diese Erlebnisse gehoben werden, wenn Regeln, allgemeine Urteile aus ihnen hervorgehen. Diese Alltagsgespräche haben Austausch- und Orientierungsfunktion. Man zahlt mit Information und bekommt welche. Gesucht wird Zuspruch, Selbstdarstellung, Trost, Übereinstimmungserlebnis, die Chance, sich zu amüsieren, Unterhaltung, Befriedigung sozialer Neugier, die Möglichkeit, sich zu vergleichen. Ohne dass dies die primäre Absicht wäre, erfüllen die Alltagsgespräche eine Orientierungsfunktion. Sie stabilisieren oder es entwickelt sich etwas aus ihnen. Die unmittelbare Folge von Erlebnissen und ihrer Darstellung im Gespräch ist die Entstehung von Gefühlswelten im Urteilen. Aber wie ist dieser Teppich geknüpft, welche Muster sind erkennbar? Wie sicher ist die Orientierung, die aus dem Stoff von Erlebnis und Gefühl gemacht ist?

„Gefühle sind nicht Erkenntnisse", dies schreibt Immanuel Kant in der allgemeinen Anmerkung zum dritten Stück seiner Schrift über „Die Religion innerhalb der Grenzen der bloßen Vernunft".[17] Das ist kein Satz gegen die Bedeutung des Gefühls, sondern die bloße Abgrenzung des Gefühls gegenüber dem religiösen Geheimnis. Gefühle seien weder Erkenntnis noch Geheimnis, aber sehr wohl Gegenstand und Basis von Urteilen. Ausführlich beschäftigt sich Kant mit der Rolle der Gefühle in der Kritik der Urteilskraft, der psychologischsten Schrift der transzendentalen Philosophie. Er analysiert die Gefühle von Lust und Unlust im ästhetischen und moralischen Urteil – eine Vorwegnahme der modernen Lerntheorie. Wenn wir etwas empfinden, so sind wir auch gleich mit dem Urteil bei der Hand. In der Empfindung kommt eine Position zum Ausdruck. So haben Erlebnisse eine praktische Bedeutung. Wir richten uns danach ein. Es gibt erfreuliche und unerfreuliche Erlebnisse. Wir werden die Tendenz haben, die schöneren aufzusuchen. Wichtig ist, dabei nicht betrogen zu werden, also wird man versuchen, sich bei anderen zu vergewissern. Aber wie geschieht das? Kann man Gefühle mitteilen und darin Übereinstimmung herstellen? Das ist das große Thema der Kritik der Urteilskraft. Eine Rückbesinnung auf Kant ist deswegen wichtig, weil wir hier Antworten finden auf die Frage: wie sind Urteile möglich auf einem Felde, auf dem es weder theoretisch noch empirisch Gewissheiten gibt und keine Beweise. – Das ist die erste Frage.

An diese Betrachtung schließt sich eine zweite Frage an. Was bedeuten Erlebnisse und die mit ihnen einhergehenden Gefühle für die Person und den Platz, den sie sich in der Welt zuordnet? Dazu müssen Erlebnisse und Gefühle selber analysiert, gleichsam zerlegt werden. Erlebnisse sind von Gefühlsströmungen begleitet, die mit jeder Erzählung wieder aktiviert werden können. Wir spüren körperlich, je nach Tenor der Geschichte, in der Magengegend, was wir empfinden. Die Geschichten haben ihr endokrines Profil. Wenn wir unsere Gefühle mitteilen wollen, können wir uns nicht auf einfaches Reden beschränken, auf Stereotype. Wenn wir verstanden werden wollen in der Art und Weise, wie wir etwas erleben, müssen wir differenziert sprechen. Das aber heißt: Erlebnisse sind sehr komplexer Natur. So deutlich und gefühlsmäßig einheitlich sie

---

17 Kant"s gesammelte Schriften. Herausgegeben von der Königlich-Preußischen Akademie der Wissenschaften, Werke, Band VI. Berlin 1907, S. 138

auch in uns aufsteigen, sie sind nichts Einheitliches, sie sind zusammengesetzt. Alles Komplexe besteht aus Elementen, die sehr verschiedenartig sein können, nicht wiederzuerkennen im Ergebnis. Wer hätte vor der Elektrolyse gedacht, dass Wasser aus zwei Gasen besteht? In den Erlebnissen, die wir suchen und konstruieren, die wir haben und interpretieren, vergegenständlicht sich das Wesen unserer Person.

Erlebnisse und deren Struktur sind nicht zufällig in der Gesellschaft gestreut. Daraus ergibt sich die dritte Frage, welche Außenstruktur unsere Erlebniswelt hat. Die Organisation der Bildung, der Arbeit, die Familienstruktur und das kulturelle Leben, politische Kultur und Religion bestimmen die Themen, die Handlungsverläufe und deren Folgen, aus denen sich Biografien zusammensetzen. Zum Teil können wir diese Erlebnisserien beeinflussen, uns eklektisch verhalten, dadurch das wir gesellschaftliche Rollen und Optionen ergreifen.

Die Digitalisierung von Geräten und Medien hat eine neue Gegenstandswelt entstehen lassen, die Aufmerksamkeit und Motivation auf sich zieht und damit in Arbeit und Freizeit neuartige Erlebniswelten erzeugt. Überall begegnen die Menschen Geräten und Maschinen, in denen eine eingebaute Intelligenz abrufbar verborgen ist. Diese moderne digitalisierte Welt betreten die Menschen mit ihren archaischen Strukturen des Erlebens, des Wägens und Ordnens. Sind die anthropologischen Konstanten des Menschseins eine ständige Fehlerquelle in der modernen Zivilisation oder bilden gerade die grundlegenden Erlebnisweisen die Basis der Kreativität im Umgang mit neuen Informationsmedien und Produktionstechnologien? Um Antworten zu finden werden im folgenden drei Aspekte des Erlebens untersucht: Ästhetik, Vergegenständlichung und Dynamik, die Tatsache also, dass Erlebnisse nicht neutral bleiben. Die Antworten auf die Ausgangsfrage werden nicht eindeutig ausfallen.

## 2.1. Lust und Unlust als Grundlage des Urteilsvermögens

Klassisch für Kant sind zwei Fragen, die Philosophie beantworten müsse: Wie Menschen Naturerfahrung machen und wie sie mit sich selber zurecht kommen. Er behandelt beide Fragen in der Form transzendentaler Kritik. Die Gegenstände unseres Erkenntnisinteresses liegen normalerweise außerhalb von uns. Kant übersteigt, transzendiert diese Begrenzung., indem er sich der Frage zuwendet, nach welchen Regeln es im menschlichen Kopf eigentlich zugeht. Wie können wir überhaupt etwas erkennen? Diese innere Welt erschließt er sich mit der Frage, wie Erkenntnis überhaupt möglich ist. Nun ist der Mensch nicht nur ein erkennendes Wesen, ein rein kontemplatives, sondern auch ein Wesen, das etwas will. Diesen Willen bezeichnet er in der Sprache des Rokoko als Begehrungsvermögen. Er wendet sich also dem Erkenntnisvermögen und dem Begehrungsvermögen zu. In der Analyse des Erkenntnisvermögens, im wesentlichen in der „Kritik der reinen Vernunft" abgehandelt, kommt er zu seinen klassischen Sätzen über die Erkenntnis a priori. Das sind Gewissheiten, die vor jeder Erkenntnis da sind, zum Beispiel die von Raum und Zeit. Kant deckt in dieser Schrift, die eine Wende in der Philosophie bewirkt hat, die großartige Anthropomorphie unseres Erkenntnisvermögens auf und sagt, dass es die Welt „an sich" gar nicht gäbe, sie sei ein Unding zu denken. Die Welt gibt es nur in einem Bezug zum denkenden Subjekt. Das hört sich an wie eine Vorwegnahme modernster physikalischer Erkenntnisse, sogar der Substanzbegriff der Materie löst sich auf, je nach dem, was man mit ihr macht.

Der Wille ist von Natur her eigentlich ungezügelter Wille, aber er ist an ein Wesen gebunden, das von seiner Vernunft Gebrauch machen kann. Sobald dies geschieht, wächst die Einsicht, dass man im menschlichen Verband besser fährt, wenn man Regeln befolgt. Die Konstitution moralischer Regeln und die Frage, in welchem Ordnungsgefüge man eigentlich frei ist, wird in der Kritik der praktischen Vernunft behandelt. Die reine Vernunft hat es mit der Natur, dem Reich der Notwendigkeit zu tun, die praktische Vernunft mit dem der Freiheit.

Dazwischen gibt es aber noch etwas anderes, das Kant als rätselhaft empfindet. Es ist das Gefühl der Lust und Unlust im Prinzip der Urteilskraft. Dieses Rätselhafte versucht er in seinem Buch „Kritik der Urteilskraft" zu enträtseln. Er spricht davon, dass die Natur dieses Problem so verwickelt habe, so dass eine gewisse Dunkelheit bei der Auflösung desselben nicht zu vermeiden sei. Aber er hofft wenigstens das Prinzip in aller Deutlichkeit darzustellen.

Alle Seelenvermögen sind auf drei zurückzuführen:

1. das Erkenntnisvermögen – das ist der Verstand
2. das Gefühl der Lust und Unlust – das ist die Basis der Urteilskraft
3. das Begehrungsvermögen – mit ihm hat die Vernunft zu tun unter
   dem Prinzip der Freiheit

Um welche Befähigung handelt es sich bei der Urteilskraft? Er sagt, Urteilskraft überhaupt ist das Vermögen, das Besondere als enthalten unter dem Allgemeinen zu denken.

Wenn das Allgemeine gegeben ist – zum Beispiel eine Regel, ein Prinzip, ein Gesetz und der besondere Fall, die besondere Erscheinung wird darunter subsumiert, so ist die Urteilskraft *bestimmend* tätig. Wenn aber das Besondere gegeben ist und die Urteilskraft soll das Allgemeine dazu finden, so ist sie *reflektierend* tätig.

Woran soll sich nun die Urteilskraft halten, wenn sie in der Fülle der Erscheinungen reflektierend herumsucht? Sie hält sich an eine Verstandesregel, dass die Welt einheitlich ist. Da die Naturdinge miteinander verwoben sind, erscheinen sie zweckmäßig, in der Form, im Zusammenwirken. In der Naturbetrachtung hält sich die Urteilskraft an den Grundsatz der Zweckmäßigkeit, „Zweckmäßigkeit der Natur in ihrer Mannigfaltigkeit". Man stellt sich die Natur also vor, als ob ein Verstand den Grund ihrer Einheit gegeben hätte, aber diese Annahme dient nur dazu, reflektierend urteilen zu können. Dieser einheitsstiftende Verstand ist in uns selbst. Dieser Begriff der reflektierenden Urteilskraft hat nichts zu tun mit einer wirklichen Zweckmäßigkeit in der Natur. Zweckmäßigkeit ist das heuristische Prinzip, das Suchprinzip der Urteilskraft.

Mit diesem Ordnungs-a priori sind, wenn es angewendet wird, Gefühle der Lust und Unlust verbunden. Wenn Naturgesetze harmonieren, wenn ungleichartige Regeln oder Gesetze unter höhere einheitliche gebracht werden können, dann haben wir eine Lustempfindung. Wenn wir allerdings auf die Heterogenität der Gesetze stoßen würden, wenn die Vereinigung besonderer Gesetze unter allgemeinen empirisch Nachprüfbarem für unseren Verstand unmöglich wäre, dann würde uns diese „Vorstellung der Natur durchaus missfallen".[18] Wenn wir bei der Auffassung (der apprehensio) eines Gegenstandes Lust empfinden, dann deswegen, weil er eine Angemessenheit besitzt zu „den Erkenntnisvermögen, die in der reflektierenden Urteilskraft im Spiel sind".[19] Wenn wir einen Gegenstand, oder etwas aufgrund unserer allgemeinen Erkenntnisse wahrnehmen, wenn im erkennenden Wahrnehmen ein Übereinstimmungserlebnis ausgelöst wird, dann denken wir unwillkürlich, dass es anderen Menschen auch so gehen muss, wenn sie den Gegenstand betrachten. Wir halten unsere Empfindungen für mitteilbar und so sagen wir anderen, dass ein Gegenstand, eine Handlung schön ist. Kant: „Ein einzelnes Erfahrungsurteil, z.B. von dem, der in einem Bergkristall einen

---

18 Immanuel Kant: Kritik der Urteilskraft. Kant's gesammelte Schriften. Herausgegeben von der Königlich-Preußischen Akademie der Wissenschaften, Werke, Band VI. Berlin 1907, S. 188
19 ebendort, S. 189

beweglichen Tropfen Wasser wahrnimmt, verlangt mit Recht, dass ein
jeder andere es ebenso finden müsse, weil er dieses Urteil, nach den allgemeinen Bedingungen der bestimmenden Urteilskraft, unter den Gesetzen einer möglichen Erfahrung überhaupt gefället hat."[20] Aus der Allgemeinheit folgt, dass die reflektierende Urteilskraft nicht nur Objektemp-
findungen auslöst, sondern sie bezieht sich auch auf die Subjekte, weil
deren Beziehungen zu Formen oder Unformen genau dem gleichen ästhetischen Urteil unterliegen. Wenn aber aus einem Geistesgefühl heraus
die Subjektivität des Handelnden beurteilt wird, so spricht er von der
Ästhetik des Erhabenen, was natürlich auch je nach Situation auf eine
Ästhetik des Lächerlichen hinauslaufen kann.

   Die ästhetischen Urteile sind nicht objektiv. Sie beziehen sich auf das
Gefühl von Lust und Unlust und dadurch wird im Objekt nichts bezeichnet, sondern nur wie das Subjekt sich angesichts der Objekte selber
fühlt. Die Lust und Unlust des ästhetischen Urteils ist nicht mit Wohlgefallen zu verwechseln. Wohlgefallen beruht auf Interesse, das Geschmacksurteil aber ist unabhängig von allem Interesse. Es kommt nur
auf das Formale an, nicht darauf, ob der Gegenstand als solcher erwünscht ist oder nicht. Kant hat in einer ungewöhnlich anschaulichen
Passage beschrieben, worauf es ankommt: „Wenn mich jemand fragt, ob
ich den Palast, den ich vor mir sehe, schön finde: so mag ich zwar sagen:
ich liebe dergleichen Dinge nicht, die bloß für das Angaffen gemacht
sind, oder, wie jener irokesische Sachem, ihm gefalle in Paris nichts besser als die Garküchen; ich kann noch überdem auf die Eitelkeit der Großen auf gut *Rousseauisch* schmälen, welche den Schweiß des Volks auf so
entbehrliche Dinge verwenden; ich kann mich endlich gar leicht überzeugen, dass, wenn ich mich auf einem unbewohnten Eilande, ohne
Hoffnung, jemals wieder zu Menschen zu kommen, befände, und ich
durch meinen bloßen Wunsch ein solches Prachtgebäude hinzaubern
könnte, ich mir auch nicht einmal diese Mühe darum geben würde, wenn
ich schon eine Hütte hätte, die mir bequem genug *wäre*. Man kann mir
alles dieses einräumen und gutheißen; nur davon ist jetzt nicht die Rede.
Man will nur wissen, ob die bloße Vorstellung des Gegenstandes in mir
mit Wohlgefallen begleitet sei, so gleichgültig ich auch immer in Anse-
hung der Existenz des Gegenstandes dieser Vorstellung sein mag. Man
sieht leicht, dass es auf dem, was ich aus dieser Vorstellung in mir selbst
mache, nicht auf dem, worin ich von der Existenz des Gegenstandes ab-
hänge, ankomme, um zu sagen, er sei schön, und zu beweisen, ich habe

---

20 Kritik der Urteilskraft, S. 191

Geschmack. Ein jeder muss eingestehen, dass dasjenige Urteil über Schönheit, worin sich das mindeste Interesse mengt, sehr parteilich und kein reines Geschmacksurteil sei. Man muss nicht im mindesten für die Existenz der Sache eingenommen, sondern in diesem Betracht ganz gleichgültig sein, um in Sachen des Geschmacks den Richter zu spielen.«[21]

Interesse ist aber in all unseren Urteilen im Spiel, wo es nur um das Angenehme oder Unangenehme geht, „angenehm ist das, was den Sinnen in der Empfindung gefällt".[22] So gehört, wie Kant darstellt, die grüne Farbe der Wiesen zur objektiven Empfindung, einfach Gegenstand der Sinneswahrnehmung. Die Annehmlichkeit einer grünen Wiese ist aber eine subjektive Empfindung, gehört zum Gefühl „wodurch der Gegenstand als Objekt des Wohlgefallens betrachtet wird".[23] Das Angenehme gefällt nicht nur, es vergnügt. Es ist nicht Gegenstand von Beifall, sondern Neigung wird erzeugt. Diejenigen, die nur genießen wollen, sind am ästhetischen Urteil eigentlich nicht interessiert. Das Angenehme, das Schöne, das Gute sind drei verschiedene Verhältnisse zum Gefühl der Lust und Unlust. Angenehm ist das, was vergnügt. Schön ist, was bloß gefällt. Gut ist, was gebilligt wird. Kant fügt erläuternd hinzu: „Annehmlichkeit gilt auch für vernunftlose Tiere; Schönheit nur für Menschen, d. i. tierische, aber doch vernünftige Wesen; ... das Gute aber für jedes vernünftige Wesen überhaupt".[24] Diese kantische und zunächst abstrakt wirkende Unterscheidung lässt sich schnell überprüfen, wenn man Hunde oder Katzen in einer Wohnung beobachtet, sie lagern sich unfehlbar auf den angenehmsten Plätzen, wenn man es ihnen nicht verbietet. Sie haben ein Gespür für das Angenehme, aber sie suchen sich die Plätze nicht aus unter dem Gesichtspunkt, dass sie formal den Kriterien eines schönen Gegenstandes genügen würden.

Niemand kann genötigt werden, etwas als schön anzuerkennen. „Ob ein Kleid, ein Haus, eine Blume schön sei: dazu lässt man sich sein Urteil durch keine Gründe oder Grundsätze beschwatzen. Man will das Objekt seinen eigenen Augen unterwerfen;".[25] Im Geschmacksurteil wird also nicht gefordert, dass jeder zustimmen können müsse, aber es ist doch ein Ansinnen im Spiel, die Idee, dass andere dem Urteil des Betrachters beitreten könnten und es so eine Bestätigung erfahre. Die Lust, die wir sel-

---

21 Kritik der Urteilskraft, a.a.O., S. 204/205
22 ebendort, S. 204
23 ebendort, S. 206
24 ebendort, S. 210
25 ebendort, S. 216

ber empfinden angesichts eines Gegenstandes, der schön auf uns wirkt, muten wir jedem anderen zu. Modern gesprochen: wir fordern für unsere Geschmacksurteile Intersubjektivität. Sie muss sich auf das rein Ästhetische beziehen, nicht auf Beimischungen. So Kant: „Alles Interesse verdirbt das Geschmacksurteil und nimmt ihm seine Unparteilichkeit".[26] Und weiter: „Der Geschmack ist jederzeit noch barbarisch, wo er die Beimischung der Reize und Rührungen zum Wohlgefallen bedarf, ja wohl gar diese zum Maßstabe seines Beifalls macht." Es gibt aber keine objektiven Regeln für das, was schön ist. Geschmack bewährt sich an Beispielen, die aufgrund einer tief verborgenen Einhelligkeit möglich sind, die Menschen bei der Beurteilung von Formen an den Tag legen. Daher sind Produkte des Geschmacks exemplarisch. Geschmack kann auch nicht von Durchschnitts- oder Normalideen abgeleitet werden. In unserer „Einbildungskraft", so erläutert Kant, könnten wir uns Bilder von Gegenständen hervorrufen, wenn, wir würden heute sagen, wir eine Serie von Gegenständen gleicher Art miteinander vergleichen und dann, wie Kant sagt, ein Bild gleichsam auf das andere fallen lassen, dann können wir durch Kongruenz ein Mittleres herausbekommen. Daraus erwächst eine Normalidee der Gattung, wie eines Europäers, eines Chinesen und ebenso kann man eine Normalidee eines Pferdes bestimmter Rasse, einer bestimmten Hunderasse oder einer Kuh aus bestimmter Züchtung entwickeln. Diese Normalidee sei aber nichts empirisches, denn unserer Normal- oder Durchschnittsidee oder dem Typus, wie wir kantisch sagen würden, muss kein einzelnes Exemplar entsprechen. Wir könnten heute sogar durch Übereinanderlegen von Fotografien im Computer solche Normalideen entwickeln und das ist auch geschehen. Das Phantombild von Kraushaardackeln wäre durchaus möglich, ohne dass ein einzelnes Tier genau diesem Bild entspräche. Diese Durchschnittsabstraktion erfüllt aber noch nicht die Bedingungen der Schönheit. Die Darstellung sei bloß richtig und insofern schulgerecht. Aber Schönheit ist noch etwas anderes, ein regelmäßiges Gesicht sei deswegen nichtssagend, weil es mehr Gattung als Person ist. Ein bloß fehlerfreier Mensch habe nichts von dem, was man Genie nennt, das dadurch zustandekommt, dass die Natur von ihren üblichen Regelmäßigkeiten und Harmonien abweicht.[27] Kant wendet sich gegen ästhetische Theorien, nach denen regelmäßige geometrische Figuren, der Kreis, das Quadrat, ein Würfel usw., zu den einfachsten und zweifelsfreien Beispielen für

---

26 Kritik der Urteilskraft, a.a.O., S. 223
27 ebendort, S. 231-236 (§ 17)

Schönheit gehören sollen. Regelmäßigkeit dient nur dazu, Gegenstände in eine einzige Vorstellung zu fassen, sie dient der Erkenntnis, kann insofern mit Wohlgefallen verbunden sein, erfüllt aber nicht die Bedingungen der Schönheit. Diese liegen im freien Spiel der Vorstellungskräfte, wie Kant sich ausdrückt:

„in Lustgärten, Stubenverzierung, allerlei geschmackvollem Geräte u. d. gl. wird die Regelmäßigkeit, die sich als Zwang ankündigt, so viel wie möglich vermieden; daher der englische Geschmack in Gärten, der Barockgeschmack an Möbeln, die Freiheit der Einbildungskraft wohl eher bis zur Annäherung zum Grotesken treibt und in dieser Absonderung von allem Zwange der Regel eben den Fall setzt, wo der Geschmack in den Entwürfen der Einbildungskraft seine größte Vollkommenheit zeigen kann."[28]

„Alles Steif-Regelmäßige ... hat das Geschmackwidrige an sich: dass es keine lange Unterhaltung mit der Betrachtung desselben gewährt, sondern ... lange Weile macht."[29]

Schönheit wird durch das freie Spiel der Einbildungskraft produziert. Dieses freie Spiel der Phantasie wird gerade durch den Anblick von Unregelmäßigkeiten angeregt. So erwähnt Kant den Anblick der veränderlichen Gestalt eines Kaminfeuers oder eines rieselnden Baches, welche beide keine Schönheiten seien, aber doch reizvoll.[30]

Wer über Geschmacksdinge urteilt, stellt Ansprüche an andere. Ästhetische Urteile zielen immer auf ein Publikum, auch wenn sie nur gedacht werden. Geschmacksurteile enthalten Erkenntnisstimmungen und Gefühle. Wie kann man erwarten, dass denen jemand beipflichtet? Urteile müssen sich allgemein mitteilen lassen. Die Bedingung für die Mitteilung von Geschmacksurteilen, also auch Gefühlen, ist, dass man bei anderen eine Empfangsbereitschaft dafür voraussetzt. Diese Voraussetzung nennt Kant den gemeinsamen Sinn, oder Gemeinsinn, den sensus communis. Das ästhetische Urteil wäre nur ein Privatgefühl, wenn man nicht einen Gemeinsinn als „idealische Norm" voraussetze, das ihm damit exemplarische Gültigkeit verleiht. Die Wirklichkeit dieser Norm besteht darin, dass wir sie voraussetzen, psychologisch-empirisch, außerhalb von uns gilt sie nicht. Der Urteilende geht nicht davon aus, dass jeder übereinstimmen wird, sondern das ästhetische Urteil ist insofern normativ als es unterstellt, man solle darin zusammenstimmen.[31]

---

28 Kritik der Urteilskraft, a.a.O., S. 242
29 ebendort, S. 242/243
30 ebendort, S. 243/244 (sinngemäß)
31 ebendort, S. 239/240, 293 (§ 40)

Im Geschmacksurteil ist die Einbildungskraft in ihrer Freiheit tätig. Sie ist nicht reproduktiv, sondern produktiv und selbsttätig. Jedes Geschmacksurteil und jeder hergestellte Geschmack, das Kunstwerk, appelliert an einen sensus communis, an die Idee eines gemeinschaftlichen Sinnes, eines Beurteilungsvermögens, das auf die Vorstellungsart jedes anderen in Gedanken Rücksicht nimmt. Kant sagt, das Urteil werde gleichsam an die gesamte Menschenvernunft gehalten, nur so kann man ästhetische Empfindungen in Geschmacksurteile verwandeln. Ohne diese Annahme des sensus communis wäre der Gedanke an eine allgemeine Ästhetik sinnlos. Und wie hält man sein persönliches Urteil an die gesamte Menschenvernunft? Kant: „Dieses geschieht nun dadurch, dass man sein Urteil an andere, nicht sowohl wirkliche als vielmehr bloß mögliche Urteile hält und sich an die Stelle jedes anderen versetzt, indem man bloß von den Beschränkungen, die unserer eigenen Beurteilung zufälligerweise anhängen, abstrahiert."[32] Dies ist eine klare Vorwegnahme der Thesen von George Herbert Mead, dass ein Selbst sich über den verallgemeinerten anderen konstituiert. Mead formulierte, das Individuum erfahre sich nicht als solches, nicht direkt, sondern nur indirekt durch die jeweils besonderen Standpunkte anderer Mitglieder der gleichen sozialen Gruppe oder durch den generalisierten Standpunkt der sozialen Gruppe als Ganzheit, der es angehört.[33] Ein Selbst kann nicht außerhalb sozialer Erfahrung entstehen. Arnold Gehlen greift die Meadschen Thesen auf und verdichtet sie zur These des indirekten Selbstbewusstseins. Nur über ein Nicht-Ich hinweg könne der Mensch sich zur Anschauung bringen.[34] Der Prozess, durch dessen Analyse Kant die Möglichkeit und das Zustandekommen ästhetischer Urteile, der Geschmacksurteile darlegt, wird bei Mead und Gehlen zu einem anthropologischen und soziologischen Axiom gesteigert. Mead sah sich selber als Behavioristen, aber er folgt in seinem Denken an dieser Stelle einem idealistischen Grundkonzept. Die These vom indirekten Selbstbewusstsein bedeutet, dass das Selbst seinem Ursprung und seiner Seinsweise nach auf Transzendenz angelegt ist. Ohne den Überstieg über die je eigenen Grenzen in die Welt der anderen oder des Anderen, ohne also einen sensus communis kann das Selbst nicht lebendig bleiben.[35]

---

32 Kritik der Urteilskraft a.a.O., S. 294

33 Georg Herbert Mead: Mind Self and Society, The University of Chicago Press 1934, S. 138

34 Arnold Gehlen: Urmensch und Spätkultur. Philosophische Ergebnisse und Aussagen. Athenäum. Frankfurt/Bonn 1964, S. 208

35 Dazu Gerhard Schmidtchen: Protestanten und Katholiken. Francke Verlag Bern und München 1973, S. 378 ff

In einem bezaubernden Paragraphen vom empirischen Interesse am Schönen reflektiert Kant die Praxis des ästhetischen Urteils und gibt uns ein kleines Lehrstück in Soziologie. Damals gab es das Fach und seinen etwas kitschigen lateinisch-griechisch zusammengesetzten Namen nicht. Soziologische Betrachtungen waren in der Philosophie zu Hause. Ich zitiere in extenso, weil dieser Text von 1790 gut in einer Sammlung klassischer soziologischer Texte stehen könnte und weil er eine grundlegende These über die Beweggründe und die Dynamik ästhetischer Orientierung enthält: das Geschmacksurteil treibt gleichsam die kulturelle Entwicklung an.

„Empirisch interessiert das Schöne nur in der *Gesellschaft*; und, wenn man den Trieb zur Gesellschaft als dem Menschen natürlich, die Tauglichkeit aber und den Hang dazu, d.i. die *Geselligkeit,* zur Erfordernis des Menschen, als für die Gesellschaft bestimmten Geschöpfs, also als zur *Humanität* gehörige Eigenschaft einräumt: so kann es nicht fehlen, dass man nicht auch den Geschmack als ein Beurteilungsvermögen alles dessen, wodurch man sogar sein *Gefühl* jedem andern mitteilen kann, mithin als Beförderungsmittel dessen, was eines jeden natürliche Neigung verlangt, ansehen sollte.

Für sich allein würde ein verlassener Mensch auf einer wüsten Insel weder seine Hütte, noch sich selbst ausputzen, oder Blumen aufsuchen, noch weniger sie pflanzen, um sich damit auszuschmücken; sondern nur in Gesellschaft kommt es ihm ein, nicht bloß Mensch, sondern nach seiner Art ein feiner Mensch zu sein (der Anfang der Civilisierung): denn als einen solchen beurteilt man denjenigen, welcher seine Lust andern mitzuteilen geneigt und geschickt ist, und den ein Objekt nicht befriedigt, wenn er das Wohlgefallen an demselben nicht in Gemeinschaft mit andern fühlen kann."[36]

Das Geschmacksurteil lässt sich nicht auf Beweise gründen, es ist kein Erkenntnisurteil und doch beschränkt sich seine Geltung nicht auf die Welt des Individuums, je einzeln, sondern es hat einen allgemeinen Anspruch. Für dessen Begründung gibt es gar kein Beweisverfahren, sondern nur einen allgemeinen Begriff, den Kant „das übersinnliche Substrat der Menschheit" nennt. Das ist die Auflösung der Antinomie, nicht beweisbar, aber doch allgemein. Auf diese Allgemeinheit gründet sich die Zuversicht, dass man Urteile über das Schöne und die damit verbundenen Gefühle austauschen kann. In Analogie kann man sagen, dass überhaupt die Kommunikation von Gefühlen auf einem tief angelegten Vertrauen beruht, man könne verstanden werden. Es ist das Vertrauen in die analoge Urteilsfähigkeit der anderen. Für die Beziehung der Menschen untereinander, für die Gesellschaft ist es außerordentlich wichtig, ja kon-

---

36 Kritik der Urteilskraft, a.a.O., S. 296/297

stitutiv, dass Personen sich über Unbeweisbares, aber doch Fühlbares austauschen können. Dies ist die Voraussetzung für die Entstehung einer Kultur außerhalb reiner Rationalität und Rechenhaftigkeit. Alle Kreativität beruht auf diesem Austausch. Kunst braucht keine Beweise, aber man kann sie erleben und über sie reden. Da Kunst alles andere als die Anwendung des einmal Bewiesenen ist, mithin den Gesetzen der Imagination unterliegt, wird sie sich auch ständig ändern. Ihre Erscheinungsweise ist dynamisch, drängt auf Entwicklung. Trotz der objektiven Unverbindlichkeit des ästhetischen Urteils sind in ihm doch formale Kriterien enthalten, und im Kunstwerk allemal, sonst wäre keine Kunst-, Theater- oder Musikkritik möglich. Aber auch der gewiefteste Kritiker kann uns seinen Geschmack nicht aufzwingen. Unabweisbar ist der Eindruck, den Kunstwerke auf uns machen, aber ebenso unbeweisbar.

Die Bedeutung des Geschmacksurteils, die Mitteilung von Eindrücken und Gefühlen beschränkt sich nicht auf den Kulturbetrieb. Die Masse des Gesprächsstoffs, durch den sich Gemeinschaften bilden und lebendig erhalten, besteht aus Beobachtungen und Gefühlsmitteilungen, die unter Gesichtspunkten der Erkenntnissicherheit problematisch oder auch ganz unerheblich sind, aber entscheidend den Charakter der menschlichen Gruppenexistenz prägen. Das ästhetische Urteil ist das Trainingsfeld für soziale Kommunikation und Gemeinsinn, für die Kultivierung von Beziehungen.

Wenn wir das Schöne anstreben, so wissen wir natürlich auch, dass es das Unschöne gibt, das Hässliche. Auch dies kann Gegenstand von Geschmacksurteilen sein, und wir trauen uns zu, so darüber zu sprechen, dass wir von anderen verstanden werden. Nicht nur Kunstwerke, Kleider und Gebäude können schön und hässlich sein, sondern auch Taten oder Untaten. Die Ästhetik, unsere Gefühle beim Hinschauen, kann sich auf Moral und Unmoral beziehen. Das unmoralische Handeln ist ästhetisch gesehen hässlich, unpassend, in seinem Disharmonischen kündigt sich Unheil an. Der Ästhetik des Handelns liegen immer sittliche Kriterien zugrunde, sie kann man aufspüren, benennen. Das ästhetische Urteil über das Handeln befindet sich, so gesehen, auf einer sichereren Grundlage als das Geschmacksurteil. Es fällt härter aus. Aber umgekehrt kann man sagen, dass die Ästhetik erste Hinweise auf die Unstimmigkeit eines Handelns geben kann. Subjektiv, bei genügend Selbstaufmerksamkeit, werden Korrekturen motiviert, unpassendes, hässliches Verhalten zu unterlassen. Moral kann auch auf einer ästhetischen Ebene gelebt werden: man möchte sein Ansehen nicht mit falschen Handlungen beschädigen, sich moralisch nicht falsch kleiden. „Aisthanestai" ist das griechische Wort für Wahrnehmen, die Ästhetik handelt also davon, ob man etwas merkt oder nichts merkt. Ein solches Wahrnehmungsvermögen kann durch Austausch, über Eindrücke und Gefühle geweckt und kultiviert werden. Das wäre zugleich ein Training in sozialer Sensibilität.

## 2.2. Das Erlebnis und die Vergegenständlichung der Subjektivität – Von einem, der auszog, das Fürchten zu lernen

Die These vom indirekten Selbstbewusstsein heißt zunächst, dass wir uns über andere erfahren. Der andere Mensch aber hat nicht nur eine visuelle, akustische und körperliche Präsenz, sondern ist auch Person. Er begegnet uns ideell und nicht nur für sich, sondern in seinen sozialen Bezügen. Das bedeutet aber, dass wir uns vom anderen eine abstrakte Vorstellung machen. Unsere eigene Person kann sich also nur vergegenständlichen, wenn wir den anderen als abstrakte Wirklichkeit in uns aufnehmen. Der andere Mensch erscheint uns nicht nur vertraut, sondern immer auch von faszinierender oder bedrohlicher Fremdheit. Sich über andere erfahren ist kein ungetrübter Vorgang. Es kommen nicht nur Zuwendungen, sondern auch Zumutungen. Es ist immer das Fremde, das uns noch nicht Vertraute, das zum dynamischen Moment in der Entwicklung der eigenen Person wird.[37] Dem unmittelbaren Impuls, das Fremde als feindlich abzuwehren, sind wir nicht ausgeliefert, wenn wir die eigene Person in übergeordneten Ideen vergegenständlichen können. Dazu taugen die allgemeinsten Ideen von Gemeinschaft und Gleichheit. Die Idee der Gottesebenbildlichkeit geht nicht in einer Gleichheitsvorstellung auf, sondern bedeutet, dass die einzelne Seele in ihrer Substanz etwas zu Heiligendes ist. Sie zu verletzen oder gar zu verleugnen, ist blasphemisch. Die abstrakte Vergegenständlichung der eigenen Person und aller anderen kann zum Beispiel auch in der kantischen Regel bestehen, einen Menschen niemals als Mittel, sondern immer nur als Zweck in sich selbst zu achten und zu behandeln. Diese Regel kann Alltagstauglichkeit gewinnen. Die Art und Weise, wie wir uns selbst und andere erleben, hängt also maßgeblich von unseren Theorien über uns selbst und die anderen Menschen ab. Diese Theorien müssen nicht immer bewusst und ausformuliert sein, aber sie sind handlungsimmanent. Sie kommen in Handlungen selbst und den sie begleitenden Meinungen zum Ausdruck.

---

37 Dazu aus psychoanalytischer Sicht: Arno Gruen: Der Fremde in uns. Klett-Cotta, Stuttgart 2001

Allgemeine Ideen des Menschseins sind auch in den gesellschaftlichen Organisationen enthalten, deren Mitglieder wir sind oder die uns berühren. Normen präsentieren uns die Familie, die Schule, das Berufssystem, das Vereinsleben, die kirchliche Organisation. Anforderungen und die Auseinandersetzung mit ihnen werden zu alltäglichen Erlebnisstoffen. Organisationen stellen nicht nur Forderungen, sondern gewähren auch Schutz, Motivation und Ressourcen. Man erfährt Zuspruch und Hilfe. Aus den unterschiedlichsten Erfahrungsepisoden, die in die Hunderte und Tausende gehen können, erwächst so etwas wie die Lebensstimmung. Der Mensch ist ein bilanzierendes Wesen. Eine zunächst unübersehbare Zahl von Eindrücken können wir auf einen einzigen Wert reduzieren: ob wir mit der Lebenssituation, mit uns selbst, mit Gegenständen zufrieden sind oder nicht. Diese Rückmeldegröße ist sogar skalierbar, kennt ein mehr oder weniger. Wir können sprachlich oder numerisch abstufen. Diese geheimnisvolle, aber sicher arbeitende psychische Datenreduktion ist bedeutsam für die Überlebensfähigkeit des Individuums im gesellschaftlichen Verband. Diese Rückmeldegröße informiert uns darüber, ob wir weitermachen können oder ob wir etwas ändern sollten. Hierin ist die Dynamik der Erlebnisstoffe begründet. Rückmeldegrößen, auch psychischer Art, haben eine wichtige Funktion für die Orientierung des Organismus und des Individuums.

Betrachten wir das Spiel der Erlebnisse etwas genauer. Allen Erlebnissen liegt immer ein Handeln zugrunde, mental oder physisch. Das Handeln folgt immer einer Motivstruktur in Form von Anreizen, Aufforderungen. Ob eine Handlung als positiv erlebt werden kann, hängt vom Ergebnis ab. Das Ergebnis wird bestimmt durch das Niveau der Anforderungen und durch die Kompetenz, mit einer Anforderungssituation fertig zu werden. Erlebnisse ergeben sich also aus einem Gleichgewichts- oder Adäquanzvorgang. Wenn man zum Beispiel mit einem mental vorgestellten Problem gut fertig wird, sich eine gute Lösung vorstellen kann, dann steigt die Stimmung. Ebenso wenn man mit einer übernommen oder selbst gestellten Arbeitsaufgabe aufgrund von Befähigungen und äußeren Ressourcen erfolgreich fertig wird – das macht Spaß.

Anhand dreier Forschungsbeispiele kann man nachvollziehen, wie Erlebnisse konstruiert sind: sie haben einen Gegenstand, ein Thema, eine Struktur von Anforderung und Befähigung und es gibt Effekte. Die Handlungen, die sich in diesem Rahmen abspielen, können zu Erfolg oder Misserfolg führen. Dies hebt oder senkt die Stimmung und bestimmt die Vorzeichen der weiteren Motivation. Unsere Beispiele sind:

1. Das autotelische Verhalten,
2. Belastungen und Ressourcen in der Arbeitswelt,
3. Erlebniswelten, die zur Selbstschädigung führen.

*1. Das autotelische Verhalten: Tätigkeiten um ihrer selbst Willen.*
Ein Psychologe der Universität Chicago, Mihaly Csikszentmihalyi, stellte sich die Frage, warum Menschen sich engagiert und selbstvergessen Tätigkeiten widmen können, für die sie keine äußere Belohnung bekommen. Natürlich hat man dann sofort den Begriff der intrinsischen Belohnung zu Hand, aber er nützt hier nichts, das wäre symbolische Belohnung und sie ist nicht im Spiel. Wie ist das Belohnungssystem aufgebaut, das Handlungen oder Leistungen belohnt, die man nicht aus einem äußeren Motiv macht? Warum zum Beispiel ist freies Klettern am Felsen so faszinierend? Es gibt ontogenetische Antworten darauf. Man könnte sagen, hier sei ein Todeswunsch wirksam. Oder die Ethologen meinen, dass spielerische Aktivität es einer Gattung erlaubt, flexible Verhaltensweisen zu entwickeln, die ihre Anpassungsfähigkeit für neue Situationen erhöht. Aber das ist es nicht, was hier interessieren kann, darin liegen keine Erklärungen begründet. Die Frage der Motivation lässt sich nur mit dem Hinweis auf eine ganz andere Struktur beantworten. Der Autor möchte den Spaß an der Sache nicht wegerklären, sondern zum Gegenstand der Analyse machen. Zunächst führt er den Begriff der autotelischen Tätigkeiten ein. Sie haben das Ziel (telos) in sich selbst (autos). Auf der Suche nach Tätigkeiten, die in einem eminenten Maße dieser Definition genügen, nahm er schließlich Kontakt auf mit 30 freien Felsenkletterern (rock climbers), mit 30 Schachspielern und 23 Schachspielerinnen der Spitzengruppe der Vereinigten Staaten, mit 22 Berufskomponisten moderner Musik, mit 28 Frauen, die modern dance betreiben und mit 40 Basketballspielern von zwei high school-Spitzengruppen in der Gegend von Boston. Befragt, warum sie diese Tätigkeiten wählen und so viel Zeit investieren, antworteten diese 173 Auskunftspersonen hauptsächlich mit der Angabe innerer Gründe: Spaß an der Erfahrung, am Erlebnis, die Möglichkeit, Fähigkeiten zu gebrauchen, die Aktivität selbst, die Erlebniswelt, die mit dieser Aktivität verbunden ist. Nach diesen Gründen folgt an dritter Stelle der Hinweis, dass die Entwicklung der persönlichen Fähigkeiten zähle. Weiter spielen eine Rolle bei diesen Tätigkeiten: Freundschaft, Kameradschaft, Wettbewerb, sich selbst an den eigenen Idealen zu messen und emotional release, eine seelische Entspannung, und schließlich Ansehen, Glamour. Die Fähigkeiten von Menschen, autotelische Belohnungen aus einer Aktivität zu gewinnen,

wird verschieden sein. Also kann man auch von einem Persönlichkeits-
merkmal sprechen. Zu unterscheiden seien also autotelische Aktivitäten,
autotelische Persönlichkeiten und schließlich die autotelischen Erfahrungen. Eine autotelische Person hat Spaß an der Sache, die sie tut, ohne
Rücksicht darauf, ob sie eine externe Belohnung bekommt.

Um die Struktur der autotelischen Erfahrung darstellen zu können,
ließ er eine Reihe von Tätigkeiten danach sortieren, wie weit sie mit der
von der befragten Person bevorzugten Ähnlichkeit haben. Diese Äußerungen wiederum gliedern sich in fünf Faktoren:

1. Freundschaft und Erholung,
2. Risiko und Chancen,
3. Problem lösen,
4. Wettbewerb,
5. Kreativität.

Durchschnittlich am ähnlichsten finden alle Gruppen ihre Tätigkeit der
Vorstellung von Kreativität zugeordnet, etwas Neues entdecken. Nur im
Basketballspiel ist das weniger der Fall. Hier steht competition, Wettbewerb an erster Stelle. Die rock climbers, die Komponisten und Tänze-
rinnen rangieren noch relativ hoch die Worte Freundschaft und Erholung (relaxation), das sei eine ähnliche Erfahrung. Dazu gehört auch, jemand lieben, mit jemand befreundet sein, guter Musik zuhören, ein gutes
Buch lesen. Das reine Risikoverhalten scheint nicht mit diesen bevorzugten autotelischen Tätigkeiten zusammenzuhängen, teilweise aber der
Vorgang des Problemlösens, was offenbar auch als risikoreich empfunden wird. Die meisten Leute beschreiben die autotelische Erfahrung als
kreativ und entdeckungsähnlich. Autotelische Tätigkeit ist also in ihren
Folgen nicht so voraussehbar, nicht so gut voraussehbar wie ein Routi-
nejob, noch so unvorhersehbar wie rücksichtsloses Autofahren oder das
Spiel am Geld- oder Glücksautomaten. Entdeckung und Exploration
schließen eine Transzendenz ein, die Grenzen des Bekannten und Ge-
wohnten zu überschreiten, eine neue Dimension von Fähigkeiten und
Kompetenz zu erreichen. Autotelische Erfahrungen basieren also auf
Tätigkeiten, die es Menschen erlauben, ihre Begrenzungen auf irgendeinem Gebiet zu überschreiten. Die autotelischen Tätigkeiten sind irgend-
wo jenseits von Langeweile und Sorge angesiedelt. Sie erfordern voll-
kommenes Engagement des Akteurs in seiner Aktivität und die Aktivität
selbst sorgt für dauernde Herausforderungen. Der Handelnde kommt in
einen dynamischen Zustand, und die ganzheitliche Empfindung könnte
man als Fließen bezeichnen, als „flow".

„Flow" ist die eigentliche autotelische Erfahrung. Wie kann sie näher beschrieben werden? Ihr klares Zeichen ist das vollkommene ineinander Aufgehen von Aktion und Bewusstsein. Die Person, die eine Flow-Erfahrung macht, hat keine dualistische Perspektive mehr, diese Person ist nur noch ihrer Handlungen bewusst und nicht mehr ihrer selbst. So bald die Aufmerksamkeit geteilt wird, auf das Objekt und den Akteur selbst, hört die Flow-Erfahrung auf. Die Handlung hat dann keine ungeteilte Aufmerksamkeit mehr, die Befähigung lässt nach. Unterbrechungen solcher „flow-experiences" kommen typisch mit den Fragen: „Mache ich es richtig?", „Was tue ich hier?", „Sollte ich mich jetzt genauso verhalten?" Innerhalb einer Flow-Episode kommen solche Fragen einfach nicht auf. Ein Läufer im Riesenslalom, der sich diese Fragen stellt, wird wahrscheinlich einige Zehntelsekunden verlieren oder stürzen. Ein freier Felsenkletterer erklärte: „Man ist so involviert in der Tätigkeit, dass man von sich selbst nicht als etwas denkt, das von der unmittelbaren Aktivität getrennt ist. Du siehst dich einfach nicht getrennt von dem, was du tust." Eine Rocktänzerin sagt: „Die Konzentration ist vollkommen, dein Geist wandert nicht. Du denkst nicht an irgend etwas sonst, du bist total involviert in das, was du tust. Dein Körper fühlt sich gut. Du fühlst nicht die geringste Steifheit. Dein Körper ist vollkommen wach, es gibt keinen Bereich, indem du dich blockiert oder steif fühlst, deine Energie fließt ganz weich und ungehindert, du fühlst dich entspannt, komfortabel und energiereich." Das ineinander Aufgehen von Aktion und Bewusstsein wird dadurch ermöglicht, dass sich die Aufmerksamkeit auf ein begrenztes Reiz- oder Signalfeld konzentriert. Andere Stimuli, Reize bleiben unbeachtet. Einer der Befragten, ein Universitätsprofessor in den Naturwissenschaften, der freies Felsenklettern betreibt, drückte es so aus: „Wenn ich zu klettern anfange, dann kommt es mir vor, als sei mein Gedächtnis abgeschaltet. Alles, an was ich mich erinnern kann, sind dann die letzten 30 Sekunden und alles, was ich vor mir sehe, sind die nächsten 5 Minuten." Die Zentrierung der Aufmerksamkeit beschreibt eine Tänzerin so: „Ich bekomme ein Gefühl wie nirgendwo anders. Ich habe mehr Vertrauen zu mir selbst als zu irgendeiner anderen Zeit. Mag sein, dass dies ein Versuch ist, meine Probleme zu vergessen, Tanzen ist wie Therapie. Wenn ich mich über irgend etwas aufrege, dann lasse ich es vor der Tür, sobald ich das Tanzstudio betrete."

Weiter wird die „flow-experience" charakterisiert als Verlust des Ich, als Selbstvergessenheit, Zurückstellung der Selbstbetrachtung, Transzendenz der Individualität und Fusion mit der Welt. Bei autotelischer Tätigkeit fühlt man sich in Kontrolle, aber doch mit der Umgebung eins. Eine strukturelle Qualität der „flow-experience" ist, dass sie kohärente, in sich stimmige und nicht widersprüchliche Forderungen zum Handeln enthält und klare, völlig eindeutige Rückmeldungen liefert. Es ist also ein restriktives Feld der Möglichkeiten, es ist eine künstlich reduzierte Realität, die in der Flow-Episode eine Rolle spielt. Man weiß genau, was richtig und falsch ist. Ziele und Mittel sind logisch geordnet. Man muss nichts Widersprüchliches tun wie sonst im Leben. Fassen wir noch einmal zusammen, was „flow-experience" bedeutet, wie die Struktur dieser Tätigkeit und Erfahrung zustande kommt:

1. ungeteilte Aufmerksamkeit für die Handlung,
2. Einstiegsmotive,
3. Selbstvergessenheit,
4. hohes Maß von Kontrolle, also Eigenkontrolle,
5. kohärente Anforderungen, klare Rückmeldung,
6. autotelisches Belohnungssystem, keine externe Belohnung ist erforderlich.

Hat die autotelische Tätigkeit über alle unterschiedlichen Themen hinweg eine gemeinsame Struktur? Autotelik geschieht nur, wenn die Handlungsmöglichkeiten und Herausforderungen den Befähigungen entsprechen. Mihaly Csikszentmihalyi sagt dazu: „Aktivitäten, die zuverlässig „flow-experience" produzieren, haben das gemeinsam, dass sie Handlungsmöglichkeiten enthalten, denen sich eine Person hingeben kann, ohne sich zu langweilen und ohne in Besorgtheit zu geraten."

Mihaly[38] veranschaulicht seine Überlegungen in einem Modell. Es ist eine Gleichgewichtslinie bzw. ein Band zwischen den Herausforderungen (senkrechte Achse) und den Befähigungen (waagerechte Achse). Dort, wo beides übereinstimmt, ganz gleich auf welchem Niveau, stellt sich die Flow-Erfahrung ein, man fühlt sich spielerisch und kreativ. Übersteigen die Anforderungen die Befähigungen, so stellt sich zunächst Sorge, dann aber auch Angst ein. Bleiben die Anforderungen hinter den Befähigungen zurück, so ist das Ergebnis zunächst ein Gefühl der Langeweile, bei großer Diskrepanz aber auch Angst, weil die Situation überhaupt nicht mehr adäquat ist. (Vergl. die folgende Grafik)

---

38 So wird er von seinen Kollegen in Chicago genannt.

## Die Zone des spielerischen Könnens

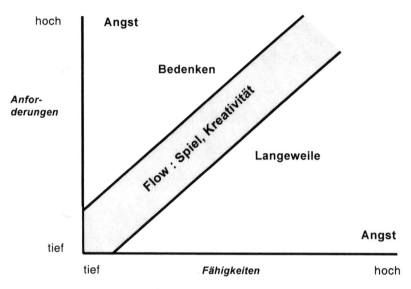

Modell des Flow State: Mihaly Csikszentmihalyi, a.a.O. S. 49

Gibt es „flow-experiences" nur bei Spitzentätigkeiten, nur bei hoher Kompetenz oder kann sie auch im alltäglichen Leben vorkommen? Wir alle, so meint Mihaly, engagieren uns in geradezu automatischen nebensächlich oder nutzlos wirkenden Verhaltensmustern, für die wir nicht belohnt werden. Aber sie scheinen doch eine notwendige Funktion zu haben, dazu gehören ideosynkratische Bewegungen, Tagträumerei, Rauchen, mit Leuten schwätzen ohne irgendein Ziel oder auch klarer definierte Aktivitäten, wie Musik hören, Fernsehen, ein Buch lesen. Auch diese trivialen Tätigkeiten können dem Flow-Modell entsprechen, wenn auch auf einen einfacheren Niveau der Komplexität. Er nennt diese Tätigkeiten, um sie zu unterscheiden, die „microflow-activities" oder auch nicht-instrumentelle Tätigkeiten. Er hat 20 Studenten eine Reportage machen lassen, wie oft solche nicht-instrumentellen Tätigkeiten im Laufe von 48 Stunden vorkommen. Diese Liste selbstvergessener Nebensächlichkeiten liest sich wie folgt:

*Träumen, Phantasieren*
Tagträumerei, Musik im Kopf haben, zu sich selbst sprechen oder zu Pflanzen oder zu Tieren, summen, pfeifen, singen

*Aufmerksam sein, etwas beobachten*
Leute oder Sachen beobachten, fernsehen, Radio oder Platten hören, lesen

*Orale Tätigkeiten*
knabbern, rauchen, kauen, auf irgendeinem Gegenstand herumkauen

*Körperliche Bewegung*
gehen, marschieren oder laufen, kleine Muskelbewegungen, etwas berühren, etwas reiben, mit Objekten herumspielen, Spiele oder Sport allein machen

*Kreative Tätigkeiten*
irgendein Kunstwerk ausarbeiten, mit einem Instrument spielen, arbeiten, nähen, Brief schreiben, Figuren kritzeln

*Soziale Aktivitäten*
Schaufenster angucken, herumstöbern, einkaufen, in Galerien gehen, mit jemand sprechen – auch per Handy – oder Spaß haben, soziale Anlässe, essen, Partys, sexuelle Aktivitäten

Die Schwerpunkte der Antworten liegen bei den Themen soziale Aktivität, körperliche Bewegung, phantasieren oder irgend etwas anschauen. Die Frage war, welche Funktion diese meist zwecklosen, aber doch immer wieder von allen ausgeführten, fast zwanghaft vorkommenden Tätigkeiten haben. Mihaly gewann die Gruppe von 20 Studenten nach der Phase der Selbstbeobachtung dazu, nach einem Abstand von fünf Tagen zwei Tage lang alle nicht-instrumentellen Handlungen zu unterlassen. Nach dieser Deprivationsphase wurden sie wiederum ausführlich befragt, wie sie sich fühlten, welche Erfahrungen sie mit sich gemacht hatten.
Die Ergebnisse:

1. Auf physischer Ebene zeigte sich, dass die Versuchungspersonen nach der Deprivation dieser nicht-instrumentellen, scheinbar nutzlosen Tätigkeiten vermehrt müde, schläfrig waren, Kopfschmerzen hatten, sich weniger gesund und entspannt fühlten.
2. Die Selbstwahrnehmung wurde negativ beeinflusst. Die Versuchspersonen kamen sich stumpf und dumm vor, unvernünftig, nicht kreativ, irritierbar, ärgerlich, feindselig, mehr als sonst auf der Hut vor allem möglichen und abrupt.
3. Die kognitiven Fähigkeiten: die mentale Leistungsfähigkeit lässt nach in den Bereichen Kreativität, Eloquenz und Flexibilität.
4. Generelle Effekte: Einige Versuchspersonen gaben Schilderungen ihrer inneren Zustände, die an Berichte schizophrener Patienten erinnerten. Allgemein galt als das schlimmste Erlebnis: fehlender Kontakt mit anderen und das zweitschlimmste: gehindert werden zu tun, was man gerade tun möchte.

Unsere Schlussfolgerung kann lauten: Nur die spielerische Kultur wird kreativ und intelligent bleiben. Überdisziplinierte Gesellschaften, die Spiel als unproduktiv definieren, werden mit Dummheit bestraft und fallen im internationalen Wettbewerb zurück.

Menschen neigen dazu, ihre Situation zu restrukturieren, so dass die Befähigungen mit den Handlungsmöglichkeiten in der Umwelt übereinstimmen. Unsere Kultur aber verurteilt Tätigkeiten, die eine große funktionelle Bedeutung haben für die Aufrechterhaltung der persönlichen Dynamik und Motivation, gerade auch für Bereiche der instrumentellen, also gesellschaftlich geforderten und belohnten Tätigkeiten. Psychische Gesundheit und Produktivität hängen davon ab, dass Menschen jene Erlebnisse eines gleitenden Gleichgewichts haben, mit dem sich so etwas wie Lebensglück einstellt. Am Schluss seines Buches „Beyond Boredom Anxiety" plädiert Mihaly Csikszentmihalyi für eine Politik der Lebensfreude. Wenn die menschliche Entwicklung weitergehen solle, dann müssten wir lernen, mehr Lebensfreude zu haben. Mihaly schrieb ein anti-puritanisches Buch.[39]

*2. Anforderungen und Ressourcen bestimmen die Erlebnisse in der Arbeitswelt.*
Die Entwicklung der Wissenschaft scheint durch große Themen bestimmt zu werden, die einander ablösen. Dominante Thematisierungen sorgen für konzentrierte Aufmerksamkeit vieler Wissenschaftler und manchmal auch für schnellen Fortschritt. Wer bestimmt eigentlich, welche Themen wichtig sind? Es ist die Forschungsförderung durch Stiftungen, Regierung und Industrie. Wo die Mittel fließen, werden Anträge gestellt und es wird geforscht. So geschah es auch in den 70er und 80er Jahren des 20. Jahrhunderts unter dem Thema der Humanisierung der Arbeitswelt. Gefördert wurden Forschungsprojekte durch die Forschungsgemeinschaft, durch Gewerkschaften und Regierung. Die Unternehmungen standen dieser Bewegung zwiespältig gegenüber, einerseits waren sie an Fragen der Arbeitsmotivation interessiert, aber das Humanisierungsthema klang so, als fielen die wirklichen Arbeitsverhältnisse hinter die Humanitätsideale zurück. Der Ansatzpunkt der Humanisierungsforschung war denn auch in der Hauptsache das Thema der „Belastungen im Arbeitsprozess". Belastungen galten prinzipiell als negativ und deren Beseitigung als Hebel zur Humanisierung der Arbeit. Der Gesamtverband der metallindustriellen Arbeitgeberverbände, Gesamtmetall, Köln, gab zwei repräsentative Untersuchungen in Auftrag, um die Situation in den Betrieben der Mitgliedsfirmen zu klären.

---

39 Jossey-Bass Publishers, San Francisco, Washington, London 1977

Die Erhebungen wurden 1982 und 1985 durchgeführt, die Ergebnisse in zwei Büchern 1984 und 1986 veröffentlicht. Die Anlässe dieser Untersuchungen waren historisch gegeben, aber sie förderten allgemein gültige, zeitüberdauernde Ergebnisse zu Tage.[40] Diesen Untersuchungen lag die Überlegung zugrunde, dass eine Konzentration nur auf Belastungen das Motivationsgeschehen am Arbeitsplatz nicht verständlich macht, und dass die Beseitigung von Belastungen allein kein Erfolgskonzept für die Personalführung ist. Neben der ausführlichen Inventarisierung von Belastungen wurde in den Untersuchungen auch nach Ressourcen gefragt, nach Mitteln, über die der Einzelne oder die Organisation zur Lösung von Aufgaben verfügt. Die Ausgangsthese war, dass berufliche Anforderungen immer ein Janus-Gesicht haben. Aus Anforderungen können zwar Belastungen erwachsen, aber es können sich auch positive Entwicklungen für die Person und die Gemeinschaft ergeben. Ob Belastungen zur Beeinträchtigung der Arbeitsfreude und der Motivation führen, kann man erst erfahren, wenn man beobachtet, wie sich die Bewältigungsmöglichkeiten 1. durch persönliche Kompetenz und 2. durch organisatorische Ressourcen auswirken.

Zu den Belastungen zählten im einzelnen eine restriktive Arbeit, also nur nach eng begrenzten Vorgaben tätig zu sein, Anforderungsdruck, körperliche Anstrengung, Eintönigkeit, schlechte Organisation, Schmutz, Staub, Lärm, Hitze, unschöner Arbeitsplatz, zu kleinräumiger Arbeitsplatz, geistige Anstrengung ebenso wie Langeweile. Die Antworten wurden zu einem summativen Index verarbeitet. Entscheidend ist, wie viele Belastungen jemand hat, ganz gleich woher sie kommen. 19 Prozent wiesen auf 4 und mehr Quellen der Beeinträchtigung hin. Diese Gruppe ist in höherem Maße belastet.

Die Ressourcen bestehen erstens in der persönlichen Kompetenz (positives Arbeitserlebnis), die Arbeit wird als interessant empfunden, man steht zu seiner eigenen Berufswahl und zweitens im Verhalten des Vorgesetzten, der die Ressourcen der Organisation vermittelt. Gute Ressourcen sind vorhanden, wenn der Vorgesetzte positiv erlebt wird, wenn er Anerkennung ausspricht. Drittens spielen die finanziellen Ressourcen, die angemessene Bezahlung eine Rolle. Diese Ressourcen haben unterschiedliches Gewicht, an erster Stelle steht die persönliche Berufskompetenz, an

---

40 Gerhard Schmidtchen: Neue Technik – Neue Arbeitsmoral. Eine sozialpsychologische Untersuchung über die Motivation in der Metallindustrie. Deutscher Institutsverlag, Köln 1984. Ders.: Menschen im Wandel der Technik. Wie bewältigen die Mitarbeiter in der Metallindustrie die Veränderungen der Arbeitswelt? Deutscher Institutsverlag, Köln 1986

zweiter Stelle die organisatorischen Ressourcen, der Vorgesetzte und drittens die finanziellen Ressourcen. Dies zeigt zugleich die Grenzen der finanziellen Anreize. Sie nützen wenig, wenn die beiden ersten Voraussetzungen nicht stimmen. Kasse setzt sich nicht unmittelbar in Motive um. Nun sind wir in der Lage, das Wechselspiel von Belastungen und Ressourcen zu verfolgen. Hohe Belastungen sind dann destruktiv für die Arbeitsmotivation, wenn es zu wenig Ressourcen gibt, um den Belastungen, den Anforderungen begegnen zu können. Belastete und ressourcenarme Mitarbeiter sind zu 81 Prozent mit ihrer Arbeit unzufrieden, diejenigen jedoch, die gleiche Belastungen haben, aber ein hohes Maß von Ressourcen, geben eine ganz andere Rückmeldung. Sie sind zu 71 Prozent zufrieden. Mitarbeiter, die wenig Belastungen melden, sind deswegen nicht schon zufrieden. Das sind sie zu 93 Prozent erst dann, wenn sie über hohe Ressourcen verfügen. Diejenigen Mitarbeiter, die bei niedrigen Belastungen auch nur wenig Ressourcen haben, sind deutlich weniger zufrieden mit ihrer Arbeitssituation. Ressourcenarmut ist also ein Zeichen falscher Eingliederung in den Arbeitsprozess. Die Kommunikation mit dem Vorgesetzten klappt nicht, der Mitarbeiter fragt sich, ob er selbst richtig am Platz ist und dann können ihn auch niedrige Belastungen und eine eventuell gute Bezahlung nicht trösten. (Vergl. das folgende Schaubild)

## Belastungen, Ressourcen und Beurteilung der Arbeitsaufgabe

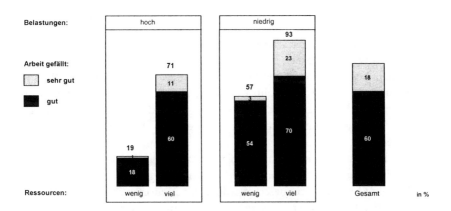

Quelle: Gerhard Schmidtchen: Menschen im Wandel der Technik. Wie bewältigen die Mitarbeiter der Metallindustrie die Veränderungen der Arbeitswelt? Deutscher Institutsverlag, Köln 1986

Aus diesen Beobachtungen lassen sich die folgenden Schlüsse ziehen.

1. Ohne Kompensationsmöglichkeiten wird die Arbeitsmotivation unter Belastung schwer beeinträchtigt,
2. Belastung kann in einem erheblichen Umfang durch Ressourcenreichtum der Person oder der Organisation kompensiert werden,
3. eine bloße Reduktion der Belastung macht nicht unbedingt zufrieden, Personen mit wenig Belastungen, aber auch wenig Ressourcen sind großenteils unzufrieden, fühlen sich überwiegend mittelmäßig bis unbefriedigend in den Arbeitsprozess eingegliedert.
4. Der Ressourcenreichtum selbst ist unabhängig von Belastungen eine Quelle der Arbeitszufriedenheit. Mitarbeiter, die über reiche persönliche und organisatorische Ressourcen verfügen, sind allgemein zufriedener, unabhängig von ihrer Position im Betrieb und Belastung. Die ressourcenreichen Mitarbeiter fühlen sich sicher, sie haben keine Angst vor neuen Aufgaben.

Für die belasteten und ressourcenarmen Mitarbeiter hat die Situation am Arbeitsplatz auch noch allgemeine Auswirkungen. Das Erlebnis in der Organisation wird generalisiert. Nicht nur, dass sie sich mit Kündigungsgedanken tragen, ihre Freizeit wird plötzlich viel wichtiger als die Arbeit, sie haben nicht mehr das Gefühl, dass man durch die Arbeit gewinnt und sie betrachten ihr Leben sorgenvoller als die übrigen Mitarbeiter.

Die Humanisierung der Arbeit lässt sich mit dem Abbau der Belastung allein nicht herbeiführen. Im Vordergrund der Überlegungen muss immer eine Doppelstrategie stehen: Steigerung der Ressourcen und gleichzeitig Abbau vermeidbarer, durch technische oder organisatorische Entwicklung aufhebbarer Belastungen. Das wirklich belastete Segment unter den Mitarbeitern in der Metallindustrie ist nicht größer als 10 Prozent, aber es sind personalpolitisch gesehen 10 Prozent zuviel. Die große Mehrheit der Mitarbeiter indessen verfügt entweder ausreichende Kompensationsmöglichkeiten oder über ein niedriges Niveau von Belastung oder beides.

Das Leistungsgeschehen am Arbeitsplatz wird in Erlebnisse übersetzt. Diese dienen als Rückmeldung und Orientierung für den Einzelnen, aber auch, sobald sie kommuniziert werden, zur Neuorientierung der Personalführung. Über diesen Anwendungsfall hinaus aber stehen wir einer allgemeinen Gesetzmäßigkeit gegenüber:

Erlebnissen liegt eine Handlungsstruktur zugrunde, die bestimmt ist durch Anforderung (Normen) und Kompetenz. Geglücktes Handeln führt zu positiven Erlebnissen.

Da die Strukturen bekannt sind, ist es im Prinzip möglich, positive Erlebnisse durch Steigerung von Kompetenz und entsprechend interessantere Anforderungen herbeizuführen. Das wäre der Weg in eine positive Persönlichkeitsentwicklung. Positive Erlebnisse gibt es vor allem aber auch in der Mikrowelt der persönlichen Begegnung und des Alltags. Die Situation und damit ihre Anforderungen, seien sie noch so klein, zu erkennen und die Kompetenz der Kommunikation, darauf zu antworten, machen die Partner fröhlich, sie bereichern sich gegenseitig. Schlechte Stimmung ist das Ergebnis schlecht bewältigter Anforderungssituationen, also das Ergebnis schlechter Organisation.

*3. Erlebniswelten, die zu Rückzug und Selbstschädigung motivieren.*
Berufliche Arbeit vollzieht sich in Betrieben mit hohem und rechtlich abgesichertem Organisationsgrad. Der Lebensalltag ist weniger strikt organisiert, was seinen Charme ausmacht, aber auch Probleme mit sich bringt. Gelten zum Beispiel für Jugendliche, deren Organisationswirklichkeit aus der Familie, den Bildungseinrichtungen, dem Freundeskreis und Vereinen, auch kirchlichen Gruppen besteht, die gleichen Regeln für das Zustandekommen von Erlebnissen wie in der industriellen Arbeitswelt? Besitzt das Spiel von Anforderungen und Ressourcen in seinen Auswirkungen auf die Erlebniswelt allgemeine Gültigkeit? Wenn das der Fall ist, dann müsste es sich auch in extremen und unwahrscheinlichen Situationen als richtig erweisen. Geeignet für diese Betrachtung ist das Paradox der selbstschädigenden Verhaltensweisen. Wieso handeln junge Menschen gegen ihren sozialen und physischen Selbsterhaltungstrieb? In einer Untersuchung für das damalige Bonner Bundesministerium für Jugend, Familie, Frauen und Gesundheit wurde durch umfassende Tests bei 2200 repräsentativ ausgesuchten Jugendlichen zwischen 15 und 30 festgestellt, dass es so etwas gibt wie eine generelle Tendenz zur Selbstschädigung.[41] Sie ist an einer Reihe von Kriterien erkennbar: Selbstisolation, Grübeln, Selbstmitleid, Resignation, Fluchttendenz, alles hinschmeißen wollen und an Selbstmord denken. Wer auf Krisensituationen mit solchen Verhaltensweisen und Phantasien antwortet, ist gefährdet. Die Angaben erwiesen sich als skalierbar. Diese Selbstschädigungstendenzen sind verhaltenswirksam: je ausgeprägter sie sind, desto häufiger kommt es zu Suizidversuchen, zum Gefühl der Ausweglosigkeit, und die potentiellen Selbstschädiger gehen signifikant häufiger zu Drogenkon-

---

41 Gerhard Schmidtchen: Schritte ins Nichts. Selbstschädigungstendenzen unter Jugendlichen. Leske + Budrich, Opladen 1989

sum und dem Konsum anderer psychoaktiver Subtanzen über. Wichtiges
Symptom der Selbstschädigungstendenz ist die Überschwemmung mit
negativen Gefühlen. Für die Entstehung von Selbstschädigungstendenzen, oder umgekehrt deren Verhütung, spielen Belastungen eine wesentliche Rolle. Sie entstehen in der Umwelt und in den Beziehungen junger
Menschen. Im einzelnen: Viele junge Menschen finden das Leben
schwer (43 Prozent), fast ebenso viele hatten Liebeskummer (42 Prozent). Weiter berichten ein Drittel der Jugendlichen über Konflikte mit
den Eltern, sie fühlen sich bei Eltern, Lehrern, Vorgesetzten oder
Freunden nicht gut aufgehoben, sie fühlen sich in ihren Zielen nicht unterstützt, in der gegenwärtigen Tätigkeit eher unfrei. Sie beklagen sich
über fehlende Entwicklungsmöglichkeiten. Sie berichten über Konflikte
mit den Eltern wegen ihrer Ziele oder Ziellosigkeiten. Sie haben Konfrontationen mit der Polizei erlebt und sich Vorstrafen eingehandelt. 26
Prozent der Jugendlichen sind stark belastet. Sie sind aufgrund ihrer eben
zitierten Antworten den beiden höchsten Skalenstufen (vier und fünf)
einer insgesamt fünfstufigen Belastungsskala zugeordnet worden. Teilt
man die befragte Population beim Median dieser Skala, so zeigt sich, dass
46 Prozent vergleichsweise viele Belastungen mit sich herumtragen und
die übrigen 54 Prozent eher wenig. Deutlich korrelieren Belastungen mit
Fluchtverhalten und Selbstschädigungstendenzen.

Haben Ressourcen eine präventive Bedeutung? Als Ressourcen wurden wesentliche Aspekte der persönlichen Befähigung, auch der sozialen
Kompetenz erfasst. 50 Prozent der jungen Menschen erklärten, sie seien
gut ausgeschlafen. Das ist ein wichtiger psychosomatischer Indikator für
eine generell gute Verfassung. Zur Messung der sozialen Kompetenz
sollten die Auskunftspersonen sagen, in welchen der sechs Lebensbereiche sie selber Einfluss ausüben könnten, damit sich etwas zum Positiven
hin verändert. Es ging um Arbeit oder Ausbildung, Partnerschaft, Eltern,
Freunde, finanzielle Situation und Gesundheit. 44 Prozent der Jugendlichen erreichten bei diesem Test die höchsten Skalenstufen, verfügten also über eine sehr gute soziale Kompetenz und Handlungsvertrauen. 44
Prozent schauten mit Hoffnung in die Zukunft, 39 Prozent sagen, sie
hätten viele Freunde, 34 Prozent hatten eine angemessene Kommunika-
tionskompetenz, für 27 Prozent wurde ein guter finanzieller Hintergrund
festgestellt und ein sehr sicheres Selbstbewusstsein zeigten 19 Prozent.
Auf einer Skala des Ressourcenreichtums besetzten 24 Prozent die beiden obersten Stufen, 40 Prozent haben ein mittleres Niveau und 20 Prozent haben wenig persönliche Ressourcen, der Rest konnte nicht einge-
stuft werden. Dieser Ressourcenreichtum persönlicher Art hat eine deut-

liche präventive Bedeutung gegenüber Rückzugs- und Selbstschädigungstendenzen. Bringt man beide Ergebnisse in ein Bild, so zeigt sich die Dramatik des Zusammenhanges und auch seine gesetzmäßig wirkende Regelmäßigkeit. Je stärker die Selbstschädigungstendenz, desto größer ist in deren Hintergrund die Zahl der Belastungen und desto geringer die Zahl der Ressourcen. Das umgekehrte Bild ergibt sich am anderen Ende der Skala. (Vergl. das folgende Schaubild)

## Selbstschädigung: viel Belastung und wenig Ressourcen

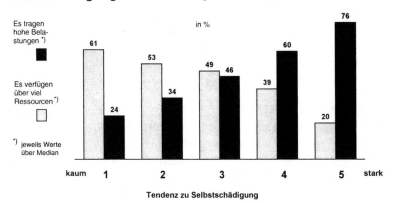

## Belastungs-Ressourcen-Verhältnis und Selbstschädigung

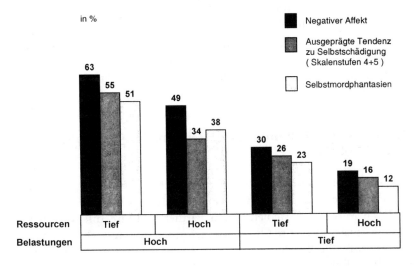

Aus den Angaben über Belastungen und Ressourcen lässt sich eine Vier-Felder-Typologie bilden, und zwar dadurch, dass beide Skalen am Median geteilt werden. Vergleicht man Belastete mit geringen Ressourcen mit der Gegengruppe, geringe Belastungen und hohe Ressourcen, so wird der ursächliche Zusammenhang deutlich. 55 Prozent Selbstschädiger gibt es in der Gruppe, die einer negativen Erlebniswelt mit geringen Ressourcen gegenübersteht und umgekehrt, in der Gruppe, die nur wenige negative Erfahrungen in ihrem sozialen Feld machen muss, dafür aber stark in den Ressourcen ist, kommt es zu Anflügen von Rückzugsphantasien nur bei 16 Prozent (vgl. das Schaubild S. 75 unten).

Das gleiche Bild ergibt sich für negativen Affekt und Selbstmordphantasien. Der negative Affekt wurde über Stimmungen gemessen: Niedergeschlagenheit, innere Leere, Null Bock, nichts gelingt, Rastlosigkeit, unausgefüllt sein, Reizbarkeit, Gewissensbisse, sich gestresst fühlen, nervös sein.

Die drei Beispiele, das autotelische Verhalten auf hohem Leistungsniveau oder niedrigem, die Genese der Arbeitsfreude und die Ursachen selbstschädigenden Verhaltens zeigen, dass schöne Erlebnisse aus der Adäquanz von Anforderungen und Kompetenz hervorgehen und schlimme der Diskrepanz unterliegen. Wir haben ein psychisches Gesetz gefunden: Anforderungen und Kompetenz bestimmen die Erlebnisqualität des Handelns. Darin zeigt sich die Natur der Menschen. So stark sich auch diese Gesetzmäßigkeiten zeigen, so wenig sind Anforderungen und Kompetenz unwandelbar, ein für allemal oder historisch gegeben. Beides kann gewählt und beeinflusst werden. Auch bei ungünstigen Konstellationen ist Resignation und Rückzug bis hin zu Suizidideen kein notwendiges Schicksal. Gerade negative Erlebnisse motivieren ein Aufbegehren, sie treiben zur Veränderung. Das ist das Thema der folgenden Betrachtung.

## 2.3. Persönliche Erlebniswelten dynamisieren Gesellschaft und Politik

Erlebnisse ergeben sich aus Situationen, gesucht oder zufällig, erwünscht oder schockierend. Situationen haben ihre Strukturen. Diese sind gegeben durch Mittel und Medien, durch Partner und ihre Interaktion, Begegnungsrituale oder feste Organisationsformen, durch Rechtsverhältnisse oder informelle Beziehungen, durch Erwartung und Erfüllung. Innerhalb solcher Rahmenbedingungen werden Handlungs- oder Interaktionsepisoden zu Erlebnissen. Sie gewinnen einen affektiven Wert, sie bewegen unsere Seele. Die Rahmenbedingungen unserer Erlebniswelt sind durch die kulturelle Entwicklung, durch gesellschaftliche Verhältnisse und durch das politische System vorgegeben. Auch die materiellen Möglichkeiten, die wir nutzen können, spielen für die Gestaltung der Erlebniswelt eine große Rolle. Reisen z.b. war zu Beginn des 20. Jahrhunderts etwas ganz anderes als zu Beginn des 21. Das Erlebnis allein des städtischen Verkehrs hat sich zu der Zeit, als der Verkehrslärm im wesentlichen aus Pferdegetrappel, Peitschenknallen und dem Rollen eisenbereifter Holzräder über holpriges Pflaster bestand, anders als nach dem Siegeszug des Autos, das im Stau steht, wenn man es bewegen will, keinen Parkplatz findet, wenn man halten möchte, einem Gerät, dem die Qualität von Wohnvierteln und Alleen geopfert wurde und das tödliche Unfallziffern in ungefähr der Stabilität und Höhe wie Selbstmordzahlen liefert. Neue Einrichtungen für Freizeit- und Ferienreisen erschließen neue Erlebnisräume. Das Internet stiftet nicht nur einen Nutzen, um Informationen zu gewinnen und zu verbreiten, es ist auch ein neues Erlebnisfeld geworden. Technische und wirtschaftliche Entwicklungen, Vereinsleben und Religiösität, kulturelle Kreativität von bildender Kunst bis zum Städtebau, Bekleidungsmoden und Möbelstile, die Globalisierung der politischen Kommunikation – all dies ist bestimmend für unsere Erlebnischancen und Erlebnisweisen. Zunächst will es nicht einleuchten, dass etwas so subjektives und eigentlich auch privates wie das persönliche Erlebnis mit allgemeinen Strukturen zusammenhängt. Aber sobald man auf die Situation von Erlebnissen reflektiert, treten unweigerlich deren Bestimmungen in Sicht, und diese gründen in den größeren gesellschaftlichen Zusammenhängen. So sind die Erlebnisse, die wir haben, die psychische Sprache unserer jeweiligen Epoche und Generation.

Wenn Erlebnisse in Situationen entstehen und Situationen auf ihren Organisationscharakter hin untersucht werden können, dann ergibt sich die Schlussfolgerung, dass Änderungen in der Organisation der Umwelt auch unsere Erlebnischancen beeinflusst. Wenn dies so ist, dann sind Serien negativer Erfahrungen kein unentrinnbares Schicksal. Man kann etwas ändern. Genau dies ist das Thema moderner Psychologie. Um die Bedeutung der Erlebnisse für die Verhaltenssteuerung und die persönliche Befindlichkeit bestimmen zu können, ist es zunächst notwendig, die Art und Weise kennenzulernen, wie Menschen Erlebnisse registrieren und verarbeiten. Wie jeder Organismus steuert sich auch der Mensch nach dem Grundschema von Annäherung und Flucht. Gegenstände und Situationen werden also danach klassifiziert, ob sie attraktiv oder aversiv

sind, positive oder negative Gefühle erwecken. Negative Gefühle haben
für den Organismus Warnungscharakter. Wenn wir jemand fragen: „Wie
geht es ihnen?" – so zielen wir damit genau auf die Summierung von
vielen Einzeleindrücken, die als Lebensstimmung wiedergegeben werden
können.

Aus solchen Überlegungen wurden zwei Testfragen entwickelt, die
einander gleichsam antipodisch ergänzen. Die eine lautete, wieviel gibt es
in Ihrem Leben, dass Ihnen Freude macht und die andere, wieviel was
Ihnen Sorgen macht. Es stellte sich heraus, dass die meisten Auskunftspersonen nach Vorlage einer Skala sehr leicht darauf antworten konnten.
In diesen summarischen Feststellungen werden hunderte, vielleicht tausende von Eindrücken zusammengefasst. Solche Fragen sind möglich
und sinnvoll, weil der Mensch ein quasi-statistisch beobachtendes Wesen
ist und für sich selbst solche Bilanzierungen vornimmt. Wie fallen die
Antworten aus und was bedeuten sie? Die Frage wurde zu ersten Mal im
Jahre 1980 in einem Querschnitt junger Menschen zwischen 15 und 35
Jahren gestellt im Zusammenhang mit Untersuchungen zum Terrorismus.[42] Wiederholt wurde dieses Fragenpaar 1986[43] sowie 1994 und 1995
bei einem Ost-West-Vergleich junger Menschen. Die Antworten waren
über die Zeit hinweg im Westen relativ konstant. Die Untersuchung des
Jahres 1995 brachte die folgenden Ergebnisse: 63 Prozent der jungen
Menschen im Westen berichteten, sie hätten viel oder sehr viel Freude
im Leben, und im Osten 60 Prozent. Viel Sorgen referierten im Westen
16, im Osten 17 Prozent. Die Gruppe der ganz sorgenfreien ist jedoch
im Westen mit 42 Prozent größer als im Osten gewesen (30 Prozent).[44]
Jugendliche haben also im Durchschnitt gesehen mehr Grund zur Freude als zur Sorge.

Wie aber verhält sich beides zueinander? Sind die Fröhlichen ohne
Sorge und umgekehrt? Auf den ersten Blick wirkt überraschend, dass die
Auskünfte über Freuden und Sorgen nicht miteinander korrelieren. Das
bedeutet, dass die Felder, in denen Sorgenvolles passiert oder Freudvol-
les, nichts miteinander zu tun haben. Jemand kann in der Schule, im Elternhaus, unter Freunden und Freundinnen viel Schönes erleben und

---

42 Gerhard Schmidtchen: Jugend und Staat. Übergänge von der Bürger-Aktivität zur Il-
    legalität. Eine empirische Untersuchung zur Sozialpsychologie der Demokratie, In:
    Ulrich Matz und Gerhard Schmidtchen: Gewalt und Legitimität, Westdeutscher Ver-
    lag, Opladen 1983, S. 337
43 Gerhard Schmidtchen: Ethik und Protest, Moralbilder und Wertkonflikte junger
    Menschen, Leske + Budrich, 2. Auflage 1993, S. 129
44 Wie weit ist der Weg nach Deutschland, a.a.O., S. 391/392

Freude haben, aber sich beim Sport einen Bänderriss zuziehen. Dies hat nichts mir den positiven Erlebnissen anderweitig zu tun, aber kann doch die Bilanz der Lebensstimmung ins Negative ziehen.

Der nächste Schritt der Forschung besteht darin, beide Auskunftsreihen zusammenzuführen. Dies geschieht durch numerische Reduktion, von den Freuden werden die Sorgen subtrahiert. Dadurch ergibt sich eine neue Skala, die Erlebnisbilanz. Diese Skala ist das Instrument der weiteren Betrachtung. Hier zeigt sich nun ein deutlicherer Unterschied zwischen ost- und westdeutschen Jugendlichen. 1995 überwogen bei 38 Prozent der westdeutschen Jugendlichen die Freuden, aber nur bei 28 Prozent der ostdeutschen. Ein ambivalentes Lebensgefühl hatten 29 Prozent im Westen und 32 Prozent im Osten. Überwiegend sorgenvoll betrachteten 32 Prozent der Jugendlichen im Westen das Leben und 39 Prozent im Osten. Je mehr sich die Erlebnisbilanz zum sorgenvollen neigt, desto deutlicher steigen missmutige Gefühle auf, ein negativer Affekt, der die Lebensstimmung verdunkelt. Die Jugendlichen sagen, das Leben gefalle ihnen nicht mehr, zu 80 bis 90 Prozent im Extremfall. Die Korrelationskoeffizienten sind hoch: GAMMA 0,59 für den Westen und 0,66 für den Osten.[45]

Bleiben die Stimmungslagen aufgrund von Erlebnisserien ein ganz persönliches innerpsychisches Geschehen, mit dem das Individuum fertig werden muss? Enden Erlebnisse ganz und gar im Lebensgefühl der einzelnen Person? Wenn der Mensch ein reagierendes Wesen ist, dann bleiben Stimmungslagen nicht neutral. Die Sorgenvollen tendieren zum Rückzug. Das ist die erste Reaktion. Unter denen, die überwiegend Sorgen haben, phantasieren 63 Prozent von Rückzug und Selbstschädigung. Wo die Freuden überwiegen, ist das nur bei 17 Prozent feststellbar.[46]

Führt also ein Übergewicht von Sorgen unweigerlich zu Rückzug und Depressivität? Das ist nicht notwendig so. Menschen sinnen immer auf Auswege, beginnen sich zu wehren, und zwar dann, wenn es dafür einige Erfolgsaussichten, einige Hoffnungen gibt. Zuversicht kann durch eigene Ressourcen oder durch Signale der sozialen Umgebung vermittelt werden. Um diese Effekte zu untersuchen, stellten wir die Frage: „Wieviel gibt es in Ihrem Leben, das sich ändern sollte?" Die Antworten konnten fünffach abgestuft gegeben werden, von „sehr viel" bis „gar nichts". Die Gliederung dieser Antworten nach der Erlebnisbilanz ist dramatisch. Wer Sorgen hat, mehr Sorgen als Freuden, will etwas ändern. Diejenigen,

---

45 Wie weit ist der Weg nach Deutschland, a.a.O., S. 95 und 396
46 Schritte ins Nichts, a.a.O., S. 61

bei denen die Freuden überwiegen, möchten alles beim alten lassen. Der Korrelationskoeffizient beträgt GAMMA 0,57.[47] Der Änderungswille bleibt nicht nur Gestus. Die etwas ändern wollen, glauben wirklich, das auch zu können.

Die Änderungswünsche bleiben nicht in der individuellen Sphäre. Privates bleibt nicht privat. Das Änderungsstreben wird auf die gesamte Gesellschaft verallgemeinert. Der Adressat des Unmuts ist für viele dann die Gesellschaft als ganze, in ihr stimme vieles nicht oder sie sei überhaupt falsch konstruiert, so sagt die Mehrheit derer, die sehr viel ändern wollen. In ihrem politischen Durchsetzungsstil neigen die Jugendlichen mit den heftigen Änderungsmotiven zu progressiv-nonkonformen Strategien.[48] Besonders deutlich tritt diese Tendenz bei den politisch Interessierten zutage. Die etwas ändern wollen, haben in großer Zahl Liebeskummer gehabt. Was hat Liebeskummer mit Politik zu tun? Auf den ersten Blick nichts. Aber Liebeskummer ist ein Moment der biografischen Belastung, färbt die Lebensperspektiven dunkel und trägt deutlich zu einer ganz allgemein negativen Erlebnisbilanz bei. Im Verein mit anderen Frustrationen kommt es zu einer Gefühlslage, in der allgemeine Veränderungen als Auswege phantasiert werden. Gefühle unterliegen einem Generalisierungseffekt, der in diesem Fall bis ins politische durchschlägt. Erlebnisse sind also von einer hohen Dynamik für das Persönlichkeitssystem selbst, aber auch für die gesellschaftliche Entwicklung. Nicht zu übersehen ist dabei, dass negativen Gefühlen sowohl kreatives als auch destruktives Potential innewohnt.

In welcher Beziehung steht dieses Geschehen zum Orientierungsproblem? Erlebnisse und deren Bilanz ergeben eine Stimmungslage, die dem Individuum akzeptabel bis unakzeptabel erscheint. Diese Gefühle sind sehr evident, können ausgedrückt und beschrieben werden. Die Impulse jedoch, die sich aus diesen Gefühlen ergeben, sind diffus. Die Richtung der emotionalen Impulse zielt auf die Sicherung der Lebensfreude. Also wird man Änderungsimpulse erwarten, aber sie sind keine Lösung des Orientierungsproblems. Das zeigt sich am Paradox der Selbstschädigung. Die Daseinsleidenschaft kann verloren gehen, wenn Serien negativer Erfahrungen, Mangel an sozialer Unterstützung und praktischem Rat die Misserfolgserwartungen übermächtig werden lassen. Wenn die Person, das Selbst, kein Instrument mehr ist, positive Erfahrungen machen zu können, und die Gesellschaft keine Anleitung, keine Chancen für ein

---

47 Ethik und Protest, a.a.O., S. 129
48 ebendort, S. 130 und 135/136

neues Engagement bietet, dann tritt dieses wertlos gewordene Personsystem den Rückzug an, auch in den Erlebnisersatz durch Drogen.

In einer negativen Erlebnisbilanz und Stimmungslage gibt es gleichwohl Menschen, die etwas ändern wollen. Um wirksam etwas ändern zu können, muss umfassend ein Orientierungsproblem gelöst werden.

Erstens braucht man neue Ziele, die attraktiv genug sind, um Motivenergie zu investieren. Die Zielfindung ergibt sich aus der sozialen Kommunikation, die gleichzeitig die Unterstützung und den Konsens sichert. Darin teilt sich mit, dass die einzelne Person mit Ihren Zielen nicht allein steht.

Zweitens ist die Existenz eines zugänglichen sozialen und politischen Apparates notwendig, um das zu erreichen, was die Grundmotive intendieren: eine bessere Erlebnisbilanz, positive Rückmeldungen für die eigenen Tätigkeiten. Die resultierende Lebensfreude ist nicht in einem rein hedonistischen Sinne das Ziel, sondern nur eine Rückmeldegröße für die gelungene Gestaltung des Daseins und für die Chancen der Persönlichkeitsentwicklung. Darüber hat der Kirchenvater Augustinus etwas verblüffend einfaches gesagt: „Die Seele nährt sich von dem, was sie freut."

## 2.4. Ästhetik: Der Nutzen des Zwecklosen
## Sinnbilanz: Die öffentliche Verantwortung

### 1. Der Nutzen des Zwecklosen

Ästhetisches Empfinden ist ein tief ins Unbewusste reichendes „Orientierungsorgan". Übung im Ästhetischen, die Ausübung musischen Handwerks ist zugleich in einem hohen Maße soziales Training. der gedachte oder wirkliche Adressat ist immer zugegen, Kunst weckt den sensus communis. Was den Zusammenhang interessant macht, ist dessen Übertragbarkeit. Aus ästhetisch geschulter Empfindsamkeit erwächst soziale Sensibilität und Problemsensitivität auf anderen Gebieten, in Technik, Wirtschaft, Politik. Sebastian Haffner schildert in seinen biografischen Erinnerungen seine Abscheu vor den Nazis als eine ästhetisch begründete Gewissheit: „Was mich davor (vor den Nazis) schützte, war – meine Nase. Ich besitze einen ziemlich ausgebildeten geistigen Geruchssinn, oder, anders ausgedrückt, ein Gefühl für die ästhetischen Valeurs (und Nonvaleurs!) einer menschlichen, moralischen, politischen Haltung oder Gesinnung. Den meisten Deutschen fehlt leider das gerade vollständig. Die Klugsten unter ihnen sind imstande, sich mit lauter Abstraktionen und Deduktionen vollständig dumm zu diskutieren über den

Wert einer Sache, von der man einfach mittels seiner Nase feststellen kann, dass sie übelriechend ist. Ich meinerseits hatte schon damals die Gewohnheit, meine wenigen feststehenden Überzeugungen vermittels meiner Nase zu bilden. Was die Nazis betraf, so entschied meine Nase ganz eindeutig."[49]

Erlebnisse haben ihre Strukturen. Im ästhetischen Empfinden ist Gemeinschaft präsent. Ästhetisches Urteilen ist zugleich ein Training im Denken an allgemeine Maßstäbe, die einem Konsens der Allgemeinheit zu Grunde liegen könnten.

Der Unterricht an Schulen und Gymnasien ist im Wesentlichen fach- und rationalorientiert, folgt dem Wissenschaftsideal, das an den weiterführenden Universitäten ohnehin bestimmend ist. Wenn man von den Kunstakademien absieht, so kommt ästhetischer Unterricht an unseren Schulen zu kurz. Eine Schulung des ästhetischen Sinnes aber würde Auswirkungen weit über die Kunstfächer hinaus haben. Das Gefühl für kulturelle Gemeinschaft würde gestärkt und man weiß, dass diese inneren Verfassungen generalisiert werden. Der ästhetische Unterricht würde nicht nur den Gemeinsinn befördern, sondern auch die Kreativität in anderen Fach- und Lebensbereichen. Die bevorzugte Verhaltensweise der Menschen, mit problematischer Beweislage aber doch bedeutend zu kommunizieren, sollte größere pädagogische Aufmerksamkeit bekommen. Auch höhere wissenschaftliche Leistungen ruhen schließlich in dieser emotionalen Gesprächskultur. Alle Orientierung beginnt zunächst im Unbestimmt-Ästhetischen.

Die Zurückdrängung der musischen und geisteswissenschaftlichen Fächer in den Lehrplänen der Schulen, also die reine Marktorientierung des Lehrangebotes zu Gunsten der Naturwissenschaftlichen Fächer und Informatik, führt zu einer emotionalen Verflachung und zu sozialer Verdummung. Nach dem Versiegen der Poesie stirbt die Kreativität.

## 2. Öffentliche Verantwortung

Die Erlebnisse in der sozialen Interaktion und im Beruf unterliegen dem Gesetz von Anforderung und Kompetenz. In den Anforderungen sind Normen enthalten, als allgemeine Aspekte der Situation. Die Kompetenz trägt das Individuum bei, als Ergebnis seiner Bildungs- und Tätigkeitsbiografie. Am Zustandekommen positiver Erlebnisse sind nicht nur die

---

49 Sebastian Haffner: Geschichte eines Deutschen. Die Erinnerungen 1914-1933. DVA Stuttgart/München 2000, S. 102

Individuen selbst beteiligt, sondern über die Anforderungsnormen die Institutionen. Sie tragen die Hauptverantwortung für Millionen Erlebnisepisoden. Die Folgen negativer Erlebnisbilanzen tragen zunächst die Individuen – aber dann, wenn es politische Ausdrucksmittel gibt, auch die Institutionen.

Die Institutionen können zu einer positiven Erlebnis- und Sinnbilanzierung Wesentliches beitragen. Zunächst einmal sollte bewusst werden, dass negative Lebensstimmungen nicht rein persönlich und in der Verursachung individualistisch zu verstehen sind. Ein großer Teil der negativen Empfindungen, der Verstimmungen im ästhetischen Bereich, kommen aus der öffentlichen Sphäre. Dazu zählt die arrogante Architektur der Städte. Die Bauherren und Architekten haben ihre Theorien, aber die Ergebnisse finden keine ungeteilte Zustimmung. Die Bevölkerung ist ästhetisch gekränkt. Ist das der provokante Sinn moderner Architektur? Zudem kommen sich die Bürger machtlos vor, wenn ihnen nichts bleibt als die Zuschauerrolle. Jenseits aller Begründungstexte für den Bauentscheid: demokratisches Bauen ist das nicht. Die Städtebau-Oligarchien schaffen ein Klima von Befremden und Herrschaftsmisstrauen.

Wellen ästhetischen Unbehagens gehen auch von den Gewohnheiten der politischen Repräsentanten aus, öffentliche Auseinandersetzungen nur noch mit Herabsetzungsprosa zu führen. Das macht die Bürger traurig, verleitet sie zu politischem Rückzug und führt zu einem zynischen Bild von Politik und dem Beruf des Politikers, schlecht für die Nachwuchssituation.

Im Alltag wird die Erlebnisbilanz der Menschen durch Anforderungen in beruflichen und schulischen Situationen bestimmt, Anforderungen, denen sie durch erworbene und noch zu erstrebende Fähigkeiten gerecht zu werden versuchen. Die Institutionen können hier auf zweierlei Weise Einfluss nehmen, durch Förderung der Kompetenz und durch Weiterentwicklung der Normen für Leistung und Verantwortung. Wesentlich sind verantwortete Gestaltungsspielräume auch in der Schule. Selber Wege zum Wissen suchen ist spannender als das Herunterbeten des Vorgegebenen. Wer kreative Organisationen und motivierte Mitarbeiter und Mitarbeiterinnen will, muss Spielerisches zulassen, eine Atmosphäre von Witz und Humor ermöglichen. Nur dadurch wird der überraschende Einfall zu einer Tugend – er könnte das Neue bergen. Positive Erlebnisbilanzen für Millionen zu erzeugen, könnte und sollte ein Ziel der Politik sein. Nicht nur die Stabilität des politischen Systems würde dadurch gefördert, ein attraktives kulturelles Klima würde sich ausbreiten, das einem Land gut ansteht. Es wäre ein Land, in dem die Menschen ihren Alltag lieben.

Die Digitalisierung unserer Lebenswelt hat zu einer bedeutenden und massenhaften Intellektualisierung geführt. Mitarbeiter in der Metallindustrie zum Beispiel erklärten nach der Einführung elektronischer Arbeitsplätze, die Arbeit sei geistig anspruchsvoller, auch anstrengender geworden. Die Präsenz einer digitalen Kultur in Arbeit und Freizeit fordert indessen nicht nur den Erwerb neuer individueller Kompetenzen, sie verändert zwangsläufig die Struktur organisatorischer und sozialer Beziehungen, und als Folge die Formen des Umgangs miteinander. Die Verteilung des neuen Wissens folgt nicht den alten Hierarchien, die Beziehung zu Alter und Dienstalter ist invers. Die Honoratiorenherrschaft ist am Ende. Die Industrie hat dem längst Rechnung getragen durch Abbau von Hierarchien und der Entwicklung neuer Modelle partnerschaftlicher Zusammenarbeit. Digitalisierte Arbeitsumgebungen sind eine Welt leiser Töne. Weisungen mit hoher Lautstärke sind nicht nur überflüssig, sie würden auch die geistige Konzentration stören und damit die Motivation. Ein kommunikativer Führungsstil ist angezeigt. In sanftem und offenem Umgang miteinander können sich Intelligenz und Urteilsvermögen entfalten. Im elektronischen Zeitalter stellt sich die Frage nach den Erlebnisbilanzen auf neuem Niveau. Da kritische Sinnbilanzen immer auch ein Ergebnis schlechter Organisation sind, spielt die öffentliche Verantwortung mit. Der Versuch, der neuen digitalisierten Welt mit alten Organisationsformen zu begegnen, würde zu einer Verringerung der in der Gesellschaft verfügbaren Intelligenz führen. Vor allem die politischen und exekutiven Organisationen zeigen ein unzeitgemäßes Profil.

Der Mensch ist ein Gerätewesen. Wir essen, kommunizieren, arbeiten, musizieren, reisen, schreiben und ackern immerzu mit Instrumenten und Maschinen. Wenn sie nicht vorhanden sind oder nicht funktionieren, kommen wir uns hilflos vor und werden ängstlich. Unsere Gegenstandswelt ist Technik, eine aus menschlicher Intelligenz geborene zweite Natur. Die Gerätewelt soll Probleme lösen, den Alltag erleichtern, neue Verhaltenspotentiale eröffnen, aber sie stellt uns vor eine neue Frage, auf die keine Technik die Antwort weiss: In welcher Kultur wollen wir leben?

Die Maschinen des vorelektronischen Zeitalters waren taub, blind sowieso und verlangten repetitive Bedienung. Sie wurden zu Apparaten der Entfremdung. Die Geräte der digitalen Welt jedoch können nicht nur lesen, hören und sehen sondern sie antworten auch. Die technische Kulturrevolution begann mit den antwortenden Maschinen. Damit aber werden die dienenden Einrichtungen zu Partnern, die uns psychisch in Anspruch nehmen. Wer ist nicht schon einmal wütend auf seinen PC geworden? Mit der psychischen Reaktion auf intelligente Maschinen werden nicht nur Lernprozesse durch Lohn und Strafe gesteuert, sondern es entstehen auch Abhängigkeiten. Die Welt der neuen Geräte ist mächtig. Unsere Kommunikations- und Berufschancen hängen von ihr ab. So werden sich die Menschen den „denkenden" Maschinen anbequemen. Die Informatiksprache avanciert zu einem neuen Element des kulturellen Systems. Die Bedienungssprachen und das mit ihnen hervorgeholte Wissensangebot bestimmen das Bewusstsein. Wir werden uns der Kultur oder Unkultur der Programmierer, des Stoffes hinter den Internet-Portalen, der elektronischen Archive wie folgsame und arglose Schüler anvertrauen, als ob es das Ganze wäre. Das ist dann gefährlich, wenn andere kulturelle Traditionen, Quellen und Befähigungen abgewertet und dem Vergessen überantwortet werden. Wer kann Gedichte vortragen, wo entsteht Leidenschaft für Sprache und Form? In einer Gesellschaft, die von neuer Technik durchdrungen ist, wächst die Verantwortung für die Weiterentwicklung der Hochkultur.

# 3. Physiologie der Orientierung oder die Körperlichkeit des Geistes

Alles Geistige vergegenständlicht sich in Wort und Bild, in Schrift und Symbol. Dies macht es uns leicht, „Geist" als losgelöst von unserem Körper zu empfinden. Im Alltag machen wir einen deutlichen Unterschied zwischen körperlichem und geistigem Dasein. Geistige Arbeit, das Lernen gelingt in der Studierstube, in der Stille, die Ansprüche des Körpers asketisch überwindend. Die Bewegungsarmut der geistigen Arbeit haben wir auf Sportplätzen gelernt auszugleichen. In der Industrieorganisation wird ein großer Unterschied zwischen geistiger und körperlicher Arbeit gemacht. Diese wird nach Stückzahl oder sonst wie messbar bewertet, geistige Arbeit nur nach Anwesenheit. Zwar werden auch hier, bei der geistigen Angestelltenarbeit, mehr und mehr Leistungskriterien entwickelt, aber es gibt eine Zone der Unbestimmtheit zwischen dem Leistungsideal und dem betrieblichen Erfolg. Diese Ungewissheit in der Zuschreibung ist für manche Neurosen und innerbetriebliche Konflikte verantwortlich. In bäuerlichen Kulturen hat geistige Tätigkeit vor nicht langer Zeit als Untätigkeit gegolten. Ein Landwirt, der Bücher liest, stand bei der Familie in Verdacht, auf üble Weise den Hof vernachlässigen zu wollen. Obwohl sich mittlerweile universell herumgesprochen hat, dass die Höhe des Lebensstandards intellektuelle Grundlagen hat, findet die Frage, wie es in der individuellen Produktionsstätte des Geistes, dem Körper zugeht, wenig Aufmerksamkeit.

Diese alten physiologischen Orientierungsbefähigungen des Menschen werden in de neuen Welt digitaler Produktion und Kommunikation nicht etwa als unzweckmäßig an die Seite gedrängt und bedeutungslos, sie erhalten vielmehr neue und mächtige Gegenstände. Die psychischen, auf das soziale bezogenen Grundbefähigungen werden potenziert, im Guten wie im Bösen. Humanitärer Fortschritt und Aufklärungswiderstand: beide können sich der digitalen Technik bedienen, also liegt das Problem jenseits der Technologien. Deshalb ist es wichtig, die alten Rüstkammern der Psyche zu inspizieren.

Warum ist die Frage wichtig? Geist ist in den Körper eingebunden, zugleich Zeichen seiner Lebendigkeit. Jeder bewegliche Organismus braucht ein neuro-physiologisches Steuerungssystem. In der Sprachlichkeit entfaltete sich das menschliche am weitesten, großräumige soziale und politische Organisationen hervorbringend. Der biologische Sinn eines solchen Steuerungssystems beruht in der Steigerung der Überlebensfähigkeit, in der Anpassung an und in der Meisterung von Situationen, in der Realitätskontrolle. Aber gerade in diesen Funktionen verleugnet das Geistige nicht die Basis des Körperlichen. Im Gegenteil, der Körper und seine Antriebe können die Orientierungsfunktion stören. Selbst innerhalb des geistigen Orientierungssystems kann es konkurrierende Ideen geben, die sich mit Antrieben aus verschiedenen körperlichen Bereichen aufladen. Das biologische Substrat ermöglicht die Orientierung und gefährdet sie zugleich. Spiritualität ist nicht dem Körper entgegengesetzt, sondern in ihm, Geist wie Ungeist. Der Gedanke der Inkarnation muss konsequent zu Ende gedacht werden.

Die Produkte dieses Geistes werden freilich als kulturelles System im Dilthey'schen Sinne nach außen gesetzt und verfestigen sich in Traditionen und Einrichtungen kultureller Überlieferung, in Archiven und im Bildungswesen. Diese Mächte der sozialen Kommunikation liefern Denkwerkzeuge und Verständigungsprinzipien. Die Orientierungsarbeit ist dem Einzelnen nicht allein überlassen. Aber auch das kulturelle System hat ein Janusgesicht, es kann fördern und behindern, den Widerstand der Individuen herausfordern. Auch Konsensbildungen, die ja im allgemeinen die psychische Sicherheit erhöhen und politische Entschlüsse erleichtern, garantieren nicht notwendigerweise eine Orientierung, die zu den von den meisten Menschen angestrebten Zielen führt, zu Frieden, Gerechtigkeit und Freiheit. Es gibt auch dummen, bösen Konsens.

In den Webmustern von Orientierung und Gefühl zeigt sich die Abgründigkeit der Wege, die Menschen in dem Versuch wählen, sich zurechtzufinden. Wo sind die Pfade, die zu Verhaltenssicherheit führen? In der Betrachtung dreier verhaltensbestimmender Bereiche sind Antworten zu finden. Es geht zunächst um die Analyse der individuellen inneren Vorgänge, sodann um die Steuerung durch soziale Kommunikation und schließlich um die Rolle des kulturellen Systems.

Im einzelnen:

1. die Dynamik von Denken, Fühlen und Handeln,
2. die Ursachenzuschreibung in ihrer Bedeutung für Emotionalität und Handlungstendenz. In der Ursachenzuschreibung finden wir den Einfluss der sozialen Kommunikation.

3. die Bedeutung einer Kultur der Gefühle für die Orientierungssicherheit.

## 3.1. Wahrnehmen, Fühlen, Denken, Handeln

Ein auffälliges und zugleich unerwünschtes Verhalten, Aggressivität und Gewalt, hat seit den 30er Jahren des 20. Jahrhunderts kontinuierliche wissenschaftliche Aufmerksamkeit erhalten. Dieses Thema hat große Forschungsfelder eröffnet, die auch öffentlich finanziert wurden. Ein beträchtlicher Teil der modernen Sozialpsychologie hat sich an diesem Gegenstand entwickelt. Antworten auf die Frage nach den Begründungen, nach den Auslösern aggressiven Verhaltens sind nur durch genaue Einblicke in die Vorgänge menschlicher Verhaltenssteuerung zu gewinnen. Die Aggressionsforschung hat Wesentliches zur Erkenntnis der Zusammenhänge zwischen neurophysiologischer Aktivierung, Informationsverarbeitung und Handeln beigetragen. Auf keinem anderen Gebiet der experimentellen Sozialpsychologie sind diese Vorgänge so präzise beschrieben worden. Solche Prozessanalysen haben allgemeine Bedeutung. Sie können mit einem ganz anderen Interesse gelesen werden als demjenigen, dem sie ihre Entstehung verdanken. Die Aggressionsforschung gibt wesentliche Hinweise auf das Funktionieren des menschlichen Orientierungssystems. Wie zum Beispiel orientiert sich ein wütender Mensch – soll er zurückschlagen, Vergeltung üben oder etwas anderes tun? Er unterliegt dem Druck eines Motivs, aber er steht damit noch nicht unter Zwang.

Die moderne, experimentelle Aggressionsforschung begann mit einer kleinen Forschungssensation, die Stanley Schachter[50] 1964 vorlegte. Er wollte keinen Beitrag zur Aggressionsforschung schreiben, sondern war nur an der Frage interessiert, wie Emotionalität zustande kommt. Die physiologische Basis war bekannt. Für Erregung sorgen Botenstoffe, wie Adrenalin oder Epinephrin, die Pulsrate erhöht sich, der Blutdruck steigt, der Hautwiderstand lässt nach, weil die Hände feucht werden. Er wollte diesen Prozess ohne irgendwelche Geschichten anschieben, die Menschen erregend finden. Das geschah durch Injektionen von Epinephrin. Den Versuchspersonen wurde gesagt, dass es sich um ein Lernexperiment handelt unter dem Einfluss von Anregungsmitteln. Der Hälfte

---

50 Stanley Schachter: The Interaction of Cognitive and Physiological Determinants of Emotional State. In Leonhard Berkowitz (Ed.), Advances in Experimental Social Psychology. Vol. 1, Academic Press. New York 1964. P. 49-80

der Versuchspersonen wurde nur physiologische Kochsalzlösung ge-
spritzt. Sie bildeten die Kontrollgruppe. Bevor die Versuchspersonen ihre Tests absolvieren sollten, konnten sie in einem Warteraum Platz nehmen. Hier hielt sich auch ein Verbündeter des Experimentators auf, ein
Schauspieler, der die Wartenden in der Hälfte der Situationen in eine lustige Unterhaltung verwickelte oder auffällige Kinderspiele machte, wie
Papierschwalben falten und die durchs Wartezimmer schicken. In der
anderen Hälfte der Wartesituationen gab er sich als brummiger Teilnehmer, der laut zum Ausdruck brachte, dass ihm die Einladung überhaupt
nicht gefiel. Die Ergebnisse: die Versuchspersonen, deren Erregung
durch die Injektionen angeschoben worden war, bezeichneten ihre Gefühle, ihre Stimmung als heiter, wenn sie die lustige Situation erlebt hatten, und sie schilderten ihre Stimmung als gedrückt, wenn sie mit dem
unwirschen Pseudoteilnehmer konfrontiert worden waren. Die Kontrollgruppe reagierte unbeteiligt. Aus dem Experiment schloss Schachter,
dass die Emotionalität auf zwei unabhängigen Komponenten beruht, der
Aktivierung und der kognitiven Interpretation. Das ist insofern ein
wichtiger Befund, als die Emotionalität nun nicht mehr als reiner Akti-
vierungsschub verstanden werden konnte, sondern ein Ergebnis einer
geistigen Überformung. Erst die phänomenologische Leistung führt zu
einer vollständig ausgeformten Emotionalität. Dies deckt sich mit
Tierexperimenten von Robert W. Hunsperger.[51] Berühmt wurden seine
Experimente mit Katzen. Durch Einpflanzen von Elektroden an bestimmten Stellen des Katzengehirns gelang die Lokalisation von Gehir-
narealen, die am Aufbau eines defensiven Verhaltensmusters beteiligt
sind. Die Tiere bleiben dabei frei beweglich. Über einen Sender können
nun Hirnreizungen vorgenommen werden. Befindet sich das Tier dabei
in einem neutralen Raum, so kommt es zu den Begleiterscheinungen defensiven Verhaltens, wie Pupillendilatation, Sträuben des Fells, Fauchen,
Andeutung einer Abwehrhaltung. Die Verhaltensweise bleibt aber rudi-
mentär. Zur vollständigen Ausführung einer Abwehrhandlung kommt es
im Experiment nur dann, wenn die Katze einen „Gegner" wahrnimmt,
ein Stofftier in einem sonst leeren weißen Raum. Die vollständige Koordination einer Handlung kann also nur über den Wahrnehmungs- und
den sich an sie anschließenden Koordinationsapparat vollzogen werden.
Auch die Abwehrhandlung eines Tieres hat ihre phänomenologische

---

51 Robert W. Hunsperger: Neurophysiologische Grundlagen des affektiven Verhaltens.
   Sonderabdruck aus dem Boulletin der Schweizerischen Akademie der medizinischen
   Wissenschaften, Bd. 21, 1965, Fasc. 1-2, S. 8-22

Seite. Insofern kann man von der Phänomenologie der Katze sprechen. Nun nehmen weder Katzen noch Menschen dauernd nur Bedrohliches wahr, sondern auch Erfreuliches, Attraktives. Entsprechend anders werden die neurophysiologischen und endokrinen Vorgänge sein und andere Verhaltensrepertoires kommen ins Spiel.

Schachters Beobachtungen ließen sich nicht unmittelbar in der Aggressionsforschung anwenden, aber die Wissenschaftler wurden aufmerksam. Ein wichtiger Entwicklungsschritt war der experimentelle Nachweis des Erregungstransfers. Eine mit einem bestimmten Thema erzeugte Aktivierung, also Erregung, konnte auf ein anderes Thema übertragen werden. So waren Versuchspersonen, die durch erotisches Material in Form von abgespielten Dialogen erregt worden waren, in nachfolgenden Situationen aggressiver. Sie erteilten in einer Testsituation, die es ihnen erlaubte, mehr und stärkere Elektroschocks an die Versuchsteilnehmer hinter einer Spiegelwand. Es wurden nicht wirklich Elektroschocks erteilt, sondern die Testpersonen bedienten eine mit einer Skala versehene Vorrichtung, auf der man die Stärke der gegebenen Elektroschocks ablesen konnte. Ein Schauspieler führte die Reaktionen vor. Die Schlussfolgerung war zunächst: nicht nur Frustration erzeugt Aggressionstendenzen, sondern ebenso Erregungen, die aus ganz anderen Quellen kommen. Percy H. Tannenbaum[52] zog daraus den Schluss, dass die Kontrolle aggressiven Materials in den Medien nicht notwendigerweise die Aggressivität sinken lasse. Für die Aggressionsforschung blieben aber nach wie vor viele Fragen offen. Hängt die Erregungsstärke einzig von der Stärke des Stimulus ab? Führt viel Frustration zu viel Erregung? Bestimmt die Stärke der Erregung die nachfolgende Aggressionstendenz? Und eine weitere Frage erwies sich als fundamental: Erregungen klingen im allgemeinen physiologisch sehr schnell ab, wie erklärt es sich aber, dass längere Zeit nach einer Verärgerung, unter Umständen nach Wochen, wenn die Erregung längst abgeklungen ist, es zu aggressivem Verhalten kommt, wenn sich die Situation bietet? Diesen Fragen widmete sich Zillman in einer Serie von Experimenten, die zugleich Aufschluss geben über wesentliche neurophysiologisch mitbegründete Orientierungsmechanismen.[53]

---

52 Percy H. Tannenbaum and Dolf Zillmann: Emotional Arousal in the Facilitation of Aggression through Communication. In L. Berkowitz (Ed.), Advances in Experimental Social Psychology (Vol. III), Academic Press, New York 1975

53 Dolf Zillmann: Arousal and Aggression. In: Russell G. Geen, Edward I. Donnerstein, (Eds.): Aggression. Theoretical and Empirical Reviews. Bd. I, Academic Press, New York 1983, S. 75-101

Zillmann entwickelte eine 3-Faktoren-Theorie der Emotionalität. 1. erklärt er in dieser Theorie, wie Erregung hervorgerufen wird, 2. erklärt er die Richtung der motorischen Ausdruckstendenzen und 3. ist in dieser Theorie eine Monitorfunktion beschrieben. Es ist eine Überwachungsfunktion, die sowohl die Richtung und das Energieniveau des Verhaltens modifizieren oder korrigieren kann. Diese Überwachungsfunktion meldet dem Akteur, ob eine offene oder nur eine verdeckte Reaktion angezeigt ist. Ob überhaupt eine Reaktion angemessen ist oder unangemessen, nicht am Platze. In dieser Funktion der Selbstaufmerksamkeit – ein neuer, späterer Forschungsbereich – werden die Variablen, die Kontingenzen einer Situation verarbeitet. Zwischen die Erregung und die Handlung tritt also eine sehr komplexe Intelligenzleistung, die in der Regel schnell und nahezu unbewusst abläuft. Zillmann wies zunächst nach, dass Versuchspersonen dann, und nur dann an einem Provokateur rächen, wenn sie sich vorher einer anstrengenden, mühseligen Aufgabe unterziehen mussten. Er schließt daraus, dass Erregung nicht notwendigerweise zu energiereichem Verhalten führt, und dass Erregung zu Aggressivität nur dann führt, wenn sich dafür beim Individuum schon Gründe angesammelt haben (durch Provokation zum Beispiel).

In einem weiteren Schritt wies Zillmann nach, dass Interpretationen das Niveau der Erregung beeinflussen. Die Versuchspersonen wurden provoziert, aber einer Testgruppe wurde nach der Provokation erklärt, warum der Provokateur so gehandelt habe. Er habe unter Stress gestanden, Examensangst gehabt. Einer dritten Testgruppe schließlich wurde, bevor der Experimentator eintrat, darauf aufmerksam gemacht, dass er im Moment in persönlichen Schwierigkeiten stecke. Die Ergebnisse waren eindeutig. Ohne jede Interpretation baut sich der Ärger, die Erregung über den rüden Experimentator relativ langsam ab, bei nachfolgender Interpretation etwas rascher. Die Gruppe jedoch, die den Hinweis schon vorher bekommen hatte, hat sich von Anfang an weniger aufgeregt. Interpretationen und die Zeitpunkte der Interpretationen haben also Einfluss auf das Erregungsniveau, auf das endokrine Geschehen. Eine beruhigende Interpretation im nachhinein bedeutet Entwarnung, und die Erregung klingt schneller ab. Eine Vorausinterpretation indessen heißt, es kommt etwas Aufregendes, aber es ist nicht gefährlich. Der Erregungsprozess läuft nicht an. Das nachfolgende Handeln wurde auch gemessen. Ohne jede Interpretation treffen den unangenehmen Experimentator starke Aggressionen, etwas schwächer fallen sie aus bei nachfolgender Entschuldigung, deutlich geringer werden sie bei vorauslaufender Entschuldigung.

In einem weiteren Experiment zeigt Zillmann, dass intervenierende Kommunikation den Zerfall der Erregung beschleunigen kann. Aber dafür eignen sich nur bestimmte Inhalte. Monotone Geräusche zum Beispiel ändern nicht viel, ein Naturfilm wirkt günstig, besser noch eine Komödie oder ein Programm mit nicht-aggressiven Sportarten. Die besten Löscheigenschaften hat eine Quizshow. Wenn die Versuchspersonen bei aggressiven Kontaktsportarten zuschauen, bleiben Erregung und Aggressionsbereitschaft erhalten.

Die kognitive Kontrolle ist nicht immer wach, kann gestört werden. Zillmann hat sich auch mit ihrem Verlust beschäftigt. Bei sehr hohen Erregungsgraden können vermittelnde Informationen, Entschuldigungen, nicht mehr verarbeitet werden, es bleibt bei einem hohen Niveau von aggressiven Reaktionen. Hohe Erregung beeinträchtigt die kognitive Leistungsfähigkeit und damit die Anpassung des Verhaltens. Es nimmt unter solchen Umständen impulsive Züge an.

Wie kommt es, dass provozierte Menschen nach geraumer Zeit, wenn ihre Erregung längst abgeklungen ist, genau so scharf aggressiv reagieren wie diejenigen, die noch in der Erregungsphase eine Gelegenheit dazu hatten? Wer provoziert wird und erregt ist, dem aber in der Situation keinen Ausdruck verleihen kann, formuliert stattdessen Vergeltungspläne. Mit solchen Vergeltungsplänen wird die alte Erregung wieder hergestellt, wenn sich eine neue Gelegenheit dazu bietet. Im Gedächtnis des Einzelnen kann sich so ein Reservoir aggressiver Verhaltensoptionen heranbilden, abrufbar.

Vergeltung ist ein Austauschkonzept. Negatives Verhalten verdient einen negativen Gegenwert. Solche Ideen produziert das Individuum nicht für sich allein, losgelöst von allen anderen. Es ist vielmehr ein Zeichen für die Wirksamkeit sozialer Kommunikation und Konsensbildungen. So finden sich Anteile des kulturellen Systems im Individuum wieder und wirken mit bei scheinbar höchst individuellen Entscheidungen und Reaktionen.

Inzwischen ist Stoff für eine Zwischenbilanz versammelt, die das Orientierungsproblem betrifft:

1. Schon im Anfangsstadium des Handelns, der Wahrnehmung und der Einstiegsmotivation spielen Interpretationen eine entscheidende Rolle. Diese Interpretationen leistet das Individuum nicht vollkommen aus sich heraus. Es verwendet Interpretamente, die kulturell verfügbar sind. Wie Menschen Situationen begegnen, ist ein Ergebnis der Interpretationskultur. Differenziertes Wahrnehmen, abhängig von einer le-

bendigen geistigen Kultur, ist die Voraussetzung für eine sozial ertrag-
reiche Behandlung von Situationen.

2. Die kognitive Kontrolle des Verhaltens wird meistens als Triebbehin-
derung missverstanden. Experimentell ist nachgewiesen worden, dass
Menschen, die einer kritischen Situation mit Friedfertigkeitsinterpre-
tamenten begegnen können, starke Erregung und aggressive Antriebe
erst gar nicht aufkommen lassen. Das ist nicht Triebunterdrückung,
sondern interpretierende Prävention, das Handeln bleibt offen für
Alternativen.

3. Wenn Menschen in Situationen geraten, in denen sie mit Erregung
reagieren, lässt sich der Affekt durch Deutungen relativ rasch herabsetzen. Die Senkung des affektiven Niveaus ist eine wichtige Voraussetzung für eine nüchterne und sozial produktive Behandlung von
Konflikten.

4. Wenn keine Argumente zur Verfügung stehen, um ein hohes Maß von
Affektivität herabzusetzen, dann können ablenkende Situationen helfen, eine Eskalation zu verhindern. Die besten Ablenkungspuffer bestehen in humorvoller Unterhaltung. Ein solches Pausenregime begünstigt die Chance kreativer Lösungen und das Potenzial für intelligente, befriedigende Zusammenarbeit.

5. Primitive Austauschregeln, wie Vergeltung, haben destruktive Folgen
für die soziale Kooperation und werden einem komplexen Sozialsystem niemals gerecht. Vergeltung ist kein Rezept für den Frieden. An
diesem Beispiel wird deutlich, wie wichtig die Existenz eines ethischen
Fundus ist, aus dem der Einzelne Regeln für sein Verhalten schöpfen
kann. Ohne ethische Diskussion und die Präsenz von ethischer Information im Alltag kann das Verhalten der Menschen leicht auf das
Niveau absinken, das wir von Gesellschaften ohne universalistische
Ethik kennen. Nur eine ethisch wache und moralisch energische Gesellschaft kann ihre Rationalität behaupten.

## 3.2. Die Macht der Ursachenzuschreibung

In einer chaotischen Welt, in der fortwährend Unvorhergesehenes passieren würde, könnten Menschen nicht leben. Sie brauchen Stabilität, um
das persönliche und soziale Leben zu entfalten, und es ist ein durchge-
hendes Motiv, den Daseins-Organisationen Dauer zu verleihen, falls sie
nicht grundlegend gegen Bedürfnisse der Menschen verstoßen. Es geht
nicht nur darum, die Umwelt in einem statischen Sinne zu ordnen und

zu verstehen: Wo befindet sich was?, sondern in einem dynamischen: Wie konnte das geschehen? Warum hat jemand Erfolg oder Misserfolg? In dem Versuch, die Umwelt und Situationen zu begreifen, wenden Menschen ganz unbewusst das Kausalprinzip an. Sie machen sich ein Bild von den Ursachen der Ereignisse, die sie interessieren. Dahinter steckt ein generelles Motiv, Menschen möchten die Kontrolle über die Ereignisse ausüben, die ihr Leben ausmachen, wenigstens eine mentale Kontrolle. Wir stehen hier einem bedeutenden Mechanismus der Realitätskontrolle gegenüber.[54] Der große Psychologe Fritz Heider hat mit seinem Buch „The Psychology of Interpersonal Relations" 1958 die Grundlagen für Bestrebungen gelegt, das Attributionsverhalten von Menschen zu verstehen. Er sagte in einem Gespräch mit Harvey, die Menschen seien einfach neugierig und interessierten sich deshalb für ursächliche Zusammenhänge. Die Welt zu verstehen, sei ein Grundmotiv wie essen und atmen.

Der Gegenstand dieses Zweiges der Sozialpsychologie ist das alltägliche Ursachenzuschreibungsgeschäft. Das deckt sich freilich nicht mit einer wissenschaftlich oder sonstwie objektivierbaren Ursachenanalyse. Die Abweichungen zwischen den wirklichen Ursachenverläufen und den subjektiven Gewissheiten darüber sind das Interessante und Aufklärungsbedürftige. Attribution nennt man die Zuordnung von Gründen zum Handeln anderer oder zum eigenen Handeln, zu Ereignissen. Die Grundannahme der Attributionstheorie formuliert Harvey so: Das Denken, die Erwartungen, die Handlungen beruhen auf der Beherrschung des kausalen Netzwerkes der Umwelt. Die Attribution von Ursachen geschieht zeitlich in der Regel nach den Ereignissen. Attributionen sind keine Prognosen, aber sie können in Erwartungen und Prognosen verwandelt werden. Der Betrachter hat in der Regel die Wahl, ein Handlungsergebnis dem Akteur oder dessen Umwelt zuzuordnen. Damit gewinnen wir die wesentliche Unterscheidung aller Attributionstheoretiker zwischen interner und externer Attribution.[55]

Heider unterscheidet ferner zwischen Können und Streben (can and trying). Das Können hängt ab von Macht und Fähigkeiten minus Schwierigkeitsgrad. Das Streben setzt sich zusammen aus Intention und Anstrengung. Je größer die Schwierigkeit, desto größer die Anstrengung. Aber je größer die Fähigkeit, desto geringer die Anstrengung. Die

---

54 John H. Harvey, William P. Smith: Social Psychology, An Attributional Approach, Saint Louis 1977
55 ebendort, S. 36 und 38

Schlussfolgerung lautet für den Betrachter: Wer schwierige Aufgaben mit Leichtigkeit löst, gilt als besonders fähig. Jones und Davis (1965)[56] gehen einen Schritt weiter und analysieren, ob einer Person Absicht zugeordnet wird oder nicht. Wenn jemand absichtsvoll negativ handelt, so sehen wir die Person als maliziös an. Absichtsvoll gutes geschieht: Wir denken, eine ethisch wertvolle Person handelt so. Das Kriterium ist die soziale Erwünschtheit. Wenn jemand eine Beleidigung ausspricht und wir haben das Gefühl, das sei der Situation nicht angemessen, dann finden wir die beleidigende Person als übelwollend. Eine radikale Position nimmt Daryl J. Bem ein (1972).[57] Er sagt, es gäbe kein unmittelbar zugängliches Bewusstsein unserer Handlungsmotive. Sie seien in einer black box verborgen, die man nicht öffnen kann. Wir müssen handeln, um zu erfahren, wer wir sind. Die Urteilsgrundlage ist die gleiche wie bei der Bewertung der Handlungen anderer: die Handlung selbst und Elemente der Situation. Auf jeden Fall verfährt das Individuum so, wenn die internen Signale schwach, mehrdeutig oder nicht interpretierbar sind. Harold H. Kelley[58] meint, die Menschen benehmen sich wie quasi-statistische Beobachter. Sie benutzen drei Kriterien: 1. die distinkte Zuordnung, also die klare Unterscheidbarkeit eines Falles, eines Ereignisses, 2. die Ähnlichkeit mit anderen Fällen, 3. die Stabilität in der Zeit (das Verhalten taucht immer wieder auf). Kelley nennt dieses Verfahren das ANOVA-Modell, eine Abkürzung von „Analysis of Variance". Die Attribution in der Alltäglichkeit geschieht indessen nicht nach ANOVA, sondern nach kausalen Schemata, die erlernt sind. Sie bleiben im Gedächtnis, sie werden aktiviert durch Signale der Umgebung.

Wiederum treffen wir auf erlernte kulturelle Bestände als Momente des Alltagshandelns.

Ursachenzuordnungen sind perspektivenabhängig. Es macht einen großen Unterschied, ob man andere oder sich selbst beurteilt. Nisbett (zitiert bei Harvey) fragte seine Testpersonen, warum hat der Freund diese bestimmte Freundin? Zweitens wurde um eine Antwort auf die Frage gebeten, warum man selber seine Freundin habe. Wenn über den Freund geurteilt werden soll, so schildert der Betreffende die Dispositionen des

---

56 From Acts to Dispositions. In L. Berkowitz (Ed.), Advances in Experimental Social Psychology Vol. 2. Academic Press, New York 1965
57 Self-perception theory. In L. Berkowitz (Ed.), Advances in Experimental Social Psychologie Vol. 6. Academic Press, New York 1972
58 Attribution Theory in Social Psychology. In D. Levine (Ed.), Nebraska Symposium on Motivation. Current Theory and Research in Motivation, Vol. 15., University of Nebraska Press, Lincoln 1967

Freundes. Seine Eigenschaften erklären ihm, warum er diese Freundin hat. In eigener Sache beschreibt der befragte Student die Eigenschaften seiner Freundin. Das ist für ihn der Grund, weswegen er befreundet ist. Die Schlussfolgerung: Die Fremdattribution geschieht intern über stabile Eigenschaften (des Freundes). Die Selbstattribution aber geschieht extern, die Eigenschaften der Freundin zählen. Eine Erklärung für diese Diskrepanz ist die unterschiedliche Zugänglichkeit der Information. Den besten Freund kennt man sehr gut, kann das Verhältnis zu seiner Freundin, also in dessen Eigenschaften begründet sehen. Die eigene Freundin glaubt man besser zu kennen als die Freundin des Freundes, also schildert man ihre positiven Eigenschaften. Es könnte aber auch ein einfaches Identifikationsschema zugrunde liegen, man bewundert den Freund und man bewundert die eigene Freundin.

Ursachenzuschreibungen haben nicht nur eine deskriptive und verstehende Funktion, sondern sie lösen Motivationsvorgänge aus. E. H. Walster hat einer Gruppe von Test-Teilnehmern hypothetische Situationen geschildert, die ein bestimmtes Verhalten mit einem schweren bzw. Bagatellunfall im Straßenverkehr verbanden.[59] Sie erkundigte sich danach, wer die Verantwortung für den Unfall trage. Das Ergebnis: Je schwerer der Unfall, desto mehr Verantwortung wird zugeordnet. Und gleichzeitig kommen negative Gefühle auf. Es ist der Fall einer defensiven Attribution. Im Bagatellunfall erfolgt die Ursachenzuordnung zu den Umständen, „das kann jedem passieren". Zugleich wird Mitgefühl und Sympathie für den Akteur signalisiert. Kelley meinte, man könnte diese Sache auch noch auf übergeordnete Weise interpretieren. Er vermutet, dass die Neigung, die Kontrolle über die Umwelt zu behalten, umso stärker zum Ausdruck kommt, je negativer die Ereignisse werden. Jemand, der diese Schilderung liest, wird sich gleichsam als Wachhund der Gesellschaft vorkommen und das negative Handeln tadeln.

In der Pädagogischen Wissenschaft wird die Attribution weitgehend durchdekliniert. Das Lehrer-Schüler-Verhältnis wurde unter Attributionsgesichtspunkten analysiert. Hauptsächlich „Effort", also fleißiges Bemühen, wird benutzt, um Schüler zu belohnen oder zu bestrafen. Die Lehrer glauben, dass sie die Anstrengung der Schüler beeinflussen können. Das ist natürlich wesentlich besser, als wenn sie aufgrund von Zensuren über mangelhafte Leistungen dem Schüler schwache Begabung, also ein sehr stabiles Merkmal, zuschreiben. Fleiß ist ebenfalls intern, aber

---

59 Assignment of responsibility for an accident. Journal of Personality and Social Psychology, 1966, 3, S. 73-79

doch variabel. Wenn äußere Umstände in Betracht gezogen werden, die
zur Beeinträchtigung der Lernmotivation führen, kann das zu optimisti-
schen Erwartungen führen, da die Lernmotivation durch Änderung der
Umstände verbessert werden kann.

Wie Fehlattributionen zustande kommen und wohin sie führen, zeigt
ein Experiment der Stanford Universität. Eine Gruppe von Psychologie-
kollegen beschloss, sich als behandlungsbedürftig in einer psychiatri-
schen Klinik anzumelden. Sie ließen die Aufnahmeinterviews über sich
ergehen. Während dieser Interviews gaben sie an, Symptome psychischer
Erkrankung bei sich beobachtet zu haben, zum Beispiel Stimmen hören.
Alle Pseudopatienten wurden aufgenommen und als schizophren einge-
stuft. Sie verbrachten mehrere Wochen in dieser Klinik, verhielten sich
völlig normal. Sie beobachteten, wie ihr diagnostisches Etikett sich in der
Wahrnehmung und im Verhalten von anderen, insbesondere des Mitar-
beiterstabes der Klinik, verfestigte. Die Pseudopatienten hatten sich natürlich vorgenommen, zu beobachten und aufzuschreiben, was um sie
herum vor sich ging. Die Mitpatienten wussten durchaus, dass es sich um
normale Leute handelte, die einfach nur mal sehen wollten, was in der
Klinik ablief. Aber der Stab, einschließlich der Ärzte, betrachtete das
Notizen machen und das Beobachtungsverhalten als Symptom eines
verwirrten Zustandes. Sie tippten auf schizophrene Zwangshaftigkeit.
Nachdem die generelle Attribution einmal Platz gegriffen hatte, konnten
die Pseudopatienten tun, was sie wollten, fast alles wurde als Schizo-
phrenie interpretiert.[60] Es ist nicht berichtet, wie schwer es war, diese
armen Pseudopatienten wieder aus der Klinik herauszubekommen. Attributionen können also gefährlich sein und sogar geschulte Beobachter
verwirren.

Wie suggestiv Ursachenzuordnungen sein können, zeigt ein Experiment mit Patienten, die unter Schlaflosigkeit litten. Es wurden drei
Gruppen gebildet, die alle gleichermaßen wirkungslose Placebo-Tablet-
ten erhielten, aber ihnen wurden sehr unterschiedliche Geschichten dazu
erzählt. Der ersten Gruppe erklärt man, sie erhalten jetzt Anregungsta-
bletten, sie machen etwas wach, erhöhen den Puls und die Temperatur
ein wenig (das sind normalerweise die physiologischen Symptome der
Schlaflosigkeit). Der zweiten Gruppe wurde erklärt: „Sie erhalten eine
Beruhigungstablette, entspannen sie sich, sie brauchen sich nicht länger
Sorgen machen." Der dritten Gruppe wurde erzählt, es handle sich um
Stärkungstabletten. Diejenigen, die die angeblichen Beruhigungstabletten

---

60 Harvey, a.a.O., S. 57

bekommen hatten, erlebten ihre normale Schlaflosigkeit weiterhin und regten sich aber besonders darüber auf, dass sie trotz dieser Beruhigungstabletten nicht einschlafen konnten. Sie schliefen im Mittel 15 Minuten später ein als sonst. Bei der Vergleichsgruppe mit den Stärkungsmitteln gab es keinen Effekt. Diejenigen jedoch, die ihren Placebo als Anregungstablette verabreicht bekommen hatten, schliefen im Durchschnitt 12 Minuten eher ein als sonst. Sie erlebten zunächst ihre eigene Schlaflosigkeit, führten diese aber auf die Anregungstablette zurück, beruhigten sich und schliefen ein. Durch die externe Attribution wurde die Beschäftigung mit der eigenen Schlaflosigkeit unterbrochen.[61]

Ursachenzuschreibungen, die zum Teil auch Spekulationen über Ursachen sind, bleiben nicht auf einer rein rational-technischen Ebene. Sie sollen nicht nur das Licht des Verstehens in das Dunkel des Unverständlichen bringen, sondern zugleich die Person positionieren. Den Ursachenzuschreibungen ist ein Interesse beigegeben, das den Betrachter, den Urteilenden bewegt. Emotionen kommen ins Spiel. Wie diese Zusammenhänge zu verstehen sind, hat Bernard Weiner in einer Untersuchung zu klären versucht:[62] Emotionen sind an Ereignisse geknüpft. Vorkommnisse und Situationen werden zunächst danach bewertet, ob sie eine positive oder eine negative Bedeutung haben. Diese Bewertung und die damit verbundene Reaktion nennt Weiner eine primitive Reaktion. Dabei bleibt es aber nicht. Es folgt ein Differenzierungsprozess, der in den Kategorien der Attributionstheorien verstanden werden kann. Wenn jemand eine gute Note bekommt, Erfolg im Sport hat oder eine interessante Einladung erhalten hat, wird die Person sich glücklich fühlen; bei schlechten Noten, bei einem sportlichen Misserfolg oder einem Misserfolg bei einer Verabredung wird sich Frustration und Traurigkeit einstellen. Diese einfachen Emotionen sind zunächst rein effektabhängig. Wenn wir zum Beispiel Geld bekommen, ganz gleich, ob wir es geschenkt bekamen, gefunden haben oder ob wie für eine Arbeit ausbezahlt wurden – wir freuen uns darüber. Ein Dieb freut sich wahrscheinlich über einen erfolgreichen Diebstahl von Geld genauso wie ein Arbeiter, der einen Prämienlohn erhält. Aber wie gesagt, bei dieser primären Emotion bleibt es nicht. Wenn wir Geld für Arbeit erhalten, sind wir nicht überrascht; wenn wir es finden, sind wir überrascht. Die Ursachen-

---

61 zitiert bei Edward E. Jones; David E. Kanouse; Harold H. Kelley; Richard E. Nisbett; Stuart Valins; Bernard Weiner: Attribution. General Learning Press, Morristown, N. J. 1972, S. 144ff.

62 Bernard Weiner: An Attributional Theory of Motivation and Emotion. Springer-Verlag, New York 1986

zuschreibung führt also zu einer emotionalen Differenzierung. Alle kausalen Zuschreibungen sind mit Gefühlen verbunden. Wenn zum Beispiel Erfolg oder Versagen auf interne Ursachen zurückgeführt wird, auf Eigenschaften der Person, auf ihre große oder unzureichende Begabung oder auf ihre große oder schwache Anstrengung, dann führt diese Zuschreibung dazu, dass das Selbstwertgefühl größer oder kleiner wird. Gerade das Selbstwertgefühl wird eher durch die Ursachenzuschreibung als durch das Ereignis selbst beeinflusst.

Um Anhaltspunkte für emotionale Reaktionen zu bekommen, hat man Auskunftspersonen verschiedene Geschichten erzählt und ihnen dann Listen mit Gefühlsbeschreibungen vorgelegt, die sie dem Akteur in dieser Geschichte zuordnen sollten. Wie würde sich die betreffende Person, die das erlebt, fühlen? Eine der Geschichten liest sich folgendermaßen: „Es war extrem wichtig für Pat, in den bevorstehenden Examina eine sehr gute Zensur zu bekommen. Pat ist sehr befähigt. Pat erhielt eine sehr gute Note in dem Test und hatte das Gefühl, sie hat sie wegen ihrer Befähigung bekommen. Nachdem sie diese Note erhalten hatte – was glauben sie, wie waren ihre Gefühle?" Wenn es um Erfolg geht, sind die Gefühlsbeschreibungen ziemlich einheitlich, weitgehend unabhängig von den Ursachen des Erfolges. Man fühlt sich gut, glücklich, geschmeichelt, zufrieden. Bei Misserfolg beschreiben die Auskunftspersonen die Stimmung als Unzufriedenheit, unglücklich sein, missmutig. In einer weiteren Studie hat Weiner die Auskunftspersonen kritische Ereignisse in ihrem Leben berichten lassen, und zwar sollten sie beschreiben, wie es war, als sie tatsächlich in einem Examen erfolgreich waren oder versagten. Die Auskunftspersonen haben in Verbindung mit diesem Ereignis die drei wichtigsten Gefühlsregungen notiert. Erfolgsgefühle werden am häufigsten mit dem Wort „happy" beschrieben, und zwar unabhängig von der Ursachenzuordnung. Die Gefühlsregungen bei Misserfolg sind nicht so einheitlich, es wurde auch eine größere Zahl verschiedener Stimmungslagen genannt, zum Beispiel Ärger, ein Gefühl von Depressivität, Enttäuschung, Angst, Frustration, Schuldgefühle. Bryant & Veroff (1982)[63] fanden in einer Querschnittsbefragung über Selbstbewertung und Wohlbefinden in Amerika, dass die Empfindungen sich drei Faktoren zuordnen lassen. 1. Unglücklich sein (Abwesenheit positiven Affekts), 2. Belastung (negative Affekte verschiedener Quellen), 3. persönliche Inadäquatheit.

---

63 The Structure of Psychological Well-Being: A Sociohistorical Analysis. Journal of Personality and Social Psychology, 43, 653-673

Erfolg oder Misserfolg haben also eine allgemeine simple und robuste emotionale Konsequenz. Im positiven Fall ist man glücklich, im negativen frustriert und unglücklich. Die Ursachenzuordnungen, die kausalen Attributionen aber fügen etwas hinzu. Das Ereignis wird interpretiert nach Herkunft, also nach Verursachung, „Wo ist der Ort der Ursache?", nach Stabilität der Verursachung und der Kontrollierbarkeit der Verursachung. Diese drei Dimensionen erzeugen emotionale Prozesse, durch die primitive Reaktionen auf Erfolg oder Misserfolg grundlegend gewandelt werden können.

Es macht einen großen Unterschied, ob die Quelle einer Ursachenkette bei einem selbst, also intern oder woanders, extern gesucht wird. Erfolge, die dem Selbst zugeschrieben werden können, führen zu größerer Selbstachtung und Stolz. Das ist weniger der Fall, wenn ein Erfolg extern zugeordnet wird, wenn man zum Beispiel sagt, die Aufgabe war einfach oder man hat nur Glück gehabt. Die Selbstachtung steigt, wenn die Ursachenzuschreibung dergestalt ist, dass das gute Ergebnis auf große Fähigkeiten und harte Arbeit zurückgeführt wird. Hat man dagegen erfahren, dass jeder, der am Examen teilnahm, eine gute Zensur bekommen hat, wirkt sich das auf das Selbstwertgefühl nicht positiv aus. Umgekehrt geht es bei Misserfolg. Misserfolg als Ausdruck eines Mangels an Fähigkeiten senkt die Selbstachtung. Wenn man aber sagen kann, ‚Pech gehabt', oder man sei durch andere gestört worden, dann wird das Selbstgefühl vor den Auswirkungen des Misserfolges geschützt.

Die Menschen neigen dazu, sich positive Ereignisse selbst zuzuschreiben und die negativen mehr der Umgebung. In der Taktik der Ursachenzuordnung gibt es also einen Self-Serving-Bias, eine Selbstlob- oder Selbstschutztendenz, auch wenn Tatsachen dagegen stehen. Diese Störung des Urteilsvermögens wird durch das Motiv erzeugt, vor sich selber und anderen möglichst gut dazustehen, also das Selbstwertgefühl zu sichern. Die Attribution wird also in den Dienst der Abwehr gestellt, Abwehr von negativen Selbsteinsichten. Aber das Dumme bei jeder Abwehr ist, dass man etwas von der Realität aufgeben muss. Der Abwehrende neigt dazu, sich mehr mit den Umständen zu beschäftigen als mit dem eigenen Selbst, wo vielleicht wirklich die Quelle des Versagens liegt.

Im Alltagsleben ist ein sorgfältiger Umgang mit Ursachenzuschreibungen zu beobachten. Sie dienen dazu, die Gefühle anderer zu beeinflussen und auch das Selbstwertgefühl komfortabel zu halten. Ganz wesentlich ist die Taktik der Entschuldigungen im sozialen Umgang. Wir wissen genau, welche Erklärungen einen Partner verletzen würden, wenn wir beispielsweise ein Angebot zu einer Verabredung zurückweisen.

Wenn man externe Gründe als Entschuldigung nennt, die man selber gar nicht kontrollieren kann, dann wird die Verletzung des Partners sehr gering sein. Am schlimmsten wird es, wenn man interne, unkontrollierbare und stabile Eigenschaften als Erklärung abgibt, zum Beispiel ‚man kann den Typ nicht ausstehen'. Das ist extreme Zurückweisung, denn es handelt sich um ein internes Motiv, also Abneigung gegen bestimmte Eigenschaften des Partners, die er nicht ändern kann und infolgedessen kann man die Abneigung nicht ändern.

Ob man Ereignisse oder Eigenschaften kontrollieren kann oder nicht, ist ganz wesentlich für die emotionale Reaktion. Wenn man unerwünschtes Verhalten erfährt und man hat das Gefühl, der Betreffende hätte das auch unterlassen können, wird man ärgerlich. Wenn aber jemand zum Beispiel nicht zu einer Verabredung kommt und man erfährt, das war wegen eines Kollapses, dann schwenkt die Emotionalität sofort vom Ärger zum Mitleid um. Auch Dankbarkeit und Schuldgefühle haben mit Kontrolle zu tun. Wenn jemand aus freier Überlegung heraus uns ein Geschenk gibt, dann sind wir dankbar; wenn wir nicht helfen, wo wir es eigentlich tun müssten und könnten, fühlen wir uns schuldig. Zu Schamreaktionen kommt es, wenn unerwünschte Sachen außerhalb der Kontrolle passieren. Weiner argumentiert, dass der Gedanke der Kontrollierbarkeit, mit dem Emotionen wie Ärger, Mitleid, Dankbarkeit, Schuld oder Scham verbunden sind, eine bedeutende Rolle für die Aufrechterhaltung sozialer Beziehungen und der sozialen Ordnung spielt. Damit nähert er sich der Argumentation der Sozio-Biologen.

Über das Wechselspiel von Ärger und Mitleid hat Weiner aufschlussreiche Studien gemacht. In vier thematischen Durchgängen wurden acht Situationen geschildert mit unterschiedlichen Kombinationen der Ursachenzuschreibung, was den Ort (intern oder extern), die Stabilität und die Kontrollierbarkeit angeht. Ein Beispiel für eine externe, stabile und unkontrollierbare Ursache: „Die Person kann ihre Schulden nicht zahlen, weil der Siegeszug des Computers ihren Job überflüssig gemacht hat."

Die Auskunftspersonen sollten sagen, in welchem Maße sie angesichts dieser Situation Ärger oder Mitleid verspürten. Insgesamt wurden in diesem Test 32 Bedingungen durchgespielt, acht verschiedene Attributionskombinationen bei vier Themen. Der Test wurde mit vier Themen deswegen wiederholt, um den Einfluss einer bestimmten Thematik auszuschalten. Die Ergebnisse dieses Test sind von Aufsehen erregender Regelmäßigkeit und Deutlichkeit. Ärger kann durch Änderung in der Ursachenkonstellation geradezu im Handumdrehen in Mitleid verwandelt werden und umgekehrt. Die folgende Grafik macht diese Vorgänge in aller Dramatik anschaulich. Die Ergebnisse wirken verblüffend wie ein Zaubertrick. Die Daten zeigen: Wenn eine Ursache als kontrollierbar erscheint, ist der Ärger größer als das Mitleid (kontrollierbar heißt: selber Schuld). Je unkontrollierbarer ein Ereignis dargestellt wird, desto größer ist das Mitleid. Stabile Ursachen maximieren das Gefühl des Mitleids, wenn unkontrollierbare Voraussetzungen da sind. Das Gefühl des Ärgers wird größer, wenn die Verhaltensweise der geschilderten Person als kontrollierbar gilt, also in ihrer eigenen Verantwortung liegt. Auch Stabilität ist ein Verstärker der emotionalen Reaktion auf beiden Seiten.

Interessant sind die Extremfälle von Ärger und Mitleid. In beiden Fällen liegen die Ursachen intern, also in der Person, die beobachtet wird, in beiden Fällen handelt es sich um stabile Ursachen. Der einzige Unterschied liegt in der Kontrollierbarkeit. Im Falle der Kontrollierbarkeit steigt Ärger auf, bei Unkontrollierbarkeit Mitleid.[64]

## Ärger kann zu Mitleid werden
## Ein Attributions-Experiment von Bernard Weiner

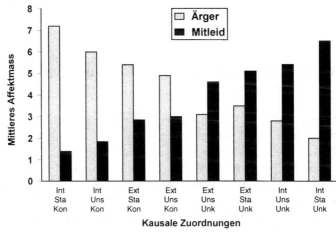

Einschätzung von Mitleid und Ärger über vier Themen als Funktion dreier Aspekte der Ursache des Handelns

Quelle: „Pity, Anger, and Guilt: An Attributional Analysis" by B. Weiner et al., 1982, Personality and Social Psychology Bulletin, 8 p. 231.

---

64 Weiner, a.a.O., S. 138

Diese klaren Forschungsbeispiele erlauben einige allgemeine Schlüsse. Urteile über Situationen setzen immer auch unsere Gefühlswelt in Bewegung. Alles Denken und Urteilen löst emotionale Impulse aus, wird aber auch durch sie bewegt. Unser Urteil ist zugleich immer ein Gefühl. Zuweilen scheinen die Gefühle zuerst da zu sein, wir haben geurteilt, ehe wir umständlich ausformulieren, was wir auf den ersten Blick erkannt haben.

Die untrennbare Verbindung von Geist und Emotion hat große Bedeutung für den öffentlichen Diskurs. Ein beträchtlicher Teil der politischen Debatten ist dem Versuch gewidmet, die Ursachenzuschreibung so zu stilisieren, dass der Gegner schlecht da steht. Der Aufruf zu mehr Rationalität in der öffentlichen Auseinandersetzung und die Diskussion nicht emotional zu führen, ist im Prinzip unsinnig, weil auch die Forderung nach mehr Rationalität mit großer Emotionalität vorgetragen wird. Aber es kann etwas Wichtiges damit gemeint sein. Der Kampf um die Attributionsverschiebung – Wer ist für negative Ereignisse verantwortlich? Wem gebührt die Ehre der Erfolge? – kann selten als Sachdiskussion verstanden werden. Einsicht in die Struktur der politischen Diskussion nach den Regeln der Attributionstheorie könnte aufklärend wirken und den Ertrag politischer Debatten erhöhen.

## 3.3. Lebensstimmung, Persönlichkeitsentwicklung und Sozialverhalten

Eine positive Lebensstimmung ist kein Zufallsergebnis. Sie entsteht in Beziehungen und Interaktionsgefügen, die das Selbstwertgefühl stärken. Wo die Interaktionspartner das Gefühl haben, es ist ein Gewinn, zusammenzuarbeiten, zusammen zu sein, dort stellen sich auch positive Gefühle ein. Ob die Bilanz insgesamt positiv ist, hängt von der Abwesenheit belastender Einflüsse ab. Wesentlich ist die Gesundheit, das körperliche Wohlbefinden. Sie wiederum stehen, wie man aus vielen Untersuchungen weiß, in einem Zusammenhang mit geglückter sozialer Eingliederung. Andererseits gibt es schicksalhafte Einbrüche, wie Krankheit und Tod naher Angehöriger oder Unfall. Sie beeinträchtigen die Lebensstimmung auch unter sonst günstigen Verhältnissen.

Eine positive Lebensstimmung führt zu einer aktiven Daseinsbewältigung. Das ergibt sich aus dem Gegenbild zu den Befunden über Selbstschädigung. Dieser Zusammenhang ist nicht mechanistisch kausal zu verstehen. Aktivität, die von Erfolgen begleitet wird, stützt wiederum die

Lebensstimmung. In einer Untersuchung unter deutschen Managern, die von der Bertelsmann Stiftung veranlasst worden ist, zeigte sich, dass Manager mit einem aktiven Bewältigungsstil nicht nur eine höhere Arbeitsmotivation, insofern eine bessere Stimmungslage haben, sie versuchen auch ihr Umfeld so zu beeinflussen, dass die positiven Effekte erhalten bleiben. Sie sorgen für einen guten Informationsfluss, sie fördern die Mitarbeiter durch Anerkennung, Unterstützung und Offenheit. So erzeugen sie ein Feld, in dem sie selbst wieder positive Erfahrungen machen können.[65] Damit schaffen die Manager die Voraussetzung für eine gute Persönlichkeitsentwicklung. Allerdings ist dies kein autonomer Vorgang, er muss durch die Organisation gestützt werden. Je stärker die formale Organisation, desto regelmäßiger ist der Kontakt mit anderen Mitarbeitern, der Austausch und der Informationsfluss. Die Chancen einer modernen kommunikationsorientierten Organisation kann ein aktiver Manager nutzen. Gemessen wurde der aktive Bewältigungsstil an drei Kriterien und Aussagen: „Ich finde meine jetzige Lebenssituation aufregend, weil ständig neue Anforderungen auf mich zukommen." – „Um mit meiner derzeitigen Lebenssituation fertig zu werden, setze ich mich mit meinen Problemen auseinander bis sie gelöst sind." – „Um meine derzeitige Lebenssituation zu bewältigen, versuche ich meine Schwierigkeiten mit anderen gemeinsam anzugehen." Diese drei Motivkomponenten kann man nennen: Herausforderung, aktives Bewältigen und soziales Coping. Diese Eigenschaften fallen nicht vom Himmel, sie werden trainiert, einmal im Bildungssystem, dann aber auch in der Organisation selbst. Davon gehen dann wesentliche Impulse für die Lebensstimmung anderer und das emotionale Klima aus.

Wie solche Zusammenhänge und Effekte zu denken sind, hat Alice M. Isen in einer bemerkenswerten Überblicks-Arbeit zusammengestellt, in der auch die Ergebnisse ihrer eigenen Forschung enthalten sind.[66] Für unsere weitere Betrachtungen sind die folgenden Befunde wichtig.

Freundlich gestimmte Menschen sind geselliger, kooperativer. Positiv gestimmte Leute sind hilfsbereiter. Durch Helfen wollen sie ihr positives Lebensgefühl aufrecht erhalten. Leute, die sich gut fühlen, sind freundlich zu sich selbst und anderen. Eine Alternativinterpretation wäre, dass positive Gefühle Ressourcen darstellen, diese Menschen fühlen sich si-

---

65 Gerhard Schmidtchen: Lebenssinn und Arbeitswelt. Orientierung im Unternehmen. Verlag Bertelsmann Stiftung, Gütersloh 1996

66 Alice M. Isen: Positive Affect, Cognitive Prozesses and Social Behavior. In: Advances in Experimental Social Psychology, Vol. 20. Academic Press, New York 1987, S. 203ff.

cherer. Und auch aus einem persönlichen Sicherheitsgefühl heraus hilft man eher.

Positiver Affekt führt zu besserem Verständnis komplexer sozialer Situationen und ermöglicht ein Aushandeln.

Positiv gestimmte Leute sind vorsichtiger, nehmen weniger Risiken auf sich. Positive Lebensgefühle machen vorsichtig gegenüber bedrohlichen Lagen.

Das Gedächtnis für positive Ereignisse funktioniert besser bei positiven Gefühlen. Aber bei negativem Affekt gibt es keine Parallele zu Bevorzugung negativen Materials. Die Interpretation: Ein positiver Affekt kann ein Suchsignal geben, der entsprechendes Gedächtnismaterial leichter zugänglich macht. Positives Material wird leichter im Gedächtnis festgehalten, bekommt gewissermaßen eine Vorzugsbehandlung, wenn man positive Gefühle hat. Beobachtet wurde eine Asymmetrie zwischen Fröhlichkeit und Traurigkeit. Positive Gefühle haben einen Einfluss auf die Leichtigkeit, mit der etwas erinnert wird, auf die Codierung, also die Unterbringung im Gedächtnis, und das Lernen. Negative Gefühle haben diesen Effekt nicht. Über die Gründe ist folgendes zu sagen. 1. Ein motivationaler Grund: Leute tendieren dazu, einen positiven Zustand aufrecht zu erhalten. Deswegen wird Material dieser Art besser behandelt. Negative Zustände aber möchte man ändern. 2. Die strukturelle Interpretation: Kognitive Strukturen, die mit positiven oder negativen Material verbunden sind, unterscheiden sich in Folgendem: Positives Material ist extensiver und besser vernetzt. Eine breitere Gedankenwelt wird berührt. Material, das traurig ist, wird eher isoliert, ist spezifisch, berührt nur einen schmalen Saum der übrigen Gedankenwelt.

Positiver Affekt hat einen bemerkenswerten Einfluss auf die Art und Weise, wie Menschen mit Problemen umgehen. Beobachtet wurde experimentell im Einzelnen: Menschen, die positiv gestimmt sind, gehen intuitiver an Probleme heran; sie treffen heuristische Entscheidungen, wenn sie von einem Problem überrascht werden; sie gelangen schneller zu Entscheidungen durch Vereinfachung; gut gelaunte Testpersonen zeigen mehr Flexibilität und Kreativität bei der Lösung von Aufgaben.

Positive Gefühle wirken sich auf die gesamte kognitive Organisation aus:

*1. Kategorisierung*
Positiv Fühlende fassen mehr Material unter Kategorien zusammen, sie sortieren Grenzfälle besser ein.

*2. Assoziieren:*
Bei positiven Gefühlen steigt die Zahl der ungewöhnlichen Assoziationen.

*3. Gedächtnis:*
Material wird besser zu Gruppen zusammengefasst, die auf allgemeine Ideen bezogen sind. Zusammenhänge zwischen Ideen werden auch eher gesehen.

*4. Kreatives Problemlösen:*
Kreativität hat man definiert als die Fähigkeit, disparates Material nützlich und vernünftig, aber ungewöhnlich in Verbindung zu bringen. Diese Fähigkeit wird durch positive Gefühle verbessert.

All diese Erkenntnisse beruhen auf experimenteller Forschung. Man vergleicht dabei nicht Leute, die zufällig aus ihrer Lebenssituation heraus guter Stimmung sind und andere, die es nicht sind, sondern die Testgruppen werden anders als die Kontrollgruppen bewusst in eine angenehme positive Stimmungslage versetzt. Wie geschieht das? Offenbar gelang es sehr einfach. Es wurden Erfrischungen gereicht, man ließ positive Adjektive assoziieren; es wurde ein Lustspielfilm vorgeführt; man überreichte kleine Geschenke.

Solche Experimente lassen, gestützt auf theoretische Arbeiten Verallgemeinerungen zu, die von Alice M. Isen vorsichtig diskutiert werden.

Wie kann man sich die Wege vorstellen, auf denen positiver Affekt die mentale Organisation beeinflusst? 1. Die Komplexität des kognitiven Kontextes wird erhöht, es wird mehr in Betracht gezogen. 2. Kognitionen, Gedankeninhalte, die nicht notwendigerweise affektiv sind, können aber affektive Komponenten enthalten oder auf affektiv getönte alternative Bedeutungen verweisen. Wenn der Gefühlswert verschiedener Begriffe aktiviert wird, dann werden sie leichter miteinander in Verbindung gebracht als unter anderen Umständen. 3. Die Aktivierung von Gehirnregionen, die für ganzheitliche Betrachtungen zuständig sind, könnte die Wirkung positiver Gefühle auf die Leistung und den Problemlösungsduktus erklären helfen.

Wie wirkt sich positive Stimmung auf das Sozialverhalten aus? Die folgenden Beobachtungen erscheinen wesentlich:

– Positiv Gestimmte erreichen rascher und in größerer Zahl Übereinkunft in Verhandlungssituationen.
– Sie sind weniger taktisch, mehr an der Problemlösung interessiert.
– Sie haben mehr Einsicht in die Situation des Anderen.
– Alles in allem: sie sind kooperativer.

Zum Verhältnis von selbst zu anderen: Positiv Gestimmte sehen mehr Ähnlichkeit zwischen sich und den anderen, sie betonen weniger die

Unterschiede zwischen sich und anderen, sie entwickeln mehr Sinn für übergreifende Gemeinsamkeiten. Das berührt sich auch mit jenen Ergebnissen, denen zufolge positiver Affekt zu mehr Hilfsbereitschaft und zu weniger Aggressivität führt. Die weitere Vermutung ist, dass glückliche Leute sich besser integriert fühlen und klarere Zusammenhänge zwischen ihren verschiedenen Rollen sehen.

Die Beziehungen zu anderen Gruppen: Wer glücklich ist, hat bessere Beziehungen zu seiner unmittelbaren Umgebung, zur In-Group. Gilt das aber auch für die Out-Group? Es gibt keine schlüssigen Ergebnisse, aber Hinweise, dass die In-Group, der man sich enger verbunden fühlt, doch offener definiert wird. Sie wirkt breiter, gleichsam facettenreicher, so dass es nicht zu einer Rückweisung der Out-Group kommt. Eine weitere Vermutung ist, dass Stereotype reduziert werden, entgegenstehende Information wird besser integriert.

Die Bedeutung eines positiven Affekts für die Persönlichkeitsentwicklung hat Norman Bradburn hervorgehoben. Seine Beobachtung ist, dass langfristige psychische Störungen Hand in Hand gehen mit einem hohen und stabilen Niveau negativen Affekts.[67]

Zusammengenommen zeigen alle hier vorgelegten Befunde die symptomatische und funktionelle Bedeutung guter Stimmung. Quellen und Verhaltensweisen, die zu einem guten Lebensgefühl führen, werden in allen Gesellschaften hoch bewertet, so die Fähigkeit, in schwierigen Lagen für gute Stimmung sorgen zu können, oder in Konflikten Humor zu bewahren. Betriebsumfragen zeigen immer wieder, wie sehr der humorvolle Vorgesetzte geschätzt wird. Man könnte angesichts der erregenden Befunde über Stimmung und soziale Produktivität darüber nachdenken, ob eine Politik der Lebensfreude möglich ist. Sie würde nicht nur aus Zuspruch, Humor und clownigen Einlagen bestehen, sondern in der Förderung struktureller Voraussetzungen für die positive Selbsterfahrung von Millionen. Allerdings kann die Kraft positiver Stimmung rasch an ihr Ende kommen, wenn die Belastungen zu stark werden. Belastende Lebensumstände und Ereignisse haben eine widerwärtige Eigenständigkeit und brauchen eigene Aufmerksamkeit und Bewältigung. Dies geht aus den Studien von Bradburn ebenso hervor wie aus den weiter vorn dargelegten Untersuchungen zur Erlebnisbilanz. Eine Politik der Lebensfreude würde bedeuten, dass wir zugleich darüber nachdenken müssen, wie viel Persönlichkeitsressourcen vernichtet, wie viel psychisches Kapi-

---

67 Norman M. Bradburn: The Structure of Psychological Well-Being. Aldine Publishing Company, Chicago 1969, S. 121

tal verschleudert wird. Eine Gesellschaft, die Kreativität predigt, muss auch daran denken, dass begabte Leute in der Regel heiter sind, gerade auch bei der Lösung ihrer Aufgaben. Diese Heiterkeit sollten wir nicht durch schlechte Organisation und fatale Disziplinvorstellungen vertreiben.

## 3.4. Öffentliche Fehlhaltungen: Dominanz der Polemik, falsche Ursachenzuschreibung, Sinnzerstörung

Die Rede war in diesem Kapitel von den physiologischen Aspekten sozialer Kommunikation: Wie reagiert der Organismus auf Mitteilungen, und welche Bedeutung haben die Impulse für die Motivation und Orientierung? Drei Verlaufsformen traten in Sicht, (1) die Erregung und ihre Kontrolle durch Kommunikation; (2) die Gefühle, die Ursachenzuschreibungen in uns auslösen, wie Wut oder Mitleid, sich herabgesetzt oder bestärkt fühlen; (3) schließlich die Bedeutung der Lebensstimmungen für Wohlbefinden, Persönlichkeitsentwicklung und Weltsicht. Alle drei Paradigmen geben uns Einblicke in die Körperlichkeit der Verarbeitung von Information. Das bedeutet auch: Menschen können unter Nachrichten und Mitteilungen leiden. Die rationalistische Leugnung dieses Zusammenhangs führt zu bornierten Verhaltensweisen, privat und öffentlich. Deren Ergebnisse sind kontraproduktiv: Man will Erregung durch Hinweis auf Grund- und Nutzlosigkeit herabsetzen und stachelt an. Konflikte sollen durch Ursachenforschung beigelegt werden, aber man erntet Hass. Die Lebensstimmung der Menschen, von hohem persönlichen und sozialen Wert, kann mit der Ausrede der Sachzwänge organisatorisch wie verbal misshandelt werden.

Welche Konsequenzen sind zu ziehen?

1. Erregungszustände, wie sie uns als Antwort auf Konflikte, auf Angriffe zur Verfügung stehen, sind interpretationsabhängig. Somit kommt einer psychologisch inspirierten Interpretationskultur eine große Bedeutung für die Friedfertigkeit der Gesellschaft zu. Die meisten Menschen sind Experten im Schimpfen, in aggressiver beleidigender Rede. Aber mit welche Sprache erzeugt man angenehme Gefühle und Sympathie? Unsere gesprochene Sprache ist karg an Worten, mit denen man Menschen gewinnen kann. Parlamentsdebatten haben sich zu sprachlichen Vorbildern der Verunglimpfung entwickelt, in Wahlkämpfen klingt die Sympathiewerbung hohl, Vorgesetzten und Lehrern fällt das Tadeln leichter als das Lob. Wer kann – in ganz persönli-

chen Beziehungen – Lob so aussprechen, dass es akzeptiert wird? Wer hat eine Sprache, über die Menschen sich freuen? Können SMS-Botschaften ein Ersatz sein?

2. Die Suche nach Ursachen des Verhaltens einzelner oder des öffentlichen Geschehens dient der Orientierung. Das klingt harmlos. Wenn aber in der Ursachenzuschreibung das Interesse an Selbstrechtfertigung, an Selbsterhöhung oder an Bagatellisierung die Oberhand gewinnt, wird das Geschäft der Attribution gefährlich. Erstens wird die Realitätskontrolle beeinträchtigt und zweitens regt sich Widerstand bei allen, die sich durch die Ursachenzuordnung falsch behandelt fühlen. Katastrophale Folgen für die Motivation und den sozialen Frieden haben diffamierende Ursachenbeschreibungen: unerwünschte Vorkommnisse oder auch schwache Leistungen werden in einer Gruppe oder einer einzelnen Person als das Ergebnis stabiler, unveränderlicher Eigenschaften zugeschrieben. Ausgrenzung, Motivzerstörung und Stigmatisierung sind die Folge. Die Suche nach Sündenböcken und das Schwarze-Peter-Spiel sind schwere Störungen des Orientierungsverhaltens, wie sie sich in Fremdenfeindlichkeit manifestieren. Es ist notwendig, das Bewusstsein für die destruktiven Folgen leichtsinniger Ursachen-Behauptungen zu wecken. Wir wissen viel über Psychoanalyse, Wirtschaftstheorie und Börsen, aber der öffentliche Diskurs wird ohne Aufklärung über die Gefahren falscher Attribution geführt, und so bleibt er grob.

Mit großer politischer Leidenschaft hat die CDU vor allem im Jahrzehnt nach der deutschen Wiedervereinigung eine tragische Attributionsverschiebung betrieben. Eine schlechte Resonanz der CDU-Politik in der Bevölkerung, messbar in Meinungsumfragen und Wählerverhalten, wurden einer tendenziösen Presseberichterstattung zugeschrieben, nicht den eigenen politischen Fehlern. Die richtige Politik- so die Meinung – wurde falsch verkauft. Dies immunisierte die Partei gegen die Einsicht in die Revisionsbedürftigkeit der Politik.

3. Positive oder negative Lebensstimmungen sind das Ergebnis zahlreicher Rückmeldungen aus dem Strom der Erlebnisse. Stimmungen sind wichtige physiologische Anker der Orientierung. Verstimmungen sind auffällig und führen normalerweise zu einer regeren Kommunikation. Lebensstimmungen sind aber nicht nur das Ergebnis von Erlebnissen und ihrer Bilanzierung. Die Einordnung des persönlichen Geschehens in größere Zusammenhänge spielt eine wesentliche Rolle. Eine übergeordnete Sinngebung kann widrige Erfahrungen in etwas anderes transformieren. Negatives muss sich nicht eins zu eins in Be-

lastungen umsetzen. Leiden kann in Sinnbezügen zu einem Moment der Persönlichkeitsentwicklung werden, Schwierigkeiten und Widerstände haben per se noch nichts Fatalistisches. Wenn erst Sinngefüge über die Bilanzierung des biografischen Stoffs entscheiden, dann sind wir auf die soziale, die politische und religiöse Kommunikation verwiesen. Allgemeine Ideen und die Qualität der öffentlichen Diskussion reichen bis in die Physiologie des Individuums. Daher kommt der Herstellung und Darlegung der Sinnhaftigkeit oder deren Gegenteil der Produktion von Unsinn eine erhebliche Bedeutung für die psychische Verfassung von Millionen zu. Hier ist vor allem über strukturelle Fehler im Verhalten der politischen Führungsschicht zu reden. Parteien und Politiker wollen glaubwürdig bleiben, das ist ein hohes Gut. Glaubwürdigkeit aber wird mit Irrtumslosigkeit verwechselt. Bei Andrè Glucksmann lautet die Diagnose: „Allein, es gibt nur wenige Politiker, die sich nicht der Lächerlichkeit preisgeben, in allen Tonarten zu postulieren: Ich irre mich nicht, ich werde mich nicht irren, ich habe mich nicht geirrt, ...".[68] Dieser Glaubwürdigkeits-Radikalismus, der auch in den großen gemäßigten Parteien gepflegt wird, ist einer der großen gesellschaftlichen Sinnzerstörer. Eine der Reaktionen der Wähler ist, dass sie der Politik den Rücken kehren. Fernsehintendanten wissen um die hohen Einschaltquoten von Quiz-Sendungen. Die Forschung zeigt, dass sie zu den besten Stimmungsmachern und Ablenkern gehören. Die Zuschauer holen sich hier ein wenig gute Stimmung, wie ein Therapeutikum gegen die Sinnlosigkeitsschocks des Lebens. Da sollte nicht ironisiert werden, sondern zu denken geben.

Was Politik absichts- und gedankenlos an Sinn verletzt, können die Kirchen nicht heilen. Es geht um politische Sinnzusammenhänge, deren Grundlagen sich in der demokratischen Theorie finden. Unterhalb dieser Ebene wird sich schlaue Taktik immer wieder in Dummheit verwandeln.

---

68 André Glucksmann: Die Macht der Dummheit. DVA Stuttgart 1985, S. 122

# 4. Affekt und Erfahrung

Wenn wir von Erfahrung sprechen, dann ist mitgegeben, dass sie Zeit braucht. Serien von Ereignissen müssen erlebt und bestanden werden, ehe man von Erfahrung sprechen kann. Aber Erfahrung ist auch mehr als nur ein quasi-statistisches Registrieren, was in unserem Leben häufig ist und was selten vorkommt. Erfahren ist erst derjenige, der sich einen Vers auf die Folge der Ereignisse machen kann, der sie interpretiert und bei seinen künftigen Aktionen berücksichtigt. In der Erfahrung treffen sich zunächst also Zufall und Geist, aber die Menschen lieben nicht das Zufällige, so werden sie versuchen, aus ihren Erfahrungen zu lernen, um neue Erfahrungen zu konstruieren. Damit aber rücken Erfahrungen in den Bereich von Phantasie und Inszenierung. Wer etwas erfahren will, muss Vorkehrungen treffen, das heißt, er muss Zeit, Mittel und Organisation investieren; und ehe wir uns versehen, spielen sich die Erfahrungen in konstruierten Welten ab. Wenn wir neue Erfahrungen machen wollen, so erfordern sie Kraft und Zielstrebigkeit. Das merkt man insbesondere, wenn wir etwas lernen und einüben wollen, wenn es um neue berufliche Erfahrungen geht. Wissenschaftliche Erkenntnisse tragen dazu bei, dass die Voraussetzungen für Erfahrbares genannt werden können. Damit werden Serienerfahrungen in großem Maße organisatorisch beherrschbar. Aber ist es das eigentlich, was wir wollten? Geht darin gerade zugrunde, was wir an Erfahrung mit uns selber und mit anderen suchten? Wo ist noch Platz für Weltleidenschaft? Also noch einmal zurück zur unmittelbaren Objektbeziehung.

Die primäre Erfahrung zeigt sich in Staunen und Ergriffenheit. Wir sind zum anderen hingezogen, wundern uns über ihn. Die Natur, die Landschaft, die Städte – Appellwirkung des Lebendigen und Schönen, das Staunen über kleine und große Dinge der Schöpfung nehmen uns jenseits aller Bildungsvoraussetzungen in Anspruch. Dieses Gefühl, das wir gegenüber der Welt entwickeln können, das ein Kind im vorsprachlichen Alter schon gegenüber der Blume zeigt, will gelebt werden. Wird es nicht gelebt, so sind wir unruhig und kommen uns auf die Dauer öde vor.

Untersuchungen über Erlebniswünsche und Erlebnisdefizite zeigen, wo heute die großen Leidenschaften liegen. Reisen und die Welt erleben, andere Kulturen kennenlernen, Abenteuerreisen machen, das wollen junge Menschen. So lauteten die Antworten in einer Umfrage in Zürich, in der es um den Hintergrund des Drogenkonsums ging.[69] Ein weiterer Faktor ist verständnisvolle Umgebung und Selbstsicherheit, ein dritter materielle Unabhängigkeit, wozu auch die eigene Wohnung gehört, und viertens gute Ausbildungsmöglichkeiten und in dieser Ausbildungs- und Berufswelt ernst genommen werden. Fünftens Freizeit und Ferien, also eigentlich Zeit für Erlebnisse und Weltbetrachtung. Sodann sechstens Räume für die Selbstpräsentation, sich individuell kleiden, aber auch Freiheit in der Wahl seiner Partner, schließlich siebentens Selbsterkenntnis und politische Aktivität. In all diesen vielgestaltigen Themen sind Sehnsüchte beheimatet, auch ganz praktische, nach lebbarer Existenz. Der Befund für die Drogenkonsumenten war, dass sie ein größeres Erlebnisdefizit haben. Das erklärt einiges, wenn auch nicht alles. In der Aufzählung von Erlebnisbereichen kommen Organisationsstrukturen der Gesellschaft zum Ausdruck. Wir bewegen uns in verschiedenen Arenen, in denen Erfahrungen vermittelt werden können. Begleitet werden diese Erfahrungen durch Erlebnisse. Erlebnisse sind gleichsam die Mikrostrukturen der größeren und langfristigeren Erfahrungswelten in der Familie, in den Bildungsstätten, am Arbeitsplatz, im Bekannten- und Freundeskreis. Gesucht werden Erlebnisse vor allem aber auch in den ungeregelten Räumen: Erlebnisse als Ausweis der Verpflichtungsfreiheit, wie am Strand liegen oder fremde Kulturen besichtigen, an Orte gehen, wo man noch nicht gewesen ist. Dieser Erlebnisbereich soll ganz der Person angehören, soll nicht nur der Regeneration durch Erfreuliches dienen, sondern auch ein Stück gelebter Individualität in ihrer Unverwechselbarkeit ausmachen. Aber auch die verpflichtungsfreien Erlebnisse unterliegen Erfahrungsgesetzen. Eines Tages fragen wir uns, was sie uns gebracht haben. Bilanzierungen und Bewertungen spielen hinein und damit haben wir wieder den Menschen vor uns, der gar nicht verhindern kann, Erfahrungen zu machen, der Mensch, der deutet und bewertet. Das sind die Grundmuster.

---

69 Hornung, Rainer; Schmidtchen, Gerhard; Scholl-Schaaf, Margret: Drogen in Zürich. Huber, Bern 1983

Eine unabdingbare Voraussetzung der Erfahrung liegt im Handelnden selbst, er muss etwas wollen. Von wem aber stammen die Intentionen? Liegen die Ziele in der Natur des Menschen oder stammen sie aus einem gesellschaftlichen Verständigungssystem über Werte, über das, was man anstreben oder beiseite lassen sollte? Wer stattet die Ziele mit Attraktivität aus? Dies ist die erste Gruppe von Fragen dieses Kapitels. Daran schließt sich eine zweite an, die sich aus der Tatsache der sozialen Vernetzung ergibt. Ist die Komplexität der Beziehungen in einer modernen Verkehrsgesellschaft ein Vorteil für die Entfaltung des Einzelnen oder eine Belastung, führt sie zur Orientierungslosigkeit? Die dritte Folge der Fragen ist dem Problem der Ambivalenz gewidmet. In einer optionsreichen Gesellschaft sind viele Entscheidungen schwer zu treffen, weil die Vor- und Nachteile der Alternativen nicht eindeutig sind. Welche Bedeutung hat dieser Umstand für die Orientierung des Einzelnen und die Steuerung des sozialen und politischen Systems?

## 4.1. Lebensziele und Methodik

Ergeben sich die Ziele der Menschen aus ihren Grundbedürfnissen? Das Interesse, die Grundbedürfnisse aufzuspüren, wird durch die politische Frage inspiriert, wie eine menschengerechte Gesellschaft aussehen muss, unter welchen strukturellen Voraussetzungen sich Chancen für eine humanitäre Entwicklung ergeben. Wenn politische Parteien die Diskussion über Grundwerte für wichtig halten, so hat das noch einen anderen Aspekt. Der Konsens über Grundwerte soll nicht nur der Politik inhaltlich Richtungen vorgeben, sondern zugleich die Wählerschaft stabilisieren und eine Partei dadurch legitimieren, dass sie sich zum Advokaten unverrückbarer menschlicher Werte macht.

Welche sind nun die zentralen menschlichen Werte, Bestrebungen, Ziele? Darauf wurde in der Wissenschaftsgeschichte unterschiedlich geantwortet. Der englische Sozialpsychologe William McDougall[70] stützte sich auf eine Motivlehre, die schon lange das politische Denken in England und der Väter der amerikanischen Verfassung beherrscht hatte (Jeremy Bentham, The Federalists, insbesondere Madison). Gesellschaftskonstrukteure möchten sich auf verlässliche Motive stützen; und die

---

70 William McDougall: Social Psychology (London 1908) Spätere Auflagen unter dem Titel: An Introduction to Social Psychology. Zum pessimistischen Menschenbild der Väter der amerikanischen Verfassung: Robert A Dahl: A Preface to Democratic Theory, Chicago 1956

verlässlichsten sind die miserablen. Auf Egoismus kann man sich verlassen und auf das Machtstreben. Ohne äußere Kontrolle, so Madison, wird jedes Individuum, jede Gruppe andere Menschen tyrannisieren. Auch in der Sicht von McDougall hat die Bestie Mensch keine edlen, aber starke Antriebe. Lässt sich diese Kraft für eine humanitäre Gesellschaft nutzen? Die Antwort ist: Ja, über eine Vermittlungsgröße, einen Transformator. Dieser heißt self-regarding sentiment, das Selbst-Bewahrungsgefühl, die Sorge um sich selbst. Wirksam wird dieses Gefühl durch Austausch mit anderen. Weil man auf andere angewiesen ist, muss man edler sein als es die Natur nahelegt. Der dumme, aber in rechter Institutionalisierung ethisch neutralisierte Motor des Egoismus treibt ein Moralsystem an, dass nicht nur Wohlverhalten fördert, sondern sogar noch, wie Adam Smith voraussagte, zu Wohlstand führt. Der Zuchtmeister der Menschen ist eine informelle Institution: die öffentliche Meinung als soziale Kontrolle. Vor ihr müsse man sich bewähren, wenn man nicht isoliert werden und deswegen im Elend leben will.

Immanuel Kant[71] sah den Hauptantrieb der Menschen und der Menschheit darin, von der Vernunft Gebrauch machen zu müssen. Auf die individuellen Motive käme es nicht an, auch in einer Gesellschaft von Teufeln müsse sich die Objektivität der Vernunft durchsetzen. Die Vernunft hat moralische Konsequenzen. Sobald die Menschen von ihrer Vernunft Gebrauch machen, müssen sie, ob sie wollen oder nicht, ein moralisches System entwickeln. Auch bei Arnold Gehlen[72] gibt es einen zentralen Antrieb: Sicherheit und Entlastung. Die Institutionen wachsen aus einem Schwächemotiv. All diese Bedürfnislehren gehen auf eindimensionale Antriebspostulate zurück. Ihre Verbindung mit dem biologischen Substrat der menschlichen Natur wird nicht diskutiert.

Die moderne anthropologische Analyse menschlichen Strebens ist differenzierter, schließt psychische und soziale Momente ein. Paradigmatischen Charakter hat die Arbeit des Zürcher Philosophen und Psychologen Wilhelm Keller[73] über das Selbstwertstreben. Der Grund für die Verwendung dieses Begriffs des Selbstwertstrebens ist eine Erklärungslücke, die bloß physiologische Triebtheorien oder eine Übertragung der Ergebnisse der Tierverhaltensforschung auf den Menschen offen lasse.

---

71 Immanuel Kant: Grundlegung zur Metaphysik der Sitten sowie die Schrift Zum ewigen Frieden
72 Arnold Gehlen, Urmensch und Spätkultur. Athenäum, Frankfurt am Main, 2. Auflage 1964
73 Wilhelm Keller, Das Selbstwertstreben, Wesen Formen, Schicksale. Ernst Reinhardt, München, Basel 1963

Die menschliche Triebhaftigkeit sei von besonderer Natur, in der „besonderen Seins-Verfassung des menschlichen Daseins" begründet und da gäbe es einen Unterschied gegenüber den vormenschlichen Formen des Lebens. Der Mensch sei nach den Normen der Biologie unterdeterminiert und daher „durch eine biologische Lückenhaftigkeit auf eine Daseins-Gestaltung freigegeben, die er selber zu vollziehen hat". Dieses Mängelwesen Mensch ist schon seiner biologischen Natur nach auf Kultur angelegt. Sie kommt nicht als etwas Unnatürliches hinzu, sondern gehört zur Seinswirklichkeit des Menschen. Kultur ist eine Funktion seiner Natur. Eben diese Natur treibt ihn zu einer Expansivität des Lebens, das ist seine eigentliche Triebhaftigkeit. Zu greifen ist diese Triebhaftigkeit an 6 Tatsachen.

1. Das Getriebensein hat eine Erlebnispräsenz, man verspürt es.
2. Menschliche Antriebe haben stets eine intentionale Ausrichtung, ein Ziel, man wird immer zu etwas Bestimmten getrieben, ohne dabei allein durch die Reizkonstellation bestimmt zu werden.
3. An die Stelle einer instinktmäßigen Führung tritt eine kognitive, eine orientierte Führung.
4. Menschliche Antriebsregungen werden sich nicht in Handlungsversuchen oder Handlungen geradlinig umsetzen, es gibt eine Differenz zwischen Antrieb und Handeln, die überhaupt das Gegenstandserleben möglich macht.
5. Verschiedene Triebregungen und Interessenrichtungen können gleichzeitig aktuell werden, das bedingt den Reichtum der gegenständlichen Erlebniswelt.
6. Antriebsregungen haben beim Menschen nur den Charakter von provozierenden Anstößen, man muss außerdem noch etwas wollen. Das aber bedeutet, dass die Antriebe einer übergreifenden Steuerung unterliegen.

Die menschliche Expansivität, alles zu besetzen, zu bevölkern, zu erleben, zu ermöglichen, ist indessen nicht richtungslos, sondern Keller entdeckt darin eine Richtung, die er das Streben nach einem je hochwertigen Dasein nennt. Es geht um den eigenen Wert und Rang des jeweiligen Daseins. Daher führt er den Begriff des Selbstwertstrebens ein. Besonders deutlich sei es im negativen Fall zu erkennen: beim Versagen oder Misslingen seiner Anliegen büße der Mensch dies mit einer Gefühlslage, die man mit dem abgegriffenen Wort des Minderwertigkeitsgefühls umschreiben könne. Das Selbstwertstreben ist „das Streben nach hochwertigen Eigenschaften, nach einem höheren Personniveau, nach einer vollkommeneren Gestalt und Fülle des eigenen Daseins überhaupt". Dieses Streben ließe sich nicht inhaltlich beschreiben, sondern es sei einzig charakterisiert durch die Hochwertigkeit, die das Dasein als Ganzes durch sie zu erreichen meine. Es ist das Verhältnis des faktischen Daseins zu seiner eigenen Möglichkeit, an dem die Menschen arbeiten, also sei es die eigene Verwirklichung des Daseins, es geht um das Selbstsein „das im eigenen Vollzug zu sein hat, was es sein kann. Leben will stets nicht nur seine nackte Erhaltung, sondern es will sich entfalten". Es gehe den Menschen nicht um die Erhaltung und rein quantitative Mehrung im Sinn von Wachstum, Kräftigung, Stabilisierung und Ausbreitung, vielmehr zeige sich der Antrieb zu qualitativer Gestaltung. Der Grund liege darin, dass dem menschlichen Dasein sein Selbst „überbunden" sei. In höchster Potenz zeige sich dieser Drang, dieses Streben als Antrieb zu ständiger personaler Führung und Gestaltung des eigenen Erlebens und Verhaltens. Die Erscheinungsweisen dieses Antriebes seien besonders deutlich im Falle des Scheiterns, der krankhaften Verkehrung. Die Daseinsresignation, die Verzweiflung, der Nihilismus nehmen ihre Maßstäbe aus der Selbstrealisierung, aus der Möglichkeit dazu. Der Grundantrieb kommt auch in Phantasien, Träumen, Sehnsüchten, Wünschen und Wahngebilden zum Ausdruck. Gerade diese kreisen ja vorzugsweise und mit großer Intensität um das Thema Selbsterhöhung oder der idealen Bewährung. Neurosen betrachtet Keller als Erscheinungsformen verfehlter Selbstrealisierung. Das Selbstwertstreben ist ein Leitprinzip des menschlichen Daseins, die Grundtriebe teilt der Mensch weitgehend mit der übrigen Natur, wenn auch in menschlicher Modalisierung. Es sind vier Grundstrebungen:

1. der Besitztrieb, das Habenwollen,
2. das Behauptungs- und Dominanzstreben,
3. das Kontaktstreben,
4. der Betätigungsdrang, der Schaffenstrieb.

Dies seien die elementaren Kategorien lebendigen Daseins: Aneignung, Selbstbehauptung, Verbindung, Tätigkeit. Aber sie münden wiederum in ein generelles Streben, sie werden gewissermaßen gebündelt zu einer übergreifenden Tendenz, durch eine übergreifende Strebung und das ist das Selbstrealisierungs- oder Selbstwertstreben. Und sie bezeichnet Keller als die fünfte Grundstrebung im prinzipiellen Aufbau der menschlichen Daseinsexpansivität. Nur diese letzte Strebungsart sei ausschließlich und im spezifischen Sinne menschlich. Triebe können deswegen nicht in ihrer animalischen Unmittelbarkeit ausgelebt werden, sondern unterstehen stets irgendwelcher Überformung. Das menschliche Dasein sei ein Gestalten, Gestaltetes und zu Gestaltendes, deshalb sträube sich auch das menschliche Lebensgefühl von Natur aus gegen eine Triebbefriedigung in nackt elementarem Sinne. Man spüre den Verlust der Menschlichkeit, die mögliche Schädigung des Lebens. Die rein animalisch zu denkende Triebhaftigkeit des Menschen hat keine instinktive Führung und würde daher das Dasein überwuchern. Das aber geschehe auf Kosten des Selbstseins. Der Reiz des Augenblicks kann nicht allein handlungsbestimmend werden, nicht zum Prinzip erhoben werden. „Das bedeutet, dass eine Ablösung von den elementaren Triebformen schon natürlicherweise zum Dasein gehört, und dass diese noch umso wichtiger wird, je mehr die eigentliche Selbstbestimmung Platz greifen soll" (163). Das habe mit Askese nichts zu tun, von dieser Tendenz der Selbstrealisierung, des Selbstwertstrebens sei der Mensch in Anspruch genommen, „sowohl in seinem nie vollkommenen Gelingen, wie in seinem es davon nie zu entbindenden Scheitern" (170).

Aus solchen menschlichen Grundstrebungen gehen noch keine Institutionen hervor, aber in den Motiven teilt sich mit, wie diese Institutionen sein könnten, wie sie sein sollten. Das immerfort wache Selbstwertstreben braucht Entfaltungsfreiheiten, falsch gezogene Dämme und Begrenzungen würden eine starke Brandung erzeugen. Wenn Menschen über ihre Lebensziele und die Wege nachdenken, dann werden sie von dem Motiv getragen sein, die Möglichkeiten ihres Daseins zu entwickeln. Sie bewegen sich dabei in einer geschichtlich vorgegebenen Gesellschaft mit Chancen und Grenzen, Aufklärung und Vorurteilen. Sich in einer solchen Gesellschaft Ziele setzen, heißt, sie deuten zu wollen. Wieso ist etwas, wie es ist, wie wird die Umwelt auf meine Ziele reagieren? Nicht alles, was wir zur Deutung brauchen, ist bei uns selbst entstanden.

Unsere Deutungssysteme sind zugleich Teilhabe an sozial vermittelten Wissensbeständen. Über sie werden Zugehörigkeiten geregelt, Handlungsmöglichkeiten und Verstehensmöglichkeiten eröffnet. Wenn wir etwas deuten, so nehmen wir an, dass es mitteilbar ist, hoffen auf Verständnis und damit wird die Konsensabhängigkeit unserer Deutungsanstrengungen sichtbar. Wir handeln nach Grundsätzen, die von anderen geteilt werden. Wer seine Biografie, sein Leben planen will, wer auch nur vage Hoffnungen hegt, wird über Ziele und Wege nachdenken. Man kann sein Leben nicht für sich allein planen. Wir treffen auf Konsens, spüren gleichzeitig Widerstand gegen dessen Beharrung. Nie werden wir totalen Konsens finden oder wollen. Das macht die Sache interessant und wird zu einem Moment gesellschaftlicher Bewegung. Andere Men-

schen, Partner, Partnerinnen treten in Sicht, aber auch die Arbeitsmög-
lichkeiten, das Gemeinwesen schließlich. Das Nachdenken über Lebenspläne führt zu der Frage, mit welchen Themen und Zielen man seinem Leben eine Gestalt geben kann, wo man auf gesellschaftliche Unterstützung zählen könnte.

Untersuchungen unter jungen Menschen in Ost und West nach der
deutschen Wiedervereinigung zeigten, dass sie in den Lebenszielen weitgehend übereinstimmten. Überraschend eigentlich, wenn man bedenkt,
dass sie ganz unterschiedlichen gesellschaftlichen und politischen Einflüssen ausgesetzt waren. Die weitgehende Kongruenz der Wertstrukturen in Ost und West reflektiert die Tatsache, dass Werte notwendig sind,
um die eigenen Anstrengungen, die eigene Biografie mit der gesellschaftlichen Welt zu koordinieren. Erst die Formulierung von Zielen macht
urteilsfähig und bildet die Voraussetzung für die Mobilisierung von Motiven. In allen einigermaßen hoch organisierten Positionengesellschaften
wird man ähnliche Wertstrukturen finden. Ostdeutschland war mit seinem Bildungs- und Industrieehrgeiz eine Gesellschaft, in der sich die
klassischen Werte unabhängig von aller Ideologie etablieren konnten.

Was wollen junge Menschen in Ost und West? Zu den wichtigsten
Lebenszielen gehört in beiden Teilen Deutschlands ein guter Beruf, eine
interessante Arbeit, die finanzielle Sicherung, das soziale Umfeld, Partnerschaft, ein guter Bekanntenkreis, auch familienzentrierte Werte, Familie und Kinder, gut wohnen, mit anderen in Harmonie leben und
schließlich die persönliche Entwicklung, im Leben etwas leisten, die
Weiterbildung, jedoch auch Zeit für sich selber haben und einen kreati-
ven Lebensstil entwickeln. Auch die zentralen Motive in den Wertüber-
legungen stimmen in Ost und West überein. Das zeigte eine weitere
mathematisch-statistische Datenreduktion. *Das grundlegende Motiv ist der
Wunsch nach Teilhabe an der gesellschaftlichen Wertschöpfung.* Die Daseinsent-
faltung, die junge Menschen suchen, die Selbstrealisierung, kann nur in
einem gesellschaftlichen Kontext vollzogen werden. Die Suche nach Lebenssinn und Zielen ist weder leicht noch konfliktfrei.

In einer stationären Gesellschaft können Berufswahl und die Formulierung des Lebenszieles übereinstimmen. In einer Gesellschaft jedoch,
die sich entwickelt, wo Betriebe und Berufszweige verschwinden, neue
entstehen, wo die Berufswelt überhaupt vielfältiger wird, das Berufsverzeichnis dicker, ist es nicht nur schwierig, sondern auch gefährlich, sich
auf einen bestimmten Beruf festzulegen. So wird die Tendenz vorherr-
schen, ein Gebiet zu wählen und sich darin möglichst hoch zu qualifizie-
ren. Somit werden die Lebensziele abstrakt, das ist eine notwendige Vor-

kehrung, um in einer sich wandelnden Welt für berufliche Sicherheit zu sorgen. Da Eltern und Kinder andere gesellschaftliche Erfahrungswelten haben, macht das Verhalten der jungen Generation bei der Berufswahl den Eltern häufig Angst. Nicht wenige Jugendliche berichten, sie hätten Konflikte mit den Eltern wegen der Berufswahl. Auch dies ist ein Symptom raschen sozialen Wandels. Einen richtigen Platz in der Gesellschaft zu finden, ist das große Anliegen der Jugendlichen und zugleich ist es schwer, dieses Ziel zu erreichen. Kaum ist von Jugendlichen zu hören, dass das Leben für sie leicht sei. Die Mehrheit im Osten erklärt, es sei eher schwer für junge Menschen heute. Im Westen ist das Gefühl, junge Menschen hätten es schwer, etwas weniger ausgeprägt. Die Mehrheit gibt die Antwort teils/teils.[74] Die Welt wird als widerständig erlebt.

Junge Menschen haben nicht nur Ziele, sie entwickeln auch eine Methodik. Sie stellen Ansprüche an die Umwelt und an sich selbst, sie reflektieren darüber, mit welchen Grundsätzen, mit welcher Ethik man ins Leben gehen sollte. Diese Grundsätze dienen nicht nur als Maßstäbe für das eigene Verhalten, sondern sie machen auch urteilsfähig gegenüber der Umgebung. Axiomatisch kann man von dem Motiv ausgehen, dass Menschen im Sinne ihrer Selbsterhaltung und der persönlichen Entwicklung positive Erfahrungen suchen und negative meiden werden. In der Praxis ist das nicht einfach, die meisten Menschen werden nicht darauf warten wollen, was ihnen zufällig widerfährt oder zustößt, sondern sie suchen Tätigkeitsfelder mit möglichst hoher Wahrscheinlichkeit positiver Erfahrung. Damit dies so wird, werden Menschen sondieren, nach welchen Regeln es zugeht, bevor sie sich auf Nähe und Interaktion einlassen. Sie werden moralische Signale aufnehmen und auch eigene Grundsätze geltend machen. Ethik dient also einmal der Selektion von Interaktionspartnern und sodann aber auch zur Gestaltung des Umfeldes.

Über die Gestaltung menschlicher Beziehungen machen sich junge Leute intensive Gedanken. Sie wurden befragt, welche Grundsätze für das eigene Leben bestimmend sein sollten, welche Grundsätze für den Umgang mit anderen. Die Antworten lauten in großer Mehrheit: echte Freundschaft, offene Gespräche führen können und seine Meinung sagen, Konflikte nicht unterdrücken, Verständnis für andere, Dankbarkeit, Brüderlichkeit, Höflichkeit. Auch die expressive Seite von Beziehungen wird betont, Gefühle offen zeigen. Wir haben hier Gestaltungsgrundsätze vor uns, die eindeutig von dem Ziel getragen sind, positive Erfahrun-

---

74 Wie weit ist der Weg nach Deutschland, S. 391

gen in der zwischenmenschlichen Beziehung zu maximieren. Allerdings werden auch die Widerstände, die diesen Interaktionsgrundsätzen entgegenstehen, verspürt. Die Diskrepanzen zwischen Ideal und Realisierungschancen sind groß, was echte Freundschaft angeht, Offenheit, Konfliktmanagement, auf andere eingehen und Dankbarkeit, Toleranz und Höflichkeit. Viele junge Menschen machen die Erfahrung, dass sie mit ihren moralischen Motiven, ihrem Angebot nicht angenommen werden, sie kommen nicht an und werden enttäuscht.[75] Diese vielfältigen Alltagsenttäuschungen färben das Gesellschaftsbild.

Forderungen ergehen nicht nur an die Struktur der Umwelt, sondern auch an das Selbst. Man möchte das eigene Verhalten, die eigene Person nach moralischen Grundsätzen stilisieren, um die Wahrscheinlichkeit positiver Erfahrungen zu erhöhen und die aversiver Ereignisse zu vermindern. Die moralische Selbststilisierung dient aber auch der Pflege des Persönlichkeitssystems. Moral ist ein Aspekt des Selbstwertes. Nahezu universell verbreitete Anforderungen an die eigene Person sind: ehrlich zu sich selbst sein, höflich und zuvorkommend sein, verzichten können. Ins Psychologische übersetzt könnte man sagen, Klarheit der Selbstwahrnehmung. soziale Tugenden und Askesebereitschaft. Es ist überraschend, dass der vorgeblich überholte Wert der Askese im Denken junger Menschen eine solche Bedeutung hat. Sie sprechen indessen nicht mit großen Worten darüber. Wir hören von jungen Leuten häufiger die Bemerkung: „Das muss ich nicht haben." Sie wollen keine falsche Beschäftigung mit verzichtbaren Konsumgütern. Askese beschert Unabhängigkeit. Die gesamte Liste der moralischen Selbstinstruktion ist anderwärts dokumentiert.[76] Das moralische Denken der Jugend zeichnet sich durch die folgenden Strukturen aus: Wahrhaftigkeit und Askese, Nächstenliebe, Ichbezug und Durchsetzungstendenz, ethischer Rückzug und Unverbindlichkeit. Dies sind die vier Strukturen, die sich aus einer Faktorenanalyse ergeben. Sie zeigen, dass die ethische Erziehung nicht überall erfolgreich ist.

Wo liegen die Quellen der Moral? Moral entsteht primär in geordneten, stabilen Beziehungen. Wenn wir etwas miteinander zu tun haben, in Familie, Schule, am Arbeitsplatz aufeinander bezogen sind, so hegen wir Erwartungen und es wird etwas von uns erwartet: Zuverlässigkeit, Kooperation, Zuwendung. Wir erwarten Belohnung für richtiges Handeln

---

75 Gerhard Schmidtchen: Ethik und Protest. Leske +Budrich. Opladen 1993, S. 195f.
76 Gerhard Schmidtchen: Wie weit ist der Weg nach Deutschland. Leske +Budrich. Opladen 1997

und Konflikte im anderen Fall, wir erwarten von den Eltern Zeit für Gespräche. Innerhalb der Felder, in denen sich unser Leben vollzieht, haben wir Erwartungen und wir denken, dass diese Erwartungen morgen
und auch übermorgen eingelöst werden. Die Zeitperspektive gehört also
dazu. Es ist unangenehm zu denken, dass morgen die Belohnungen ausbleiben, die heute noch gegeben werden. Sobald gegenseitige Erwartungen formuliert und erfüllt werden, stellen sich positive Beziehungen ein.
Man sagt: ich habe einen netten Lehrer, einen guten Vorgesetzten, ich
schätze meine Eltern. In Erwartungen stecken Normen. Wenn sie wechselseitig erfüllt werden, stellt sich eine gute emotionale Beziehung her. So
werden Normen zu einem Bestandteil des Emotionalen. Sie motivieren.
Über Erwartungen werden unsere Beziehungen moralisiert und so entsteht motivierte, lebendige Moral. Hier ist die Quelle.

Umgekehrt ärgern wir uns, wenn Erwartungen und moralische Normen verletzt werden. Wir werden ungehalten. Wir haben mit Studierenden der Sozialarbeit der Universität Fribourg ein Experiment gemacht.
Sie schrieben auf, über wen und weswegen sie sich in letzter Zeit geärgert haben. Alle hatten sich in kürzeren Abständen einmal über jemand
geärgert oder über die verschiedensten Anlässe. Aber immer gab es den-
selben Grund: eine Norm, eine Regel wurde verletzt. Die Universalität
des Ärgers bezeugt die Universalität der Moral.

Moral kann nicht in jedem Interaktionsnetz erzeugt werden, zum Beispiel nicht in einer kriminellen Vereinigung, obwohl auch hier strenge
Normen der Zuverlässigkeit, der Verschwiegenheit usw. gelten. Moral
kann nur aus Gruppen erwachsen, die in ihren Zielen gemeinschaftsfähig
sind, die einem spirituellen Bauplan folgen, der von der Gesellschaft als
ganzer akzeptiert werden kann.[77]

Dieser Einblick in die alltägliche Fabrikation der Moral lenkt die
Aufmerksamkeit auf die Orte, an denen Moral erzeugt wird. Drei Beobachtungen sind maßgeblich.

1. Zur moralischen Orientierung tragen Eltern, zum großen Teil unbewusst, durch ihren Erziehungsstil bei. Wenn die Eltern einen reifen
   Erziehungsstil praktizieren, von den Kindern etwas fordern, also
   Normen setzen, sie gleichzeitig aber emotional unterstützen, tragen sie
   zur moralischen Entwicklung bei. Diese Kinder sind altruistischer orientiert, sie haben größere Chancen, später autonom zu handeln, sie

77 Gerhard Schmidtchen: Die Moral der Lebenspläne. Orientierungsschwäche der Gesellschaft und Persönlichkeitsstärke der Jugend. In Alberto Godenzi (Hrsg.): Abenteuer Forschung. Universitätsverlag Freiburg, Schweiz 1998

verschaffen sich die Ressourcen, die sie brauchen, selber. Sie können sich besser im sozialen Netz verankern.

2. Je größer das soziale Netz, in je mehr Räumen, die Einzelnen verankert sind, desto ausgeprägter wird die altruistische Orientierung. Soziale Komplexität fördert die Moral. Je mehr Beziehungen ein junger Mensch hat, in desto mehr Bewährungsfeldern steht er, in denen er auch nach moralischen Grundsätzen beurteilt wird, desto mehr wird eine altruistische Orientierung sinnvoll.

3. Deutlich ist der Einfluss der religiösen Orientierung. Je enger die Beziehung zur Gemeinde, desto bestimmender wird ein ideeller Altruismus und desto mehr treten egoistische Motive zurück. Religiöse Unterweisung und das Mitwirken in der Gemeinde prägen die moralische Orientierung nachhaltig.

In Erinnerung sollte bleiben: Moral verdankt ihre Entstehung den alltäglichen wechselseitigen Erwartungen. In ihnen sind Normen enthalten. Über die Qualität dieser Normen wachen die Institutionen. Werden die Normen bemerkt und erfüllt, so stellen sich gute Beziehungen her. Moral bestimmt die Qualität des sozialen Feldes.

Jede ethische Orientierung besteht aus Ziel und Methode. Was geschieht, wenn die angestrebten Ziele, die Werte ins Ungewisse rücken? Das lässt sich an einem großartig dokumentierten Beispiel der Religionsgeschichte nachvollziehen. Max Weber analysierte die Bedeutung der protestantischen Ethik für die Entstehung der modernen Welt.[78] Ihn beschäftigte der Kern der religiösen Lehre des Calvinismus: die Erlösungslehre. Wenn Gott so transzendent ist, dass es schon blasphemisch wirkt, sich ein Bild von ihm zu machen, dass es keinen Weg gibt, Gottes Wille zu erkennen, so kann man auch nicht wissen, ob man zu den Erwählten, den Erlösten gehört oder nicht. Man muss sich mit minimaler Theologie behelfen. Ein liederliches Leben kann nicht Gottes Wille sein, also muss man versuchen, zuchtvoll zu leben. Die Systematisierung der Lebensführung bietet nicht die Gewähr für Erlösung, aber hilft, die Furcht vor der Verdammnis zu reduzieren. Das Ziel wird also in Methodik übersetzt. Das ist der eigentliche Puritanismuseffekt. Diesen Puritanismuseffekt erleben wir heute wieder. Die rationale Gesellschaft verhält sich mit ihren raschen Entwicklungen gegenüber den Lebensplänen des Einzelnen obskur. Kein Bildungsweg ist die endgültige Zukunftsgarantie, aber ohne Bildung geht nichts. So geschieht die umfassende Systematisierung des

---

78 Max Weber: Die protestantische Ethik und der Geist des Kapitalismus. Gesammelte Aufsätze zur Religionssoziologie. I. J. C. B. Mohr (Paul Siebeck); Tübingen 1947.

Lebens durch Bildungsanstrengungen. Die Systematisierung des Alltags-lebens durch ethische Forderungen müsste eigentlich auch zunehmen, aber das kann nicht beobachtet werden. Im Puritanismus war das ge-samte Gesellschaftssystem in Fragen der Ethik sanktionsbereit, das ist heute nicht der Fall. Bildungseifer wird belohnt, ethisches Verhalten eher belächelt (vgl. die folgende Tabelle). Der ethische Impuls junger Men-schen geht ins Leere. Die ethische Deutlichkeit der Institutionen und Organisationen müsste zunehmen, sie müssten intern Moral bei sich durchsetzen und nach außen hin bezeugen und erwarten. Aber in einem liberalen Missverständnis hat man auf die Produktion von Moral ver-zichtet. Der Markt macht keine Moral.

## Zum Kurswert der Moral

Frage:  Leben wir in einer Gesellschaft, in der sich Bildung und Weiterbildung auszahlen, oder haben Sie nicht das Gefühl?

|  | Jugendliche | | Manager |
|---|---|---|---|
|  | Osten | Westen | |
| leben in einer solchen Gesellschaft | 46% | 56% | 64% |
| habe nicht das Gefühl | 20% | 14% | 12% |
| kommt darauf an | 34% | 30% | 24% |
|  | 100% | 100% | 100% |

Frage:  Wenn jemand versucht, moralisch zu leben, d.h. andere nicht verletzen, andere nicht ausnutzen, sondern sie fördern, hilfsbereit und Frieden stiftend, glauben Sie, dass so jemand langfristig in unserer Gesellschaft besser dasteht oder kommt man damit nicht weit?

|  | Jugendliche | | Manager |
|---|---|---|---|
|  | Osten | Westen | |
| steht wahrscheinlich besser da | 11% | 22% | 22% |
| kommt damit nicht weit | 55% | 36% | 47% |
| schwer zu sagen | 34% | 42% | 31% |
|  | 100% | 100% | 100% |

Basis:  Jugendliche von 15 bis 30 Jahre. 1000 Interviews in Ostedeutschland, 500 Inter-views im Westen, Herbst 1995, Institut für Marktforschung Leipzig.
Aus der Studie von Gerhard Schmidtchen: Wie weit ist der Weg nach Deutsch-land?

## 4.2. Pluralismus und Selbstkomplexität

Die freiheitliche Gesellschaft kann nicht anders als pluralistisch sein. Das ergibt sich – wie eingangs dargelegt – aus den zwei Prinzipien der französischen Revolution: Freiheit und Gleichheit. Diese beiden Prinzipien wurden politisch wirksam. Die dritte Forderung, die Brüderlichkeit, kann organisatorisch weniger gut umgesetzt werden, bleibt also Ideal und Maßstab für soziale Gerechtigkeit. Gleichheit ist in erster Linie ein Rekrutierungsgesichtspunkt. Niemand darf diskriminiert werden. Freiheit heißt Gedankenfreiheit, aber Menschen mit gleichen Ansichten und Zielen müssen sich auch organisieren können. Die Organisationsfreiheit ist mitgedacht. Jede Organisation darf ihre eigene Wahrheit formulieren und anbieten. Meinungen dürfen politisch und rechtlich nicht sanktioniert werden. Mit diesen Konstruktionsprinzipien entsteht eine bewegliche Gesellschaft mit verschiedensten Gruppierungen, die miteinander in Beziehung stehen, die sich, was ihre Mitgliederkreise angeht, aber auch überschneiden. Der Einzelne kann verschiedenen Organisationen angehören, deren Lehren und Anforderungen nicht ohne weiteres vereinbar sind. Kann man sich im beruflichen Wettbewerb an kirchliche Lehren halten? Nicht einmal Bauernmärkten kann man unbesehen vertrauen, weil man nicht weiß, was gedüngt und gefüttert wurde, geschweige denn Finanzmärkten. Kann man die Austauschregeln einer freien Gesellschaft noch akzeptieren, wenn sich nach ihren Gesetzen große Unternehmungen zusammenschließen und sich dann an die Reduktion der Arbeitskosten machen und lang gedientes Personal zu Lasten der Gemeinschaft in Arbeitslosigkeit oder Ruhestand schicken? Jetzt ist die Brüderlichkeitsfunktion gefragt im Sinne sozialer Verantwortung. Für Globalisierungsmanager hört sich das an, wie eine kleingläubige Störung hehrer Zukunftsziele. Deshalb sind in dieser Frage mehr Lippenbekenntnisse zu hören als Taten zu sehen.

Im Alltag aber und vom Einzelnen wird die pluralistische Gesellschaft als Vielfalt von Beziehungen erlebt und gelebt. Man trifft nicht nur auf Leute in unterschiedlichen Verhältnissen, auch mit unterschiedlichen Denkweisen. Mobilität erfordert Neuorientierung an neuen Orten und mit einem neuen Bekanntenkreis. In den Vereinen trifft man auf Menschen sehr unterschiedlicher Bildung und Erfahrungskreise. Die Sportvereine zum Beispiel lösen sich weitgehend vom sozialen Status. Tennisplätze sind nicht mehr nur von Akademikern bevölkert. Mit der Verbreitung des Golfsports verliert er seine Statusexklusivität. Wenn man im Betrieb, in Vereinen, an Orten der Geselligkeit mit anderen Menschen gut auskommen will, dann zählt die Fähigkeit zuhören zu können, das Motiv, andere Anschauungen kennenzulernen, die Kunst, zwischen verschiedenen Standpunkten zu vermitteln. Dabei können dann allerdings die eigenen Positionen auch relativiert werden. Man hat etwas Neues, etwas Anderes kennengelernt.

Der Diskussion über die Folgen der pluralistischen Organisation der Gesellschaft ist ein bitterer Beigeschmack mitgegeben. Durch die Relativierung der Glaubenssysteme breitet sich Synkretismus aus; viele Menschen leiden unter einem Orientierungsmalaise, das auch durch neue Informationsmedien nicht geheilt werden kann, die Instabilität der gesellschaftlichen Organisation, die mit ihr verbundene Forderung nach mehr Mobilität und Flexibilität steigert die persönliche Unsicherheit. Von Schwierigkeiten der Selbstfindung ist die Rede, von Identitätsverlust.

Angesichts dieses Negativkataloges der Auswirkungen des pluralistischen Systems muss man sich fragen, wieso die meisten Menschen mit einem plural verästeltem Leben ganz glücklich sind und die pluralistische Demokratie auf keinen Fall mit einem anderen System tauschen möchten. Was wächst den Menschen, abgesehen von guter wirtschaftlicher Versorgung, aus dem pluralistischen System zu, worin besteht der Gewinn? Einen ersten Hinweis können Studien über das Wählerverhalten in den Vereinigten Staaten geben. Paul F. Lazarsfeld hat in seiner inzwischen klassischen Studie „The People's Choice" versucht herauszufinden, wie sich verschiedene Klassenmerkmale in ihrer Kombination auf das Wahlverhalten auswirken.[79] In einer Zeit, in der das Wahlverhalten noch sehr durch regionale Traditionen, Klassenherkunft, Bildung und Beruf bestimmt war, gab es Wähler, die sich in einer widersprüchlichen Konstellation befanden. Von ihrer Herkunft her hätten sie eigentlich demokratisch wählen müssen, von ihrem erreichten Berufs- und Bildungsstatus aber republikanisch. Sie befanden sich unter ‚cross-pessure'. Sie waren also einem widersprüchlichen Einfluss ausgesetzt, unterlagen einem Druck von verschiedenen Seiten. Was geschieht, wenn sich die Tendenzen in einer Person kreuzen? Sie löst den Entscheidungskonflikt durch Orientierung an aktuellen Themen oder durch Anlehnung an den Bekanntenkreis auf. Diese Wähler, so sagt Lazarsfeld, die unter solchem Konfliktdruck stehen, sind für die Demokratie wichtig, denn sie ermöglichen den politischen Wandel. Konflikte sind also nicht schlecht, sie sind

---

79 Paul F. Lazarsfeld; Bernard Berelson; Hazel Gaudet: The People's Choice, How The Voter Makes up his Mind in a Presidential Campaign. Columbia University Press, New York 1944, 1948, 1968

produktiv. Es hängt alles davon ab, wie sie aufgelöst werden, ob durch Demagogie oder durch politische Konzepte von Niveau.

Was ist das Persönlichkeitsschicksal in der pluralistischen Gesellschaft? Wird die Person angesichts der Vielzahl der Einflüsse, Optionen und Modelle konfus oder wird sie zu einer zufällig zusammengesetzten patch-work Identität?[80] Das sind rein theoretische Vermutungen.

Um eine Antwort zu finden, betrachten wir zunächst die Innenwelt der pluralistischen Existenz. Die amerikanische Forscherin Patricia W. Linville interessierte sich für die Frage, wie es zu Gefühls- und Urteilsextremen kommt. Es gibt ausgeglichene Personen und andere, die extrem fühlen, mal so, mal so. Diese Menschen unterscheiden sich in der Komplexität der Selbstauffassung und der Auffassung anderer. Sie hat zum Beispiel Studenten aufgefordert, 33 Eigenschaften in Gruppen zusammen zu fassen, je nach dem, ob sie glaubten, welche zusammengehören. Sie sollten dabei an Männer in den 60er und 70er Lebensjahren denken. Aus dem Sortierergebnis wurde ermittelt, wie komplex das Denken gegenüber alten Leuten ist, auf wie vielen unabhängigen Begriffen es beruht. Drei Wochen später wurden dieselben Auskunftspersonen gebeten, zwei Vignetten zu beurteilen, auf denen ältere Männer beschrieben waren, einmal positiv, einmal negativ. Die Tendenz, extrem zu bewerten, wurde durch Differenz beider Einstufungen gemessen. Das Ergebnis: Je größer die Komplexität des Denkens über alte Männer, desto weniger extrem die Bewertungen. Die Negativ-Korrelation kam mit minus 0,65 sehr stark heraus. Studenten, die einfach dachten, haben extremer geurteilt, und zwar bei positiven Vorlagen positiver, bei negativen Schilderungen negativer als die übrigen.

Die Regel lautet also, je einfacher die Denkstrukturen über Personen und Sachen, desto extremer werden die Urteile, und desto größer werden auch die Schwankungen im Urteil von ganz positiven zu ganz negativen Feststellungen. Diesen Urteilsextremen folgen auch Gefühlsextreme. Je komplexer jedoch die Denkstruktur ist, desto ausgeglichener werden die Urteile, desto geringer auch die emotionalen Schwankungen. Das gilt nicht nur gegenüber Menschen, sondern auch gegenüber Sachen. Man hat die Urteilsstruktur über Cookies, Gebäck, analysiert und festgestellt, dass Schokoladensplitterplätzchen sehr verschieden beurteilt werden, je nachdem ob die Auskunftsperson nur an zwei Eigenschaften denken, wie Buttergeschmack und angenehm zu essen (buttery or chewy), oder

---

80 Heiner Keupp und Renate Höfer (Hrg.): Identitätsarbeit heute. Suhrkamp, Frankfurt am Main, 1997.

ob die Plätzchen nach sechs Kriterien beurteilt worden. Diejenigen, die die Plätzchen nach einfachen Maßstäben beurteilten, also nach einer einfachen Denkstruktur, zeigten wesentlich größere Varianz in ihren Urteilen über fünf Arten von Cookies als diejenigen, die nach sechs Kriterien urteilten. Auch zeigt sich, dass die Komplexität der Denkstruktur experimentell variiert werden kann. Sobald man Menschen dazu bringt, dass Urteilsobjekt etwas komplexer zu sehen, werden die Urteile differenzierter und schwanken nicht mehr so sehr.

Gilt das alles auch gegenüber dem Selbst? Linville hat die Komplexität der Selbstrepräsentation gemessen. Versuchspersonen wurden aufgefordert, sich selbst anhand einer Eigenschaftsliste zu beschreiben und dann zu sagen, welche Eigenschaften einander ähnlich und unähnlich sind. Dieses Material wird durch eine hierarchische Clusteranalyse geprüft, ein Baum mit Verästelung wird ausgedruckt, ein Dendrogramm. Je mehr Verzweigungen dieser Baum hat, desto komplexer ist die Selbstrepräsentation.

Was hängt von der Komplexität der Selbstrepräsentation ab? Personen mit einem einfachen Selbst unterliegen starken Gefühlsschwankungen. Wenn sie zum Beispiel etwas erfahren über eigenen Erfolg oder eigenes Versagen, eine Erfahrung, die man ihnen in der experimentellen Situation vermitteln kann, so ist die Variation in der Selbstbewertung sehr extrem. Nicht nur die Selbstbewertung der Menschen mit einer einfachen Selbstrepräsentation schwankt stärker, sondern auch ihre allgemeine Lebensstimmung, die Gefühle schwanken unangenehm. Je größer die Selbstkomplexität, desto geringer die Gefühlsschwankungen. Gemessen wurde das Gefühl glücklich zu sein, das Gefühl aktiv zu sein, traurig zu sein, Aggressivität zu verspüren und Depressivität, nur bei Angst gab es weniger Unterschiede. Die einzelnen Themen möglicher Stimmungsschwankungen korrelierten wie folgt mit Selbstkomplexität:

| | |
|---|---|
| allgemeine Stimmungslage | - 0.54 |
| glücklich sein | - 0.45 |
| Aktivität | - 0.46 |
| Traurigkeit | - 0.47 |
| Aggressivität | - 0.50 |
| Angst | - 0.08 |
| Depressivität | - 0.31 |

Das komplexe Selbst ist weniger angreifbar. Wenn negative Nachrichten kommen, betreffen sie meist nur einen Teil der Selbststruktur, andere Teile bleiben intakt. Damit können negative Informationen oder Ereig-

nisse leichter abgepuffert oder aufgewogen werden. Das ist nicht der Fall
bei einer einfachen Selbststruktur. Eine starke Verästelung der Selbstrepräsentation verhindert die allgemeine Ausbreitung negativer Gefühle,
die in einem Sektor ihren Ursprung haben. Das differenzierte Selbst ist
also immuner gegen Beschädigungen, gegen Überflutungen mit negativen Nachrichten. Damit aber kann es seine Befähigung zur Bewältigung
von Problemen aufrechterhalten, es ist unabhängiger, autonomer. Die
Autorin vermutet, dass die Komplexität des Selbst wahrscheinlich auch
eine gute Vorhersagemöglichkeit bildet, um Depressionsanfällige zu erkennen.

Komplexe Personen sind psychisch stabiler. Volkstümlich dachte man,
dass differenzierte Personen gefährdeter seien. Das Gegenteil ist der Fall.
Die einfachen Personen von geringer Selbstkomplexität schwanken und
haben negative Gefühle.

Die Komplexität des Selbst muss indessen noch durch etwas anderes
ergänzt werden. Wenn das Selbst in seinen vielschichtigen Verästelungen
auf positiven Beziehungen gründet, wird es die Bewältigung eines negativen Ereignisses besser leisten können. Ein Selbst, das aus vielen positiven Erlebnismöglichkeiten und Beziehungen besteht, aus einem differenzierten und positiv erlebten Interaktionsfeld, wird durch Fehler oder
Verluste in einem Teilbereich, auch wenn es sich um den Verlust eines
Partners, einer Partnerin handelt, nicht in seiner Handlungsfähigkeit, in
seiner Autonomie geschädigt werden können.

Wie entsteht ein komplexes Selbst? Man kann sich nur vorstellen, dass
dies ein Ergebnis der Lernprozesse in komplexen sozialen Beziehungen
ist. Davon ausgehend habe ich in zwei deutschen Jugenduntersuchungen
Tests der sozialen Komplexität und der Rollenkomplexität eingefügt.
Der erste Test bestand aus 10 Angaben, wo man sich gut aufgehoben
fühle. Zur Auswahl gestellt wurden die eigene Familie, das Elternhaus,
der Freundeskreis, der Verein, Berufsgruppe, Firma, Ausbildung, Vorgesetzte, Lehrer, kirchliche Gruppen. Ein einfacher summativer Index
wurde mit Fragen zur Lebensstimmung und Zukunftsperspektive korreliert. Die Ergebnisse sind erstaunlich. Je größer die soziale Komplexität,
desto positiver die Erlebnisbilanz, desto weniger tauchen Einsamkeitsge-
fühle auf, desto größer ist das Vertrauen in die Zukunft.[81]

Ein zweiter Test bezieht sich auf die Rollenkomplexität. Gefragt wurde, welche von 10 Rollen einem persönlich wichtig sind, Freund, Freundin zu sein, Sohn oder Tochter, Mitarbeiter, Mitarbeiterin, Deutscher,

---

81 Gerhard Schmidtchen: Ethik und Protest. Leske + Budrich. Opladen 1992, S. 94ff.

Mitglied in einem Verein, Kirchengemeindemitglied, um einige zu nennen. Es zeigt sich, dass diejenigen, die viele verschiedene Rollen wichtig finden, eine wesentlich höhere Arbeitsmotivation aufweisen als diejenigen, die ein begrenztes Rollenrepertoire haben. Die Lebensstimmung ist besser. Vor allem fördert eine zunehmende Rollenkomplexität die altruistische Orientierung. In einer Vielzahl positiver Beziehungen wird ethisches Verhalten erlernt.[82]

In vielfältigen heterogenen Beziehungen entsteht ein großes psychologisches Kapital. Urteils- und Handlungsfähigkeit werden entwickelt. Dies freilich braucht Zeit in stabilen Beziehungen. Positive Beziehungen tendieren zur Kontinuität.

Wenn die pluralistische Gesellschaft Schwierigkeiten macht, dann ist es nicht ihre Komplexität, sondern die Forderung, aus beruflichen Gründen flexibel zu sein. Kritisch ist hier vor allem die örtliche Flexibilität in Form von Mobilität. Soweit Flexibilität zur Ablösung von Bindungen führt, die nicht ohne weiteres ersetzt werden können, kann sich dies nachteilig auf die Persönlichkeitsentwicklung und das Sozialverhalten auswirken. Wenn den Alltagserlebnissen die größere Perspektive und Kontinuität der Struktur verloren geht, wenn das Blickfeld sich auf die kurzfristig erreichbaren Belohnungen verengt, dann entsteht eine Kultur der Erlebnisepisoden. Aus dieser Tendenz haben sich inzwischen einige Kultstätten entwickelt, wie Ballermann 6 auf Mallorca. Isolierte Erlebnisepisoden sind indessen keine guten Bausteine für ein Personsystem, keine Basis für eine solide und positive Selbstbewertung. Diese Art der Sinnsuche muss mit Enttäuschungen enden, nach denen sich die Frage des Sinngefüges, das heißt zugleich des sozialen Handlungsgefüges der Person nur noch radikaler stellt. Die heute zu beobachtende Kombination von Erlebnisepisodik und Aggressivität ist ein Zeichen dafür, dass die Zeitperspektive in der sozialen Beziehung gestört ist. Über die Preise, die wir für Flexibilität zahlen, sollten wir nachdenken.

## 4.3. Ambivalenz

Zur Erfahrung gehören Strukturen, wie Ziele, Methoden und soziale Vernetzung. Wie aber bauen sich die Bilder und Beziehungen zu Gegenständen unserer Lebenswelt auf? Wie geht es in unserer Innenwelt zu, wenn wir unser Verhältnis zu Personen, Ereignissen und Sachen be-

---

82 Gerhard Schmidtchen: Wie weit ist der Weg nach Deutschland?, a.a.O., S.-121

stimmen, wie geht unser Gedächtnis mit der Vielzahl von Wahrnehmungen und Erlebnisepisoden um?

Sobald Objekte die Wahrnehmungsschwelle überschritten haben und Aufmerksamkeit finden, müssen sie sich eine Bewertung gefallen lassen: ob sie angenehm oder unangenehm sind, günstig oder ungünstig, sympathisch, unsympathisch, im Ganzen positiv oder negativ. Solche Bewertungsreaktionen teilt der Mensch mit allen beweglichen Organismen, die mit einem Neuronensystem ausgestattet sind. Ihr Überleben und die Funktionsfähigkeit hängen davon ab, dass sie zwischen zuträglichen und unzuträglichen Erscheinungen unterscheiden können, und dass sie gleichzeitig mit dieser Unterscheidung eine zweckmäßige Reaktion einleiten. Diese Reaktion ist in der Regel die Ausführung einer Bewegung in der Dimension von Annäherung und Flucht. Über die bloße Registrierung hinaus ist Wahrnehmung also mit dem Aktivierungsgeschehen verbunden. Nur so können wir überhaupt „Stellung" beziehen. Der Erfinder der Einstellungsmessung, Thurstone, formulierte es so: „Einstellung ist die Affektmenge für oder gegen ein Objekt." Man muss also keine langen Geschichten erzählen, wenn man was über die Beziehung der Menschen zu Objekten erfahren will, es genügt, den emotionalen Akzent zur Kenntnis zu nehmen.

Entscheidend für einen Organismus, der erfahrungsabhängig ist, wird die Struktur des Gedächtnisses sein. Hier ist die Frage der Löschgeschwindigkeit interessant. Welche Inhalte sind löschresistent? Wir wissen aus Untersuchungen über den Sleeper-Effect[83], dass Quellen als unwichtige Nachrichten schneller vergessen werden als die Inhalte. Die Inhalte sind biologisch entscheidender als die Quellen. Wenn es brennt, ist uns egal, wer den Alarm gegeben hat. Zweitens ist zu beobachten, dass die kognitiven Einzelheiten einer Objekterfahrung schneller gelöscht werden als die affektiven Notizen. Die affektive Bedeutung einer Begegnung, eines Gegenstandes bleibt noch lange im Gedächtnis, auch wenn alle inhaltlichen Bestimmungen nahezu schon gelöscht sind. Greifen wir auf die eigene Erfahrung zurück. Wir empfehlen manchmal Bücher, die wir vor 20 Jahren gelesen haben und sagen: „Lies, das ist ein sehr gutes Buch", ohne auf Fragen nach dem Inhalt detailliert antworten zu können. Die Löschresistenz der emotionalen Bedeutung eines Gegenstandes deutet darauf hin, dass das Gedächtnis bei all seiner Vergesslichkeit die

---

83 Carl I. Hovland, Arthur A. Lumsdaine, Fred D. Sheffield: Experiments in Mass Communication. Princeton University Press, Princeton N. J. 1949. Studies in Social Psychologie in World War II, Volume 3. S. 71 + 182ff.

Informationen bereithält, die von größter Lebenswichtigkeit sind, die Informationen, die eine Annäherungs- und Fluchtreaktion auslösen können. Das heißt, das Gedächtnis hat eine elementar biologisch orientierte Morphologie.

Was bei instinktgesteuerten Lebewesen als tatsächliche Flucht- oder Annäherungsbewegung erkennbar ist und als Fluchtdistanz messbar, unterhalb der ein angegriffenes Lebewesen zur Verteidigung übergeht, führt beim Menschen zu sehr unterschiedlichen Erscheinungsbildern. Der Mensch braucht seine Impulse nicht in Handlungen zu übersetzen, er kann Angst haben ohne wegzulaufen, er kann sich hingezogen fühlen, ohne das zu erkennen zu geben. Das Aktivierungsgeschehen läuft gleichwohl und ist als emotionale Rückmeldung, als Gefühl spürbar. Ob eine Handlung folgt, ist eine Frage der Situationskontingenz. Annäherung führt symptomatisch zur Konzentration auf den Gegenstand, wiederholte Beschäftigung mit ihm, Höherwertung des Objektes, dem Objekt stets mit einer positiven Gefühlsbereitschaft begegnen zu wollen. Die Fluchtreaktion, die einem defensivem Aktivierungsprozess entspricht, wird sich zu erkennen geben in der Bildung negativer Meinungen über das Objekt, in Vermeidungsverhalten, Distanzierung, möglichst auch räumlich, in Versuchen, das Objekt zu beseitigen, zu verdrängen. Wenn es in zentraler Weise als störend empfunden wird und sich durch unvermeidbare Präsenz auszeichnet, werden Schädigungswünsche und Aggressionshandlungen gegen das Objekt wahrscheinlich. Trotz dieser robusten, einfachen Struktur, die Menschen als ihr biologisches Erbe in sich tragen, gelangen sie zu einer differenzierten Orientierung in der Welt der Objekte. Dies wird durch zwei Momente erreicht. Erstens durch Wahrnehmung einer Vielzahl von Eigenschaften an einem Gegenstand oder Ereignis und zweitens durch die Prüfung der Beziehung eines Objektes zu anderen.

1. Jedes Objekt erzeugt eine Reihe unterschiedlicher Nachrichten. Jeder Gegenstand besteht also aus einer bestimmten Menge kognitiver Einheiten, die emotional durchaus etwas Verschiedenes bedeuten können. Wein ist ein sehr angenehmes Getränk, aber nicht alles ist positiv daran. Eine Medizin mag bitter schmecken, aber kann heilen. Von einem Menschen mögen wir viel liebenswürdiges erfahren haben, aber es gibt in der Regel auch Nachrichten, die irritieren, Begegnungen, die nicht glücklich verlaufen. Jeder Gegenstand kann also durch Quanten positiver und negativer Kognitionen beschrieben werden. Jede Kognition hat eine affektive Ladung. Die Bewertung eines Gegenstandes

hängt vom Verhältnis, und zwar vom Zahlenverhältnis dieser affektiven Ladungen ab. Das Gedächtnis hält sodann vom Gesamtgegen-
stand eine Aktivierungstendenz fest, die dem gewichteten Mittel der
einzelnen affektiven Notizen entspricht. Der unterschiedliche affektive Mix, den die Gegenstände phänomenologisch in uns hineintrans-
portieren, fixiert unsere Position ihnen gegenüber. Sie bekommen zunächst einen Platz auf der Dimension von Zuneigung und Abneigung.
2. Die Objekte können nach Vorzeichen und Beziehungen geordnet
werden. Daraus hat Heider eine Theorie gemacht.[84] Was passiert zum
Beispiel, wenn ein Dritter über einen Freund etwas Negatives sagt, wie
wird diese Widersprüchlichkeit aufgelöst? Heider postuliert eine Psycho-Logik, die letztlich dem Ideal der Widerspruchsfreiheit, also einem Harmoniegesetz folgt. Diese Tendenz zur Auflösung von Widersprüchen erklärt nicht alles. Wesentlich ist die Verteilung der Gegenstände im Raum. Durch die unterschiedlichen Zu- und Abneigungen
des Akteurs werden die Gegenstände gleichsam in einem emotionalen
Raum geordnet, der auch dreidimensional sein kann. Durch die Herstellung von Distanzen zwischen Gegenständen können Widersprü-
che nicht aufgelöst, aber gleichsam neutralisiert werden.

Die Welt besteht aus den unterschiedlichsten Menschen und Vorgängen.
Jedes einzelne Objekt, jede Person wird repräsentiert durch eine Vielzahl
von Eigenschaften, durch eine gewisse Menge kognitiven Materials. Jede
kognitive Partikel hat, wie gesagt, eine affektive Ladung. Die Erfahrung
zeigt, dass es kaum Objekte gibt, die nur positiv oder negativ geladen
sind. Der Normalfall ist eine Mischung positiver und negativer Gefühls-
werte. Ein Übergewicht emotional positiven Gedächtnisinhaltes würde
insgesamt gegenüber dem Gegenstand eine sich zuwendende, eine ana-
klitische Aktivierung mit sich bringen. Ein Übergewicht negativer Ge-
dächtnisinhalte wird zu einer ablehnenden, defensiven Aktivierungsbe-
reitschaft führen, zur Distanzierung.

Was aber geschieht, wenn positive und negative Notizen des Gegenstandes quantitativ ausgeglichen sind? Dies ist der Zustand der Ambivalenz. Ambivalente sind gegenüber dem Gegenstand entscheidungsunfähig. Sie sind in der Situation des Esels, den Johannes Buridan geschildert
hat: Der Esel müsse zwischen zwei Heuhaufen verhungern, weil beide
Haufen gleich schön und gleich weit entfernt seien. Das arme Tier
konnte sich nicht entscheiden. In der Praxis wird der Esel auf ein irrele-

---

84 Fritz Heider: The Psychology of Interpersonal Relations. Wiley, New York 1958

vantes Zusatzmerkmal reagieren, vielleicht summt eine Biene in einem
der Haufen und er wendet sich dem zu.

Wie verhalten sich Menschen in Entscheidungskonflikten? Die empirischen Befunde sind eindeutig: Im Zustand der Ambivalenz beginnt das
Verhalten instabil zu werden, es oszilliert zwischen Zuwendung und
Abwendung. Charakteristisch wird bei einem ambivalenten Verhalten zu
Büchern beispielsweise unregelmäßige Bücherlektüre, eine ambivalente
Einstellung zur Kirche führt zu intermittierendem Kirchenbesuch, ambivalente politische Orientierungen führen zu raschem politischen Wechsel, ambivalente persönliche Beziehungen führen zu einer Verlängerung
der Kontaktintervalle.[85] Wenn es darum geht, die Ambivalenzen gegen-

---

85 Die sozialpsychologische Ambivalenztheorie habe ich im Zusammenhang mit Umfragen zur gemeinsamen Synode der Bistümer in der Bundesrepublik Deutschland 1970
entwickelt. Während bis dahin Einstellungen eindimensional als Affektmenge für oder
gegen ein Objekt betrachtet wurden, ging ich von einer Theorie der gemischten Gefühle aus. In jeder Betrachtung eines Gegenstandes schwingen positive und negative
Empfindungen mit, wenn auch in einem sehr unterschiedlichen Mischungsverhältnis.
Diese grundsätzliche Zwei-Komponenten-Struktur erlaubt die Erklärung, und im Test
die Prognose von Meinungs- und Verhaltensänderungen. Abweichend von den bisherigen Annahmen der Einstellungsforschung ergab sich: Die affektive Besetzung eines
Objekts bildet in einer Population keine u-förmige Verteilung, sondern ist auf allen
Positionen ungefähr gleich stark. Befragte in der Mittelposition sind nicht desinteressiert oder neutral, sondern von widersprüchlichen Gefühlen getragen, also ambivalent,
mit einem Gleichstand positiven und negativen „Wissens". Diese Erkenntnisse wurden von der religionssoziologischen Forschung auf Wahlanalysen, die Untersuchung
von Volksentscheiden und auf Motivstudien zur Bücherlektüre übertragen. *Quellen zur
Ambivalenztheorie:* Eugen Bleuler: Die Ambivalenz. Zürich 1914 (siehe weiter unten S.
139) Gerhard Schmidtchen: Zwischen Kirche und Gesellschaft. Herder, Freiburg i.
Br., 1972, 1973, S. 10f. Ders.: A Balance Theory of Object Relationships. AAPOR/
WAPOR Annual Conference 1974. Bolton Landing, N. Y. Rotaprint-Druck. Zusammenfassung unter gleichem Titel in: Public Opinion Quarterly XXXVIII, No. 3, Fall
1974, pp. 472, 473. Ders.: Test of Ambivalence and the Prediction of Political Behaviour. Vortrag auf der AAPOR/WAPOR-Konferenz in Ashevill, North Carolina,
USA, Mai 1976. Ders.: Die Entscheidung fällt in der letzten Minute, Ambivalentes
Wählerverhalten. Bild der Wissenschaft, Heft 9, September 1976, S. 73-84. Ders.: Was
den Deutschen Heilig ist. Religiöse und politische Strömungen in der Bundesrepublik
Deutschland. Kösel, München 1979. Hier das Kapitel: Ambivalenztheorie der Bezie-
hungen zur Kirche, S. 91-100. Ders.: Der Mensch – die Orientierungswaise. Probleme
individueller und kollektiver Verhaltenssteuerung aus sozialpsychologischer Sicht. In:
Lübbe, Köhler, Lepenies, Nipperdey, Schmidtchen, Roellecke: Der Mensch als Ori-
entierungswaise? Alber, Freiburg i. Br. 1982, S. 169-216. Heinz Otto Luthe, Rainer E.
Wiedemann (Hrsg.): Ambivalenz. Studien zum Kulturtheoretischen und empirischen
Gehalt einer Kategorie der Einschließung des Unbestimmten. Leske + Budrich,
Opladen 1997. Wei-Gong Liou: Ambivalenz als Lebensführung – Lebensführung als

über einem Gegenstand darzustellen, wird man zwei Aspekte erfragen müssen. Was ist das Erfreuliche daran und was das Ärgerliche? So zum Beispiel wurde nach der Kirche gefragt. Die Antworten zeigen eine sehr regelmäßige Kovarianz mit dem Kirchenbesuch, wobei der intermittierende, wechselhafte Kirchenbesuch Hand in Hand geht mit einer ambivalenten Einstellung zur Kirche, erkennbar an dem Gleichstand positiver und negativer Meinungen (vgl. das folgende Schaubild).

## Aufschluss über Kirchenbesuch: Ambivalente, Zweifler kommen unregelmäßig

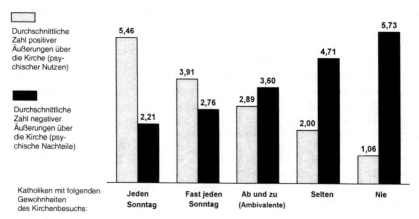

Quelle:    Gerhard Schmidtchen: Zwischen Kirche und Gesellschaft. Herder, Freiburg i.Br. 1972, 1973 S. 11

Wenn es um Vergleichsobjekte wie Parteien geht, dann genügt es, die Einstellung einfach, eindimensional zu messen. Die ambivalente Haltung gegenüber den Parteien ist erkennbar, wenn man die Skalen zusammenführt, von ganz positiver Einstellung gegenüber der Partei A bei negativer Bewertung der Partei B bis zu ganz positiver Bewertung der Partei B und negativer Einschätzung von A. In der Mitte dieser Skala ist ein Gleichstand der Einschätzungen von A und B gegeben.

Diese Messung wurde in einem Forschungsbeispiel auf drei Ebenen vollzogen: diffus, semidiffus und spezifisch. Die *spezifische* Messung bestand darin, dass den Auskunftspersonen Listen mit der Sachkompetenz der Parteien übergeben wurden, sie sollten sagen, in welchen Fragen die

Parteien gut sind und in welchen schlecht. Die *semidiffuse* Messung beruht auf einer Liste von Stereotypen. Die *diffuse* Messung schließlich besteht einfach in einer Sympathieskala. Alle Messungen von differenziert bis diffus korrelieren sehr hoch miteinander: Sachkompetenz und Stereotypen 0,69, Sachkompetenz und Sympathieskala 0,72, Stereotypen-Skala und Sympathieskala 0,81. Dies bedeutet, dass die Rationalstruktur eines Gegenstandes in emotionale Aktivierung überführt wird. Emotionale Beziehungen zu einem Objekt können also durch eine Serie von recht spezifischen Informationen aufgebaut werden. Nach dem Gesetz der differenziellen Löschung ergibt sich, das selbst dann, wenn die spezifischen Informationen im Laufe der Zeit gelöscht werden, als Langzeiteffekt die emotionale Gedächtnisnotiz bestehen bleibt. Die Art der Gefühlsmischung, die von den verfügbaren Wahrnehmungen über das Objekt induziert wird, entscheidet dann über die Stabilität der Einstellung, in diesem Falle über die parteipolitische Position, die man bei der Wahl einnimmt. Gemischte Gefühle machen wankelmütig. Umorientierbar sind jene Wähler, die sich in einem affektiven Konflikt befinden, also im Zustand der Ambivalenz. Für die politische Orientierung ergeben sich die folgenden Zusammenhänge: 1. Je eindeutiger das emotional bedeutsame Gedächtnismaterial über eine Partei ist, desto stabiler die Orientierung im positiven oder negativen Sinn. 2. Je balancierter die emotionale Bedeutung des Gedächtnismaterials, desto ausgeprägter die Ambivalenz. Sie führt zu einer labilen politischen Orientierung. 3. Die Labilität der politischen Orientierung ist bei hohem, aber balanciertem Affekt größer als bei balanciertem geringen Affekt. Die Stärke der Affektivität wird dabei gemessen an der Zahl der Äußerungschancen, die benutzt werden. Das ist einer der möglichen Indizes für Engagement.

Die Labilität des politischen Verhaltens ist an fünf Symptomen erkennbar.

1. Diffuse Identität: Je größer die Ambivalenz, desto diffuser die politische Identität, desto weniger können sich die Wähler mit einer der politischen Parteien identifizieren. Sie bevorzugen es, sich als unabhängig oder politisch desinteressiert zu bezeichnen.
2. Potenzieller Wechsel: Je größer die Ambivalenz, desto größer die Neigung, sich als politische Wechsler zu betrachten und vor Wahlentscheidungen mit dem Gedanken zu spielen, die Partei zu wechseln.
3. Tatsächlicher Wechsel: Je größer die Ambivalenz, desto ausgeprägter der tatsächliche politische Wechsel, gemessen durch diachronische Umfragen. Auch in einer experimentellen Befragung über die Ein-

stellung der Schweizer zum EWG-Abkommen 1972 konnte dieser Nachweis deutlich geführt werden.[86] Die Einstellung zum Abkommen Schweiz – EWG wurde in experimenteller Absicht an drei verschiedenen Stellen im Interview mit etwas unterschiedlichen Fragestellungen gemessen. Dadurch wurden während des knapp einstündigen Interviews bewusst Meinungsänderungen erzeugt. Der Meinungswechsel im Interview korrelierte hoch mit der Ambivalenz gegenüber dem EWG-Abkommen.

4. Aufschieben von Entscheidungen: Je größer die Ambivalenz, desto ausgeprägter ist die Tendenz, die Wahlentscheidung hinauszuschieben. Das Aufschieben einer persönlichen Entscheidung auf Grund eines ambivalenten Gefühls schildert Theodor Fontane in seinem Roman „Unwiederbringlich" ebenso präzis wie folgerichtig: „Der Graf seinerseits zeigte hinsichtlich der Schul- und Pensionsfrage nach wie vor die von der Gräfin immer wieder beklagte Laschheit; er war nicht eigentlich dagegen, aber er war auch nicht dafür,. jedenfalls bestritt er, dass es irgendwelche Eile damit habe."

5. Scheinbares Desinteresse: Je größer die Ambivalenz, in desto geringerem Maße wird Engagement empfunden und zum Ausdruck gebracht. Die Blockierung der Entscheidungsfähigkeit wird subjektiv als Desinteresse empfunden, obwohl die affektive Beteiligung, gemessen am Spektrum des emotional geladenen Gedächtnismaterials, fast normal ist.

Diese am Beispiel der Politik erforschten Regeln gelten für ambivalentes Verhalten in allen Lebensbereichen. Wie kommen Ambivalente zu einer Entscheidung, die sie gefühlsmäßig und vom Verstand her eigentlich nicht leisten können? Denn bei einem affektiven Gleichgewicht zweier Objekte oder bei der ausgeglichenen Negativ-Positiv-Bewertung eines Objektes verliert der Akteur seine Verhaltensrationale, er wird entscheidungsunfähig. Sieht er sich aber gezwungen, zu entscheiden, so muss er Zusatzkriterien heranziehen, um wieder entscheidungsfähig zu werden. Im politischen Raum wurden die folgenden Ambivalenzstrategien beobachtet:

---

86 Gerhard Schmidtchen: Schweiz und EWG. Repräsentativumfrage zur Volksabstimmung 1972. Gemeinsam mit dem Institut SKOPE Luzern. Das Ergebnis der Volksabstimmung mit einer Zustimmung von 72 % wurde übrigens exakt prognostiziert.

1. das Ausweichen auf eine dritte Option. Wer sich zwischen den großen Parteien CDU und SPD nicht entscheiden kann, wählt FDP, Grüne oder PDS.
2. Orientierung an Personen. Wer sich zwischen den Parteien nicht entscheiden kann, orientiert sich an führenden Politikern. Wenn die Zahl der Ambivalenten groß ist, spielt die Wahl eines attraktiven Kandidaten eine entscheidende Rolle.
3. Orientierung an neuen Sachfragen. Wenn neue Sachfragen zu einer Aktualitätskarriere aufsteigen, sei es Umweltproblematik oder Rentenberechnung, dann wird den Ambivalenten eine Entscheidung möglich.
4. Orientierung an der sozialen Position. Wähler, die sich nicht entscheiden können, orientieren sich an der Wahlentscheidung des Bekanntenkreises oder aber an der eigenen sozialen Position oder aber an ihrer religiösen Orientierung.

Ambivalentes, zögerliches Verhalten wird in der Gesellschaft im allgemeinen nicht geschätzt. Die meisten Organisationen verlangen klare, schnelle Entscheidungen. Es muss indessen auch die Gegenfrage erlaubt sein, ob Organisationen jene Ambivalenz erzeugen, die sie beklagen. Diesem Thema haben sich Robert K. Merton und Elinor Barber gewidmet in einer Studie unter dem Titel „Sociological Ambivalence".[87] Merton erinnert daran, dass Eugen Bleuler den Begriff Ambivalenz 1910 in die wissenschaftliche Diskussion eingeführt hat. Bleuler unterschied drei Arten von Ambivalenz, (1.) die emotionale, die gleichzeitige Erregung positiver und negativer Gefühle, zum Beispiel in der Eltern-Kind-Beziehung, (2.) die Ambivalenz des Willens, wenn Wünsche miteinander in Konflikt stehen und (3.) die intellektuelle Ambivalenz, wenn Menschen widersprüchlichen Ideen anhängen.[88] Mertons Interesse galt nicht der internen Dynamik der Ambivalenz, sondern den externen Quellen in der sozialen Organisation. Die soziologische Ambivalenz resultiert aus unvereinbaren normativen Er-

---

87 Edward A. Tiryakian: Sociological Theory, Values, and Sociocultural Change. Essays in Honor of Pitirim A. Sorokin, The Free Press of Glencoe 1963, S. 91-120

88 „Vortrag von Prof. Bleuler über Ambivalenz", unter diesem Titel wurde unter Mitteilungen eine thesenartige Zusammenfassung der Vortrages wiedergegeben, den Eugen Bleuler auf der Ordentlichen Winterversammlung des Vereins schweizerischer Irrenärzte und Nervenärzte in Bern am 27. November 1910 gehalten hatte. Psychiatrisch-Neurologische Wochenschrift. Internationales Correspondenzblatt für Irrenärzte und Nervenärzte. Zwölfter Jahrgang 1910/1911, S. 405, 406. Eine ausgearbeitete Fassung des Vortrages findet sich an folgender Stelle: Eugen Bleuler: Die Ambivalenz. Universität Zürich, Festgabe zur Einweihung der Neubauten 18. April 1914. Schulthess, Zürich 1914, S. 94-106

wartungen, die mit einem Status oder einem Statussystem in der Gesellschaft verbunden sind. Ambivalenz kann es auch in einer einzigen Rolle geben, wenn sie verschiedene Forderungen enthält, die nur schwer miteinander zu vereinbaren sind. Den Fall der soziologischen Ambivalenz spielt Merton am Beispiel der freiberuflichen Experten durch. Hier beobachtet er eine verbreitete ambivalente Stimmung unter deren Klientel. Dies gehe darauf zurück, dass die Experten zwar auf Grund ihres Expertentums Hilfe geben könnten (Rechtsanwälte, psychologische Berater usw.), aber auch Geschäftsleute seien, deren Erfolg davon abhängt, dass sie Klienten haben und behalten. Sobald die Norm entwickelt wird, je mehr der Berater von seinem Klienten wisse, desto wirksamer könne er ihn beraten, läuft das auf die implizite Forderung hinaus, dass die Klientenbeziehung erhalten bleiben müsse. So bleiben viele Klienten in der Beziehung fixiert, mit der sie selbst längst unzufrieden geworden sind.

Ambivalenzen können nicht nur Entscheidungen erschweren, sondern auch die Orientierungsleistung beeinträchtigen. Daneben gibt es aber einen ganz anderen Aspekt der Ambivalenz, der sich mit den Stichworten Aushandeln, Kreativität und Entwicklung beschreiben lässt. Zunächst zu den Schwierigkeiten der Ambivalenz. Es sind vier:

1. Ausgangspunkt der Betrachtung ist wieder die vielfältig begründete Erkenntnis, dass jeder rational fassbare und aussprechbare Inhalt von einem affektiven Impuls begleitet wird. Information wird Erlebnis. Daraus wäre abzuleiten, dass Informationsübernahme und Informationsverarbeitung nur möglich sind in Begleitung von Emotionalität, von Aktivierungsvorgängen. Der Erlebnischarakter, der emotionalen Nachrichtenwert der Sache, wird daher zum Selektionskriterium für potentielle Aufmerksamkeit. Das hat Konsequenzen für die Anbieter. Wenn Nachrichten marktabhängig verbreitet werden oder unter analogen Grundsätzen (wenn die Stellung eines Redakteurs von den Einschaltquoten oder der Auflagenentwicklung abhängt), dann wird sich eine Präferenz für die Auswahl jener Nachrichten ergeben, die einen hohen Aktivierungsgehalt haben. Eine Verschiebung und Vereinfachung des Weltbildes in Richtung auf die Ereignisse und Nachrichtenbestände, von denen die schnellsten Aktivierungsprozesse ausgehen, die der Abwehr, ist unvermeidlich. Die höchste Aufregung ist der höchste Nachrichtenwert. Ambivalenzen können so in Eindeutigkeiten überführt werden. Das ist eine Problemlösung durch Chauvinismus. Die Qualität der Realitätskontrolle und der politischen Unterrichtung kann durch Sympathikus-Journalismus beträchtlich gesenkt werden. Durch das Über-

gewicht erregender Nachrichten verlieren die Menschen den Sinn für Proportion.

2. Ein zweiter Prozess der individuellen Informationsverarbeitung ist die unterschiedliche Löschgeschwindigkeit: Inhalte verblassen, der affektive Akzent bleibt. Der Verlust der Rationalstruktur setzt den Reaktionsfähigkeiten, dem Repertoire und der Differenzierung gewisse qualitative Grenzen. Bei schwacher Differenzierung im Verhältnis zum Objekt regredieren die Verhaltensoptionen auf die gespeicherten Impulse, das heißt auf Annäherung und Distanzierung. Wenn kein Verstärkungssystem für eine komplexe kognitive Struktur, für eine intensivere Sachauseinandersetzung vorhanden ist, degeneriert das Verhalten auf einfache Reaktionen. Ein großer Anteil der sozialen und politischen Orientierung wird auf diesem diffusen Niveau geleistet.

3. Ein dritter Gesichtspunkt: Ambivalenz ist ein alltäglicher und massenhafter Zustand. Es dürfte kaum Menschen geben, die nicht gegenüber irgendwelchen Objekten in eine Phase der Ambivalenz hineingeraten. Im politischen Bereich ist beobachtet worden, dass die Zahl der Ambivalenten mindestens phasenweise, seit der Mitte des letzten Jahrhunderts gestiegen ist. Dies bedeutet zweierlei: einmal zeigt sich, dass die Objektbeziehungen nicht nur unmittelbar durch Erlebnisse, sondern durch Erlebnissurrogate bestimmt werden. Zweitens hat die allgemeine Steigerung der Informationsmenge unter Bedingungen freier Kommunikation beim Einzelnen die wirksame Zahl positiver und negativer Mitteilungen über politische Gegenstände gleichzeitig erhöht. Die alte Selektionsregel, dass die Menschen nur das versuchen auszuwählen, was zu ihren bestehenden Einstellungen passt, gilt in der informationsreichen Gesellschaft nicht mehr, wenn man längere Zeiträume betrachtet.

4. Ambivalenz ist die Durchgangsphase für Umorientierung. Ein Ansteigen der Ambivalenz zeigt, dass lebhaftere Prozesse der Reorientierung im Gang sind. Bleibt das Ambivalenzniveau erhalten, so können wir mit einer Phase labiler Orientierung rechnen. Sobald eine große Gruppe von Ambivalenten das politische Geschehen bestimmt, hängt die politische Entwicklung von der Qualität der Zusatzkriterien ab, mit deren Hilfe den Entscheidungsunfähigen eine Entscheidung möglich wird. Wenn man Ambivalente in eine Entscheidungssituation drängt, werden sie nach dem Ökonomie-Prinzip der Psyche dazu tendieren, das einfachste Kriterium für ihre Entscheidung zu wählen. Dies wird in der Regel ein irrelevantes Kriterium sein, zum Beispiel, welcher Wahlhelfer den Betreffenden zum Wahllokal gefahren hat,

oder er orientiert sich an persönlichen Ideosynkasien, den einen Kandidaten mag er, den anderen nicht und beides hat kaum politische Gründe. Er verteilt seine Sympathien zwischen virtuellen Propaganda-Gestalten.

Irrelevante Gesichtspunkte auf der Seite der Ambivalenten entscheiden per se noch nichts über die Qualität der Entscheidungen im politischen System. Wenn die konkurrierenden Parteien ihre Kandidaten nicht nach Opportunitätsgesichtspunkten auswählen, kann der politisch irrationale Aspekt in der Entscheidung der Ambivalenten sich kaum negativ auswirken. Die Qualität der politischen Entscheidung wird also wesentlich durch die politischen Offerten bestimmt. In einer verbreiteten Ambivalenz liegt indessen immer die Versuchung, kostspielige Aufklärung durch Demagogie zu ersetzen. Institutionen haben die Verpflichtung zur Rationalität und Differenzierung. Wenn sie selbst Aufklärung betreiben, können sie vermeiden, mit widersprüchlichem Verhalten und widersprüchlichen Normen zur Ambivalenz in der Gesellschaft beizutragen.

## 4.4. Pluralismus: Wache Individuen und säumige Institutionen?

### Erfahrungswelten

Erfahrung suchen die Menschen in der Welt, die sie vorfinden. Sie haben keine andere, es sei denn, sie können sie ändern. Sie wollen sich zur Gemeinschaft, zu anderen Menschen in Beziehung setzen. Das ist nur möglich, wenn sie etwas Wertvolles tun. Sie werden sich ihre Tätigkeitsfelder und Lebensumstände mit der größten Belohnungskapazität suchen. Die Motive treffen auf vorgegebene Strukturen des Wirklichen. Aber vorgefertigte Lösungen oder gar verordnete provozieren Widerstand. Die triebhafte menschliche Phantasie transzendiert stets das Vorfindliche. Praktisch bedeutet dies: auf allen Ebenen werden Menschen eigene Gestaltungsmöglichkeiten anstreben. In der Organisation von Schule und Beruf, im Familien- und Vereinsleben sollten Spielräume entstehen, größer als sie bisher sind. Nur so kann eine Gesellschaft die in ihr liegende Intelligenz entfalten. Eingebaute Starrheiten erhöhen den Dummheits-Quotienten. Wichtig ist es, die bewegliche, kreative, von der Aktivität der Mitglieder getragene Organisation als Struktur zu begreifen, nicht als Unordnung, sondern als Ordnungsgefüge eigener Art. Junge Menschen gehen mit ausgeprägten moralischen Erwartungen an die Gestaltung ihres Lebens. Sie benötigen die Prinzipien nicht nur zur Selbstinstruktion, sondern auch zur Beurteilung von Bildungseinrichtungen und Berufsfeldern. Sie wollen wissen, nach welchen Regeln es zugeht und erwarten Austauschgerechtigkeit. Darin liegt ein Auftrag für die Institutionen, an einem Moralprofil zu arbeiten, das die Zusammenarbeit und die Motivation sichert. Diffuse Moral erschwert die Orientierung und zerstört Motive. Ethische Deutlichkeit erhöht die in einer Organisation verfügbare Intelligenz.

Die Erfahrungswelt der pluralistischen Gesellschaft wird manchmal so dargestellt, als lösten sich alle Gewissheiten in ihr auf. Bezahlen wir Freiheit mit Orientierungslosigkeit? Die offene Gesellschaft ist prinzipienstreng, duldet keine staatlichen Ideologien oder irgendwelche andere Formen geistigen Stillstands. Damit sind Gesellschaften höchster Anpassungsfähigkeit und Produktivität entstanden. Die Offenheit, Beweglichkeit und Differenziertheit wird von den meisten Menschen positiv erfahren. Gerade das ewig Unfertige übt einen großen Reiz aus. In den vielfältigen und heterogenen Beziehungen der pluralistischen Lebenswelt entstehen emotional stabile und sozial kraftvoll präsente Individuen. Dieses psychische Kapital der pluralistischen Gesellschaft braucht freilich Pflege. Orientierungsprobleme werden in der pluralistischen Gesellschaft dann akut, wenn Persönlichkeitsstrukturen oder Organisationsmodelle nicht zum offenen System passen. Organisationsentwicklung wie Persönlichkeitsbildung sollten dem Autonomie-Ideal der offenen Gesellschaft entsprechen. In der Praxis heißt das Eröffnung individueller Gestaltungsspielräume und politisch-wirtschaftliche Mitbestimmung.

## Persönliche Medien und soziales Netz

Die neuen Medien, das ortsunabhängige Telefonieren mittels mobiler Geräte, „Handy" oder „Natel", die Möglichkeiten, die E-mail und Internet bieten, dienen – sozialpsychologisch betrachtet – der Pflege, der Intensivierung und Ausweitung sozialer Netze. Die Ausbreitung dieser Medien unter jungen Leuten geht rasch vonstatten. Geradezu süchtig werden Handies angeschafft und die Gesprächskosten irgendwie finanziert. Starke Motive sind im Spiel. Die sozialen Beziehungen erhalten ein höheres Niveau von Präsens. Die Koordination wird erleichtert. Aus millionenfachen persönlichen Gesprächs- und Kontaktwünschen, aus dieser einst wirtschaftlich kaum nutzbaren Privatsphäre vermochte die Industrie ein Milliardengeschäft zu machen. Das führte zu einem Quantensprung in der persönlichen Kommunikation. Die Größe des Marktes zeigt die Stärke der Bedürfnisse. Die Individuen haben Instrumente zur Pflege ihrer sozialen Beziehungen gewonnen. Mit der Qualität und Vielfalt der Vernetzung wächst die persönliche Sicherheit. Die Chancen der Persönlichkeitsentwicklung steigen. Da Kommunikation eine notwendige Voraussetzung der Organisation ist, werden sich die Individuellen Beziehungen intensivieren.

Richard Sennet[89] meinte, die elektronischen Medien würden auch in der Mikro-Öffentlichkeit der Familie die Gespräche verdorren lassen und die Beziehungen auflösen. In seiner für die Massenmedien zutreffenden Analyse fehlen die neuen Techniken der persönlichen Kommunikation. Sie befördern nicht nur Kontakt, Gespräch und Gemeinsamkeit in Familie, Freundes- oder Bekenntenkreisen, also die parochialen Bezüge, sondern es erschliessen sich auch überregionale und weltweite Netze des Austausches, der Interaktion und der Beziehungen. Die Sennet'sche Diagnose müsste durch die Analyse der Gegenbewegung ergänzt werden, die durch die personalen Medien ausgelöst wurde.

Latent gepflegte und rasch aufrufbare Organisationen können entstehen. Mobiltelefon, E-mail und Internet sind zu wirksamen und billigen Organisationsmitteln geworden.

Gegenüber der Qualität und dem Inhalt der so gewonnenen Organisationschancen verhalten sich die neuen Medien vollkommen neutral. So ist das Internet auch zu einem bevorzugten Organisationsmittel extremer politischer Gruppierungen geworden. Der Schweizer Staatsschutzbericht von 2001 weist auf die wichtige Rolle des Internet für Rekrutierung und Mobilisierung hin. Eine virtuelle Gegenöffentlichkeit sei entstanden. Die Neue Zürcher Zeitung spricht von einer „Ideologisierung übers Internet" (7./8. Juli 2001). Gerade an diesem Extrembeispiel zeigt sich, wie wenig sich neue Technik unmittelbar in Aufklärung und Humanität übersetzen lässt. Technik kann immer missbraucht werden. Die Entscheidungen fallen in den Institutionen, aus deren „Geist" und in der Qualität des öffentlichen Diskurses. Dieser empfindliche Diskurs ist selbst schutzbedürftig. Extremisten bedienen sich der neuen Medien, um ihn zu zerstören.

---

89 Richard Sennet: Verfall und Ende des Öffentlichen Lebens. Fischer TB, 12. Aufl., Frankfurt/Main 2001, S. 357ff.

## Ambivalenz und Kreativität

Worin bestehen die produktiven Wirkungen der Ambivalenz? Eine ambivalente Objektbeziehung ist per se weder konflikt- noch spannungsreich. Im Gegenteil, die ambivalente Person kann sich in einer durchaus komfortablen Situation befinden. Die Spannweite ihrer Empfindungen gegenüber Personen, Situationen und Ereignissen ist größer. Die Ambivalenten können ihre Entscheidungsunfähigkeit positiv als Verständnis und Neutralität erfahren. Die Mittlerposition, die Kompromissfähigkeit können gefragt sein. Ambivalente können sich dialektisch auch immer ins Gegenteil hinein versetzen. Sie nehmen andere Positionen in sich auf, sie können sich besser in die Rolle der anderen einfühlen. Ambivalente sind keine Hardliner, sie können mehr Verständnis für Menschen aus anderen Kulturen aufbringen.

Ambivalenz und Kreativität scheinen eng zusammenzugehören. Wir wissen aus amerikanischen Folgeuntersuchungen zu den vorliegenden Ambivalenzstudien, dass ambivalente Objektbeziehungen die Fähigkeit fördern, mit Humor zu reagieren und humorvolle Anspielungen, Karikaturen schneller zu verstehen.[90] Künstler und Erfinder müssen in bestimmten Gebieten in hohem Maße ambivalent sein, sonst wären sie dem Bestehenden verhaftet, könnten nicht jene Unzufriedenheiten entwickeln, die einen Aufbruch in Neuland ermöglichen.

Zweifel und Ambivalenz gehören zur Reorientierung. Ambivalenz ist eine wichtige, manchmal nur vorübergehende Phase, die neue Entwicklungen in Person und Gesellschaft einleitet. Wenn auf die Menschen Druck ausgeübt wird, entschieden zu sein, Denken und Empfinden nach den Idealen von Rationalität und Widerspruchsfreiheit zu ordnen, nie zu zweifeln, würde man ihre Kreativität zerstören. Man kann sich den Persönlichkeitstypus vorstellen, der dabei heraus kommt, autoritär mit sich und anderen, ängstlich, also neurotisch und abwehrend. Ambivalenz erfüllt eine wesentliche Funktion für Anpassung und Neuorientierung, für die Lernfähigkeit des Einzelnen und der Gesellschaft.

Das produktive Potenzial der immer wieder entstehenden Ambivalenzen kann verspielt werden durch zwei typische Reaktionen des öffentlichen Systems, zu dem die Medien und die Regierungsorganisation gehören. Die erste ist der Versuch, die schwankende öffentliche Meinung durch Erhöhung der Informationsmenge zu stabilisieren. Wenn das oh-

---

90 R. E. Anderson, S. G. Wieting: Graphical Humor an the Measurement of Attitudinal Ambivalence, in: Communication Research 3, Nr. 3 Juli 1976

ne aufklärende Hilfen geschieht, fehlen handlungsleitende Ideen. Die Ratlosigkeit wird zunehmen. Bloße Information mündet nicht ohne weiteres in Orientierung. Die zweite Reaktion ist schlimmer. In Ambivalenzsituationen sind Parteien und politische Gruppen versucht, kostspielige Aufklärung durch Vereinfachungen, durch Demagogie zu ersetzen. Wenn die Qualität der politischen Offerten zur Auflösung von Ambivalenzen sinkt, ist das ein Zeichen dafür, dass die Wähler unterschätzt, also nicht mehr ernst genommen werden. Auf die Dauer werden sie das merken. Zynische Politik verzehrt Vertrauen, wirkt sich trotz eines temporären taktischen Vorteils negativ auf die Gesamtintelligenz des Entscheidungsprozesses aus. Die Parteien müssen weiterhin ihre Demagogie rechtfertigen. Die Dummheit hat eine neue Chance.

# 5. Macht und Ohnmacht

In der Informationsgesellschaft ändert sich das Bild der Macht. Neue Mächte steigen auf, alte gehen unter. Durch die Digitalisierung der Medien und Produktionsmittel wird nicht nur neue Macht erzeugt, sondern auch die Macht neu verteilt. Das Statussystem der Gesellschaft wird beeinflusst. Hierarchien alter Ordnung verschwinden.

Die neuen Informationsmedien verleihen ein Gefühl von Moderne und neuer Mächtigkeit. Aber sie verschleiern gleichzeitig die wirkliche Natur der Macht. Wer einen lap-top bedienen kann, ist nicht deswegen schon mächtig. Anderes Wissen muss hinzutreten, um am Machtspiel teilnehmen zu können.

Die Kompassnadel der Orientierung zeigt immer auf das Gravitationsfeld der Macht, ob man ihr nun folgen oder ausweichen will. Macht ist nicht nur ein wichtiger Gesichtspunkt der individuellen Orientierung oder der von Gruppen, sondern sie erzeugt Orientierungsprobleme eigener Art, weil sie sich manchmal unsichtbar macht. So ist es nötig, nach der Erscheinungsweise der Macht zu fragen.

Macht ist in einem fundamentalen Sinn nichts anderes als Dasein.[91] Das Dasein setzt phänomenologisch ein Bewusstsein von Dasein, von physischer Präsenz voraus. Immer ist ein Vorgang der Selbstperzeption und der Wahrnehmung anderer im Spiel. Dasein wird so vergegenständlicht. Mithin können wir sagen, Macht ist physische Anwesenheit, die von mindestens einem anderen Akteur wahrgenommen wird. Ein Mann auf dem Mond ist der Ausdruck großer Macht. Diese Anwesenheit repräsentiert technische, organisatorische Fähigkeit, die Beherrschung von Informatik und Astrophysik. Dieses Unternehmen offenbarte außerdem

---

91  Bernhard Welte: Über das Wesen und den rechten Gebrauch der Macht. Rombach, Freiburg i. B. 1960, 1965

den entschiedenen politischen Willen einer ökonomisch starken Nation. Verschiedene Formen der Mächtigkeit wurden hier sinnfällig.

Von einem mächtigen Baum können wir sprechen, obwohl er sich selbst nicht wahrnimmt, aber er wird vom Akteur wahrgenommen. Als Gegenstand hat der Baum eine Beziehung zu unseren möglichen Bewegungen, Handlungen und Zwecken. Das Machtpotenzial eines Gegenstandes wird also erst in komplexen Beziehungen real, die symbolischer und damit sogleich sozialer Natur sind. Die Anwesenheit mehrerer Akteure, ihre gegenseitige Duldung, die Duldung der freien Beweglichkeit, die Regeln der Respektierung, den physischen Platz des anderen einzunehmen oder zu räumen, wie man den Vortritt gewährt – all dies sind bereits hoch komplexe Ausdrucksformen der Mächtigkeit, die dem einzelnen Akteur in einem Sozialsystem zugeordnet werden müssen, wenn es Freiheit und Handlungsfähigkeit gewähren soll. Daraus ergibt sich, dass Macht über einen Kommunikationsprozess wirksam wird.

Für den beweglichen Organismus bedeutet Macht zunächst jene auch räumliche Aktionsfähigkeit, die das Dasein, also die weitere Mächtigkeit eben dieses Organismus sicherstellt. Bei allen Gruppenwesen, also bei jenen, die auf dauernde Interaktion angewiesen sind, ist die Handlungsfähigkeit immer an ein Schema gebunden, das auch das Handeln anderer einbezieht. Die Durchsetzung eines bestimmten Handlungsschemas anstelle anderer, denkbarer Handlungsschemata ist effektive, etablierte Macht. Ein Handlungsschema ist symbolisch durch Modellverhalten oder durch sprachliche Symbole, durch Planung, Vertrag und Vorschrift kommunikabel. Arbeitsanweisungen, Dienstvorschriften, Kommunikationsregeln in Schule und Betrieb gehören ebenso dazu wie ethische Unterweisung. Soziale Macht setzt einen Verständigungsprozess über Handlungsschemata und ihre Alternativen voraus. So sind Macht und soziale Kommunikation untrennbar miteinander verbunden. Ein sozialer Interaktionsprozess hat in der Regel immer Ergebnisse. Sind die Ergebnisse für die Beteiligten positiv, so wird sich das Interaktionsschema fester etablieren; sind die Ergebnisse ungleichgewichtig oder negativ, so besteht die Tendenz, das Interaktionsnetz und damit eben dieses Machtverhältnis aufzulösen.

Jede komplexe soziale Interaktion produziert Güter, die auf andere Weise nicht zu beschaffen sind. Diese Güter können in Form von materiellen Werten, neuen Verfahrensweisen, ethischen Entwürfen und positiven oder negativen Sanktionen selber wieder dem Charakter von Ressourcen annehmen. Die Art der Produktion eines Interaktionssystems und der politische Marktwert dieser Produktion entscheiden über die Machtentfaltung. Damit kommen wir zu einem ersten wichtigen Punkt:

Die Verteilung der Macht im gesellschaftlichen und politischen System ist kein Nullsummenspiel. Es ist nicht so, dass eine Machtkonzentration beim Subjekt A immer zu einem Machtverlust der Subjekte B bis N führen muss, vielmehr hat die Gesellschaft die Tendenz, Mächtigkeiten in Form von neuen Präsenzen und Handlungsspielräumen zu erzeugen, um damit insgesamt mächtiger zu werden.

Die Quellen der Macht werden mit einer Unterscheidung deutlich, die Amitai Etzioni vorschlägt: Erstens kann sich Macht auf physische Gewaltanwendung oder deren Androhung stützen, zweitens auf wirtschaftliche, materielle oder andere Dinge von Nutzen, wozu auch Rezepte und Erfindungen gehören, und drittens auf Symbole.[92] Diese Machtquellen können einzeln oder in Kombinationen zur Anwendung kommen. Die Machtanwendung und deren Folgen unterscheiden sich grundlegend nach diesen drei Typen: 1. Macht, die sich physischer Mittel bedient, ist Zwangsgewalt. Sie erzeugt Angst und andere negative Folgen. 2. Die materielle Macht beruht auf dem Nutzenprinzip. Sie wird durch Austauschprozesse wirksam und herrscht durch Attraktivität. 3. Die Macht, die auf Symbolen beruht, wird durch Appelle an Werte und Gefühle ausgeübt und wird über Identifikation wirksam. Kirchen, Massenmedien und alle intermediären Systeme, wie Vereine, sind Beispiele für den symbolischen identifikatorischen Gebrauch der Macht. Aber auch die Familie gehört dazu, deren Sinngebung starke Identifikationsprozesse auslöst.

Um Sanktionen positiver oder negativer Art ergreifen zu können, muss eine soziale Organisation über eine „Bank der Macht" verfügen. Die Machtanwendung setzt also eine bestimmte Konzentration von Machtmitteln voraus. Diese Konzentration ist nicht schon etwas Vorhandenes, sondern ein Ergebnis eines sozialen Mobilisierungsprozesses. Mobilisierung von Macht heißt, Machtquellen, die für sich genommen so tot sind, wie irgendwelche Goldbarren, die in Tresors liegen, in soziale Aktion zu transformieren. Der Organisiertheitsgrad dieser sozialen Aktion korreliert zugleich mit der Machtfülle und Nähe zum Staatsapparat. Mobilisiert wird Macht zur Bewahrung von Strukturen oder zur sozialen Reorganisation. Diese Mobilisierung ist meistens ein Index für das Vorhandensein von Konflikten.

Je differenzierter eine Gesellschaft, je selbständiger die Akteure handeln müssen, je autonomer die Motive der Kooperation, desto schädlicher wirkt sich die direkte Machtanwendung durch Zwang aus. Die Ge-

---

92  Aimitai Etzioni: The Active Society. A Theory of Societal and Political Processes. The Free Pess, New York 1968, S. 350ff.

sellschaften, die durch Differenzierung zu einer hohen gesamten Machtentfaltung gelangen, müssen daher mehr und mehr zu einer weichen, einer unmerklichen Anwendung von Macht tendieren. Die größten Mächte sind die soft powers. Dieser soft-power-Charakter ist keine Tarnung
wirklicher Macht, sondern ihr eigentliches Wesen. Alle Machtveränderungen in komplexen Gesellschaftssystemen haben zunächst den Charakter von philosophischen, theoretischen Entwürfen, auch neuen admi-
nistrativen Regeln. Machtveränderungen vollziehen sich über Kommunikation. Damit bekommen Meinungen und volkstümlich vorhandene
Philosophien eine erhebliche Bedeutung für die Änderung der Macht-
struktur in einer Gesellschaft. Es geht immer um die Akzeptierung eines
machtverteilenden und machterzeugenden Interaktionssystems.

Die unsichtbare Macht, die in unseren beruflichen und gesellschaftlichen Handlungsräumen präsent ist, führt zu einem paradoxen Effekt.
Dadurch, dass Menschen in diese Systeme eingebunden sind, erfahren
sie Sicherheit. Durch diese Sicherheit können sie sich einen gewissen intellektuellen Abbau leisten, was das Gemeinwesen angeht. Alles, was
nicht zur unmittelbaren Mitwirkung gehört, wird ins Belieben gestellt,
und das Interaktionssystem selbst steht wegen seines Nutzens nicht zur
Debatte. Damit wird allgemeinen Anschauungen das Übungsfeld und die
Bekräftigung entzogen. Die Anschauungen werden diffus und zusam-
menhanglos. Der Bürger schrumpft zu einem Angestellten. Die etablierte Macht paralysiert die kognitiven Systeme. Die konkrete Gestalt
der Theorie, auf der etablierte Handlungsschemata als Macht beruhen,
ist die wechselseitige Bestätigung des täglichen Handelns als „Vernunft".
So kann sich das paralysierte Bewusstsein als das aufgeklärte geben. Jede
kritische Analyse wird damit als abwegig definiert. Neuerung und Aufklärung ist immer ein schwieriges Unterfangen und nie nur über das Papier möglich, sondern durch die Organisation eines neuen Konsens.

## 5.1. Konsens und Kontrolle

Meinungen sind Machtpotenziale. Wenn zwei Menschen das gleiche
denken, ist eine kleine Machtkonzentration entstanden. Die Aussicht,
sich im sozialen Nahbereich durchzusetzen, steigt. Konsens hat zwei
Funktionen: Erstens die Erzeugung eines Machtpotenzials und zweitens
die Sicherung organisierten Handelns.
    Die Herstellung und Aufrechterhaltung von Konsens ist immer kost-
spielig. Zunächst ist Kommunikation erforderlich mit ihrem eigenen

Zeitbedarf und den Kosten der Passivität: In Zeiten der Diskussion und Annahme neuer Konsensregeln wird ja nicht unmittelbar produziert. Sodann aber muss die Anstrengung des Konsens lohnend sein. Mit jedem Konsens sind Ertragserwartungen verbunden. Die Belohnungen für die Zustimmung zu einer Konsensform müssen also wirklich eintreten, sie müssen bereitgestellt werden, sie kosten ihrerseits etwas. Zu den Kosten der Konsensbildung kann man auch den zeitlichen Aufwand rechnen, der notwendig ist, um Bedenken zu beschwichtigen.

Da die Herstellung von Konsens kostspielig ist, wird man versuchen, den Konsensbedarf herabzusetzen oder zu umgehen. Verringert wird der Konsensbedarf durch die folgenden Vorkehrungen. 1. Die Konsensregel wird auf ganz spezifische Situationen eingegrenzt. Der Konsens über ein zu wählendes Arbeitsverfahren bedeutet nicht, dass die Beteiligten auch sonst einer Meinung sind. Verkehrsregeln, auch für Fußgänger, sind auf viel befahrenen öffentlichen Wegen wichtig, in der Wohnung wird sich aber niemand Ampeln aufstellen. 2. Konsensunabhängige Mittel der Rollenanpassung ersetzen den Diskurs. Durch Kontrakte und Belohnungssysteme, durch Austauschregeln wird das Verhalten gesteuert, ohne sich ständig auf einen Konsens berufen zu müssen. Die Entwicklung eines beruflichen Verhaltensrepertoires, der Einstieg in die Expertenrolle wird materiell und über das Selbstgefühl belohnt, wenn Erfolgskriterien erfüllt werden. Der Basiskonsens besteht darin, dass jemand eine solche Rolle übernimmt, sich dafür interessiert. 3. Die Herstellung von diffusem Konsens ersetzt materielle Übereinstimmung. Da soziale Organisationen mit ihren Mitgliedern informelle oder formelle Kontrakte machen, in denen auch Sanktionsmacht enthalten ist, besitzen sie eine autonome Führungsfähigkeit für das Verhalten von Menschen. Das Verhalten des Einzelnen wird über akzeptierte Erwartungen gesteuert. Dabei ist es völlig gleichgültig, was er sonst denkt. Weitläufige Übereinstimmungen sind fehl am Platze, das Mitmachen zählt und reicht aus. Allerdings gehört dazu auch die intensive Beschäftigung mit der Informationsproduktion der Organisation, der man angehört. Auf die Weise wird Konsens deaktualisiert. So beherbergt jede Organisation Mitglieder mit sehr unterschiedlichen Anschauungssystemen. In dieser Situation steckt Freiheit und Unfreiheit zugleich. Freiheit: man kann meinen, was man will, es stört niemand. Unfreiheit: die persönliche Meinung ist nur noch ein schwaches Instrument, um etwas zu bewegen.

In der Politik sollen Meinungen zählen, aber auch hier wird der teure materielle Konsens durch diffusen Konsens, durch Identifikationsrituale ersetzt. So wird insbesondere bei der Durchsetzung der Parteidisziplin verfahren. Die zur Ohnmacht verurteilte Meinung erscheint lächerlich und abwegig, wenn sie sich hervorwagt. So ist der oppositionelle Gedanke erschwert. Die parteiinterne Betonung eines ideologisch formulierten Konsens, die Beschwörung der „Geschlossenheit" hat insbesondere der CDU vor den Wahlen 1998 geschadet. Sie hat dadurch einen Teil ihrer Diagnosefähigkeit eingebüßt und konnte auf gesellschaftliche und sozialpsychologische Veränderungen nicht mehr reagieren. Auch deshalb verlor sie die Wahl. Mehr Konsens zu verlangen als man braucht kann für jede Organisation gefährlich werden.

Da Konsens sowohl Harmonie als auch Macht signalisiert, ist es für die Beteiligten oder Hinzutretenden wichtig, sich einen Überblick über die Konsenssituation zu verschaffen, das Ausmaß des Konsens und seine Richtung abzuschätzen. Dies erfüllt verschiedene Funktionen:

1. Es lassen sich Maßstäbe für Durchsetzungschancen einer Idee gewinnen.
2. Die Konsensdiagnose erlaubt es, die eigene Position zu bestimmen.
3. Die Kenntnis einer Konsenssituation klärt darüber auf, mit welchen Widerständen zu rechnen ist, wenn man anderes oder neues vorbringt.
4. Wenn der Konsens humanistische Ideale zum Inhalt hat (wir wollen fortschrittlich sein und der Gesellschaft einen Dienst erweisen), werden Motive des Wandels freigesetzt.

Mit der Größe des Konsens steigt im allgemeinen das Machtpotential. Das ist das, was erstrebt wird. Aber großer Konsens, im inhaltlichen Umfang und der Personenzahl nach, ist meistens kein Vorteil für die Gesellschaft. Zu großer Konsens erzeugt Konformismus und senkt die Lernfähigkeit. Wenn in Organisationen Teile in ihren Meinungen vom übergeordneten Konsens abweichen, kommt es bei hoher Lernfähigkeit der Konsensträger zu Neuerungen, bei geringer zur Repression. Eine weitere Beobachtung: je kongruenter der Mitglieder-Konsens inhaltlich mit der Meinung der Experten in der Entscheidungsebene ist, desto ruhiger ist das Bild der öffentlichen Meinung. Ein Gefühl der Stagnation breitet sich aus.

Für das politische System gilt die Regel, dass zu großer Konsens die politische Aktivität herabsetzen kann. Und im einzelnen: a) Je länger der Konsens schon besteht, desto mehr gerät seine Basis in Vergessenheit (die Bürger könnten zum Beispiel vergessen, wie wichtig die Verfassung ist, auf welchen Grundsätzen demokratische Verfahrensgewohnheiten beruhen). b) Je mehr der Konsens zu einer sozialen Selbstverständlichkeit wird, desto stärker werden die Kontrollen über den Einzelnen („das tut man, das tut man nicht", „wir haben das immer so gemacht").

c) Je weniger über die Basis eines bestehenden Konsens nachgedacht wird, desto irrationaler die Reaktion, wenn dieser Konsens in Frage gestellt wird. Hier sei an die Empörung über die sogenannten Studentenrevolten in Berkeley 1963 und in Paris und Berlin 1968 erinnert. d) Je ritualistischer der Konsens, je mehr er öffentlich beschworen und gefeiert wird, desto größer ist die Neigung des Einzelnen, der nicht einverstanden ist, die Sichtbarkeit des eigenen Verhaltens in der Konsensthematik herabzusetzen. Lippenbekenntnisse und Unehrlichkeit sind die Folge.

Institutionen, denen es gegeben ist, Konsens zu formulieren und mit ihrer Macht durchzusetzen, sollte behutsam mit diesem Geschäft umgehen. Wenn es um konkrete Ziele geht, sollte der daraufhin formulierte Konsens provisorisch sein, Öffnungen enthalten. Wenn es um allgemeine Ziele geht, so wird man den Konsens abstrakt formulieren müssen, der Freiheit der Mitglieder verpflichtet.

Analysiert man die Inhalte von Konsens, so geht es darin immer um Werte, zugleich enthalten sie Normen. Wenn zum Beispiel gesellschaftlicher Konsens darüber besteht, dass Sport in den Schulen wichtig ist, dann wird die Frage diskutiert werden müssen, wie viel Sport ist dienlich, zwei Stunden oder zwanzig? Der Konsens wird also schließlich eine quantitative Norm enthalten. Die Mitglieder eines Konsenskollektivs haben zu der Sache eine Einstellung. Einstellungen enthalten immer Bewertungen und auch Normen; dadurch werden sie zu einem Medium der Kontrolle. In der Einstellungsforschung hat man sich bisher für die Frage interessiert, wie es um die innere Dynamik von Einstellungen bestellt ist, zum Beispiel unter dem Einfluss von neuen und abweichenden Informationen. Weiterhin hat die Funktion der Einstellung für das Individuum selbst Aufmerksamkeit erhalten. So erklärte Daniel Katz, die persönlichen Einstellungen dienten einerseits der Anpassung an die Umwelt, sodann aber auch der Abwehr. Sie hätten eine Ausdrucksfunktion, können also rein expressiv formuliert werden und eine Wissensfunktion, man möchte Sachen verstehen und macht sich eine Meinung.[93]

Wieso können Einstellungen, die doch zunächst ein Zeichen persönlicher Einschätzungen und der Meinungsfreiheit sind, zu einem Mittel der Verhaltenskontrolle werden? Alle gesellschaftlichen Systeme wollen Vorhersehbarkeit, Zuverlässigkeit und Verhaltenssicherheit herstellen.

---

93  Daniel Katz: The Functional Approach to the Study of Attitudes, Public Opinion Quarterly. Vol. XXIV, No. 2. Summer 1960. 163-204

Es ist ein Systemerfordernis, die Variabilität im Verhalten der Mitglieder einzuschränken. Ein wesentliches Instrument ist die Meinungskontrolle. Kann es aber in Gesellschaften, in denen Meinungsfreiheit garantiert ist, überhaupt Kontrollen des Denkens geben? Es gibt einige Instrumentarien, mit deren Hilfe die Wahrnehmungs- und Bewertungsprozesse beeinflusst werden können, gerade auch in der freien und marktmäßig organisierten Gesellschaft. Meinungskontrolle kann symbolisch durch Belohnung oder durch Sanktionen ausgeübt werden. Der Fall der symbolischen Kontrolle wäre die Werbung für bestimmte Meinungsbilder und Lebensstile.

Die Aufforderung, sich mit politischen Programmen und Personen zu identifizieren, ist zunächst symbolisch, wird aber begleitet durch das Versprechen von Belohnungen nach der Wahl.

Familien, Schulen und Betriebe üben eine de facto-Informationskontrolle aus. Alle Organisationen motivieren ihre Mitglieder, sich hauptsächlich mit Informationen zu beschäftigen, die aus der Organisation selbst stammen. In den Schulen zum Beispiel geschieht dies durch Lehrpläne, die einen bestimmten Lektüre-Kanon enthalten, damit aber manches ausschließen. Durch Management-Untersuchungen wurde bekannt, dass 80 bis 90 Prozent der Lesekapazität der Mitarbeiter durch organisationsinterne Kommunikation ausgelastet wird. Das bedeutet, dass andersartige Informationen nicht mehr aufgenommen werden können.

Auch in demokratischen Gesellschaften wurden immer wieder Sanktionen gegen bestimmte Meinungen verhängt: Berufsverbote, gesellschaftliche Nachteile, Verhinderung unliebsamer kritischer Veröffentlichungen.

Teilweise kommt es zu milden Formen des Ostrazismus: Die abweichenden Meinungen und die Personen, die sie äußern, werden als rückständig oder utopisch bezeichnet.

Eine subtile Form der Meinungsteuerung läuft über die Selbstakzeptanz. Die Menschen wollen modern und zeitgenössisch sein. Unter diesem Etikett werden ihnen bestimmte Meinungsbilder nahegelegt.

Allen Tendenzen der Institutionen, der Vereinigungen und Kollektive, das Verhalten ihrer Mitglieder zu kontrollieren, sind die Ansprüche der Persönlichkeitssysteme nach Selbstsein entgegengesetzt. Davon zeugt jeder Wertkonflikt zwischen Eltern und Kindern. Kritische Selbstakzeptanz hat eine biologische Bedeutung. Es erhöht das Vertrauen in die eigenen Handlungsmöglichkeiten, in den Erfolg, trägt also wesentlich zur Handlungssicherheit und zur Durchsetzung in einem vitalen Sinne bei. Je größer das Selbstvertrauen, desto aufmerksamer werden Institutionen daraufhin beobachtet, ob sie Persönlichkeitsziele behindern oder fördern. Die gesellschaftliche Entwicklung hat durch die Bildungsexpansion, durch die berufliche Differenzierung und durch neue Zugänge zu Informationsmedien, humanitäre Grundsätze aktualisiert, nach denen Institutionen beurteilt werden können. Die Geschwindigkeit der gesellschaftlichen Entwicklung motiviert ferner dazu, sich Gedanken über die Transformationsfähigkeit der Institutionen zu machen. Empirische Untersuchungen zeigen, dass Institutionen in eine Zone von Kritik und Aggression geraten, je weniger wandlungsfähig sie erscheinen.

Für die Einschätzung der Transformationsfähigkeit der Institutionen gelten die folgenden Regeln:

1. Je größer die Transformationsfähigkeit, desto größer die Einschätzung des persönlichen Machtpotentials derer, die etwas von den Institutionen erwarten. Je besser die Zukunftsaussichten, desto stärker fühlen sich die Mitglieder einer Institution oder Organisation.

2. Je geringer die Transformationsfähigkeit, desto stärker ist die Tendenz zu harten Sanktionen, zu Gewalt auf Seiten der Mitglieder. Die Institutionen selbst tendieren zu einer repressiven Politik, um den Status quo aufrechtzuerhalten.

3. Je größer das Machtpotential des Einzelnen gegenüber den Institutionen eingeschätzt wird, desto geringer ist die Tendenz zu extremen Sanktionen, wenn es etwas zu verändern gilt. Die Mitglieder haben das Gefühl, sie können das Verhalten der Institutionen beeinflussen.

4. Je größer das Machtpotential der Mitglieder gegenüber den Institutionen eingeschätzt wird, je problemsensitiver und flexibler sie sind, desto stärker wird die Tendenz, Forderungen durch bloße Information zum Ausdruck zu bringen. Informationen, durch bereitgestellte Kanäle vorgetragen, erweisen sich als wirksames Mittel der Einflussnahme und Veränderung.

Damit ist ein erstes allgemeines Orientierungsprinzip gegenüber den Institutionen gewonnen: Wie weit können Mitglieder Einfluss auf Institutionen ausüben, nach welchen Ordnungen und Regeln verfahren werden soll?

Verfahrensregeln allein genügen nicht. Die Mitglieder interessieren sich für den Inhalt, die humanitären Ideale einer Organisation. Sie entscheiden über Freiheits- und Persönlichkeitsentwicklung. In der Bundesverfassung der Schweizerischen Eidgenossenschaft steht der bewegende Satz: „Es gibt in der Schweiz keine Untertanenverhältnisse." (Art. 4). Diese Verfassungsanweisung gilt für alle, für Institutionen und

Bürger. Ein humanitäres Prinzip muss organisatorisch ins Werk gesetzt werden und rechtlich durchsetzbar sein. Keine Gruppe darf einem solchen Prinzip widersprechen. Humanitäre Prinzipien in Organisationen sind kein Luxus, sondern die Voraussetzung ihrer Überlebensfähigkeit. Menschen können ihre Motive nur ins Spiel bringen, wenn sie selbsttätig sind. Ein Mensch, der minutiös nur Anweisungen ausführen muss, kann von seiner Intelligenz keinen Gebrauch machen. Ohne äußeren Entscheidungsspielraum über die Art und den Zeitpunkt einer Tätigkeit können sich Akteure als Handelnde gar nicht recht wahrnehmen. Das zeigt die Arbeitspsychologie.

Der objektiv vorhandene Entscheidungsspielraum, die Notwendigkeit, Entscheidungen treffen zu müssen, ist von einem hohen Motivationswert für den Einzelnen, aber auch von einem hohen betrieblichen Wert. Je größer der Entscheidungsspielraum, desto größer die Arbeitszufriedenheit. Das gilt, um ein Beispiel zu nennen, auf jedem Niveau der industriellen Produktion, ganz gleich ob Prämie, Zeitlohn oder Monatslohn. Ein Interaktionssystem, das Rollensystem muss Entscheidungsfreiheit gewähren, damit Menschen von ihren komplexen Befähigungen, von ihrer intellektuellen und sozialen Kompetenz Gebrauch machen können. Die Planung verantworteter Arbeitsabläufe, die Gestaltung, die Konstruktion von Freiräumen und Mitbestimmungsmöglichkeiten sind eine notwendige Voraussetzung jeder humanen Organisation.

Das Streben der Menschen nach Autonomie, nach Selbstsein hat die Arbeitswissenschaft nicht nur erkannt, sondern auch in neue Organisationsformen umgesetzt. Flache Organisationsstrukturen, Autonomie der Subgruppen, Qualitätszirkel, institutionalisierter Informationsaustausch zwischen den Abteilungen sind Stichworte für diese Entwicklung. Nur in einer beweglichen Organisation sind Mitarbeiter in der Lage, als Partner zu handeln und die Werte der sozialen und wirtschaftlichen Kooperation zu erzeugen. Der Umbau der Organisationen und Institutionen geschieht dergestalt, dass die Mitglieder mehr und mehr in die Kontrollprozesse einbezogen werden. Dabei wird immer weniger der einzelne Arbeitsvorgang kontrolliert und immer mehr der Effekt, der Erfolg. Die Mitglieder von Organisationen werden angehalten und motiviert, externe Kontrollen durch interne Kontrollmaßstäbe zu ersetzen. Das kulturelle Niveau einer Gesellschaft hängt davon ab, wie weit es gelingt, Kontrollen zu internalisieren.

Wenn wir von organisatorischen Bedingungen der Autonomie sprechen, so ist nicht die Abschaffung von Kontrollen gemeint, sondern der Umbau der Kontrollsysteme. Keine Organisation kann auf die Kontrolle

von Ressourcen und Leistungen verzichten. Beliebigkeit und Verschwen-
dung wäre kein Autonomiekonzept. Somit bleibt eine ganz wesentliche
Frage offen: Wie ist es möglich, dass aus Kontrollsystemen Freiheit und
Autonomie erwachsen können? Eine mögliche Antwort ist in der Religionsgeschichte und der Religionssoziologie enthalten. Der Antagonismus
von Freiheit und Kontrolle bewog Max Weber, zwei Arten von Kontrolle zu unterscheiden. Sein Blick war auf die protestantische Kirchenzucht zur Zeit Calvins gerichtet. Er wollte erklären, wie aus der calvini-
stisch-puritanischen Kirchenzucht, also eigentlich aus Zwang, Aktivität
und dann Freiheit entsprang. Es war das liberale Axiom, dass zu straffe
Führung die Kräfte behindert, die Aktivität lähmt. So reflektierte Max
Weber über die lähmende und die befreiende Kontrolle. Über die lähmende Kontrolle äußerte er sich folgendermaßen: „Es ist hier ganz ab-
sichtlich vorläufig nicht von den objektiven sozialen Institutionen der
altprotestantischen Kirchen und deren ethischen Einflüssen ausgegangen
worden, insbesondere nicht von der so wichtigen Kirchenzucht, sondern
von den Wirkungen, welche die subjektive Aneignung der asketischen
Religiosität seitens der Einzelnen auf die Lebensführung hervorzubrin-
gen geeignet war. Dies nicht nur deshalb, weil diese Seite der Sache bisher die weitaus weniger beachtete ist. Sondern auch, weil die Wirkung
der Kirchenzucht keineswegs immer in der gleichen Richtung lag. Die
kirchenpolizeiliche Kontrolle des Lebens des Einzelnen, wie sie in den
Gebieten der calvinistischen Staatskirchen bis dicht an die Grenze der
Inquisition getrieben wurde, konnte vielmehr jener Entbindung der individuellen Kräfte, welche durch das asketische Streben nach methodi-
scher Heilsaneignung bedingt war, geradezu entgegenwirken und hat dies
unter Umständen tatsächlich getan. Genau wie die merkantilistische Re-
glementierung des Staats zwar Industrien züchten konnte, aber, wenigstens für sich allein, nicht den kapitalistischen „Geist" – den sie vielmehr, wo sie polizeilich-autoritären Charakter annahmen, vielfach direkt
lähmte –, so konnte die gleiche Wirkung auch von der kirchlichen Re-
glementierung der Askese ausgehen, wenn sie sich allzu überwiegend
polizeilich entwickelte: Sie erzwang dann ein bestimmtes äußeres Verhalten, lähmte aber unter Umständen die subjektiven Antriebe zur methodischen Lebensführung."[94] Die lähmende Kontrolle ist also die klein-
liche, die polizeiliche. Über die zweite Art der Kontrolle lässt sich Max

94 Max Weber: Die protestantische Ethik und der Geist des Kapitalismus. Gesammelte
Aufsätze zur Religionssoziologie. I. C. B Mohr (Paul Siebeck), Tübingen 1947, S.
161

Weber weniger systematisch aus. Aber es ist nicht zu bezweifeln, was er meint, nämlich die Kräfte einer sozialen, zum Teil sogar institutionalisierten Kontrolle in einer „volontaristischen Gemeinschaftsbildung". Es ist die soziale Selbstbehauptung angesichts eines ungeschriebenen Gruppenkodex. Diese informellen Kontrollen dienten der „Anzüchtung von Motiven" für Arbeitsfleiß und erfolgsorientierte Lebensmethodik. Im Puritanismus wurden ganz bewusst Methoden der Selbstkontrolle entwickelt. Ernst Troeltsch hat darauf hingewiesen. Hierher gehören Selbstbiografien und das Führen von Tagebüchern.[95]

Somit kann man allgemeiner ausdrücken, welche Kontrollen lähmend sind und welche aktivieren. Lähmend sind die Kontrollen die den Selbstvollzug behindern. Wir können das vielleicht folgendermaßen formulieren: Die motivzerstörende Kontrolle besteht aus einem dichten Netz von Beobachtung und Anweisung. Die Verstärkungsstrategie ist Strafe. Es handelt sich also um eine Art negativer polizeilicher Kontrolle. Die befreiende Kontrolle dagegen ist eine Anleitung zum Selbstvollzug. Ihre Verstärkungsstrategie besteht darin, positive Selbsterfahrung zu ermöglichen und eine Eigenkontrolle über die Effekte und Belohnungen. Der Akteur wird sich als erfolgreich erleben können. Die organisatorische Umwelt stellt Ressourcen und Normen für die Erfolgsbewertung zur Verfügung. Es ist wie ein Kontrollangebot, das zur Selbstkontrolle des Verhaltens benutzt werden kann.

Daraus lässt sich verschiedenes ableiten. Das erste: Kontrolle und Freiheit sind nicht notwendig Gegensätze. Das zweite: Freiheit ist nicht Abwesenheit von Organisation, sondern selber organisationsbedürftig. Es sind subtile, hochspezifische Organisationsräume, in denen Freiheit entsteht. Ressourcen und Gestaltungsmöglichkeiten eröffnen Handlungsfreiheit. Ohnmacht ist nicht das Gewand der freien Gesellschaft.

Da die Menschen zur Persönlichkeitsentwicklung, zum Selbstsein, zur Freiheit streben, werden in diesem Zentralmotiv die der Zeit angepassten Maßstäbe für die Orientierung und für die Beurteilung von Institutionen entstehen. Freiheit ist kein abgeschlossenes Geschäft. Im sozialen Wandel kann es Freiheitsverluste geben. Dadurch wird das Orientierungsprinzip der Autonomie wach gehalten.

---

95  Ernst Troeltsch: Die Soziallehren der christlichen Kirchen und Gruppen. Scientia, Aalen 1961, S. 776

## 5.2. Neue Wissensverteilung und alte Machtstrukturen

Wenn die entwickelteren Gesellschaftssysteme an der Wende zum dritten Jahrtausend charakterisiert werden sollen, dann geschieht dies, wie in
einer fixierten Redensart, als Informationsgesellschaft oder Wissensgesellschaft. Ist das eigentlich etwas Neues?[96] Die Gesellschaftssysteme der
Neuzeit waren immer bemüht, auf ihre Weise das notwendige Wissen zu
speichern und zu verbreiten. Es gab Bibliotheken und Archive. Diese
entstanden, weil Dokumente geschaffen und Bücher geschrieben wurden. Es gab Kodizes des Rechts und Fallsammlungen, Aufzeichnungen
von gerichtlichen Entscheidungen, es gab Lehrbücher der Statistik, der
Staatsverwaltung, des Festungsbaus und des Gesundheitswesens, Architektur konnte gelernt und vermittelt werden. Es gab Historiografie und
all die Literatur, die in den klassischen akademischen Disziplinen geschrieben und verlegt wurde. Spätestens seit der Renaissance wollte man
immer mehr wissen als man wusste. Was also ist das Besondere der Situation der Gesellschaften um die zweite Jahrtausendwende? Es ist die
Revolution durch die neuen Medien. Die Informationsspeicherung und
der Abruf, die Verbreitung von Informationen mit Hilfe der Elektronik
übersteigt jedes bisher vorstellbare Maß, und für die Wiedererweckung
der gespeicherten Daten gibt es Programme. Die Informatiksysteme
können Informationen verarbeiten und transformieren, können zu neu-
en Erkenntnissen verhelfen. Allein dies verdiente schon den Namen einer Revolution. Die Erhöhung der Kommunikationsdichte nicht nur
durch drahtlose Übertragung, sondern gerade auch durch das Glasfaserkabel schafft eine bisher unbekannte Beweglichkeit und Aktualität. Unser Verhältnis zur Information verändert sich mit der Zugänglichkeit

---

96  Über „Informationsgesellschaft" habe ich Anfang der 1980er Jahre in Vorlesungen
und 1985 auf einer Tagung der Hanns Martin Schleyer-Stiftung gesprochen. Aus
dem Publikum kamen irritierte Anfragen, was denn das sei. Ich habe ungefähr so geantwortet wie im Text oben. Die Informationsgesellschaft ist die in Freiheit Wissen
produzierende. Sie ist im Gegensatz zu den kontrollierten, den gebremsten Gesellschaften die dynamische, entwicklungsfähige. Vgl. Unterwegs in eine phantasielose
Gesellschaft? Beobachtungen über soziale Organisation und Kreativität. In: Adam,
Konrad (Hrsg.): Wege und Irrwege der Selbstverwirklichung. Köln 1986. Inzwischen
ist der Neologismus „Informationsgesellschaft" zu einem gängigen Verständigungs-
begriff geworden. Die meisten Publikationen mit dem Stichwort „Informationsgesellschaft" erschienen in den 90er Jahren des 20. Jahrhunderts. Eine frühere und
möglicherweise erste Verwendung des Begriffs findet sich in einer pädagogischen
Schrift: Meissner, Kurt: Die dritte Aufklärung. Wissenschaft und Erwachsenenbildung in einer Informationsgesellschaft. Westermann, Braunschweig 1969.

bisher verschlossener oder der Fabrikation neuer reicher Quellen. Nicht nur die Geschwindigkeit des Wissenserwerbs kann dadurch ganz wesentlich gesteigert werden. Wir können heute Datenkonfigurationen herstellen und lesen, von denen man früher nur etwas ahnen konnte im Sinne eines technisch gar nicht herstellbaren wissenschaftlichen Ideals. Aber all dies ist noch nicht die vollständige Beschreibung des revolutionären Prozesses, in dem sich Gesellschaften befinden.

Entscheidend ist die Tatsache, dass die Informationsträger zugleich zur Steuerung von Aggregaten von Maschinen benutzt werden können. Produktionsstraßen sind auf diese Weise errichtet worden, Handhabungsautomaten transportieren die Teile von einer Bearbeitungsphase zur anderen. In der Teilefertigung ist die menschenleere Fabrik vielerorts fast Wirklichkeit geworden. Nur noch wenige Ingenieure und Fachkräfte kontrollieren den Lauf der Anlage, wo früher Hunderte gearbeitet haben. In der Montage ist der Automatisierungsgrad geringer, aber auch fortschreitend. Von Informationsgesellschaft zu sprechen ist dadurch insbesondere gerechtfertigt, dass zwischen dem Menschen, der etwas erzeugen will und dem Gegenstand, der dafür bearbeitet werden muss, eine Informationsstrecke gelegt wird. Der Mensch legt nicht mehr Hand an. Je abstrakter die Informationsstrecke, desto wirksamer der Produktionsvorgang. Die Hand schwingt nicht mehr geübt den Hammer oder führt mit Einfühlung die Säge, sondern gleitet über eine Tastatur und erzeugt am Bildschirm neue Wirklichkeiten der Produktion. Dem entsprechen die Kommunikationsprozesse. In den Betrieben ist es außerordentlich wichtig geworden, miteinander zu reden, was unter Bedingungen strikt weisungsgebundener Arbeit als die reine Zeitvergeudung galt.

Die Entwicklung intelligenter Technik und ihre Anwendung in praktisch allen Lebensbereichen hat für die Wissensproduktion und die Verteilung von Wissen in der Bevölkerung zwei wesentliche Konsequenzen:

1. Mehr und mehr faktisches Wissen wird in die Organisation, in die Maschinensysteme hinein verlagert.
2. Eine Kultur intelligenter Technik kann nur aufrecht erhalten werden durch eine möglichst breit gestreute Bildung und Befähigung. Allein die Teilnahme am Kommunikationsprozess erfordert heute mehr als Rechnen und Schreiben. Beide Entwicklungen haben Konsequenzen für die gesellschaftliche Machtverteilung und die Orientierung des Individuums.

Zum ersten Thema: Einbau des Wissen in Organisation und Technik: In den Lehranstalten individualistischer Bildung wird die Voraussetzung gemacht, dass es darauf ankomme, die Kompetenz des Einzelnen zu trainieren, sein Wissen, seine Geschicklichkeit zu maximieren, denn der Einzelne bestimme mit dem Niveau seiner Kompetenz die Qualität der Arbeit, der Zusammenarbeit, schließlich die gesellschaftliche Produktivität. In der individualistischen Betrachtung ist Wissen im Wesentlichen im einzelnen Kopf gespeichert. So wird in den Examina die Fähigkeit der Wiedergabe von Wissen in der isolierten Situation geprüft. Unterhaltung mit anderen ist verboten, Abschreiben sowieso. Sofern das erlernte Wissen später nicht ausreiche, stünden Bibliotheken und Archive zur Verfügung. Steige die Nachfrage nach intelligenter Leistung, so müsse auch – so eine frühere Prognose von Ralf Dahrendorf – die Nachfrage nach Büchern steigen. Mehr Bildung, mehr Bücherlektüre lautete in den sechziger Jahren des zwanzigsten Jahrhunderts die optimistische Formel. Wir wissen inzwischen, dass es zu einer paradoxen Entwicklung kam. Bildungsexpansion und Wohlstand führten nicht zu einer Ausbreitung der Bücherlektüre, sie ging zeitweise sogar zurück. Dieses wohl dokumentierte und seinerzeit sogar prognostizierte Bildungsparadox lässt sich nur aufklären, wenn man die Vorstellung aufgibt, dass Kompetenz nur in einer Person vorhanden sein kann.[97] Dass diese Prognose vollkommen eingetroffen ist, hat dreißig Jahre später noch einmal eine empirische Studie der Bertelsmann Stiftung bestätigt.[98]

Jede höhere Form sozialer Organisation ist nur möglich, wenn Wissen institutionalisiert, das heißt, gleichsam aus dem mentalen ausgelagert und objektiviert wird. Ohne diese Investition von Wissen und seine Dauerpräsenz in Handlungssystemen und -geräten würden gesellschaftliche Gebilde auf einem sehr niedrigen Niveau der Werteproduktion verharren. Die Institutionalisierung von Wissen geschieht zunächst durch die Errichtung von Interaktionsnetzen, in denen die Partner auf festgefügte Erwartungen reagieren. Das Schema dieser Handlungserwartungen, die zu einem Produktionserfolg führen sollen, repräsentiert bereits ein Wissen, das der einzelne Partner in den Handlungszusammenhang nicht mehr einzubringen braucht, aber vielleicht auch dem Umfang und der

---

97 Gerhard Schmidtchen: Wie kann der Buchmarkt wachsen? Archiv für Soziologie und Wirtschaftsfragen des Buchhandels. In: Börsenblatt Nr. 32 (April 1967) – Ders., Lesekultur in Deutschland 1968, und: Lesekultur in Deutschland 1974, ebendort Nr. 70 (August 1968) und Nr. 39 (Mai 1974)

98 Friederike Harmgarth (Hrsg.): Das Lesebarometer – Lesen und Umgang mit Büchern in Deutschland. Eine Bestandsaufnahme zum Leseverhalten von Erwachsenen und Kindern, 1995-1997, Verlag Bertelsmann Stiftung, Gütersloh 1999, S. 37ff. „Trotz Bildungsboom kein Leseboom"

Qualität nach gar nicht einbringen kann. In Mensch-Maschine-Interaktionsnetzen, also in jeder größeren betrieblichen Organisation ist die Wissensinstitutionalisierung zur höchsten Form gelangt. Schon bei der Besichtigung eines chemischen Betriebes ist unmittelbar zu erfahren, dass in ihm mehr Wissen repräsentiert und im Produktionsablauf wirksam ist als der Durchschnitt der Mitarbeiter oder ein Einzelner je erwerben könnte, auch ein Vorstandsmitglied nicht.

Die Verlagerung des Wissens in die Organisation hat verschiedene Konsequenzen. Der Investition von Wissen folgt die Tendenz zur Ritualisierung der Anwendung. Das Wissen, das in eine soziale Organisation eingebaut ist, konkretisiert sich gegenüber dem Akteur in Form von Rollenbeschreibung, Job-Descriptions und spezifischen Signalen, auf die die Handlungspartner reagieren. Was die Geräte angeht, so wird Wissen auf Gebrauchsanweisungen reduziert. Benutzt und beherrscht man die Gebrauchsanweisungen, reagiert man als Handlungspartner erwartungsgemäß auf die Signale der Organisation, so kommt die ganze Produktivität des institutionalisierten Wissens zu Anwendung. Indem man Handlungsanweisungen befolgt, nimmt man an der Intelligenz der Organisation und der Apparate teil. Man muss nicht Schwachstromtechniker sein, um telefonieren zu können, nicht einmal Mathematiker, um die in Computern und ihrer Software investierte Intelligenz nutzbar zu machen. Der Betrieb hochintelligenter Organisationsstrukturen und der Abruf ihrer Leistungen geschieht durch ein Signalhandeln, das sich in der Regel unterhalb jenes Expertenniveaus befindet, das notwendig ist, um die Interaktionsnetze zu errichten, die Maschinen zu erfinden. Auch in hochqualifizierten Berufen ist das nicht anders, Wissen wird zu Bedienungswissen. Der Pilot eines Airbus oder einer Boeing muss ein achtungsgebietendes Wissen und Erfahrung miteinander vereinen und eine Disziplin haben, die der hohen Verantwortung entspricht, die er trägt, und trotzdem verfügt der Pilot über Bedienungswissen, nicht über Konstruktionswissen. Er weiß, wie man die Maschine fliegt, auch – wie wir hoffen – in kritischen Lagen, aber sein Wissen unterscheidet sich von dem Wissen derjenigen, die den Apparat hergestellt haben. Wer mit einer Fähre auf dem Mond landen will, muss sicher ein ungewöhnlicher Experte sein, aber keiner, der in Lage ist, das ganze System jener sozialen und technischen Organisation zu beherrschen, mit dem er sich auf den Mond begibt. Genau genommen, von den Handlungen her gesehen, erreicht man den Mond nicht mit einer Fähre, sondern mit einer Gebrauchsanweisung in Buchform, die den Handlungsablauf der Astronauten enthält. Blatt für Blatt wird diese Anweisung umgeblättert und damit eine Beziehung hergestellt zu dem Handlungsgefüge, das in einem ungeheuren System institutionalisierten Wissens besteht bis hin zum Kontrollzentrum in Houston. Ist die letzte Seite umgeblättert, befindet sich die Mannschaft wieder auf der Erde.

Eine weitere Konsequenz der Investition von Wissen ist die Entwertung klassisch-humanistischer Informationsmittel. Organisationen tendieren dazu, ihre Mitglieder von zu großer Informationsaufnahme zu entlasten. Wenn jeder über das System, in dem er tätig ist, alles wissen müsste, wäre seine Handlungsfähigkeit, die Produktivität außerordentlich eingeschränkt. Je besser die soziale Organisation entwickelt ist, das heißt je mehr Information in die Interaktionsnetze eingebaut ist, desto mehr wird der allgemeine Informationsbedarf des Individuums herabgesetzt. Daraus ergibt sich die Regel: Die steigende Wissensinvestition in die soziale und betriebliche Organisation muss nicht auf einer parallel steigenden Wissensinvestition der beteiligten Individuen beruhen. Eine Verbesserung der Organisation kann sogar in gewisser Weise zur Dequalifikation der Individuen führen. Mehr Rationalität der sozialen Organisation führt nicht notwendig zu größerer Rationalität des Individuums. Der Typus der klassischen humanistischen Bildung wird nur noch von einer verschwindend geringen Zahl von Schülern und Schülerinnen angestrebt, in Deutschland ebenso wie in der Schweiz zeigen das die Schulstatistiken. Eine Ausbildung in den klassischen Sprachen gilt nicht mehr als dienlich, um Führungspositionen in der modernen Berufswelt zu besetzen. Das war Mitte des zwanzigsten Jahrhunderts noch anders. Sehr viel mehr Eltern waren bemüht, ihre Kinder wegen der künftigen Berufschancen auf einen humanistischen Bildungszweig zu schicken.

Mit der Investition von Wissen in Organisation und Technik wächst die Macht der Organisationen. Sie verfügen über das Kapital, solche Systeme zu errichten, für die sie dann allerdings qualifizierte Kräfte brauchen. Die Macht der Organisationen wirkt auf den Arbeitsmarkt und die Bildungspläne zurück. Nicht nur Bildungspolitiker, sondern auch die jungen Leute selbst, orientieren sich in ihren Bildungsbemühungen an den mit Macht und Attraktivität ausgestatteten Berufsbildern. Die Produktionsmacht großer Organisationen und ihre Belohnungskapazität geben dem Wissen, dass sie den Handlungspartnern zu Verfügung stellen, automatisch eine hohe Priorität. Dies beschäftigt die Phantasie. Nach den Gesprächen in der Bahn oder in den Flugzeugen zu urteilen, ist eine Generation damit beschäftigt, über Informatik und computergesteuerte Produktion zu reden. Andere Wissensarten und Wissensquellen werden automatisch an die Peripherie gedrängt und schließlich entwertet. Für

universelle Bildung gibt es keine Anwendungssituation und die Verstärkung ist zum Teil eher negativ. Wenn wir erfahren würden, dass ein Pilot
Rilke liest, bevor er startet, würden wir uns wahrscheinlich Sorgen über
die sichere Landung machen.

Die Macht der industriellen Organisation und auch der Dienstleistungsbetriebe reicht über den Arbeitsmarkt in das Bildungswesen hinein. Die Analyse von Stellenanzeigen vermittelt einen Eindruck, dass
überwiegend spezifische und enge Qualifikationsprofile ausgeschrieben
werden, die zu den Erfordernissen der Organisation passen. Das Bildungssystem wird dem nie ganz gerecht, es hat auch einen politischen
und gesellschaftlichen Auftrag. So entsteht im Bildungssystem trotz aller
Tendenzen, beruflich verwertbare Qualifikationen zu erzeugen, auch
sehr viel beruflich Irrelevantes. Gerade diese irrelevanten kulturellen Befähigungen aber werden wichtig in Zeiten des raschen sozialen Wandels.
Wenn Betriebe zu neuen Verfahrensweisen übergehen müssen, wird das
alte Spezialwissen automatisch entwertet, teilweise jedenfalls. Die Anpassungsfähigkeit an neue Situationen, an neue soziale und wirtschaftliche
Verhältnisse, neue Produktionsbedingungen wird durch allgemeine kulturelle Befähigungen gefördert, die nicht unmittelbar zum Berufsprofil gehören. Abstraktionsvermögen, Übertragungsfähigkeit, Denken in Analogien,
Durchspielen von Alternativen, neues Wissen erzeugen, neue Wege zur
Leistung zu finden, das sind Eigenschaften, die jetzt gebraucht werden. [99]

Die modernen Industriebetriebe haben längst realisiert, dass ihre eigene Anpassungsfähigkeit an einen sich wandelnden Markt und an eine
sich wandelnde Technologie mit bloßem Spezialistentum nicht zu bewältigen ist, sie würden Markt- und Machtverluste erleiden. Es ist ein
Zeichen raschen sozialen Wandels, dass Industriebetriebe sich für Ethik
zu interessieren beginnen. Unternehmungen sind sensibel gegenüber
Chancen des Machtgewinns und Gefahren des Machtverlustes. Wenn der
Machterhalt und der Machtgewinn nur in der technischen, der organisatorischen Entwicklung und deren Geschwindigkeit liegen, dann scheinen sich die Unternehmungen doch auch auf die kulturellen Aspekte des
Humankapitals zu besinnen. Wenn aber Mitarbeiter die Entwicklungs-
prozesse mittragen sollen, dann müssen sie dazu ermächtigt werden. Das
geschieht durch neue Organisationsstrukturen und Rollenzuweisungen,

---

99  Auch Peter Glotz plädiert für eine Verstärkung der Orientierungswissenschaften,
    der Geistes- und Kulturwissenschaften. Glotz, Peter: Von Analog nach Digital. Un-
    sere Gesellschaft auf dem Weg zur digitalen Kultur. Huber, Frauenfeld. Stuttgart,
    Wien 2001.

die ein höheres Maß von Autonomie enthalten, damit aber auch ein höheres Maß von Risiko und Verantwortung. Hier beginnt die ethische Fragestellung. Ethik soll Wettbewerbsvorteile bringen.

Die Verlagerung des Wissens in Organisation und Technologie und die Erweiterung des Wissens in der Arbeitnehmerschaft haben zwangsläufig zu einer Veränderung der Machtverhältnisse in Organisationen geführt. Wesentliche Momente sind der Abbau von Hierarchiestufen, vermehrte Autonomie am einzelnen Arbeitsplatz und in der Gruppe, Herstellung horizontaler Kommunikation anstelle der nur hierarchischen Linienkommunikation, die vertikal verlief. Die Organisationen sind im Laufe der Zeit mächtiger geworden, aber die Mitarbeiter tragen aufgrund ihrer vielfältigen Bildung und mit ihrem Unabhängigkeitsstreben Ansprüche an die Organisation heran, die deren Macht wiederum begrenzen kann.

Zum zweiten Aspekt der gesellschaftlichen Wissensverteilung: Je radikaler und schneller der technische, wirtschaftliche und gesellschaftliche Wandel, desto höher die Anforderungen an die Lern- und Anpassungsfähigkeit des Individuums. Junge Menschen sind hier im Vorteil. Was zum Beispiel den Umgang mit Informatik angeht, so haben wir eine inverse Altersverteilung vor uns. Was für ältere Menschen ein kaum zu bewältigendes Thema ist, beherrscht die jüngere Generation spielend. Wegen des hohen beruflichen Wertes neuer Wissensformen und Fähigkeiten wächst die Machtposition junger Menschen auf dem Arbeitsmarkt und in den Betrieben. Wenn große Unternehmen vorrechnen, dass die Hälfte ihrer Produkte Neuerungen der letzten fünf Jahre sind, dann ist damit zugleich gesagt, dass Erfahrung, die in einer stationären Wirtschaft immer eine sehr große Rolle spielt, gegenüber neuem Wissen und der Neueinarbeitung in Verfahrensweisen abgewertet wird. Langjährige Erfahrung kann sich höchstens auf Abstraktes beziehen, auf die Kenntnis der historischen Entwicklung, auf Folgenabschätzung und auf allgemeine Prinzipien im Umgang mit Mitarbeitern.

In der klassischen Linienorganisation gab es eine hohe Korrelation zwischen dem Wissenstand und der Position im Unternehmen, je höher die Position, desto mehr Wissen. Diese Korrelation ist zusammengebrochen. Der Vorgesetzte weiß in vieler Hinsicht weniger als seine Untergebenen. Er hat insofern einen Machtverlust erlitten, und viele Vorgesetzte haben in den Zeiten der Einführung der Elektronik in die Betriebe diesen Umbruch psychisch nur sehr schwer verarbeiten können. Aber wozu braucht man in der flachen Organisation den Vorgesetzten, wenn seine jüngeren Untergebenen eh mehr wissen als er? Der Vorgesetzte kann ein Spezialwissen haben, ein Führungswissen. Er ist dafür verantwortlich, dass das Team spielt, er ist der Trainer, selbst nicht mehr Spieler. Er soll den Mitarbeitern die Ressourcen verschaffen, die sie brauchen, um arbeiten zu können. Er soll sie fördern. Die Vorgesetztenfunktion verwandelt sich von einer Herrschafts- in eine Dienstleistungsrolle und in dieser kann der Vorgesetzte eine neue Stärke gewinnen.

Durch neue Technologien und organisatorische Reformen können alte Probleme wirksam gelöst werden. Unter allen Mitarbeitern, die den Übergang zur Elektronisierung der Produktion mitgemacht und mitgetragen haben, finden die neue Arbeitswelt besser als die alte. Aber jede noch so enthusiastisch begrüßte Lösung alter Probleme erzeugt neue. Auch davon sprechen die Mitarbeiter, sie haben die Freisetzung von Personal erlebt. Aber auch intern werden neue Schwierigkeiten spürbar. Technischer Fortschritt und organisatorische Anpassung enden nie in vollständiger Harmonie, stabilisieren sich nicht in einem bestimmten Zustand, sondern die Entwicklung geht weiter.

Die Industrie möchte mit attraktiven Produkten preiswert im Markt bleiben. Das bedeutet einerseits Kostenvorteile erzeugen und zweitens die Produktion ständig der Nachfrage anpassen durch Flexibilität und Diversifikation der Produkte oder deren Individualisierung. Das ist mit modernen Produktionsanlagen möglich.

Wenn sich durch technische Investitionen die Kosten nicht mehr senken lassen, dann durch Organisation und durch Beschleunigung der Abläufe. Die Betriebsorganisation tendiert dazu, Zeitreserven aufzulösen. Mit technischen Neuerungen könnte es ja eigentlich in der Industrie gemütlicher zugehen, aber die Mitarbeiter bekommen nicht den Zeitvorteil. Das Unternehmen baut ihn in die Kostenkalkulation ein. Der technische Fortschritt ist dazu angetan, die Muße aus dem Berufsleben zu vertreiben. Die Mitarbeiter aller Stufen spüren den Beschleunigungsdruck. Zeiten und Termine einhalten, insbesondere wenn sie eng sind, ist ein klassischer Stressfaktor. Für diese Art von Organisation zahlen viele Mitarbeiter, die dem nicht gewachsen sind, mit körperlichen Symptomen, von Magenbeschwerden bis Bluthochdruck. Jede Managementtheorie senkt nicht nur Kosten, sondern erzeugt neue, verdeckte Kosten und Unzufriedenheiten, die nach mittlerer Laufzeit zu Ablösung der zunächst so überzeugenden Theorie führen. Es gibt keine ewig gültige Managementtheorie, denn das technische, das organisatorische, das kommunikative und psychologische Wissen schreitet fort.

So sehen sich die Mitarbeiter in den Betrieben und auch die Menschen außerhalb der Betriebe, die indirekt erleben, wie es zugeht, dem ambivalenten Verhalten der Organisationen gegenüber.

Die erste Ambivalenz des technischen Fortschritts: Die Elektronisierung der Produktion entlastet die Mitarbeiter von repetitiver und körperlicher Arbeit, und auch vom Präzisionsdruck, die Maschinen sind präziser als Mitarbeiter es normalerweise sein könnten. Die Maschinen sind fleißiger, unbeirrter. Auf der anderen Seite aber haben die Mitarbeiter, die diesen Fortschritt begrüßten, gleichzeitig gesehen, dass Tempo und Kontrolle der Arbeitsabläufe zunehmen, dass die ständige geistige Anspannung ein Problem eigener Art ist.

Die zweite Ambivalenz: Die Unternehmungen prämieren Anpassung der Kompetenz an die neuen technischen Aufgaben und die Spezialisierung. Gleichzeitig fordern sie aber von den Mitarbeitern Kreativität, also eigentlich einen gewissen Ungehorsam gegenüber den bestehenden Lösungen, und als Generalist über den eigenen Spezialbereich hinauszuschauen.

Die dritte Ambivalenz besteht im Identifikationsdilemma. Die Unternehmungen verlangen, und das zum Teil ausdrücklich, die Identifikation mit dem Unternehmen und seinen allgemeinen Produktionszielen, mit seiner Philosophie. Identifikation heißt Bündelung der Motivation. Gleichzeitig aber setzen die Unternehmungen den Nutzen der Identifikation herab. Der Gegenwert der Identifikation ist Sicherheit. Die aber wird in der modernen Unternehmenspraxis nicht mehr gewährt. Die Forderung nach Flexibilität und Mobilität bedeutet für die Mitarbeiter in vielen Fällen die Wandlung, die Minderung oder Beendigung des Arbeitsvertrages. So nimmt es nicht Wunder, dass die Mitarbeiter sich nicht mehr identifizieren möchten. Sie bevorzugen ein Engagement auf mittlere Sicht und kümmern sich um die Verbesserung ihrer persönlichen Kompetenz.

Mit den hier angedeuteten Ambivalenzen verlieren die Unternehmungen einen teil der Macht über die Motive der Mitarbeiter. Die Unternehmungen verlangen von den Mitarbeitern nach wie vor hohe Motivation, behalten sich aber vor, auch motivierten Mitarbeitern gegenüber treulos zu werden. Der Markt entschuldigt. Die Mitarbeiter antworten einerseits mit hoher Berufsmotivation, jedoch als Moment ihrer eigenen Persönlichkeitsentwicklung und andererseits mit Institutionen-Skepsis.

Traditionell war steigende Sachkompetenz mit steigender Machtfülle in der Statushierarchie verbunden. Das ist nicht notwendigerweise mehr der Fall. Die Mitarbeiter wurden kompetenter, aber innerhalb der Unternehmen nicht mächtiger. Die Unternehmungen steigerten ihre Macht überproportional. Der Einzelne ist auch bei großer Anpassungsleistung und geistiger Anstrengung nicht mehr Herr über die Einkommensentwicklung. Auch die Tarifverträge spiegeln das ungleiche Machtverhältnis. Die Arbeitseinkommen stiegen sehr viel schwächer als die Kapitaleinkommen. Die Gewerkschaften bieten keinen Schutz mehr vor Entlassungen. Ihnen wird vorgeworfen, durch zu hohe Forderungen die Entlassungen herbeizuführen. Die Unternehmungen suchen Sicherheit im globalen Wettbewerb, aber die Mitarbeiter erwerben keine Sicherheiten. Die alte Formel, Kompetenz und Loyalität gegen Sicherheit, gilt nicht mehr.

In einer Manageruntersuchung für die Bertelsmann Stiftung zeigte sich sehr deutlich, dass mit guter und vertrauensvoller Eingliederung in den Betrieb auch die politische Zuversicht steigt, die deutsche Demokratie könne die Zukunftsaufgaben meistern. Bei den Managern, die sich nicht gut eingegliedert fühlen, macht sich nicht nur politische, sondern – wie schon dargestellt – auch moralische Skepsis breit, mit Moral komme man nicht weit. Bestehen bleibt lediglich der Gedanke, dass Bildung sich doch eines Tages auszahlt.[100] Die Belastungen, die der Umbau unseres Wirtschaftssystems mit sich bringt, werden nicht rein individuell verbucht, sie beeinflussen das Gesellschaftsbild, die Vorstellung von der Moral der Institutionen und sie schlagen durch auf die Politik.

## 5.3. Macht als ein Leitmotiv der Orientierung in Gesellschaft und Politik

Mittellos kann man nicht handeln. Ohne materielle und geistige Ressourcen, ohne physische Selbstbehauptung fehlen die existenziellen Voraussetzungen für das Individuum und die Institutionen. Machtlose Institutionen wirken lächerlich. Die machtvollen dagegen bekommen verschiedenartige Aufmerksamkeiten. Macht ist erstens attraktiv, es gibt das Phänomen, das vieles zum Zentrum der Macht hinstrebt und sich von der Nähe zur Macht definiert. Alles zieht nach Berlin. Zweitens aber interessiert die Frage, in welcher Weise und wozu Macht benutzt wird. Spitäler und Ausflugsdampfer, Schulen und Fluggesellschaften, Wohlfahrtsverbände und gesetzliche Einrichtungen, die Ordnung garantieren, sind sinnfällige Beispiele für Machtkonzentration. Jede Machtkonzentration aber muss sich vor dem klassischen demokratischen Argwohn rechtfertigen, sie könne ihre Mittel falsch einsetzen. Macht muss sich legitimieren. Die Basis der Legitimationsfrage ist der Gleichheitsgrundsatz.

---

100 Gerhard Schmidtchen: Lebenssinn und Arbeitswelt, Bertelsmann Stiftung 1996, S. 121

Warum ist die Macht unterschiedlich verteilt, warum haben Institutionen und Menschen eine Macht, die andere nicht haben? Machtunterschiede werden hingenommen, wenn sie dem Gemeinwohl dienen, sie erscheinen sogar wünschenswert, wenn auf andere Weise wichtige Werte der Gesellschaft nicht erreicht werden können. Gerechtigkeit ist legitimierte Ungleichheit. Die rechtliche Sonderstellung des Arztes zum Beispiel wird im Interesse der Erhaltung oder Wiedergewinnung der Gesundheit akzeptiert. Eingeschlossen in diese Anerkennung ist die gesicherte Erwartung, er werde nach allen wissenschaftlich gesicherten Erkenntnissen verfahren. Legitimationsfragen können nicht ein für allemal beantwortet werden, sie sind der ständige Begleiter der Institutionen. Die immer wieder sich erneuernde Diskussion um die Kosten des Gesundheitswesen sind ein Beispiel für den stetigen Rechtfertigungszwang der Institutionen.

Die Bürger wissen, dass es keine idealen Institutionen gibt und deswegen möchten sie Einfluss haben, um die Arbeitsweise öffentlicher Einrichtungen zu verbessern, ihnen mehr Legitimität zu verleihen. Die Bürger wünschen sich also eine bestimmte Macht, soviel Macht, um den Lauf der Dinge in ihrem Sinne beeinflussen zu können. Wieviel Macht die Bürger haben, ist nicht nur eine Frage der Verfassung und des Wahlrechts. Die Macht der Bürger hat zwei Komponenten, erstens ihre wissensmäßige Kompetenz und zweitens, ihre Einschätzung, auf welche Weise man etwas bewirken könne. In der politischen Verhaltensforschung der USA wird synonym von civic competence, subjektive competence, perceived self-influence oder political efficacy[101] gesprochen. In internationalen Vergleichen zeigte sich, dass die Bürger der USA und des Vereinigten Königreiches sich wesentlich mehr politische Kompetenz und Einflussmöglichkeiten zuordneten als die Bürger der Bundesrepublik. Das Gefühl subjektiver Kompetenz, man könne die Politik in der Gemeinde, im Bund, in den Grundrechtsfragen oder in der Steuerpolitik beeinflussen, wächst mit Bildung und mit politischem Interesse. Das ist international so. Der zweite Aspekt aber ist der, für wie beeinflussbar man die politischen Institutionen hält, ob sie reagieren oder nicht. In einer Untersuchung im Zusammenhang mit dem deutschen Terrorismus wurde dazu die Frage gestellt, wie beweglich oder wie starr das System der Bundesrepublik ist. Die Neigung zu einer aggressiven Politik, auch unter Einschluss von Gewalt, ist dort am höchsten, wo politisches Inter-

---

101 Gabriel A. Almond, Sidney Verba: The Civic Culture revisited. Sage, Newbury Park 1989. Samuel H. Barnes, Max Kaase: Political Action. Sage, Beverly Hills 1979

esse und/oder persönliche Kompetenz sich mit dem Gefühl paaren, das System als Ganzes sei unbeeinflussbar.[102] Allgemein kann man sagen, dass Bürger, die sich kompetent, aber ohnmächtig fühlen, zu einem anomischen Verhalten übergehen, das nicht mehr den Anforderungen und Regeln demokratischer Kommunikation genügt. Anomisches Verhalten kann auch darin bestehen, dass Menschen sich zurückziehen, ihre Pflichten als Staatsbürger nicht mehr wahrnehmen.

Vor diesem Hintergrund sind Befunde aus der politischen Jugendforschung in Deutschland seit 1980 beunruhigend: Während in der Bundesrepublik zwischen 1980 und 1986 nur ein Viertel der jungen Menschen sagte, sie fühlten sich politisch bar jeden Einflusses, ohnmächtig, erklärten dies 1995 im Westen knapp die Hälfte, im Osten mehr als die Hälfte der Jugendlichen und jungen Erwachsenen zwischen 15 und 30.[103] Ein politisch-psychologischer Erdrutsch ungewöhnlichen Ausmasses hatte sich ereignet. Für Beobachter, die ihren Blick nur auf die formalen Aspekte des politischen Systems gerichtet hielten, war dieser Befund völlig überraschend, wenn nicht gar unglaubwürdig. Die Forscher ernteten ministeriellen Zorn. Es hatte sich doch nichts geändert, das Wahlrecht nicht, und die Zahl der Transporteure politischer Meinungen hatte eher noch zugenommen. Die Parteienlandschaft wurde vielfältiger, es gab Bürgerinitiativen, Selbsthilfegruppen. Zudem ergingen immer wieder Aufforderungen an die Bürger zur politischen Mitwirkung. Die Information über politische Vorgänge durch die Massenmedien wurde nicht weniger, sie hat sich eher noch verbessert. Was also hat sich zugetragen?

Die Bürger wurden kompetenter, aber sie erlebten auch steigende Machtkonzentrationen: big business and big government.

In der zweiten Hälfte des 20. Jahrhunderts hat sich der Anteil des Staatshaushaltes, aller öffentlichen Haushalte am Bruttoinlandsprodukt von etwa 35 Prozent auf über 50 Prozent gesteigert. Dies wurde Ende der 80er Jahre und im Zusammenhang mit der Wiedervereinigung mehr und mehr thematisiert. Der Staat wurde mächtiger. Der Bürger sieht sich nicht nur big government gegenüber, sondern auch wachsenden Großorganisation in Gesellschaft und Wirtschaft. Die Fusion von Großunternehmen, das Wachstum und die Konkurrenz von Riesen der Verteilung haben bis in die Architektur und Soziologie der Städte zurückgewirkt.

---

102 Gerhard Schmidtchen: Jugend und Staat. In: Matz und Schmidtchen: Gewalt und Legitimität, Westdeutscher Verlag, Opladen 1983
103 Gerhard Schmidtchen: Wie weit ist der Weg nach Deutschland? Leske + Budrich, Opladen 1997, S. 265

Der kleine Mittelstand ist nahezu verschwunden, das sogenannte Ladensterben längst vergessen. Was den Ladenstraßen nach zu urteilen wie kleinteiliges Angebot aussieht, entpuppt sich nach einigen Reisen als örtliche Präsenz überregionaler Verteilerketten. Neue Stadtteile werden durch Großunternehmungen erschlossen und nicht mehr durch eine Vielzahl von Einzelbauherren geprägt. In der Stadtentwicklung werden die Bürger zu Zuschauern, die zum Teil mit wirkungsloser Empörung betrachten, was mit ihrer Stadt geschieht. Sie können nicht gestaltend Einfluss nehmen, es gibt keine Volksabstimmungen über Bauvorhaben. Die Bürger haben das Gefühl, dass sie arroganten Mächten gegenüberstehen.

Während die Macht des politischen Systems und seiner Institutionen, die Macht der Unternehmungen spektakulär gewachsen ist, blieben die formellen Einflussmöglichkeiten der Bürger die gleichen. Während Gesellschaft und Politik sich bewegten, hat sich verfassungsrechtlich nichts bewegt. Die Bürger erlitten einen relativen Machtverlust. Ihr Stimmzettel wurde entwertet, die Bürger sehen sich nicht mehr im Besitz ausreichender politischer Machtmittel.

Die relative Machtsituation der Bürger gegenüber dem Gemeinwesen hat sich zwar verschlechtert, aber den Bürgern ist auch etwas zugewachsen: Verbreitete Bildung, Einkommen, berufliche Kompetenz und im Beruf Verantwortung für hohe Investitionssummen, besserer Gesundheitszustand, mehr Freizeit, längeres Leben. Damit verfügen sie über gute Voraussetzungen, um Kritik am System formulieren zu können. Eine Steigerung der persönlichen Ressourcen ist aber keine Kompensation für relative Machtlosigkeit im politischen Bereich. Im Gegenteil, gebildeter, informierter, wirtschaftlich erfahrener als je zuvor, wären die Bürger besser als früher in der Lage, sich politischen Fragen zu widmen. Da die meisten aber kein wirksames politisches Zahlungsmittel sehen, reagieren sie resigniert oder mit negativen Meinungen über die Qualifikation des Regierungssystems. Die Institutionen erleben den Rückzug der Loyalität ihrer Bürger. Dies hat Konsequenzen für das Verhältnis der Bürger zu den Parteien. Das Wahlverhalten ändert sich strukturell.

Richard Rose, der in der Tradition der hervorragenden britischen Wahlforschung steht, hat beschrieben, dass sich in Großbritannien immer weniger Wähler in ihrer politischen Entscheidung an der Klasse orientieren, aus der sie kommen. Der Schluss von der Klassen- oder Berufszugehörigkeit auf die Wahlentscheidung ist immer weniger möglich. Die Identifikation mit den Parteien lässt nach, die Neigung, Gruppierungen zwischen Tories und Labour zu wählen nimmt zu, die Beziehungen zwischen sozialer Struktur und Wahlverhalten lockert sich. Inzwischen sprechen Konservative und Labourführer davon, dass ihre Wähler einen Querschnitt der Bevölkerung bilden, also aus allen Schichten kommen. Eine Polarisation nach Klassen gibt es nicht mehr.

Ähnliche Entwicklungen haben sich in Deutschland zugetragen. Die Zahl der unentschiedenen Wähler nimmt zu, die Zahl der Wähler, die bewusst wechseln, ist im Wachsen begriffen und auch die Zahl derer, die dabei einen Unterschied zwischen Landtags- und Bundestagswahl machen. War früher die Wahlentscheidung gleichsam in der Obhut einer sozialen Schicht und Gruppierung, messbar nach Beruf, Konfession und Stadt, Land, so fühlen sich die Wähler heute nicht mehr gegenüber irgendeiner sozialen Gruppe bei ihrer Wahlentscheidung verantwortlich. Die Bewegungen des Beschäftigungssystems haben die Statusgrenzen verwischt. Labour im Sinne von Arbeiterschaft gibt es immer weniger. Auf wen kann sich eine Arbeiterpartei stützen?

Die Formel von New Labour konnte zu einem Erfolg werden, weil mit neuen Formen der Arbeit eine Angestelltengruppe entstanden war, die nun eine neue Interessenvertretung suchte. New Labour hieß nicht nur, wir sind jetzt eine neue Partei, sondern es gibt auch neue Art von Arbeit zu vertreten. Wenn die Klassenzugehörigkeit der Wahlentscheidung keine Struktur mehr verleihen kann, wird sie auf die Subjektivität bezogen. Die Entscheidungen fallen nach stimmungsmäßigen Nutzenabwägungen und Übereinstimmungserlebnissen. Es ist ein mystischer Zug in diesen modernen Wahlentscheidungen und wenn es so ist, dann ist ihr auch ein anarchisches Moment eigen, des Rückzuges der Verantwortlichkeit gegenüber äußeren Strukturen. Richard Rose gab seinem Buch den Titel „Voters Begin to Choose" (die Wähler beginnen wirklich zu wählen).[104] Man habe sie als instabil gescholten, aber sie seien doch nur choosy, wählerisch. Die Diagnose ist die gleiche, nur sagt sie noch nichts über das Verantwortungsgefüge aus.

Wir haben also eine Wählerschaft vor uns, die ihre Klassenbindung als politische Orientierung verloren hat, die gleichzeitig politisch interessierter und kompetenter ist als früher und die drittens gegenüber den großen gesellschaftlichen Organisationen und big government an Einfluss eingebüßt hat. Diese Expropriierung, die Vorenthaltung politischer Ausdrucksmittel, beschreibt nichts anderes als eine klassische proletarische Situation. Die Folgen sind ebenfalls klassisch. Die Wahlkämpfe nehmen zirzensischen Charakter an, Sachprobleme werden diffus disku-

---

104 Richard Rose and Ian McAllister: Voters Begin to Choose. From Closed-Class to
    Open Elections in Britain. Sage, London 1986

tiert, Personen spielen eine entscheidende Rolle und die Wahl selbst kann das Ohnmachtsgefühl der Wähler nicht beheben. Gegenreaktionen sind wahrscheinlich. Die Bundestagswahl 1998 und die Landtagswahlen im folgenden Jahr haben eine Volatilität der Wähler, eine Wechselhaftigkeit von bisher nicht beobachtetem Ausmaßen gezeigt.

Für die Stabilität der Demokratie und die Regierungsfähigkeit des Systems ist dieses subjektivistische Wählerverhalten eine Risikoquelle. Wenn die soziale Schicht, die Klasse nicht mehr der Verantwortlichkeitsanker der Wahlentscheidung ist, dann muss diese Verantwortung einen neuen Außenhalt bekommen. Die Parteien sind nicht in der Lage und auch nicht dazu berufen, die ganze Wählerschaft zu organisieren. Das können nur Bürgergruppen tun, die dafür einen gesetzlichen Handlungsrahmen vorfinden und der kann nur in der Ausweitung der politischen Rechte bestehen, insbesondere in der Gemeinde, dann in den Ländern und zum Teil auch im Bund. Direkte Mitbestimmung in Sachfragen auf Gemeindeebene wäre die Basis für ein neues Gleichgewicht zwischen Bürgereinfluss und Verantwortung. Voraussetzung dafür ist nicht nur eine Verfassungsreform, sondern auch die Anpassung des Finanzsystems. Die Steuerhoheit der Gemeinden und der Länder wäre eine wesentliche Voraussetzung für eine sachbezogene Bürgerbeteiligung. Die direkte Demokratie darf nicht als plebiszitäre missverstanden werden. Die Vorlagen, die zur Abstimmung kommen, sind mit ausführlichen Orientierungstexten versehen, verlangen Einarbeitung in die Materie. Nicht alle werden dazu bereit sein, aber die Zahl der Bürger, die das tun, ist genügend groß, um eine fruchtbare Kontrolle auszuüben. Die Angst vor dem Bürger, der ausgedehntere Rechte in der Hand hat, ist unbegründet. Fürchten muss man den Bürger, dem man zumutet, trotz hoher Kompetenz in einem Zustand der Machtlosigkeit gegenüber dem politischen System zu verharren. An den Widersprüchen in der Wählerschaft und ihrem widersprüchlichen Verhalten sind immer auch die Institutionen beteiligt. Deswegen darf eine Diskussion um die notwendige Verfassungsreform kein Tabu sein.

## 5.4. Die notwendige Reorganisation des politischen Systems: Mehr direkte Demokratie

Technische Entwicklungen und Wettbewerb um Märkte haben die Industrie veranlasst, die Kontrollsysteme umzubauen. Flache Organisation, Verlagerung der Kontrolle von der Hierarchie in die Gruppe, oder zum

Einzelnen, Qualitätszirkel, ressortübergreifende Entwicklungsgruppen sind die Stichworte. Die Autonomie und die Verantwortung der Mitarbeiter und Mitarbeiterinnen wachsen. Der Anteil der Dienstleistungen, insbesondere der intelligenten, an der Produktion steigt, auch innerbetrieblich. Ein Automobil ist zu vielleicht 70 Prozent Dienstleistungsprodukt, seine sichtbare materielle Form ist nur ein Bruchteil des Produktionswertes. Hätten sich im politischen System ähnlich große Veränderungen wie in der Industrie zugetragen, würde wir heute von Revolution sprechen. Behörden folgen trotz der vielen dort aufgestellten Computer einem hierarchischen Verständnis von Exekutive. Ministerien zum Beispiel verstehen sich nicht als Dienstleistungsbetriebe, was sie aber sein sollten. Das Regierungssystem befindet sich in einem Zustand des „cultural lag", ist kultureller Nachzügler bestenfalls, ist vielleicht einfach auf stabile Weise rückständig.

Die Botschaft der USA in Berlin ist wahrscheinlich die modernste politische Organisation auf deutschem Boden. Ressorts wurden abgeschafft zu Gunsten von heterogen zusammengesetzten Task Groups, die sich einem aktuellen Thema widmen können. So ist eine schnelle und anpassungsfähige Organisation entstanden, die neues Wissen organisieren kann, wenn eine Situation es erfordert. Deutsche Ministerien dagegen haben Schwierigkeiten, selbst das schon vorhandene Wissen zu mobilisieren und anzuwenden.

An diesem Zustand wird sich erst dann etwas ändern, wenn das politische System an seine Leistungsgrenzen kommt. Diese werden langsam sichtbar: Wachsende Abstinenz der Wähler, sinkendes Vertrauen in die Politik, Skepsis gegenüber der praktisch in der Politik verfügbaren Intelligenz. Wenn vor einem Publikum die Politik als System fest institutionalisierter und hochbezahlter Dummheit charakterisiert wird, gibt es Szenenapplaus – eine bedrückende Erfahrung. Die Grenzen der Problemlösungsfähigkeit werden sichtbar am Staatshaushalt, der nicht in Ordnung kommen kann, solange nur das Wohlwollen der Wähler finanziert werden soll. Das kann nur in Verschuldung enden. Ein falsches Bild von der Rolle und der Befähigung des Bürgers herrscht in der zentralistischen repräsentativen Demokratie. André Glucksmann: „Die Hypothese, dass er (der Wähler) denken, ja sogar richtig urteilen kann, wird erst gar nicht erwogen. Ein Wählervolk, das es für möglich hält, in der Politik die Wahrheit zu sagen, ist sicher alles andere als entpolitisiert."[105]

---

105 André Glucksmann, a.a.O., S. 126

Die Machtverteilung in der Gesellschaft hat wesentliche Bedeutung für die Produktivität und den inneren Frieden. Die politische Machtverteilung in der Bundesrepublik ist unzweckmäßig, zu vieles wird oben entschieden, was unten, vor Ort besser und mit mehr Intelligenz geregelt werden könnte. Wenn die Bürger mehr Macht bekämen, durch Formen der direkten Demokratie, zunächst in der Gemeinde, hätte es bedeutende Konsequenzen für die soziale Kommunikation. Unter Bedingungen zentralistischer Repräsentation läuft die Kommunikation vertikal, meist über Massenmedien, seltener von unten nach oben über Instanzenzüge oder mühsame innerparteiliche Wege.

Politisch mächtige Bürger dagegen kommunizieren eher horizontal. Weil eben auch die Mitbürger die Macht haben, etwas zu ermöglichen oder zu verhindern, werden sie wichtiger füreinander, sie betrachten sich mit Aufmerksamkeit und dem Interesse an Konsensbildung. Die neuen Medien können gerade in der Gemeindepolitik eine herausragende Rolle spielen. Das Klima der „Entpolitisierung", wie wir es in der zentralistisch-repräsentativen Demokratie kennen, würde durch Verantwortungsbewusstsein abgelöst.

# 6. Signale der Gewalt

Solange wir zurückdenken können, bekommen wir quälende Nachrichten über organisierte terroristische Gewalt. Nordirland, das Baskenland, Israel und Palästina. Deutschland, New York und Afghanistan sind die geographischen Erinnerungszentren. Die Großmacht USA befindet sich im Krieg gegen den global organisierten Terror und wir mit ihr. Darüber wird vergessen, dass es individuelle und politisch motivierte Gewalt im Innern der Gesellschaften gibt, die sich als friedlich verstehen.

Ist individuelle Gewalt ein Orientierungsdebakel oder ist ihr schreckliche Rationalität eigen? Warum wirkt die Informationsgesellschaft gegenüber einer kleinen Minderheit von Gewalttätern unbeholfen?

Gewalt bricht nicht unbändig aus dem Biologischen hervor, wie es einfache und immer noch populäre Triebtheorien darstellen. Unbeherrschbare Triebhaftigkeit wird von Tätern und deren Anwälten vor Gericht als Entlastungsgrund angegeben, so als hätte der Angreifer keine Wahl gehabt, als sei der Gewaltakt naturhaft, ohne Vorsatz aus ihm herausgeplatzt. Es gibt junge Täter, die schon im ersten Verhör argumentieren, sie hätten unter einem Aggressionsstau gelitten, sie hätten die Aggression herauslassen müssen. Dahinter steht eine falsche Katharsistheorie, das Drainagemodell der Aggressivität. Der Stau der aggressiven Gefühle käme von der Gesellschaft her, sie trüge die Verantwortung. Die Gesellschaftskritik hat inzwischen eine popularisierte Form angenommen. Wenn ein Schüler mit schlechten Noten nach Hause kommt, dann weiß er sogleich, woran es liegt: am Elternhaus, der Vater hat eine Ohrfeige verdient.

Die Lehre von dem nicht beherrschbaren Gefühlsstau hat forensischen Wert, wenn auch die Richter daran glauben. Nicht bekannt wurde bisher indessen, dass jemand sich damit zu verteidigen suchte, er habe unter dem Zwang von Trieb und Instinkt gestanden, sei also ein armes Tier, das man nicht verurteilen könne. Aggressives Handeln steht immer

im Dienst von etwas, somit ist Kalkül in ihm enthalten, wenn auch zu
oft ein primitives. Aggressivität hat immer ein Gegenüber, ein Objekt
und steht damit in einem mentalen und sozialen Zusammenhang. Gewalt gegen Personen und Sachen ist immer etwas Negatives: Verletzung,
Einschüchterung, Beschädigung, und die Täter wissen das auch. Sie versprechen sich jedoch positive Folgen: Dominanz zum Beispiel oder eine
Dokumentation ihres Protestes. Aggressivität und Gewalt gehören zu
den Strategien sozialen Einflusses. James T. Tedeschi analysiert Aggressivität unter dem Gesichtspunkt einer Theorie sozialen Einflusses. Zentraler Begriff seiner Betrachtungen ist der subjektiv erwartete Wert einer
Handlung. Der Täter rechnet sich immer irgendetwas Positives aus. Tedeschi zeigt, unter welchen Bedingungen er das tut und warum er meistens mit seinen Erwartungen danebenliegt.[106] Damit ist ein Übergang
möglich zur Betrachtung aggressiver Handlungen unter Gesichtspunkten
der sozialen Kommunikation.

Akte der Gewalt beschädigen immer das Bild einer guten Gesellschaft.
So individuell ein Gewaltakt auch sein mag, er bekommt eine Bedeutung
für das Ganze. Jugendliche erschlagen einen Ausländer, zünden Häuser
an, Polizeibeamte werden erschossen. Die über die Medien ermöglichte
Anteilnahme der Öffentlichkeit zeigt, dass solche Taten zu einem Makel
der Gemeinschaft wurden, die sich dann in Demonstrationen zu den
Werten des Friedens und der Humanität bekennt. Die individuelle Tat
wird zu einem Kollektivum. Die Reichweite der Gewalt ist groß. Scham
kommt über die Gesellschaft.

Aus der Perspektive der friedfertigen Gesellschaft erscheint Gewalt
unverständlich. Das Skandalöse dieser Taten wird dadurch noch erhöht.
Politiker drücken öffentlich das Gefühl ihrer Hilflosigkeit aus. Wo Erklärungen fehlen, werden zunächst Prinzipien beschworen. Gefestigt
wird dadurch das Selbstbewusstsein der Gemeinschaft. Präventive Wirkungen gehen von solchen symbolischen Handlungen nicht aus.

Wieder anders stellt sich das Kommunikationsgeschehen über die
Krawalle im Umfeld der Fußballmeisterschaften dar.[107] Neben und unterhalb der eigentlichen Ballspiele finden noch ganz andere statt. Die
Fußballfans bekriegen sich nach nationalen oder regionalen Zugehörigkeiten oder Identifikationen. Diese Kämpfe unter Fans sind für viele die

---

106 James T. Tedeschi: The Social Influence Processes. Aldine, Atherton. Chicago, New
   York 1972. Eine kurze Darstellung der Theorie von Tedeschi, in: Gerhard Schmidtchen, Wie weit ist der Weg nach Deutschland, S. 223ff.
107 Gerhard Schmidtchen: Wie unschuldig ist der Fußball? Sozialpsychologische Betrachtungen über Gewalt bei Sportereignissen. Neue Zürcher Zeitung, 129, 7. Juni 1985

Hauptspiele, deswegen kommen sie, wohlgerüstet und mit Plänen im Kopf, um „Räuber und Gendarm" aufzuführen. Diese Subspiele werden inszeniert unter Beteiligung der Medien und der Polizei. Die Bühne für die Allotria-Spiele steht bei jeder großen Fußballbegegnung bereit. Die Steuerzahler tragen die Kosten der Inszenierung. An Nachwuchs für Randalierer scheint es in keinem Land zu fehlen. So wird eine große Sportart allmählich zum Symbol für das Versagen der sozialen Kommunikation und der moralischen Erziehung.

Tiefgreifender als individuelle Gewalt sind die Wirkungen terroristischer Angriffe. Terroristen zielen mit ihren Anschlägen, Entführungen und Morden auf das „System", auf eine bestehende Ordnung. Die Verunsicherung ist größer, symbolisches Handeln reicht nicht aus, um die verbreiteten Ängste zu reduzieren. Der Staat soll die Terroristen wirksam bekämpfen, die gute lebbare Ordnung gegen Utopisten verteidigen. Der Ruf nach verstärkten polizeilichen Ermittlungen und Einsätzen, nach drakonischen Strafen wird laut.

Zur terroristischen Gewalt gehört immer ein geistig-organisatorischer Hintergrund, der sehr strikt ist und auch Terror nach innen kennt, sonst würden sich unwahrscheinliche und zugleich entsetzliche Taten wie am 11. September 2001 nicht ereignen können.

Gewalttaten und Ausschreitungen lösen regelmäßig Interpretationsvorgänge aus, privat und öffentlich. Viel kriminologisch und anderweitig Kluges ist zu hören und zu lesen. Dominierend ist die Spekulation über Ursachen, so als hätte man dann den Hebel zur Prävention in der Hand. Die Erkenntnisse haben nicht wesentlich weiter geführt, auch nicht die der großen Gewaltkommission der Bundesregierung. Dies ist das Motiv, über drei unangenehme Themen zu sprechen: die Vergeblichkeit der Ursachenforschung, die Versäumnisse der moralischen Erziehung und die Angst vor einer Politik der Abschreckung.

## 6.1. Holzwege der Ursachenforschung

Die Frage nach den Ursachen der Gewalt ist durch die Hoffnung inspiriert, man könne diesen Fehlentwicklungen menschlichen Verhaltens entgegensteuern und das staatliche Gewaltmonopol aufrechterhalten. Die ungeduldige Frage, welches sind denn die Ursachen der Gewalt, des Terrorismus, wurde in der Vergangenheit in Deutschland meistens von Juristen formuliert und an die Sozialwissenschaftler weitergereicht. Wer Ursachen erforschen will, muss sich mit dem beschäftigen, was den Taten vorausgeht, also mit Vergangenem. Denn Ursachen gehen den Wirkungen immer voraus. Die „Ursachenforschung" verliert sich deswegen in den Verästelungen der Biografien und im Dschungel gesellschaftlicher Bedingungen und Nischen. Manchmal glauben Forscher, fündig zu werden, wie der Kriminologe Christian Pfeiffer, der die Gewalt in Ostdeutschland auf das Toilettentraining der Kleinkinder in der DDR zurückgeführt hat. Wenn so früh in der Jugend fixe Persönlichkeitsdispositionen entstehen, die im Alter noch verhaltenswirksam werden, dann stehen wir einer Prädestinationslehre gegenüber: Fehler in der Kindererziehung sind schicksalsbestimmend und können nicht kompensiert werden. Wer präventiv schnell etwas tun will, hat mit dieser Theorie schlechte Karten. Er muss warten, bis eine neue, bessererzogene Generation heranwächst. Dieser Typus der Ursachenforschung ist durch Psychoanalyse und Soziologie nahegelegt worden. Erziehungstraumata bzw. gesellschaftliche Bedingungen bestimmen das Bewusstsein. Man untersuchte vor allem Defizite, also etwas Negatives, das später die negativen Handlungen produziert. Im einzelnen wurde geforscht nach Defiziten ökonomischer Art, schlechten Bildungs- und Berufschancen, kultureller Armut der Eltern, ganz allgemein nach Belastendem in der Sozialisation. Das Übel, das Böse suchten Soziologen und Politiker in defizitären sozialen Strukturen. Immer ist in diesen Analysen irgendeine Sorte der Armut im Spiel, die man beheben möchte. Was tut man angesichts solcher Mängel sozialer Verhältnisse? – Man gleicht sie mit Geld aus. Kaum brannten die ersten Ausländerunterkünfte, wurde das sogenannte AGAG-Projekt, die Aktion gegen Ausländerfeindlichkeit und Gewalt, aufgelegt. Es wurde von der Bundesregierung in den 90er Jahren des letzten Jahrhunderts lanciert, finanziert mit 20 Millionen pro Jahr. Diese Mittel flossen in die Jugendarbeit. Man wollte Gewalt hinwegfinanzieren. Das war der Versuch eines finanziellen Exorzismus. Die Ergebnisse waren nicht beeindruckend, das Böse ist nicht gewichen, die Gewaltorientierung blieb. Ihr Kern ist geistig-organisatorischer Natur. Geist und Ungeist aber hören nicht ohne weiteres auf Geld.

Am 16. Dezember 1987 hat die deutsche Bundesregierung eine „unabhängigige Regierungskommission zur Verhinderung und Bekämpfung von Gewalt (Gewaltkommission)" berufen. Ihr Auftrag war es, die Ursachen der Gewalt zu untersuchen sowie Konzepte zur Verhinderung und Bekämpfung von Gewalt zu entwickeln. Die Ergebnisse liegen in einem vierbändigen Werk vor.[108] Die Sozialwissenschaftler dieser Kommission

---

108 Schwind/Baumann u. a. (Hrsg.): Ursachen, Prävention und Kontrolle von Gewalt, Duncker & Humblot, Berlin 1990

waren nicht einem einfachen Ursachendenken verhaftet. Sie lenkten das Augenmerk auf Interaktionsprozesse, in denen Gewalt entsteht. Auslöser- und Rückkopplungsprozesse werden bedacht. Besonders erwähnt wird ein negatives Selbstkonzept als eine Basis aggressiven Verhaltens. Persönlichkeitsmerkmale finden Aufmerksamkeit, Lernprozesse, die Gewalt begünstigen, wenn also Gewalt belohnt wird, Lernen am Modell und Fehlen positiver Vorbilder. Soziale Normen und Definitionen können erlernt werden, die Gewalt begünstigen, schließlich Feindbilder. Gewalt in der Familie präge das spätere Verhalten. Das Fernsehen wird erwähnt, es bringe zuviel gewaltlegitimierende Darstellungen. Wie in einer Prozession werden Einflussfelder besucht und begutachtet. Überall entdeckt man, dass die Täter eigentlich soziale Unfallopfer sind. Sie konnten kein gutes Selbstkonzept entwickeln, haben falsche Normen gelernt, orientieren sich an falschen Vorbildern, haben schlechte Eltern, bekommen im Fernsehen falsche Konfliktlösungsmodelle serviert und setzen schließlich Gewalt als Konfliktlösungsmittel in der sozialen Interaktion aktuell ein. Man hat nicht den Eindruck, dass die Täter in dieser Darstellung als handelnde Personen wahrgenommen werden. Sie werden von Amts wegen depersonalisiert. Die Verantwortung für ihr Tun liegt im Umfeld bei den Eltern, bei den Medien. So fallen auch die präventiven Empfehlungen aus, für ein besseres Elternhaus sorgen, für bessere Schule, gebildete Lehrer, die über Konfliktlösung sprechen können, Restriktionen für das Fernsehen. Aber: Gewaltfreie Erziehung ist keine Garantie gegen Verwahrlosung.

Was geht in den Tätern wirklich vor, wie sieht ihre Orientierung, ihr geistiges Rüstzeug aus für das Bestehen spannungsreicher, konfliktgeladener sozialer Situationen? Auskunft gibt die Studie „Wie weit ist der Weg nach Deutschland?". Ein großer Teil dieser, vom deutschen Bundesministerium für Familie, Senioren, Frauen und Jugend in Auftrag gegebenen Untersuchung ist der Analyse aggressiven Verhaltens und der Gewaltorientierung gewidmet.[109] In mehreren Testserien wurden die Gewaltphantasien der Jugendlichen untersucht. Die resultierenden Skalen lauteten: Dominanzbedürfnis, Vergeltungstendenz, Vandalismus, allgemeine Gewaltbereitschaft, Illegalitätstendenz. Es zeigte sich, dass eine allgemeine Gewaltbereitschaft, eine Vergeltungsphilosophie, die Bereit-

---

109 Vergleiche die Kapitel 5: Das Spiel mit dem Feuer, Sozialpsychologie der Aggressivität – Theorien, die politische Bedeutung haben, sowie Kapitel 6: Illegalität und Gewalt in Ost und West in: Wie weit ist der Weg nach Deutschland?, a.a.O., S. 187-312

schaft, Regeln, Gesetze zu übertreten sowie Vandalismus in einem engen Zusammenhang stehen. Das Dominanzbedürfnis ist zwar auch beteiligt, aber steht etwas außerhalb davon. Diese vier Skalen lassen sich nun zusammenführen. Sie bezeichnen etwas sehr Einheitliches, eine Orientierung. Ich habe sie die „subjektive Gewaltdoktrin" genannt. Sie ist das finale Moment der Gewaltmotivation. Eine hohe Position mit den Stufen 4 und 5 auf einer insgesamt 5stufigen Skala nehmen 21 Prozent der jungen Menschen im Westen und 33 Prozent im Osten ein. Im demografischen Profil ist erkennbar, dass junge Männer eine ausgeprägtere Gewaltdoktrin haben. Die geschlechtsspezifische Sozialisation und entwicklungspsychologische Probleme sind in ihrer Wirkung erkennbar. Die Herkunft der Gewaltdoktrin ist indessen mit einfachen soziologischen Mitteln nicht fassbar. Sie ist das Ergebnis einer sozialen Kommunikation, die freilich ihre Motive braucht. Es zeigte sich, das Menschen, die sich in einem allgemeinen gesellschaftspolitischen Malaise befinden, also einer weitgehend negativen Bewertung ihrer Lebensumstände, die sie bis ins Politische hineinprojizieren, mit größerer Wahrscheinlichkeit eine Gewaltdoktrin entwickeln. Biografische Belastungen, frühe Verletzungen spielen eine Rolle, die Ansammlung negativer Affekte, gleich woher sie kommen.

Eine Gewaltdoktrin entsteht nicht als individuelle Reaktion auf schlechte Zustände. Junge Menschen, die eine Gewaltdoktrin zum Ausdruck bringen, haben sie zunächst in einem sozialen Kommunikationsprozess erworben. Hier werden Intentions-Lehren ausgetauscht, wie man sich im Konfliktfall erfolgreich verhalten kann. Diese Orientierung wiederum macht Jugendgruppen und auch politische Gruppen attraktiv, die dieses Gewaltcredo bestätigen. Es ist ein Prozess wechselseitiger Verstärkung. Junge Menschen, die noch keine ausgeprägte Orientierung in diesem Bereich haben, treffen auf eine radikale Gruppe, werden akzeptiert, finden sie attraktiv und lernen das, was man in der Gruppe denkt. Sie spielen sich ein auf den Gruppengeist. Jugendliche rechtsradikaler Gruppen haben fast zu 100 Prozent eine ausgeprägte subjektive Gewaltdoktrin. Auch linksradikale Gruppen haben in dieser Beziehung eine relativ homogen denkende Mitgliedschaft. Die Effekte einer subjektiven Gewaltorientierung, die ja immer auch gruppenmäßig abgesichert ist, sind spektakulär. Wo die subjektive Gewaltdoktrin schwach ausgeprägt ist, sind nur 3 Prozent zu zivilem Ungehorsam oder politischer Gewalt bereit. Wo sie stark ausgeprägt ist, schnellen die Zahlen hoch auf 60 bzw. 67 Prozent. Die Dramatik des Zusammenhanges teilt sich auch in der Korrelationsrechnung mit. Sie ergibt für den Westen (GAMMA) 0.68 und für den Osten 0.62.

Wenn wir die subjektive Gewaltdoktrin bei einem Viertel bis einem Drittel der Jugendlichen verbreitet finden, dann hat sich dieser Kommunikationsprozess, wie man sich in der Gesellschaft behaupten sollte, von den sozialen Voraussetzungen weitgehend emanzipiert. Gewaltdoktrin ist so etwas wie eine negative Spiritualität, von der ganze Gruppen ergriffen werden können. Gegen diesen Ungeist hilft nicht Geld, sondern Kommunikation. Das sie möglich ist, zeigt ein aufsehenerregender Zusammenhang. Je stärker die altruistische Orientierung junger Menschen, desto weniger finden wir bei ihnen die Muster einer subjektiven Gewaltdoktrin. Das klingt zunächst selbstverständlicher als es ist. Eine altruistische, prosoziale Orientierung immunisiert gegen eine Gewaltdoktrin. Sie erscheint einfach sinnlos (vgl. die folgende Grafik).

### Altruismus: kein Platz für Gewalt-Doktrin

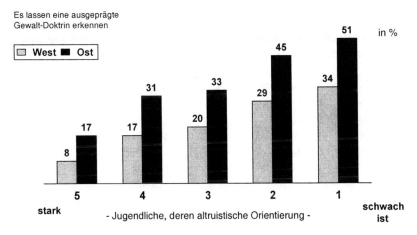

Es lassen eine ausgeprägte Gewalt-Doktrin erkennen

West    Ost

in %

- Jugendliche, deren altruistische Orientierung -

stark ... schwach ist

Quelle: Gerhard Schmidtchen: Wie weit ist der Weg nach Deutschland. S. 452

Umgekehrt begünstigen egotische Orientierungen den Gedanken, Interessen auch mit Gewalt durchzusetzen, ohne Rücksicht auf andere und die schädlichen Folgen für das Zusammenleben.[110]

Die Gegenläufigkeit von Altruismus und Gewaltdoktrin zeigt, dass die geistige Auseinandersetzung Chancen hat. Freilich wäre es falsch, sie sich als theoretische Unterweisung vorzustellen. Altruismus entsteht nicht nur in kirchlichen Gruppen, sondern überhaupt in intakten Beziehun-

---

110 Wie weit ist der Weg nach Deutschland?, a.a.O., S. 220

gen. Je vielfältiger die Beziehungen, desto größer ist die altruistische Orientierung. Das bedeutet, dass geistige Orientierungen gelebt und durch Erfahrungen gestützt werden müssen. Nur auf diese Weise kommt es zu einer Erweiterung des Verhaltensrepertoires für soziale Beziehungen.

Albert Bandura[111] hat festgestellt, dass ein beschränktes Verhaltensrepertoire mit der Tendenz zu aggressiven Auseinandersetzungen einhergeht. So käme es darauf an, in der Erziehungswelt möglichst viele Situationen zu schaffen, in denen Instruktion und Erfahrung, geistige Anleitung und Erlebnis der Gruppe zu einer Erweiterung des sozialen Verhaltensrepertoires führen. Die Gesellschaft, das sind die Eltern, die Schule, das Berufsfeld, die Öffentlichkeit, muss dies auch nachdrücklich von jungen Menschen verlangen, dass sie mit einem reichen und differenzierten Verhaltensfundus in die Welt gehen und nicht mit einem armseligen, der sie selber in Schwierigkeiten bringt. Damit kommen wir zu einer weiteren Betrachtung.

## 6.2. Moralische Erziehung, Gewalt, Kriminalität und andere Ärgernisse

Gewalt, Kriminalität und andere Tatsachen, die man früher zur Moralstatistik zählte, wie Scheidungsraten, steigen mit dem Wohlstand. Die langfristige Kovarianz von Gewalt, Kriminalität und Wohlstand ist bemerkenswert. Wirtschaftliches Wachstum und breite Einkommensstreuung können zwar Armut beseitigen, aber die moralischen Probleme wachsen. Die Erwartungen waren in den Fünfziger Jahren des 20. Jahrhunderts anders. Man dachte, mit zunehmendem Wohlstand für alle würde dann auch die Kriminalität verschwinden. So denkt man heute in Südafrika immer noch, aber man wird sich wundern, Wohlstand führt nicht zu Wohlverhalten. Eigentums- und Betrugsdelikte sind mit besseren Wachstumsraten ausgestattet als das Sozialprodukt. Offenkundig verbessern sich mit breiterer Wohlstandsstreuung, mit Ressourcensteigerung der Gesellschaft auch die Voraussetzungen für kriminelles Handeln. In einer reichen Gesellschaft gibt es mehr zu holen. Auch die illegale politische Gewalt steigt mit wachsenden Ressourcen und Erwartungen. Ganz arme Menschen können sich nicht wehren. So war die französische Revolution keine Armutsrevolution, sondern erwuchs aus dem Selbstbewusstsein aufsteigender Schichten.

---

111 Albert Bandura: Aggression: A Social Learning Analysis. Englewood Cliffs, New York 1973, S. 245ff.

Wie jeder Handelnde ist auch der Abweichende bestimmt durch seine innere Organisation, durch die persönlichen Ressourcen, die er hat, durch die Organisation des sozialen Systems, in dem er sich befindet und durch die Situation.

Kriminalität und Gewalt sind, kriminologisch gesehen, sehr verschiedene Handlungsarenen, die sich nur zum Teil berühren. Der Ladendieb hat andere Motive als der Terrorist. Aber in einem sind sie ähnlich: in der Bereitschaft, Regeln und Gesetze zu übertreten, in der Normenverachtung. Hier ist das Thema der moralischen Erziehung. Unter ihren Aspekten sind die folgenden Überlegungen zur personalen und sozialen Organisation wichtig.

## 1. Aufschub von Belohnung und Internalisierung von Kontrollen

Die Fähigkeit, sich von unmittelbaren Situationsreizen unabhängig zu machen und die Bedürfnisbefriedigung aufschieben zu können, ist die Voraussetzung für jede höhere und überlegene Handlungsorganisation, für Kultur überhaupt. Mit Bedürfnisaufschub kann die Bedürfnisbefriedigung langfristig optimiert werden. Verbunden damit ist die Fähigkeit, nach Vorstellungen und Erwartungen zu handeln, also auch nach ethischen und normativen Gesichtspunkten. Die Unabhängigkeit vom „hic et nunc", wie ein Analytiker es einmal genannt hat, wird durch ein starkes ICH geleistet, das Erwartungen und Forderungen in einen guten zeitlichen Ablauf bringen kann. Auf diese Weise wird die Internalisierung von Prinzipien möglich. Bedürfnisaufschub und Internalisierung sind korrespondierende Vorgänge. Es handelt sich um die Hereinnahme der Kontrollen nach innen. Die Internalisierung ist für das Handeln im sozialen Verband wesentlich. Nur so kann die Interaktion für alle Beteiligten ertragreich und gerecht werden. Die Internalisierung moralischer Prinzipien lässt die Lebensqualität steigen. Man kann sich auf andere verlassen, in der Erwartung, dass sie ähnlichen moralischen Prinzipien folgen.

Eine geringe Kapazität zum Bedürfnisaufschub wird Regelverletzungen wahrscheinlicher machen. Wenn große Teile der Bevölkerung den Bedürfnisaufschub und die Internalisierung von Erwartungen nicht gelernt haben, wenn man sich nicht gut fühlt, indem man Normen befolgt, dann werden ceteris paribus Gewalt und Kriminalität zunehmen, und zwar unter folgenden Voraussetzungen:

a) wenn die äußeren Kontrollen abgebaut oder abgeschwächt werden, wenn eine generelle Erlaubnissituation eintritt,

b) wenn die Anreize, etwas haben oder besitzen oder schnell erreichen zu wollen, wesentlich stärker werden.

Beides ist der Fall, wir haben eine moralisch außerordentlich heterogene Bevölkerung vor uns und wir verzeichnen einen starken Anstieg der Anreize für die Verletzung von Rechtsnormen. Neue kontrollfreie Räume entstehen im Internet.

## 2. Stufen des moralischen Urteils

Nach Piaget und Kohlberg[112] kann man in der Entwicklung von Kindern und Jugendlichen drei Stufen des moralischen Urteils unterscheiden:

1. Moralischer Realisimus: Das Bewusstsein dieser Kinder und Jugendlichen kann durch die folgenden Sätze beschrieben werden: „Wer stiehlt, wird bestraft. Wenn man nicht bestraft (oder nicht erwischt) wird, darf man stehlen".

2. Heteronome Moral: „Man darf nicht stehlen, weil es verboten ist" (Der Sinn des Verbotes wird unter Umständen jedoch nicht gewusst).

3. Autonome Moral: „Man darf nicht stehlen, weil es kein vertretbarer Grundsatz ist. Es ist kein Prinzip des sozialen Zusammenlebens. Niemand wäre mehr sicher".

Es gibt genügend Hinweise dafür, dass ein beträchtlicher Teil der Bevölkerung die Stufe der autonomen Moral, also der moralischen Selbststeuerung nicht erreicht. Die tieferen oder infantilen Formen aber brauchen ein hohes Maß an äußerer, an polizeilicher Kontrolle und Abschreckung. Moralisch haben wir es in einem epidemischen Umfang mit abgebrochenen Persönlichkeitsentwicklungen zu tun. Außerdem ist zu beobachten, dass Menschen in verschiedenen Lebensbereichen nach sehr unterschiedlichen Prinzipien handeln können, also auch auf verschiedenem moralischen Niveau.

Generell gilt: Je unvollständiger oder unreifer das moralische Urteil, desto größer die Rate der Gewalt und Kriminalität.

---

112 Lawrence Kohlberg: Die Psychologie der Moralentwicklung. Suhrkamp TB Wissenschaft, Frankfurt am Main 1996. Jean Piaget: Das moralische Urteil beim Kinde. 2. rev. Auflage, Deutscher Taschenbuch Verlag, München 1986

Hält die Entwicklung des moralischen Urteils mit dem Abbau äußerer Kontrollen nicht Schritt, dann wächst die Neigung zu Gewalt und Kriminalität.

Der Reiz der Regelverletzung ist zudem gerade bei moralisch nicht vollständig entwickelten Persönlichkeiten, bei infantilen, narzisstischen Persönlichkeiten besonders groß. Wir haben hier eine Kumulation der Persönlichkeitsschädigungen vor uns. Die narzisstische Persönlichkeit, die nur sich kennt, braucht, um sich einigermaßen wohl und aktiv zu fühlen, außerordentlich starke Reize. Und Regelverletzungen gehören zu den stärkeren Reizen. Also wird man von diesen jungen Menschen zunächst Regelverletzungen erwarten können.

## 3. Kultivierung der Emotionalität

Die emotionale Seite der sozialen Kompetenz, die Fähigkeit, mit den Tatsachen des Lebens sinnvoll umzugehen und die emotionale Seite des Denkens, auch des moralischen Denkens wurde bisher zu wenig beachtet. Wir leben in einer rationalen Kultur, die dazu neigt, Emotionen als Störungen des klugen Denkens zu betrachten. Die Möglichkeit, mit wichtigen Partnern in befriedigende Beziehungen treten zu können, ist für die psychische Entwicklung entscheidend. Wo dies verwehrt wird oder kümmerlich bleibt, können Einfühlung oder Sympathie sich nicht entfalten. Untersuchungen bei Schwerkriminellen im englischen Sprachbereich zeugen von deren flacher Emotionalität. Das Opfer berührt sie nicht. Warum begehen sie, trotz ihrer schwachen Emotionalität, also einer schwachen Aktivierungsfähigkeit, die bis ins Sexuelle hineinreicht, Gewaltverbrechen? Sie wollen irgendetwas, vielleicht etwas geringfügiges, und da sie das Opfer nicht interessiert, können sie es auch kalt, sozusagen für ihre Zwecke aus dem Wege räumen, beseitigen durch Einschüchterung oder Körperverletzung bis hin zu Totschlag. Solche Leute hat man klinisch untersucht.[113] Sie sehen sich gern Gewalt-Filme an.

Die emotionale Kultur verdient unter Präventionsgesichtspunkten unsere Aufmerksamkeit. Das Management der Emotionalität wird insbesondere in einer rationalen Lern- und Arbeitskultur dem Wildwuchs oder der Medienproduktion überlassen. Dadurch entstehen bedrückende Probleme bei jungen Menschen: rational überfüttert lassen wir sie emotional verwahrlosen. Der Gedanke an die Übernahme gesellschaftlicher

---

113 James D. Halloran, Roger L. Brown, David C. Chaney: Television and Delinquency, Leicester University Press 1970. Deutsch: Fernsehen und Kriminalität. Berlin 1972

Rollen löst bei jungen Menschen negative Affekte aus. Aus diesen Beobachtungen lässt sich die Regel ableiten, je kälter oder unorganisierter die
emotionale Erziehung, desto größer die Tendenz zu Gewalt und Kriminalität.

## 4. Zugehörigkeit und Akzeptiertwerden

Ein positives Familienklima gilt allgemein als günstig für die Übernahme
moralischer Konzepte. Eltern, die Gespräche über Werte und Normen
zulassen, fördern damit die moralische Entwicklung ihrer Kinder. Das ist
die Erkenntnis der Gruppe um Piaget und Kohlberg. Darüber hinaus
spielt die sekundäre Umwelt eine beträchtliche Rolle. Je enger die Bindung an Gruppen, an Vereine, an Institutionen, an das Gemeindeleben,
je komplexer das persönliche Beziehungsfeld ist, desto seltener versammeln sich Motive zur politischen Gewalt. Der Befund dürfte allgemeine-
re Bedeutung haben.[114]

## 5. Biografische Belastungen

Mobilität von Ort zu Ort, Familienauflösungen durch Tod oder Scheidung
bringen Brüche in die Lebensläufe zahlreicher junger Menschen. Schul-
wechsel, Wechsel der Betreuer, Verlust des Freundeskreises – als Folge
gibt es Konflikte bei neuen Kontakten oder Rückzug. Aus biografischen
Belastungen ergeben sich nicht unmittelbar Verhaltensstörungen. Es
kommt darauf an, was sonst noch passiert. Ist die Umwelt in Ordnung,
dann wirkt sie kompensatorisch und biografische Belastungen machen sich
unter diesen Voraussetzungen nicht bemerkbar – sie bleiben unauffällig.
Anders ist es, wenn die Umwelt negativ erlebt wird, als nicht intakt, nicht
legitim. Dann treten die biografischen Belastungen plötzlich als Zusatz-
motive hervor. In der Untersuchung über Gewalt und Legitimität wurde
gezeigt, dass die biografischen Belastungen ein kontingentes Motiv sind.
Sie sind wie Sprengstoff. Er bleibt still, solange es keinen Zünder gibt.
Zündungsmöglichkeiten in unserer Gesellschaft nehmen mit den Orientierungsschwierigkeiten und Wertkonflikten zu. Wenn die Organisation solcher Motive angeboten wird, dann stellt sich heraus, dass viele junge Menschen mit der Gesellschaft noch eine Rechnung zu begleichen haben.

---

114 Gerhard Schmidtchen, Jugend und Staat in : Matz & Schmidtchen (Hrsg.) Gewalt
und Legitimität, Westdeutscher Verlag, Wiesbaden 1983

## 6. Normenverschiebungen: Rechtfertigung, Neutralisierung

Pasqual hat gesagt: „Böses wird nie so gründlich und vollendet getan, als wenn es mit gutem Gewissen geschieht." Eine Gesellschaft der Fülle verschiebt die Normen des Eigentums. Ladendiebstahl und Mitnehmen von Gegenständen aus dem Betrieb gelten vielen nicht mehr als kriminell. Die Strafverfolgung beschäftigt sich kaum noch mit diesen Vorfällen. Es ist so ähnlich wie Wassertrinken aus einer öffentlichen Wasserleitung, das ist doch kein Diebstahl. Die Waren liegen in Überfülle in den Kaufhäusern herum, eine Aufforderung zur Gratisbedienung.

Neues, aber sozial unreflektiertes Selbstbewusstsein tendiert zur Selbstdurchsetzung auf Kosten anderer. Wenn nur die Bedürfnisse zählen, die eigenen, dann werden Regeln und Institutionen nicht nur unwichtig, sondern auch illegitim. In den Erziehungsprinzipien in deutschen Familien, wie über mehr als 20 Jahre hinweg beobachtet worden ist, macht der Satz Karriere, man müsse den Jungen und Mädchen beibringen, den Ellbogen zu gebrauchen, sich selber durchzusetzen. Die Bevölkerung schreitet zu einer Art psychologischer Selbstbewaffnung, weil der moralische Konsens nicht mehr gesichert ist. Schließlich haben wir beobachtet, dass durch den allgemeinen Kommunikationsprozess politische Feindbilder entwickelt werden und gesellschaftliche Feindbilder, die sehr leicht zur Gewalt reizen. Sobald etwas als feindlich, als minderwertig erlebt wird, ist der Schritt zur Gewaltanwendung nur noch klein. Der Wunsch, möglichst schnell und ohne Umstände die Ursachen für negative Entwicklungen erfahren zu können, führt zur Propagierung und Übernahme von Feindbildern. Auch die Institutionen werden zunehmend skeptisch bis feindselig betrachtet. Das macht sie als moralische Quelle unglaubwürdig. Somit können wir, wenn sich nichts ändert, nur schlechte präventive Prognosen stellen.

## 7. Erlebnisse mit den Institutionen des Rechts

Die Begegnung mit der Institution des Rechts hat sozialpsychologische Folgen. Darüber gibt es eine Reihe von Untersuchungen. Das Recht und seine Anwendung hat eine desozialisierende Wirkung, wo es seiner Philosophie nach korrigierend sein möchte. Gefängnisse werden von Kohlberg als Einrichtungen auf infantiler moralischer Stufe betrachtet.

Die Begegnung mit dem Recht und seinem Indikationssystem ist vor allem für Jugendliche entscheidend. Sie übernehmen oft das negative Etikett einer Verurteilung, einer Jugendstrafe als Anreiz zu weiteren Regelverletzungen. In der schon erwähnten Untersuchung über Gewalt und Legitimität wurden kumulativ alle negativen Begegnungen mit dem Recht zusammengefasst einschließlich der Strafzettel im Straßenverkehr. 60 Prozent der jüngeren Generation unter 35 wurde irgendwie einmal negativ vom Rechtssystem betroffen.

Je aktiver eine Gesellschaft, desto mehr wird rechtlich geregelt. Je mehr geregelt wird, desto wahrscheinlicher werden Verstöße. Man denke nur an das neue Umweltrecht. Wer viel mit dem Auto herumfährt, fährt irgendwann einmal in unmögliche Situationen hinein. Die statistisch erfasste Kriminalität steigt auch deswegen, weil die Indikationen für das rechtliche Einschreiten dichter werden. Je mehr Konfliktmaterie rechtlich geregelt wird, desto weniger werden Regelungen den gesellschaftlichen Mechanismen überlassen. Recht kann zu einem Medium der sozialen und politischen Auseinandersetzung werden mit Einbußen an Legitimität und Ansehen für das Recht.

Vor die Anrufung des Rechts gehören eigentlich gesellschaftliche Puffer, wie z.B. ein Friedensrichter. Da würde vieles abgefangen und die Gerichte würden entlastet. In Deutschland haben wir ein Problem der Überregulierung vor uns.

## 8. Zusammenfassende Thesen

Im Zuge der Entwicklung der fortgeschrittenen Industriegesellschaften haben sich zahlreiche Tatsachen, die eine präventive Bedeutung für Gewalt und Kriminalität haben können, zum Negativen gewendet.

1. Steigender Anreiz, Rechte zu verletzen: Die Vorstellung, dass es wichtig ist, irgendetwas zu besitzen, wurde durch die Wohlstandsentwicklung akzentuiert. Dadurch geraten vor allem auch Jugendliche in eine „Anomiefalle". Robert Merton sagt, dass der Abweichende mit seinem Ziel, z.B. Geld haben zu wollen, durchaus gesellschaftliche Unterstützung erfährt. Er soll nur bestimmte Wege beachten, wie man an Geld herankommt. Befolgt er die Wege zu seinem an und für sich anerkannten Ziel in regelwidriger Weise, ist seine Tat anomisch.[115] Legitimierte Ziele mit illegitimen Mitteln erreichen zu wollen, ist eine Form der Anomie. In einer Gesellschaft, die einen so hohen Wert auf Besitz legt, in der für den Besitz von materiellen Gütern oder Verfügungsmöglichkeiten sehr hohe Prämien des Ansehens

---

115 Robert K. Merton: „Social Theory and Social Structure", The Free Press, New York 1968, S. 175ff.

vergeben werden, darf man sich über Regelabweichungen beim Erwerb von Gütern und Geld nicht wundern. Fragen des richtigen Lebensstils können somit eine präventive Bedeutung gewinnen. Eine Lehre vom richtigen Umgang mit sich selbst und den Gegenständen könnte insbesondere bei Jugendlichen gegen die irrational steigenden und durch die Werbung noch geförderten Anreize, alles haben zu wollen, immunisierend wirken.

2. Bedürfnisaufschub und Internalisierung werden in einer Gesellschaft des wachsenden Konsumismus schwächer. Bedürfnisaufschub ist nur rational, wenn die Gesellschaft die ‚größeren Belohnungen' später anstelle der ‚kleineren' jetzt auch tatsächlich zur Verfügung hält. Dies ist in einer mobilen Gesellschaft fragwürdig geworden. Das Befolgen moralischer Prinzipien, deren Internalisierung ist keine kalt-rationale Angelegenheit, sondern ein Vorgang der Selbstbelohnung. Wer sich an gemeinschaftsbildende Grundsätze hält, trägt zur Verbesserung von Beziehungen bei, erhöht seine Selbstakzeptanz, so kann man positiver von sich denken. Dies zu lernen, ist in einer moralisch gleichgültigen Umgebung erschwert.

3. Das moralische Urteil schwächt sich opportunistisch ab. Viele machen die Erfahrung, dass sie die Dummen sind, wenn sie sich an Regeln halten. Es ist wie mit dem Geld: von einer bestimmten Verbreitung an verdrängen die schlechten Regeln die guten. Und von da an erscheint es irrational, sich moralisch zu verhalten. Der Moralische darf nicht als der Abweichende dastehen.

4. Ein Klima der Rechtfertigung für Regelverletzungen wird durch Negativzeichnung der Umwelt, durch vereinfachte Weltbilder begünstigt. Den reichen Firmen und Kaufhäusern, reichen Leuten kann man gut etwas wegnehmen – die merken das sowieso nicht. Leuten, die man geringschätzt, kann man leicht Gewalt antun.

5. Biografische Belastungen werden in der mobilen und familiengefährdenden Gesellschaft eher zunehmen.

6. Es entstehen Subkulturen abweichenden Verhaltens. Persönlichkeitsstärke wird nicht in Autonomie sondern in der souveränen Missachtung von Regeln gesucht. Das ist das neue Heldentum in einigen Jugendgruppen.

7. Das Kontrollsystem des Rechts hat eine unbeabsichtigte desozialisierende Wirkung. Dieser Effekt wächst automatisch mit der Kriminalitätsrate noch einmal an.

8. Die Kultivierung der Emotionalität wird zugunsten der Selbstdurchsetzung vernachlässigt. Man möchte „cool" sein. Ein liberaler Erzie

hungsstil wird häufig verwechselt mit Organisationslosigkeit, einer Vorstufe der Verwahrlosung. In diesem Klima wachsen junge Menschen mit geringer Frustrationstoleranz und großer Ich-Schwäche heran. Dies erklärt die extremen Reaktionen, wenn die Person in Frage gestellt wird. In kriminologischen Fallsammlungen ist es nicht selten, dass Personen auf eine Kränkung mit Totschlag antworten. Nur so kann offensichtlich diese ungeheuerliche Kränkung, diese Majestätsbeleidigung gesühnt werden. Majestätswahn wird zur Massenkrankheit.

9. Die Zugehörigkeit, die Brüderlichkeit, der Zusammenhalt in der Familie, in der Gruppe, der Gemeinde schwächen sich tendenziell ab. Damit sinken die Chancen, die menschliche Umwelt positiv zu erleben. Ohne stabile und enge soziale Bindung tendiert die Konfliktverarbeitung zur Radikalität, wobei entweder nach außen Grenzen des Rechts oder nach innen Grundsätze der Selbsterhaltung missachtet werden. Nicht nur die Kriminalität steigt, sondern auch die Summe der selbstschädigenden Verhaltensweisen. Vielleicht wurde in unserer Gesellschaft noch nie soviel von Humanität geredet wie heute – und es gab wahrscheinlich noch nie so viele Menschen mit einem Gefühl der Verlorenheit.

10. Wir wissen nicht alles über die wirklichen Ursachen ständig steigender Kriminalität, aber wir wissen vielleicht gerade soviel, dass wir präventive Programme und begleitende Forschung entwerfen könnten. Wenn wir hier investieren, werden wir viele verwendbare, politisch durchsetzbare Erkenntnisse über Mensch, Gesellschaft und seine Institutionen gewinnen, in denen er lebt, mit denen er sich auseinandersetzen muss. Investieren wir nicht, so bleibt uns nur übrig, die weiterwachsende Gewalt und Kriminalität als Buchhalter zu registrieren.

## 6.3. Freiheit von Regeln oder Regeln für die Freiheit?

Ein demokratisches Gemeinwesen, das seine Regeln und Verfahrensweisen nicht kultiviert und notfalls verteidigt, wird nicht lange demokratisch bleiben. Freiheit vollzieht sich in Ordnungen des Zusammenlebens und der Entscheidungsfindung. Das Wort „Ordnung" führt für viele Deutsche etwas Bedenkliches mit sich, die historische Erinnerung an obrigkeitliche Ordnung. In den alten Demokratien ist die Beziehung zum Ordnungsgedanken anders. In den Regeln für Diskussion und Abstimmung, für die Herstellung von Konsens und Kompromiss manifestiert sich

Freiheit mehr als in diesem oder jenem Ergebnis des demokratischen Prozesses. Im Regelwerk politischer Kommunikation ist die öffentliche Vernunft enthalten. So konnte Golo Mann sagen: „In einer vernünftigen Ordnung ist es auch für den Einzelnen leichter, vernünftig zu sein." Allgemein ist das Einverständnis darüber, dass Regeln zu achten und Verstöße dagegen zu ahnden seien. Die materiellen Ergebnisse dieses Prozesses aber stehen immer wieder zur Diskussion. John Dewey sagte 1916, Demokratie ist mehr als eine Form der Regierung. Sie ist in erster Linie eine Form vereinten Lebens und gemeinsamer kommunizierter Erfahrung.[116] Deutsche Denktraditionen machen es schwer, das Wesen der Demokratie zu verstehen. So heißt es in dem Bericht der sogenannten Gewaltkommission: „Den Schülern müssen die staatlichen Entscheidungsprozesse trotz ihrer vielfachen Kompromisshaftigkeit als demokratisch legitimiert erfahrbar gemacht werden."[117] Hier wird etwas schwerfällig gesagt, dass die Schüler lernen müssten, die bittere Pille des Kompromisses im Gedanken an demokratische Legitimation zu schlucken. Mit idealen Ergebnissen könne man in der Demokratie nicht rechnen, aber immerhin seien sie durch die gewählte Volksvertretung legitimiert. In den alten Demokratien dagegen gilt die Fähigkeit, Kompromisse zu formulieren und so einen Interessen- und Machtausgleich herbeizuführen, als hohe Schule der Politik. Es ist diese Erscheinungsweise der Demokratie, die bei radikalen Gruppen zu Fehleinschätzungen führen kann: Der demokratische Staat werde auch bei Angriffen auf seine Regeln letzten Endes kompromissbereit sein. Hier aber zeigt sich spätestens, dass die Demokratie selbst ein radikaler Verband ist, der Angriffe gegen seine Prinzipien und Regeln abwehren wird, auch mit Gewalt, wenn nötig. Angriffe auf die Demokratie gehören zur geschichtlichen Wirklichkeit. Die Weimarer Republik unterlag solchen Angriffen. Sie besaß zwar genügend Polizei, aber nicht das geistige Rüstzeug, sich zu verteidigen. Es wird immer Minderheiten und Gruppen geben, denen die Ergebnisse des politischen Prozesses nicht passen. Sie trachten danach, die Resultate der Politik auf kurzem Wege zu ändern. Diese Änderungsabsichten können sich auf einzelne Entscheidungen, aber auch auf die Regeln des Entscheidungsprozesses selbst richten. Die Mittel der politischen Krimina-

---

116 John Dewey: Democracy and Education. Macmillan, New York 1916, 4. Auflage 1964
117 Schwind/Baumann u. a. (Hrsg.), Ursachen, Prävention und Kontrolle von Gewalt, Bd. 1 a.a.O., S. 120

lität sind vielfältig. Drohung, Bestechung, Stimmenkauf, Diffamierung, offene Gewalt, Terror.

## 1. Abschreckung

Betrachten wir zunächst – das ist das Hauptthema dieses Kapitels – gewaltsame Angriffe auf die Ordnung des Gemeinwesens, auf Personen und Sachen, die Vorbereitung bewaffneter Auseinandersetzung mit der Polizei. Wie schützt sich die offene Gesellschaft gegen diese Angriffe? Wo die Meinungen und Sanktionen einer Zivilgesellschaft versagen, muss der Staat mit seinen Machtmitteln präsent sein. Ihre volle Wirkung erreichen diese Machtmittel dann, wenn sie nicht eingesetzt zu werden brauchen. Das ist das Thema und die Theorie der Abschreckung. Abschreckung zielt auf Unterlassung. So hat Abschreckung eine Zukunftsdimension. Die künftige Entscheidung eines Partners oder Gegners kann man nur durch Information erreichen. Damit setzt Abschreckung einen Informationszusammenhang voraus. Das Abschreckungspotenzial muss sichtbar gemacht werden und ebenso die Entschiedenheit, es einzusetzen. Die unmittelbare statliche Zwangsgewalt wird durch Information ersetzt. Die Entscheidung anderer durch Daten auch über die eigenen Handlungsoptionen zu modifizieren, das ist das Wesen von Einflussprozessen. Somit können wir Abschreckung als einen Sonderfall der sozialen Beeinflussung zu verstehen suchen. Die Akteure sollen auf die Grenzen ihres Handelns und die Aussichtslosigkeit ihres Marsches aufmerksam gemacht werden. Der Sinn der Abschreckung ist nicht die Meinungskontrolle, sondern die Sicherung des Konsens über demokratische Verfahrensregeln.

Abschreckung ist die Mitteilung über die Auslösung negativer Folgen für den Fall, dass der anvisierte Akteur unerwünscht handelt. Der Gegengedanke, erwünschtes Verhalten zu belohnen, macht auf die Grenzen des Abschreckungskonzepts aufmerksam. Ein Verständnis der Wirkungsweise der Abschreckung ist nur vor dem Gesamtzusammenhang sozialer Einflussnahme zu gewinnen. Damit aber wird Abschreckung zu einer Teiloption allgemeiner präventiver Überlegungen.

In der Gewaltkommission wurde das Abschreckungsmodell unter Kosten-Nutzen-Gesichtspunkten diskutiert: Gewalttätigkeiten würden kostspieliger und damit unattraktiver. Andererseits könne staatliche Repression zur Gegengewalt führen, zur Eskalation. Die Frage der Abschreckung und des repressiven Einsatzes staatlicher Machtmittel werden zu einer Dosierungsfrage. Der Richter in der Sache ist die Öffentlichkeit, ob sie den Einsatz staatlicher Gewalt als angemessen und sachgerecht wahrnimmt. Damit aber wird staatliches Abschreckungsverhalten zu einem Öffentlichkeitsspiel. Beifall oder Missfallen des Publikums ersetzen die Legitimität. In dieser Zone der Ambivalenz müssen die polizeitaktischen Entschlüsse gefasst werden, deren Ausgang ist ungewiss. Genau dies wird im Gewaltbericht ausführlich diskutiert.[118] Wenn aus Abschreckung polizeitaktische Spiele mit ungewissem Erfolg werden, dann verliert sie ihre Wirkung. Abschreckung wird hier nur situationsspezifisch für den Straßenkampf diskutiert. Einige Klärungen werden notwendig.

Jede Abschreckungsstrategie beruht auf Gewissheiten, sonst ist sie nicht glaubwürdig. Die oberste Gewissheit einer demokratischen Abschreckungstheorie muss darin bestehen, dass dieser freiheitliche Staat auf jeden Fall seine politische Ordnung und seine Gesetze verteidigen wird, notfalls mit Gewalt. Es muss Vorsorge getroffen werden, dass derjenige, der dem Staat Gewalt andient, mit seinem Konzept eine Niederlage erleiden wird. Dies ist die zweite Bedingung der Glaubwürdigkeit. Wann die Machtmittel eingesetzt werden, ist eine Frage der Situation. Der Staat darf nicht schematisch handeln, er muss den Angreifer im Ungewissen lassen. Das Verhalten des Staates und seiner Herausforderer lässt sich am besten nach einer entwickelten Entscheidungstheorie analysieren und beurteilen. Die brauchbarste Formulierung findet sich bei James T. Tedeschi.[119] Handlungsalternativen werden unter fünf Gesichtspunkten bewertet:

1. Ist die Quelle attraktiv? Dahinter steht die Frage, ob sie lohnend gewesen ist oder man mit ihr sonst übereinstimmt.
2. Das Prestige – Hier geht um die mobilisierbaren Ressourcen und die Intentionen, mit denen sie eingesetzt werden.
3. Wertschätzung – Hier geht es um das Expertentum, die Professionalität der Quelle.
4. Der Status – Hat die Quelle legitimierte Autorität?
5. Der Wert der Botschaft – Er ergibt sich aus der Glaubwürdigkeit der Quelle multipliziert mit der Größe von Belohnungs- und Bestrafungskapazität.

Aus diesen fünf Aspekten setzt sich der subjektive Erwartungswert zusammen. Er wird verglichen mit dem Wert einer Alternative, die sich

---

118 a.a.O. Bd. 1, Seite 114ff.
119 The Social Influence Processes. Aldine, Atherton. Chicago, New York 1972

ebenfalls aus diesen fünf Komponenten zusammensetzt. Das Ergebnis kann sein die Folgsamkeit oder die Konformität, Meinungsänderung oder auch Reaktion.

Zum Aufbau eines Abschreckungspotenzials gehört also erstens die Bekanntmachung der Vorgeschichte, ein Deutlichmachen der Ressourcen und ihrer Anwendungsbedingungen, der deutliche Hinweis auf die Professionalität, die Erinnerung an die Legitimität und schließlich die Glaubwürdigkeit der Botschaft in Verbindung mit der Größe der Belohnung oder Bestrafung. Sind diese Mitteilungen so eindeutig, dass der potentielle Angreifer seine Lage unter allen fünf Bedingungen schwächer einschätzt, dann wird Gewalt unterbleiben. Zur Eskalation wird es auch unter realistischer Einschätzung dann kommen, wenn der potenzielle Angreifer schon zuviel in den Konflikt investiert hat, zuviel Mittel, einen zu großen Teil seiner Identität, wenn er durch Ankündigungen seine Glaubwürdigkeit aufs Spiel gesetzt hat. Hier ist es wichtig, so zu verfahren, dass dem potenzellen Angreifer ein Rückzug ohne Gesichtsverlust möglich ist.[120] Er muss vor die Wahl gestellt werden, eine Identitätsbelohnung zu erhalten oder eine Niederlage zu erleiden.

Jede Gewalttätigkeit, die ohne negative Folgen für den Täter oder die Tätergruppe bleibt, wirkt wie belohnte Aggression, d.h. die Gewaltorientierung bleibt in den Köpfen, der Anreiz zur Wiederholung ist gegeben.

Darin besteht die Identitätsbelohnung: Die Ziele dürfen dargelegt, aber nicht mit Gewalt verfolgt werden. Wenn Oppositionsgruppen und Radikale so verfahren, also medial, so sollten sie öffentlich gelobt werden, auch wenn diese Öffentlichkeit mit den Zielen nicht einverstanden ist. Zur politischen Kultur gehört es, auch unbequeme Gruppen zu würdigen und ihnen zuzuhören.

Der demokratische Staat muss in der Lage sein, Angriffe auf seine Identität abzuwehren. Wenn er von den Machtmitteln, die ihm dazu zur Verfügung stehen, keinen Gebrauch macht, so schwächt dieser Verzicht seine Legitimität, d.h. seine Prinzipien werden nicht mehr ernst genommen. Der Staat braucht Kontrollmittel, Information und polizeiliche Mittel, um Angriffe auf seine Gesetze, auf das Leben seiner Bürger, auf seine Hoheit abwehren zu können. Das hat eine wesentliche Bedeutung für die Entscheidungsprozesse derer, die sich überlegen, ob sie gegen die bestehende Ordnung mit Gewalt vorgehen sollen. Wirksame Abschrek-

---

120 Joel Brockner, Jeffrey Z. Rubin: Entrapment in Escalating Conflicts. A Social Psychological Analysis. Springer, New York 1985

kung dieser Art wirkt zurück in das geistige Gefüge, aber nur, wenn sie selbst durch Ideen getragen wird. Abschreckung und Dissuasion verlieren ihren Sinn, wenn sie immer nur am Endpunkt des Weges zur Gewalt eingesetzt werden, bei drohendem Straßenkampf oder terroristischen Übergriffen. Abschreckung muss früher beginnen, dann, wenn die Irrwege betreten werden. Sie muss zugleich abstrakter sein und mit praktischen Informationen kombiniert werden, wo die besseren Pfade politischen Einflusses sind. Wenn Straßenkämpfe als ideenblind erlebt werden, dann sind sie nicht der Ort, an dem demokratisches Bewusstsein entsteht. Wenn demokratische Doktrin auf der Straße verteidigt werden muss, ist dies – so abwegig die Motive der Gewalttäter auch sein mögen – ein Zeichen der Schwäche politischer Kultur. Diese Kultur und ihre Mängel sind der eigentliche Ort dessen, was man „Abschreckung" nennt. Sie müsste in Legitimitätslehre und Warnung verwandelt werden. Politische Erwachsenenbildung und Kompetenz-Training müsste auch jene Organisationen erreichen, die physische Gewalt als wirksames Mittel betrachten, ihre Ziele zu erreichen. Dass eine Abschreckung auf Straßenkampf-Ebene für die Herausforderer des Staates reizvolle Situationen entstehen lässt, die sie suchen, und in denen sie Bestätigung erfahren, zeigen die Denkstrukturen derer, die sich gern mit der Polizei herumschlagen. Die Lust an der Gewalt hat einen geistigen Überbau: die eigenen Vorstellungen sind die besseren, die politisch überlegenen, ihre Behinderung ist illegitim. Der Staat und seine Polizei sind gegen den wahren Fortschritt, sie vertreten falsche Interessen. Gewalt gegen den Staat ist gerechtfertigt. Für eine neue Idee kämpfen und Konfrontationen mit der Polizei bestehen, ist heldenhaft. Da diese Konfrontationen langfristig keine negativen Folgen haben, ist eine Wiederholung attraktiv.

Die Tatsache, dass freie Gesellschaften Abschreckungspotenziale aufbauen und notfalls einsetzen müssen, hat etwas Skandalöses. Dies besteht jedoch nicht darin, dass Mittel des Straßenkampfes beschafft werden müssen, Schutzschilde, Schlagstöcke, Spezialuniformen, Gummigeschosse, Wasserwerfer. Darin symbolisiert sich nur etwas anderes, tiefer erschreckendes, dass Menschen außerhalb des moralischen Konsenses der Gesellschaft stehen und ihrer Gesetze, an Zahl groß genug, um die öffentliche Ordnung in Frage zu stellen. Abschreckung und ihre Mittel dienen der Abwehr von Grenzüberschreitungen. Die Anwendung physischer Gewalt hat immer negative Folgen, sie beschädigt mindestens unser Bild einer guten Gesellschaft. Der bessere Weg wäre, Menschen davon zu überzeugen, dass die Anwendung von Gewalt zur Durchsetzung von Interessen, zur Lösung von Konflikten oder um in persönlichen

Auseinandersetzungen die Oberhand zu behalten, immer der schlechtere
Weg ist. Gewalttäter werden isoliert, man macht einen Bogen um sie, sie
verbauen sich Chancen der sozialen Kommunikation. Wie kann man erreichen, dass diese Menschen bessere Wege einschlagen? Wir betreten
das Feld präventiver Überlegungen.

## 2. Prävention durch moralische Aktivierung der Gesellschaft

Präventive Bemühungen dürfen nicht nur auf die Minderheit gerichtet
sein, die als gewalttätig aufgefallen ist. Wenn eine Ministerin die beruhigende Zahl bekannt gibt, dass 95 Prozent der Jugendlichen gegen Gewalt seien, dann handelt es sich – von der Forschung angefangen – um
eine vollkommene Verkennung des Problems. Fünf Prozent aktuell Ge-
waltbereite sind zu viel. Und jene 95 Prozent sind keine Engel der Ge-
waltlosigkeit. Es geht also nicht nur darum, einen Saum von Gewaltori-
entierten in die Konsensgemeinschaft des Friedens zurückzuholen, sondern in der Breite der Gesellschaft für eine Umorientierung zu sorgen.
Sie ist notwendig. Ein Drittel – wie gezeigt – hängt einer subjektiven
Gewaltdoktrin an. Das ist ein Lager, aus dem immer wieder Einzeltäter
hervortreten oder sich politisch gewaltorientierte Gruppen bilden. Wie
soll man sich angesichts dieser Lage die Prävention denken? Die Gewaltkommission hat dazu einen frommen Wunsch formuliert: Ein allgemein anerkanntes Gewalttabu müsse entwickelt werden. Aber wie soll
man einer Gesellschaft, die alles zu enttabuisieren sich anschickt, plötzlich ein Tabu einpflanzen? Juristen bedienen sich gern aus der Motten-
kiste der Anthropologie, aber das führt hier nicht weiter. Ein anderer Vor-
schlag ist, das Rechtsbewusstsein zu stärken und schon in der Schule
Rechtsunterricht zu geben. Die Hoffnung ist, die Gewalt werde verschwinden, wenn man aus den Deutschen ein Volk von Juristen macht.
Auch das ist nicht der Weg, um Gewaltfreiheit in der Psyche der Menschen zu verankern. Der Schlüssel zur Prävention liegt in der Entwicklung einer moralischen und zivilen Kultur, und das bedeutet, es geht
nicht nur um die Moral des Einzelnen, aber die Einzelnen müssten mit-
spielen. Wo liegen ihre Motive?
    Oft wird die Frage gestellt, sind Menschen überhaupt wertorientiert?
Antwort erhalten wir, wenn wir fragen, was wollen wir eigentlich auf der
Welt? Was ist zu tun, was sollten wir lassen? In einem fundamentalen
Sinne streben die Menschen nach höherwertiger Existenz. Werte also
kann man definieren als erstrebenswerte Ziele. Man kann sie nicht für
sich allein erreichen. Sie sollen zur Gemeinschaft in Beziehung setzen.

So gesehen haben Werte immer einen moralischen Sinn. Der Einzelne fragt sich: Wie gliedere ich mich mit meinen Zielen in die Gemeinschaft ein? In der Werteerziehung muss immer auch moralisch geurteilt werden: Was hat einen Wert, was ist ein Unwert?

Die Wert- und Moralerziehung geschieht auf drei Ebenen:

1. Die intellektuelle Ebene: Unterweisung, auch Predigt, Erzählungen vom richtigen Leben.
2. Die Praxis, die Einübung: Werte und Moral entstehen auf Betätigungsfeldern in Familie, Schule, Betrieb, Kirche, Vereinen.
3. Motivation: Werte und Moral brauchen Verstärkung, Bekräftigung, Belohnung.

Wesentlich ist die Propagierung des Wertes einer guten Gemeinschaft. Viele Jugendliche schätzen die Aussichten, ethische Ideale durchzusetzen, positiv ein. Ethischer Optimismus entsteht in einem sozialen Feld guter Beziehungen, einem liebevollen Verhältnis zu den Eltern, Freude am Leben haben, Freiheit der Lebensführung und anderem mehr. Je größer die Zufriedenheit mit der gesamten Lebenssituation, desto ausgeprägter ist der ethische Optimismus. Ethik braucht also ein soziales Verstärkungssystem, ein Anwendungsfeld, in dem sich die Prinzipien bewähren können.[121]

Biografische Erfahrungen erzeugen entweder ethischen Optimismus oder ethische Skepsis. Solche Skepsis ist gegenwärtig verbreitet. Sie muss es nicht bleiben. Je emphatischer moralische Forderungen an die Gemeinschaft gestellt werden, desto mehr ethische Anforderungen ergehen auch an das Selbst. Jugendliche, die hohe Erwartungen an die Moral der Gesellschaft haben, in einer solchen Gesellschaft leben möchten, haben in überdurchschnittlicher Zahl eine altruistische Orientierung.[122]

In allen Beispielen zeigt sich die Wirksamkeit der drei Komponenten für die Fundierung einer ethischen Orientierung: erstens die Unterweisung, zweitens das Übungsfeld, drittens die Bekräftigung. Wo auch nur eine dieser Komponenten defizitär ist, kommt es zu einem Werte- und Moralverfall. Zu diesen Punkten drei Erläuterungen.

Man hört oft, Moralpredigen nütze nichts. Vielleicht gilt, dass Predigen allein für sich wirkungslos ist. Aber es geht auch nicht ohne moralische Instruktion, ohne ein klares Wort, was richtig und falsch ist, was

---

121 Gerhard Schmidtchen, Ethik und Protest, Moralbilder und Wertkonflikte junger Menschen, Opladen 1993, S. 199
122 Ethik und Protest, a.a.O. S. 207

dem Wohl dient und was ins Verderben führt. Moralische Instruktion
kann auch durch Erzählungen erfolgen, Gleichnisse, Bilder, persönliche
Beispiele. Wichtig ist es, auf dem Wege der moralischen Erziehung das
Verhaltensrepertoire im Sinne prosozialer Modelle zu erweitern.

Zum Übungsfeld: Das tägliche Übungsfeld für moralische Orientierung ist der Umgang mit Menschen und Sachen. In der Vergegenständlichung des Erarbeiteten wird die Frucht des Zusammenwirkens sichtbar. In der Interaktion entstehen dann auch die Motivatoren.

Ohne Verstärkung steht jede Orientierung und Handlungsbedingun-
gen unter Löschbedingungen. Was aber kann an Moral motivierend sein,
wo ist der Lohn?

1. Eine moralische Orientierung führt zu befriedigenderen Beziehungen.
2. Moral trägt zur Entfaltung der eigenen Persönlichkeit bei, dadurch
   dass man andere fördert. Die Persönlichkeitsentwicklung ist ein zentrales Thema moderner Sinnsuche.
3. In einer moralischen Orientierung ist nicht nur das Moment der
   Selbstbelohnung enthalten, sondern auch die Befriedigung darüber,
   etwas zu einer besseren Welt beizutragen, zu einer besseren Gesellschaft.

Eine moralisch sensible Gesellschaft wird immer auch das Verhalten anderer empfindsam beobachten und auf ihre Weise sanktionsbereit sein,
wenn sie dabei von den Institutionen unterstützt wird. Wenn die Institutionen der Gesellschaft diesen Dienst versagen, kommt der quantitative Aspekt der Moral zum Zuge. Je mehr Menschen man beobachtet, die
ohne Moral weiterkommen, Vorteile erzielen, desto mehr Menschen
werden zu Skeptikern der Moral. Die Währung der Moral wird entwertet. Schlechte Moral verdrängt die gute. Am Ende verliert eine Gesellschaft ihr moralisches Antlitz.

Eine moralische Kultur ist nicht kostenlos zu haben. Sie bedarf der
Unterweisung, der Einübung und Ausübung, der Bekräftigung durch
Lob und Sanktion, der Organisation und schließlich der Feier, in dem
symbolisch das gemeinsame Wollen sichtbar gemacht wird.

Wenn von moralischer Erziehung die Rede ist, so denkt man in erster
Linie an Elternhaus und Schule. In gleichem Atemzuge wird erklärt, die
Familie sei heute überfordert. Wie lange wird es also dauern, bis morali-
sche Erziehung wirksam wird, wenn erst noch die Eltern beraten oder
erzogen werden müssen? Bekanntlich praktizieren rund die Hälfte der
Eltern einen unzweckmäßigen Erziehungsstil. Die Schule hat gewichtige
Konkurrenten in der Medien- und Jugendkultur, die starke Einflüsse

ausüben, pädagogisch nicht immer willkommen. Eine moralische Kultur kann nicht dadurch entstehen, dass Wissenschaft und Politik diese immense Aufgabe an zwei schwache Partner delegieren. Charakteristisch für die Engführung der Analyse des Moralproblems im öffentlichen Bewusstsein ist die Tatsache, dass die Gewaltkommission die Rolle der Kirchen mit keinem Wort erwähnt. Wir müssen also den Blick ausweiten auf alle Institutionen und Organisationen. Im allgemeinen gilt als das Ziel moralischer Erziehung die Internalisierung ethischer Grundsätze und moralischer Normen. Selbst wenn das bei allen Individuen gelänge, könnten wir nicht von einer universellen und etablierten moralischen Kultur sprechen. Ein großer Teil der Erziehung zur Moral geschieht in der Berufswelt, der Industrie und den Dienstleistungsbetrieben. Dies hat Auswirkungen bis hinein in das politische Denken. Die Internalisierung moralischer Normen darf sich nicht auf das Individuum beschränken. Auch die Organisationen selbst müssen ethischen Prinzipien folgen. Ihre Satzungen sollten die Tugenden einer Zivilgesellschaft enthalten. Das gilt für Vereine ebenso wie für informelle Gruppen, die in einem politischen oder sozialen Thema nicht selten eine Antimoral beherbergen und ihre Mitglieder veranlassen, sich gegen die Regeln der Gesellschaft zu stellen. Auch politische Gruppierungen und das gesamte Regierungssystem vom Bund bis zu den Gemeinden müsste sich nicht nur moralisch präsentieren können, sondern auch Moral einfordern. Keine Organisation darf die Moral ihrer Mitglieder ausnutzen und auf diese Weise, wie Ortlieb es einmal sagte, Moralverzehr betreiben.

Die Kirchen haben einen zweifachen Einfluss, einmal direkt durch ihre Mitglieder, die sich als aktive Christen verstehen, und zweitens indirekt dadurch, dass sie auch Leitlinien für das Verhalten von Institutionen verkünden. Institutionen können der moralischen Frage in keiner Weise ausweichen, ganz gleich, ob sie sich mutig, neutral oder feige verhalten. Wirkungen auf das Moralgefüge der Gesellschaft haben sie immer. Ihre Aufgabe in einer Zivilgesellschaft aber ist es, moralisch deutlich zu sein, d.h. auch sanktionsbereit. Dann würden sich Wirkungen vergleichsweise rasch einstellen. Menschen reagieren schnell auf ein verändertes Klima. Zu beachten ist bei all dem, dass es hier nicht um ein konservatives Programm zur Wiederherstellung einer alten Folgsamkeitsmoral geht. Die Änderung der Produktionsverhältnisse hat längst deutlich gemacht, dass eine reine Weisungs- und Folgsamkeitsmoral durch Prinzipien der Autonomie und der partnerschaftlichen Zusammenarbeit abgelöst werden mussten. Aus gutem Grund lehnen viele Menschen eine rein restriktive Moral ab und befürworten Prinzipien, die ihnen mehr Freiheit und

Kreativität ermöglichen, und dies nicht gegen andere, sondern in Gemeinschaft, mit Partnern und Partnerinnen.

Eine so verstandene Moralisierung der Gesellschaft hätte ganz allgemein eine präventive Bedeutung gegen Kriminalität, gegen persönliche und politische Gewalt.

## 6.4. Ist eine Politik gegen Gewalt aussichtslos?

Wie kann man gesetzloser individueller und organisierter Gewalt begegnen – diesem Skandal der freien und humanen Gesellschaft? In unseren Antworten stecken Theorien. Die psychoanalytische Theorie bietet zwei Möglichkeiten: die Vermeidung von Erziehungsfehlern in der Kindheit und aktuell die Affektabfuhr zum Beispiel durch Sport, wie Mitscherlich es für möglich hielt. Auf Grund dieser Theorien regen sich Programmphantasien ungeheuren Ausmaßes. Die Eltern müssten umerzogen werden, angeleitet zu einer gewaltfreien Erziehung. Nach einem halben Jahrhundert würde man dann mit einer endlich gewaltfreien Gesellschaft belohnt. Solche Vorschläge mit Milliardenkosten sind tatsächlich gemacht worden, und man sieht wie rasch selbst kluge Leute zu Opfern ihrer Theorien werden können. Die Alternative ist die Lerntheorie, weiterentwickelt in der Theorie sozialen Lernens. Die grundlegenden Annahmen sind robust: ein Verhalten wird eingeübt und aufrechterhalten, wenn es belohnt wird. Es wird gelöscht, wenn die Belohnungen ausbleiben. Diese Theorie betont die Macht der Verstärker in der Gegenwart. Diese sind zunächst nicht in der Person, sondern außerhalb von ihr in der Gesellschaft angesiedelt. Die soziale Organisation beherbergt ein System von Belohnungen. Durch Internalisierung kann die Person von der Dauerpräsenz äußerer Belohnungen unabhängig werden, ihr Verhalten durch Selbstbelohnung oder Selbstkritik steuern.

Für eine Politik gegen Gewalt wären daraus zwei Schlüsse zu ziehen: Erstens müssen Verstärker, also Belohnungen für Gewalt beseitigt werden. Zweitens gilt es neue Maßstäbe für die Selbstbewertung verbindlich zu machen. Die Grundsätze sind, wie so oft, einfach, ihre Anwendung ist schwierig. Zunächst einmal muss klar werden, dass öffentliche Aktionen und Reaktionen, die als Signale gegen Gewalt verstanden werden sollten, in Wirklichkeit zu ihrer Verstärkung beitragen. Dazu gehört folgenlose öffentliche Aufregung. Die Täter wollen ja gerade die Öffentlichkeit erreichen. Belohnend ist auch eine voreilige verständnisvolle Finanzierung zum Beispiel der Jugendarbeit, der Begegnung mit Ausländern und jenen Jugendlichen, die sich fremdenfeindlich aufgeführt haben. Kommentar Jugendlicher: wir müssen ja offensichtlich Krach machen, damit die Staatsknete rüberkommt. Viele gut gemeinte Aktionen haben leider einen Bumerang-Effekt, weil die Gesetze menschlichen Lernens nicht beachtet wurden. Die Gewalt Jugendlicher wird meistens mental eingeübt und bestärkt in Gruppen, die einem nicht nur fremdenfeindlichen, sondern menschen- und demokratiefeindlichen Konzept folgen. Mit sanfter Belehrung ist diesen Gruppen nicht beizukommen. Staat und Gesellschaft müssen dafür sorgen, dass sie erfolglos bleiben. Verstoßen sie gegen Verfassung und Recht, so ist ihre Auflösung angezeigt. Dem Einzelnen aber sollte man anbieten, den kämpferischen Elan für andere wirklich wertvolle Ziele einzusetzen.

Eine Politik gegen Gewalt mit Aussicht auf absehbare Erfolge muss sich facettenreich dem Geschäft widmen, die gegenwärtige Verstärkungssituation zu analysieren und neue Bekräftigungs- und Löschsituationen herzustellen. Dazu gehört auch die Wiederbelebung der öffentlichen Meinung als sozialer Kontrolle. Dabei ist weniger an bekenntnishafte Großkundgebungen zu denken als an die soziale Kontrolle vor Ort, in der Gemeinde, im Wohnviertel, in er Schule. Ein Klima gilt es mikropolitisch zu stützen, in dem sich potentielle Gewalttäter ihrer Intentionen schämen, in dem man mit martialischem Auftreten und feindseligem Gerede sein Ansehen einbüßt. Es muss deutlich werden, dass ein junger Mensch, der sich Gruppen mit einem Gewaltkredo anschließen will, nichts gewinnt, sondern nur verliert, unter Umständen seine eigenen Zukunftschancen zerstört.

An dieser Stelle ist die Rolle der Medien zu bedenken. Deren Selbstkontrolle versagt, weil sie von einer falschen Beweisfrage ausgeht. Solange man nicht nachweisen könne, dass Gewaltdarstellungen im Fernsehen direkt und ursächlich zu gewalttätigem Sozialverhalten führten, gebe es keinen Grund, die Gewaltdarstellungen zu reduzieren. Wir wissen, dass die Neigung, auf Konflikte mit Gewalt zu antworten, das Ergebnis eines beschränkten Verhaltens-Repertoirs ist. Je mehr Gewaltlösungen im Fernsehen gezeigt werden, desto mehr lehrt es eine beschränkte Verhaltensdoktrin, die sich der Psyche bemächtigt. Die Gewaltmodelle im Fernsehen erregen die Zuschauer. So bekommen sie zu den Bildern gleich eine Verstärkung. Die Begrenztheit des sozialen Vokabulars wird durch diese Art der Fernsehsendungen bekräftigt. Die hohen Einschaltquoten dieser Gewaltsendungen haben einen Preis, den die Gesellschaft bezahlt: sie fördern die Dummheit des Sozialverhaltens. Von der Arbeit an Sendungen mit intelligenten, überraschenden und witzigen Lösungen sozialer Konflikte ist wenig zu hören. In Fragen der Gewalt ist das Fernsehen ein schlechter Lehrmeister der öffentlichen Meinung. Es nützt wenig, wenn sich die politische und soziale Korrektheit auf die Kommentare zu Nachrichtensendungen beschränkt.

Die fühlbare soziale Kontrolle vor Ort ist auch eine Frage der politischen Struktur, der aktiven Bürgerkultur. Eine öffentliche, kontrollierende Meinung basiert auf sozialer und politischer Organisation. Das Problem wird zwar angesprochen, aber nicht zu Ende gedacht. Es geht um die präventive Bedeutung der Bürgerautonomie.

Um der politischen Gewalt vorzubeugen, hat die Gewaltkommission unter anderem die Stärkung der Bürgerrechte empfohlen.[123] Es werden Reformen empfohlen, die nichts kosten: Dialogbereitschaft, Anhörungen, Mitwirkung bei der Entscheidungsfindung und die Errichtung sogenannter Planungszellen auf Gemeindeebene. Alle können mitreden, aber nichts entscheiden. Die Machtverteilung bleibt die alte, der Bürger bekommt keinen wirklichen Einfluss, er kann nicht abstimmen. Das Modell der direkten Demokratie wird nicht diskutiert. Der Bürger ist nicht viel besser gestellt, als wenn er Leserbriefe schriebe. Einen grundlegenden Wandel im Verhalten der Institutionen kann es nur geben, wie oben begründet (S. 173ff.), wenn die Bürger mit ihrem Stimmzettel das finanzielle und damit auch das kulturelle und schulische Geschehen in ihrer Gemeinde beeinflussen können. Dann werden sie aufmerksamer und interessierter sein als bisher. Die Bürger achten mehr aufeinander, was gleichzeitig bedeutet, dass sich das Niveau sozialer Kontrolle erhöht. Die direkte (nicht plebiszitäre) Demokratie ist der einzige Weg, eine Zivilgesellschaft zu befördern, in der die Bürger nicht nur politisch sondern auch sozial ordnend tätig sind. Die zentralistische repräsentative Regierungsform entrückt das politische Geschehen dem Bürger. Dafür gibt es viele empirische Beweise. Gleichzeitig entfernen sich die Politiker von Bürgern, sie sprechen bezeichnenderweise „vom Bürger da draußen". Das ist nun die ungeeignetste Vokabel, die Nähe zum Bürger wiederherzustellen. Aber wenn der Bürger „da draußen" ist, hat es ja auch Vorteile für die Politiker, man kann machen, was man will, die Repräsentierten werden schon nichts merken. Die Mehrheit der Bürger, so sahen wir, kommt sich politisch machtlos vor. Die Ermächtigung der Bürger aber wäre der Weg zu einer Moralisierung der Zivilgesellschaft. Ein mächtiger Bürger muss keine Gewalt anwenden.

---

123 Bericht der Gewaltkommission, Band I, S. 122, 182 und 204

Politische Programme gegen Gewalt werden scheitern, die den engen Zusammenhang zwischen geistiger Orientierung und sozialer Organisation leugnen. Die Existenz einer gewaltbereiten Protestszene zeigt, dass die politische Kultur der Demokratie eine begrenzte Reichweite hat. Es ist ohne Erkenntniswert, wenn die Gruppen, die sich aus dem Methodenkonsens freiheitlicher Auseinandersetzung verabschieden, als Chaoten bezeichnet werden, wie das in den Kommentaren zu den Ereignissen während des G 8-Gipfels in Genua im Juli 2001 geschehen ist. Die Inszenierung von Gewalt, zu der auf der Gegenseite das Polizeiaufgebot gehört, macht für die extremistischen Gruppen durchaus einen Sinn. Den „Chaoten" ist eine eigene Rationalität eigen, auch wenn manche Teilnehmer davon mit nur schwacher Artikulation zu berichten wissen. Sie verfolgen eine Politik der engagierten Minderheiten gegen eine aus ihrer Sicht übermächtige und kommunikativ unbeeinflussbare Politik. Für viele werden Begleitmotive zur Hauptsache: Auf der Bühne der Weltpolitik mitgewirkt zu haben, als ernst zu nehmende Gegenmacht, wie man an der antizipatorischen Berichterstattung und der Größe des Polizeieinsatzes ablesen kann, das Risiko der gesuchten oder erwarteten Konfrontation mit der Polizei bestanden zu haben, das Zusammengehörigkeitsgefühl in der Gefahr zu spüren, die Lust, die eigene Stärke im Angesicht der Staatsgewalt auszuspielen, die Verblüffung und Verärgerung führender Politiker in ihren Fernsehinterviews zu sehen. Wo solche Motive die Kontrolle des Verhaltens übernehmen, sind die Menschen schon längst der freiheitlichen Kommunikationskultur entglitten. Sie hatten keine Chance, eine reiche subjektive Kultur zu entwickeln, ein Repertoire von Geist und Verhaltensoptionen, die wesentlich attraktiver sind als Gewalt. Die neuen Medien können per se diese Bildungs- und Sozialisationsleistung nicht vollbringen, die hier erforderlich wäre. Gerade auch die Feinde der Demokratie sitzen schon in den elektronischen Netzen. Diese Überlegungen führen zum nächsten Thema, der Orientierung der Menschen im kulturellen System.

# 7. Mensch und Institution

Unser Leben ist von Institutionen umgeben. Sie könnten uns gleichgültig sein. Aber wir leben in ihnen, von ihnen, und sie dringen in unsere Person ein, sind Mitspieler unseres Daseins. Und doch erfahren wir sie nicht unmittelbar wie einen Frühlingstag. Die Wirklichkeit der Institutionen erschließt sich im Nachdenken über ihre abstrakte Natur. Spürbar wird die Arbeitsweise der Institutionen indirekt – wenn sie nicht entlasten, sondern belasten: durch unverständliche Entscheide, durch schwere Zugänglichkeit von Informationen, durch das Gefühl, sie hielten mit wichtigen Sachen hinter dem Berge. Wir ärgern uns über die hohe Steuerquote und fragen uns, ob das Geld sinnvoll ausgegeben wird.

Im digitalen Zeitalter wächst die Kompetenz der Bürger. Sie besitzen mehr Informationssouveränität als früher. Gemessen daran aber hinken die Institutionen kulturell hinterher. Das politische System folgt veralteten unangepassten Organisationsmodellen, hierarchisch, ohne Flexibilität, schwach in der Informationsverarbeitung, vorhandenes Wissen wird nicht verfügbar gemacht. So steigen die Spannungen im Verhältnis zum Bürger. Die neuen Informationsressourcen heben das Gefühl der Bürger, sie seien machtlos, nicht auf, sondern verstärken es.

Die Kandidatur Edmund Stoibers für das Amt des Bundeskanzlers hat Deutschland zu Beginn des Jahres 2002 in Aufregung versetzt, nicht weil CDU und CSU sich auf ihn als Kandidaten geeinigt haben. Stoiber vertritt nicht nur eine neue Rangordnung alter Ziele. Mit seiner Kandidatur kündigte sich ein Umbau der Institutionen an. Eine Reorganisation wird angestrebt, die den Staat leistungsfähiger, die Gesellschaft lebendiger machen soll. Das Verhältnis der Bürger zum Staat würde eine Neubestimmung erfahren. Der Staat würde auf seine Kernaufgaben zurückgeführt. Die Staatsquote soll sinken, mehr Geld bliebe bei den Leuten. Mit der Kandidatur Stoibers geht eine Reformunruhe und Hoffnung einher. Die Erwartung war: Es kommt kein Konservativer, sondern ein

Modernisierer. Das ist der Grund der Aufregung. Sie ist ein Symptom. Das Schicksal der Institutionen lässt uns nicht kalt.

Wenn Menschen ihr Leben gestalten, vollbringen sie eine Orientierungsleistung. Die fundamentalen Gestaltungsziele erwachsen scheinbar aus dem rein Körperlichen: Anlehnungsbedürfnis, Sexualität, Sicherheit und Bewegungsspielraum. So finden wir denn, dass die Menschen zwei große Anliegen verfolgen, eine persönliche Partnerschaft zu gründen, und eine organisatorische Partnerschaft, also eine Position im beruflichen und damit gesellschaftlichen Gefüge zu gewinnen. Die Ziele haben ihren Anker im Körperlichen. Ihre Ausgestaltung aber erfahren sie durch Institutionen, deren Vorschriften und Angebote. Die ganz persönliche Partnerschaft zum Beispiel ist nur im Rahmen institutioneller Bestimmungen möglich. Die einzelne Person ist vom Schutzmantel ihrer Rechte umgeben, Frauenraub oder die skandalösen Methoden der Calypso sind keine kulturkonformen Wege, Partnerschaften zu begründen. Dies verweist auch sehr persönliche Beziehungen sogleich auf den Weg der Kommunikation, des Aushandelns, der Vereinbarung.

Wer ein Ziel erreichen will, muss Wege erkunden und Wissen erwerben, Fähigkeiten einüben. Beides geschieht wiederum in einem sozialen Zusammenhang, in den entwickelteren Gesellschaften institutionalisiert. Kinder unterliegen einem Schulzwang, die Eltern treffen Sanktionen, wenn er nicht eingehalten wird. Wer über Wissen und Fähigkeiten verfügt, ändert seinen Wert für die Gesellschaft und hat Anlass, sich selbst neu zu betrachten. Der Selbstwert ändert sich. Damit gerät ein Teil der Identität in Bewegung. Das bedeutet, dass die Bezugspunkte der Orientierung nicht die gleichen bleiben. Über das Streben nach einem bestimmten Positionenziel hinaus geschieht etwas mit der Person, das der Selbstaufmerksamkeit nicht entgeht. Eine Person, die das Wachstum ihrer Ressourcen spürt, wird nicht nur andere Ansprüche an die Umwelt stellen, sondern auch an das Personsein. Das Wissenwollen und Denken verträgt keine begrenzenden Vorschriften. Mit dem Wunsch nach Persönlichkeitsentfaltung fällt zugleich ein kritischer Blick auf solche Institutionen, die sich selbst unverändert reproduzieren wollen. So liegt in jeder Wissenserweiterung ein Moment der Unruhe und Subversion. Das ist nur dann nicht der Fall, wenn sich die Institutionen aufgeklärt verhalten, dem neuen Selbstbewusstsein, neuen Fähigkeiten und Motiven Gestaltungsmöglichkeiten eröffnen, neue Regeln für autonomes Zusammenspiel formulieren.

In diesem Kapitel werden Institutionen unter drei Aspekten diskutiert.

1. Welche Bedeutung haben sie für das kulturelle System, in dem das Individuum seine Orientierung sucht?
2. Welchen Dienst leisten die Institutionen für die Differenzierung des Denkens?
3. Kann und darf der Staat in einer pluralistischen Gesellschaft Orientierung vermitteln?

## 7.1. Orientierung im kulturellen System

Alle Orientierung bezieht sich auf ein kulturelles System. Dilthey sprach in seiner Begründung der Geisteswissenschaften vom kulturellen System.[124] Dazu zählte er alle geistigen Tätigkeiten und Institutionen des Geistes und die Hinterlassenschaften intellektueller Arbeit, die Bücher in den Bibliotheken. Er stellte sich also das kulturelle System auch ganz empirisch vor, quantitativ erforschbar. Mit diesem Aspekt der Dilthey'schen Philosophie haben sich die gesellschaftswissenschaftlichen Kritiker seiner Lehre offenbar nicht mehr beschäftigt, zu beleidigt waren sie durch seine Äußerung, dass die Soziologie keine Wissenschaft sei.

Beschreibt das kulturelle System wirklich das Universum unserer Orientierung? Ist nicht die geografische, die nautische, auch die astronautische Orientierungskunst etwas ganz anderes, rein Physikalisches? Geografie und Nautik dienen auch dazu, den Ausgangspunkt zu lokalisieren und damit die Rückkehrmöglichkeit. Die in neue Welten aufbrachen, haben immer auch die Heimat für sich definiert, und wenn sie die Absicht hatten, in der Ferne zu bleiben, etwas ganz Wesentliches ihrer Herkunft mitgenommen. Es gibt letztlich keine Orientierung außerhalb der kulturellen Systeme. Niemand kann sich unabhängig von der Gesellschaft orientieren. Auch der Eremit repräsentiert in der Anstrengung seiner Negation die Kräfte des Gesellschaftlichen.

Im Rahmen einer allgemeinen Theorie sozialen Handelns hat Talcott Parsons die Momente eines kulturellen Systems dargelegt, um das Verhalten von Einzelnen oder Kollektiven analysieren zu können. Menschliches Handeln vollzieht sich in drei Systemen: erstens im sozialen System, das sich aus dem Interaktionsprozess ergibt, Interaktionen sind sein eigentlicher Stoff; zweitens aus dem Persönlichkeitssystem und drittens aus dem kulturellen System. Dieses wird in Symbolen sichtbar: In Ideen,

---

124 Wilhelm Dilthey: Einleitung in die Geisteswissenschaften. Gesammelte Schriften I. Band. B.G. Teubner Verlagsgesellschaft und Vandenhoeck & Ruprecht, Stuttgart und Göttingen. 1959, 1962

expressiven Zeichen als Mittel emotionaler Inanspruchnahme und Motivation, in Standards der Wertorientierung.[125] Eine gemeinsame Kultur
(common culture) ist notwendig, um das wechselseitige Handeln der
Menschen zu vermitteln und zu stabilisieren.[126] Das System der Objektbeziehungen konstituiert ein Orientierungssystem.[127] In den Handlungs-
plänen des Einzelnen mögen vordergründig nur konkrete Objekte vorkommen, aber in ihnen, in ihrer Bewertung, ihrem Arrangement, ihrer
geistigen Begründung ist das kulturelle System präsent. Zuwanderer
brauchen nicht nur Unterricht in der Landessprache, sondern auch Ein-
führungen in die „Kulturkunde".

Das kulturelle System kann ohne Institutionen nicht aufrechterhalten
und stabilisiert werden. Ohne die Gesetzgebung zur Familie, ohne die
Einrichtung von Schulen, ohne die wirtschaftliche und rechtliche Etablierung eines Beschäftigungssystems, ohne Verfassung und öffentliches
Recht wäre ein differenziertes kulturelles System nicht möglich. Somit
müssen wir uns der Frage stellen, wie sich das Verhalten der Institutionen auf die Orientierungstendenzen vom Einzelnen und Gruppen aus-
wirkt. Der enge Zusammenhang zwischen der Orientierung des Einzelnen und der Arbeitsweise der Institutionen verbietet es von vornherein,
die Last der Orientierung allein dem Individuum zuzuschieben.

In seinem Gang durch die Geschichte der europäischen Gesell-
schaftswissenschaften, aufgezeichnet in dem monumentalen Werk „The
Structure of Social Action", bemerkt Talcott Parsons, dass eine vollkommen positivistische Theorie des sozialen Handelns in Schwierigkeiten gerät, die sich aus ihren Voraussetzungen ergeben, sodass sie am
Ende ihre starr positivistische Basis transzendieren musste und sich teilweise in eine idealistische Richtung entwickelte.[128] Sein Gebäude einer
allgemeinen Theorie sozialen Handelns errichtete er jenseits der Felder
einer rein positivistischen oder idealistischen Analyse. Er benutzt dabei
jedoch Elemente beider Traditionen. Das Sozialsystem und die Persönlichkeitssysteme sind empirisch gegeben, aber das kulturelle System ist
nicht im gleichen Sinne empirisch. Es besteht aus abstrakten Elementen
des Handelns, aus Werten, Normen und Symbolen. Sie sind nicht belie-

---

125  Talcott Parsons and Edward A. Shils: Toward a General Theory of Action, S. 166
126  Talcott Parsons: Social Structure and Personality, The Press of Glencoe 1964, S. 21
127  Talcott Parsons and Edward A. Shils: Toward a General Theory of Action, a.a.O. S 54
128  Talcott Parsons: The Structure of Social Action. The Free Press of Glencoe. 1937,
      1949, 1961, S. 486

big gestreut, sondern müssen eine gewisse Konsistenz haben, ergeben ein Muster, das Ziele und regulative Normen vorgibt.[129]

Das kulturelle System erreicht erst durch Institutionalisierung seine Form und Festigkeit. Woher aber beziehen die Institutionen ihren Geist? Parsons beschreibt die Inhalte des kulturellen Systems in Bezug auf ihre Herkunft rein negativ, also im Sinne eines unendlichen Urteils, sie sind „nichtempirisch". Das kann vieles bedeuten. Die Institutionen treten in Parsons Theorien nicht klar ins Bild. Sie aber sind entscheidend für die Konstituierung eines kulturellen Systems, das die Handlungen des gesellschaftlichen Systems leitet. Die Institutionen sind uns historisch überliefert, das Ergebnis politischer und sozialer Phantasie, das Ergebnis von Revolutionen, von Ordnungen, die aufgrund militärischer Siege errichtet worden sind, so wie nach dem 2. Weltkrieg den Deutschen westlich von Elbe und Werra die Selbstbestimmung zurückgegeben wurde. Wenn wir Institutionen studieren wollen, so müssen wir deren zentrale Texte untersuchen. Das aber bedeutet, sie haben im Kern eine geistige Substanz, die nicht vollkommen aus einem Erfolgs- und Zweckmäßigkeitskalkül besteht. Institutionen beruhen auf Gründungsphantasien und Offenbarung. Wenn beide Quellen einem langen Prozess der Läuterung durch Exegese unterworfen waren, erreicht die geistige Substanz der Institutionen einen hohen Grad von Rationalität. Da diese ihren Ursprung nicht in einem kausalmechanistischen Denken hat, darf man vom spirituellen Bauplan der Institutionen sprechen. Wenn Institutionen als Stabilisatoren der Gesellschaft dienen sollen, dann ist es nicht sehr zweckmäßig, sie in schnellen Abständen zu ändern. Das bedeutet aber nicht, dass sie deswegen heilig sein müssen, also unveränderbar, unantastbar. In einer sich entwickelnden Gesellschaft müssen sie selbst reformfähig bleiben.

Die Institutionen erreichen mit ihren Gestaltungsangeboten und Regeln nicht alle Mitglieder einer Gesellschaft. So gibt es in der informationsreichen Gesellschaft immer mehr Menschen, die sich nur auf gesprochenes Wort und Bild verlassen und zu Analphabeten erzogen werden. Soweit die Institutionen nicht nur Dienstleistung sondern auch Herrschaft repräsentieren, werden sich immer Sezessionen bilden, künstlerisch oder politisch. Wo es Regeln gibt, gibt es auch immer Regelverletzungen. Die Ansprüche der Personen, ihrer Perspektiven und Interaktionssysteme einerseits, und andererseits des kulturellen Systems und der Institutionen sind nie vollkommen zur Deckung zu bringen. Das Axiom von Talcott Parsons lautet, dass die Personen und ihre sozialen Hand-

---

129 Talcott Parsons and Edward A. Shils: Toward a General Theory of Action, S. 55/56

lungssysteme nicht wechselseitig übersetzbar seien. Das bedeutet nicht
nur, dass eine rein psychologische Gesellschaftstheorie nicht möglich ist,
sondern auch, dass die Person nie in ihren Interaktions- und Rollengefü-
gen aufgeht. Diese Differenz sorgt für viele normative Ärgernisse, aber
auch für Entwicklungen, wenn die Verbesserungsphantasie sich auf Institutionen richtet. Zwischen Personen und Institutionen besteht ein ethisches Spannungsfeld.

Neue Medien bauen diese Spannung nicht ab, sondern erhöhen sie.
Auch Bürgertelefone sind kein Gegenmittel. Neue Medien beflügeln die
Gestaltungspläne der Bürger und bringen sie dadurch in neue Span-
nungsverhältnisse zu den Institutionen. Die Kritik bekommt Nahrung.

## 7.2. Institutionen und die Differenzierung des Denkens

Die Ökonomie oder Bequemlichkeit des Denkens tendiert zur Einfachheit. Vorurteile sind komfortabler als die Anstrengung der Unterscheidung. Solche Bequemlichkeiten haben ihren Preis: Realitätsverlust und
Unfähigkeit. Woher aber nehmen die Menschen komplexe Gewissheiten
und wann entstehen die Motive, feine Unterscheidungen zu machen, um
einer Sache oder einer Beziehung zu Personen gerecht zu werden?

Unser Orientierungsvermögen, so gebaut, dass wir uns rasch und wirksam zwischen den Gegenständen unserer unmittelbaren Erfahrung bewegen können, tendiert bei Objekten des weiteren, abstrakteren Erfah-
rungsbereichs zur Degeneration der Orientierungsleistung. Hier beobachten wir Realitätsverzerrung, Regress auf affektive Bewertung und die
Tendenz, Entscheidungskonflikte durch irrelevante Merkmale zu lösen.
Diese Gefährdungen realitätsgerechter und sozial sinnvoller Orientierung sind aufs engste mit der Struktur des menschlichen Orientierungs-
vermögens verbunden. Daher ist es sinnlos, bessere Orientierungsleistungen durch Moralpredigten oder durch Verordnung vermehrter Informationsaufnahme erreichen zu wollen, oder durch eine höhere Kommunikationsdichte mit Hilfe persönlicher elektronischer Medien, auch
am Arbeitsplatz. Vielmehr sind wir auf ein Problem ganz anderer Ordnung verwiesen, nämlich die Interaktion des Individuums mit seiner institutionellen Umwelt. Die Garantien für eine realitätsgerechte und funktionelle Orientierung innerhalb des gesellschaftlichen Verbandes können
nie allein beim Individuum liegen und auch nicht der Technik überantwortet werden.

## a) Die etablierten Gewissheiten, Metasysteme der Kommunikation

Die Orientierungsleistung, die darin zum Ausdruck kommt, dass Menschen geordnet handeln, vollbringt der einzelne nicht allein. Jede Sozialorganisation produziert Orientierungsmittel, die unabhängig vom Bewusstsein und Willen des einzelnen handlungsleitend werden. Zur Interaktion gezwungen sind Menschen, weil sie von den Erträgen des Zusammenwirkens abhängig sind. Sie brauchen die Erträge, um zunächst überleben zu können, dann aber auch, um das Dasein lebenswert oder auf einer bereits gut versorgten Stufe interessanter und angenehmer zu machen. Wer ertragreich interagieren will, muss kommunizieren. Dazu ist ein stabiles, die Zeit überdauerndes Kommunikationssystem notwendig. Seine Elemente sind Symbole und Verknüpfungen, die sich nicht von Tag zu Tag ändern. Der Sprachcode wird nur einmal gelernt, wenn auch in langen Fristen der Erziehung und Bildung. Ein Sprachcode wird zugleich in der Gewissheit erlernt, dass eine genügend große Gruppe von Menschen vorhanden ist, in der wir interessante Interaktionspartner finden können, die uns verstehen. Gemeinsame Sprache heißt indessen noch nicht, dass ein einheitliches Verständigungssystem vorhanden ist. Die Sprache verrät nichts darüber, wie der materielle Konsens in einer Gesellschaft aussieht. Verständigungsmittel funktionieren dann am fraglosesten, am zügigsten, wenn man nicht über sie reden braucht. Die stillschweigende Akzeptanz einer Wertordnung zum Beispiel ist ein wesentliches Verständigungsmittel. Wenn Menschen zur Arbeit, zum Gespräch, zum wissenschaftlichen Austausch zusammenkommen, so wird stillschweigend der Wert einer solchen Zusammenkunft vorausgesetzt. Er muss nicht eigens begründet werden. Im Konfliktfall finden es die Beteiligten unpassend, neue Begründungen für alte Selbstverständlichkeiten formulieren zu müssen. Ziele, Normen und ästhetische Stile fungieren als vorgeordnete Verständigungsmittel der sozialen Interaktion. Die Materie dieser ‚Metasysteme der Kommunikation‘ ist regelmäßig ein Konsens, der gerade durch seinen halbbewussten Status die Zügigkeit der Kommunikation und die Eleganz der Interaktion sichert. Dieser etablierte Konsens ist zugleich eine Form der Macht. Eine der möglichen Interaktionsregeln hat sich durchgesetzt. Damit wird die Interaktion für die Beteiligten ökonomisch. Man kann zusammenarbeiten ohne Grundsatzpalaver. Das macht die Akteure frei für ihre Aufgabe. Die eigentliche Produktivität der Interaktion beginnt. Sie können nun Produkte erzeugen, die das Interagieren attraktiv und sinnvoll machen. Der Interaktionsprozess gewinnt damit eine Ordnungsstruktur, die zum Bestandteil

des individuellen Orientierungssystems wird. Der einzelne hat Teil an
dieser überindividuellen Ordnungsstruktur, die auf einer Konstruktions-
regel beruht, auf einem Verständigungssystem, das dem einzelnen Akteur selbst nicht notwendigerweise bewusst sein muss.

Die Ordnungsstrukturen selbst wiederum oder deren Symbole können emotional außerordentlich stark besetzt werden. Eine Ordnungsstruktur, das heißt eine Konsensregel, wird um so höher affektiv besetzt,
je größer der soziale Ertrag der Konsensregel ist, bzw. je größer die soziale Gefährdung, wenn der Verband die Konsensregeln verließe. Die
Substitution von Interaktionsregeln ist mit beträchtlichen Kosten verbunden. Neue Interaktionsregeln bringen Statusverschiebungen mit sich,
erfordern Umlernen, bedeuten Verlust alter Sicherheiten. Die individuelle Reaktion ist in der Regel Angst. Diese Angst war präsent beim
Übergang von der Planwirtschaft zur freien Wirtschaft im Jahre 1948.
Die Angst stieg 20 Jahre später wieder auf, als die Studenten der Konte-
stationsphase nicht nur Universitäts-, sondern Lebensregeln und politische Regeln mit unbefangener Radikalität in Frage stellten. Ängste begleiten den Weg in die Informationsgesellschaft. Ein Wechsel in den Interaktionsregeln und damit eine Veränderung der Machtverhältnisse wird
immer dann wahrscheinlich, wenn der Ertrag des alten Basiskonsens
sinkt, so dass die wissenschaftliche und politische Phantasie die Ertragserwartungen alternativer Lösungen zu prüfen beginnen.

Die Ertragswerte der Interaktionsnetze, die einer bestimmten Kon-
struktionsregel folgen, sind nicht ohne weiteres objektivierbar. Die Bewertung ist interpretationsabhängig. Den Interpretationsrahmen liefert
eine Ideologie oder eine Theorie der richtigen Gesellschaft. Etablierte
Interaktionsregeln also müssen auf einer theoretischen Ebene gegen alternative Optionen gerechtfertigt werden. Unterbleibt diese Rechtsferti-
gung, so kann es geschehen, dass Interaktionsnetze, selbst mit guten Erträgen, durch neue mit utopischen Ertragserwartungen substituiert werden. Der Ertrag sozialer Interaktion löst also nicht das Orientierungsproblem. Der Zwang, soziale Interaktion und die Konsensregeln, auf
denen sie beruht, durch Erträge zu rechtfertigen, und die Notwendigkeit,
die Erträge nach gesellschaftlichen Zielen zu bewerten, sorgen für die
Daueraktualität des Themas: nach welchen Regeln sollen wir leben?
Demokratische Politik als der institutionalisierte Kampf um die Gesell-
schaftsstruktur heißt, dass das zugrunde liegende Problem als Dauerfra-
ge akzeptiert ist und dass der Machtwechsel, das heißt die grundlegende
Änderung des Verständigungssystems, auf nicht-revolutionärem Wege
erfolgen soll. Dies ist die einzige und allgemeinste Gewissheit, die demo-

kratische Doktrin angesichts des Orientierungsproblems zur Verfügung
stellen kann. Friede in einem entwicklungsfähigen Gesellschaftssystem
ist besser als jede alternative Ertragsutopie.

## b) Denken und Fühlen, Realitätskontrolle

Das affektive Grundschema menschlicher Orientierung ordnet die Gegenstände der Lebenswelt prinzipiell nach dem Prinzip der Annäherung
und Flucht. Dies dient dem Arrangement der Objekte oder der Positionierung des Organismus. Dieses basale biologische Prinzip ergibt indessen nicht die Orientierungsleistung her, die das Überleben des von Natur
schwach ausgestatteten menschlichen Organismus sichern könnte. Eine
reine Psycho-Logik ermöglicht in einer komplexen Welt keine Realitätskontrolle. Gegenüber fernen Gegenständen, die uns nicht berühren, die
keine Kontrolle auf uns ausüben, mag eine diffuse Orientierung möglich,
ja sogar ökonomisch sein. Auch im zwischenmenschlich-emotionalen
Bereich bewährt sich manchmal ein nicht zu explizites Verhalten. Sobald
es jedoch darauf ankommt, Effekte zu erzeugen, ist eine Differenzierung
der Objektbeziehung durch hochentwickelte kognitive Leistung notwendig. Im Alltag sind logische Verknüpfungen zwischen verschiedenen
Gegenständen in vielen Lebensbereichen nicht zwingend. Im Gegenteil,
die pluralistische Organisation unserer Erziehung, die Konfrontation mit
verschiedensten Bewertungen, die Übernahme unterschiedlichster Philo-
sopheme führen zu einem unverbundenen Nebeneinander verschieden-
ster Orientierungsversatzstücke. In ihrer Verbindungslosigkeit entbehren
sie sogar den Systematisierungsversuch des Synkretismus. Dieses Orien-
tierungsgerümpel kann indessen situationsspezifisch brauchbar werden.
Im persönlichen Gespräch und in persönlichen Lebensinterpretations-
versuchen, in der politischen Diskussion, beim Sport, im Rechenzen-
trum oder in der Kirche wird man unterschiedliche Orientierungsaus-
stattungen verwenden. Da in der sektoriell organisierten Gesellschaft die
Desorganisation des Bewusstseins als Offenheit erfahren werden kann,
gibt es kein übergreifendes Motiv zur Durchrationalisierung der Wissensbestände. Wie kommt es dennoch zu Höchstleistungen der Differenzierung und der Durchrationalisierung des Wissens und der Verhaltensmaximen in einem Bewusstsein? Das Individuum wird diese Leistung gegen die in ihm angelegten Tendenzen zur Vereinfachung und
gegen die gesellschaftlichen Tendenzen zur Auflösung der Logik dann
erbringen, wenn der Erwerb und die Präsentation solcher Kompetenz
belohnt wird. Die Belohnung kann nur die soziale Organisation zur Ver-

fügung stellen, die auf Effekte solcher Leistungen angewiesen ist. Wissensproduktion und Wissensabnahme dieser Organisation muss gesichert sein. Diese Sicherung ist nur in rechtlicher Ausgestaltung möglich, die zugleich Legitimitätsregeln enthält, also den Dienst für die Gemeinschaft universell definiert. Das heißt: Die Differenzierung des Denkens ist nur in Institutionen möglich. Nur unter der Kontrolle institutioneller Anforderungen und Anreize kann das Wissen so differenziert und systematisiert werden, dass kulturelle Leistungen möglich sind. Die Beobachtung der Weltfremdheit und Naivität von Wissenschaftlern zum Beispiel bezieht sich immer auf ein Verhalten außerhalb des Kontrollbereichs ihrer wissenschaftlichen Institution. Außerhalb der Kontrolle der Fachdisziplinen sinkt die Qualität der Stellungnahmen. Diese Alltagsbeobachtung kann jedes Fakultätsmitglied machen. Jenseits des eigenen Fachbereiches wird die Stellungnahme diffus und affektiv. Je höher der Institutionalisierungsgrad, desto eindeutiger die Rollendefinitionen und Objektbeziehungen. Während es die Norm ist, dass Menschen zu ihren Rollen weitgehend ambivalente Beziehungen haben, finden wir unter hochinstitutionalisierten Verhältnissen hohe Konsistenz und affektive Klarheit. So akzeptieren katholische Priester nach der Eingangssozialisationsphase die zölibatäre Lebensform ohne jede negative Empfindung. Sie erleben sie positiv.[130] Ein hoher Institutionalisierungsgrad systematisiert die Objektdefinitionen bis ins Affektive hinein.

Die Institutionen ermöglichen umgekehrt die Sublimierung und Ausdifferenzierung von Emotionalität. Das Denken entspringt Bewegungsimpulsen. Das bedeutet, dass die Emotionalität dem Denken vorgeordnet ist. Wenn wir beginnen zu denken, verarbeitet der Kortex Impulse aus der Emotionalität. Denken und Sprechen beginnen mit Empfindungen. Diese Impulse haben große Bedeutung für die Möglichkeit neuer Entdeckungen. Heinz Maier-Leibnitz bemerkte in einem persönlichen Gespräch, dass Niels Bohr ein Mystiker gewesen sei. „Was bedeutet es", fragte ich, „wenn ein Atomphysiker von einem anderen Physiker sagt, er sei ein Mystiker?" Heinz Maier-Leibnitz wies darauf hin, dass die Erkenntnisse von Niels Bohr immer nur gefühlsmäßig begründet waren. Er habe nie gewusst, ob er recht hatte. Immanuel Kant konzendiert auch dem gemeinsten Verstand „eine dunkele Unterscheidung der Urteils-

---

130 Gerhard Schmidtchen: Priester in Deutschland. Herder. Freiburg i. Br. 1973

kraft, die er Gefühl nennt".[131] Das ist einer der psychologischsten Sätze des deutschen Idealismus. Innerhalb hochentwickelter Institutionen wird es sinnvoll und kreativ, auf die Eingebungen des Gefühls zu horchen, weil es möglich ist, sie in Rationalstrukturen zu transformieren. Außerhalb der Kontrollen humanitärer Institutionen jedoch tendiert das Denken zu diffuser Vorurteilshaftigkeit.

Nicht jede Institution ist humanitär. In dem Augenblick, in dem Institutionen von inhumanen Philosophie erobert werden, kann der Massenregress aufs Vorurteil leicht organisiert werden. Der Terror des Vorurteils und die sublimste Kulturleistung beruhen auf den gleichen biologischen Basisbefähigungen. Daher ist die Schicksalsfrage der Menschheit die Qualität ihrer Institutionen.

In der Modernisierungskrise sind Institutionen immer der Gefahr des Fundamentalismus ausgesetzt. Sie halten an Ideologien statt an Prinzipien fest. Damit zerfällt ihre Differenzierungsleistung für die Gesellschaft. Reich an Beispielen sind die Schulpolitik, die Begründung für Umverteilungen zwischen Personen und der Finanzausgleich zwischen den Bundesländern („Gleichheit der Lebensverhältnisse") sowie die Umweltpolitik.

## 7.3. Deutungswelten im Wandel und das Regierungssystem als Orientierungsassistent

In einer offenen Gesellschaft, die auf steten wirtschaftlichen und sozialen Wandel angelegt ist, haben Deutungsfragen Daueraktualität. Die einzige Konstante scheint die zu sein, dass nichts bleibt, wie es ist. Unter Gesichtspunkten der Orientierungsleistung interessieren hier zwei Fragen:

1. Nach welchen Gesetzmäßigkeiten vollzieht sich die Umorientierung des Individuums, wie verändern sich dabei seine Beziehungen zu den Institutionen?
2. Kann und darf der demokratische Staat in den Orientierungsprozess eingreifen?

---

131 Immanuel Kant: Grundlegung zur Metaphysik der Sitten. Kant's gesammelte Schriften. Herausgegeben von der Königlich-Preußischen Akademie der Wissenschaften. Werke, Band IV. Berlin 1903. S. 450/451

## 1. Sozialer Wandel, Identität und Institutionen

Wenn wir das Steuerungssystem des Menschen verstehen wollen, müssen wir fragen, in welchen Organisationsbezügen er lebt. Organisiertes Verhalten bezieht sich immer auf eine Umweltstruktur. Im verstehbaren Organisationsplan eines Verhaltens sind die sozialen Bezüge mitgesetzt, das heißt zugleich die Restriktionen, aber auch die Optionen. Die Tatsache, dass sich zu jedem sozialen Handeln Alternativen ausdenken lassen, macht die getroffene Wahl, die Etablierung eines bestimmten Interaktionsablaufes, die Etablierung einer bestimmten Organisation von Interaktionsnetzen interpretationsbedürftig. Deutungssysteme und Weltinterpretationen sichern das soziale Handeln. Weder Organisationsformen noch ihre Deutungssysteme bleiben geschichtlich, was sie sind. In einer sich wandelnden Umwelt muss der Akteur Reorganisationsfähigkeit besitzen. Nach welchen Prinzipien verläuft diese Reorganisation? Kognitive Organisation ist gekennzeichnet durch balancierte und unbalancierte Zustände. Damit beschäftigen sich die Einstellungstheorien. Für die kognitiv-affektive Reorganisation des Akteurs fordern wir zwei Hauptprinzipien: ein internes und ein externes.

1) Intern: Orientierungssysteme tendieren zur Einfachheit. das ist der allgemeinste Satz, den man über kognitiv-affektive Orientierung aussagen kann. Diesem Prinzip der Einfachheit entsprechen zahlreiche Prozesse, z.B. die Reduktion der Vielfalt von Informationen, die Reduktion von Komplexität, so dass es möglich ist, Objekte zu ordnen und zu ihnen Stellung zu beziehen. Ein einziges und ein einheitliches Wahrheitssystem ist einfacher zu handhaben als zwei konkurrierende Systeme. Aber das Prinzip der Vereinfachung kann uns auch an der Wahrheit vorbei in das Reich der Vorurteile führen.

2) Extern: Das externe Prinzip der Reorganisation ist der Grundsatz der Maximierung sozialer Unterstützung. Dieses Prinzip beruht auf dem Mead-Gehlenschen Axiom vom indirekten Selbstbewusstsein, also der Abhängigkeit vom signifikanten Anderen. Alles, was irgendwie interessant ist, kann man nur durch soziale Interaktion erreichen. Voraussetzung für diese Interaktion ist die Aufrechterhaltung eines hohen Maßes an Bereitschaft einer unbestimmten Zahl von Interaktionspartnern. Der Akteur muss also dafür sorgen, dass die Umwelt zur Interaktion mit ihm bereit bleibt.

Aus diesen Hauptprinzipien leiten sich Grundsätze zweiter Ordnung ab:

a) Das erste Prinzip zweiter Ordnung ist die Tendenz zur Kongruität zwischen Deutungssystemen und sozialer Erfahrung. Ein Deutungssystem, das die soziale Erfahrung nicht mehr integrieren kann, verstößt gegen das Prinzip der Einfachheit der geistigen Organisation. Im gleichen Augenblick wird dieses Deutungssystem sozial wertlos. Es deckt auch nicht mehr die Erfahrung der anderen. Man kann sich in seiner Sprache nicht mehr über gemeinsame Erfahrungen verständigen. Damit verstößt das Deutungssystem, das nicht mehr erfahrungskongruent ist, gegen das zweite Hauptprinzip, nämlich die Maximierung sozialer Unterstützung.

b) Ein weiteres Prinzip zweiter Ordnung ist die Tendenz des Individuums zur Aufrechterhaltung der Selbstachtung. Selbstachtung kann nur in bestimmten Interaktionsmustern aufrechterhalten werden, aus denen ein Belohnungsüberschuss hervorgeht. Da Anschauungssysteme als Kommunikationsbasis eines Interaktionnetzes wesentliche Bedeutung haben, gefährden sie in dem Augenblick die Selbstdefinition, in dem sie die Interaktion behindern.[132]

Diese Prinzipien ermöglichen ein Verständnis der Reorganisationsprozesse in einer mobilen Gesellschaft. Die zweite Zusatzregel besagt zugleich, dass der Ertrag des Interaktionsprozesses interpretationsabhängig ist. Die Erträge können materieller und immaterieller Natur sein. Der Interaktionsprozess muss eine Wertakkumulation ermöglichen, die sich der Einzelne zuschreiben kann. Er wird den entstehenden Wert mit seiner Investition vergleichen und kann sich sagen, die Sache hat sich gelohnt. Die Produkte der Interaktion werden so gesehen zum Material der Selbstachtung. Da der Produktionsvorteil eines Interaktionsnetzes nur über das Deutungssystem greifbar wird, ist dieses zugleich Bestandteil und Pfleger der Selbstachtung. Sie enthält ein Wissen über die Person, das zum Bestandteil der Identität wird. Selbstachtung ist eine wesentliche Ressource für die Funktionsfähigkeit des Persönlichkeitssystems. Wenn der erneuten Zufuhr positiver Erfahrungen und Erwartungen zur Pflege der Selbstachtung die Basis entzogen wird, leidet das Persönlichkeitssystem, Erwartungen verkürzen sich, die Hoffnung sinkt, die Aktivität erlahmt. Man weiß, dass Menschen, deren Niveau der Selbstachtung habituell sehr niedrig ist – ausgelöst durch eine lange Serie von Enttäuschungen, Sozialisationsunglücken – handlungsunfähig, depressiv werden, ohne Hilfe kaum fähig sind, den Alltag zu bestehen. Deutungssysteme lenken die soziale Interaktion, sorgen für die

---

132 G. Schmidtchen, Gottesdienst in einer rationalen Welt, Stuttgart u. Freiburg i. Br. 1973, insbesondere S. 131ff.

Optimierung sozialer Unterstützung auf Grund bestimmter Leistungen, sichern also den Verbleib in Interaktionsnetzen, die einen psychischen
Überschuss abwerfen, und bilden ein soziales Realitätsprinzip. In ihnen ist
die Mitteilung enthalten, dass der Akteur in der von ihnen bezeichneten
Realität gut aufgehoben ist.

Dynamisiert wird das gesamte System – wie schon gezeigt – durch eine einfache Substitutionsregel: Produktivere Interaktionsnetze verdrängen die unproduktiveren. Neue Ressourcen und Ressourcenerwartungen
gebären neue Interaktionsnetze, die damit wiederum zu Ressourcen organisatorischer Art für verschiedenartigste Wachstumsprozesse sind.
Das Sozialprodukt steigt. Die Verteilung des Sozialproduktes wandert.
Der tertiäre Bereich, der Dienstleistungsbereich einschließlich des Informationssektors und der Bildungsinstitutionen, dehnt sich soweit aus,
dass er bestimmend für die Gesellschaft wird. Damit erwachsen neue
Persönlichkeitsressourcen, Kompetenzen und Erwartungen an einen
neuen Lebensstil. Infolge der Produktivität der Interaktionsnetze kommt
es zu Ressourcensteigerungen, die vor einem Jahrhundert kaum denkbar
erschienen. Schübe des sozialen Wandels sind die notwendige Konsequenz der Produktivität der Gesellschaftssysteme. Das macht die Menschen für Orientierungsprobleme sensitiv. Die Deutungssysteme, in den
traditionalen Institutionen erlernt, werden auf die Probe gestellt. Genügen sie den Ansprüchen nach Deutung und Handlungsanweisung nicht
mehr, wird das Verhältnis zu den Institutionen kritisch. Je größer die gesellschaftliche Machtverschiebung, das heißt die Stärke des sozialen
Wandels, desto vehementer werden die Institutionen daraufhin befragt,
ob sie jene Deutungsmöglichkeiten zur Verfügung stellen können, von
denen die weitere Produktivität der Interaktionsnetze und eine brauchbare Identität des Akteurs abhängen.

Neue Erfordernisse der sozialen Beziehungen, neu sich einspielende
Regeln des Zusammenlebens legen neue Selbstdefinitionen nahe. Der
Aufbau einer neuen Identität kann aber nicht innerhalb der alten Institution erfolgen. Weibliche Identität scheint zum Beispiel nicht mehr in den
alten eherechtlichen Institutionen möglich. Das Selbstverständnis der
Akteure im Arbeitsvollzug macht nicht nur Mitbestimmung zwingend,
sondern auch eine bis ins Detail reichende Änderung der Arbeitsorganisation. Die Gesellschaft, die versuchte, alle künftigen Probleme durch
Abschaffung der Armut zu lösen, bricht in neue Lebenswirklichkeiten
auf, die ihre Institutionen in Frage stellen. Wo der Deutungsrahmen der
Institutionen für das soziale Handeln disfunktional wird, gibt es nur zwei
mögliche Reaktionen: Wenn es zur Institution keine Alternative gibt,

wenn man sie braucht, wird sie das Objekt vehementer Änderungsversuche. Erscheint indessen die Dienstleistungsfunktion einer Institution substituierbar, so kommt der Gedanke auf, sie zu verlassen. Ein anschauliches Beispiel bietet das Verhältnis zur Kirche. Wenn das Deutungssystem der Kirche in einer entchristlichten Gesellschaft für die Mitglieder konfliktreich und disfunktional wird, dann besteht für die religiös schwach Sozialisierten die Tendenz, das konflikterzeugende Deutungssystem negativ zu besetzen und die Kirche zu verlassen. Bei einer intakten religiösen Sozialisation wird der Konflikt zwischen kirchlicher Theologie und Selbstauslegung der Gesellschaft gleichwohl gespürt. Da die Institution für sie unverzichtbar ist, richtet sich ein Reformphantasma auf sie, dem der Wunsch nach Kongruenz der Deutungssysteme, nach einem einheitlichen Weltverständnis zugrunde liegt.

Krisen der Deutungssysteme sind regelmäßig begleitet von Bemühungen, die Macht der Mitglieder gegenüber der Macht der Institutionen zu erhöhen. Mitbestimmung ist nicht nur partikuläre Interessenpräsentation, sondern zielt in der Regel auch auf eine Reorganisation der Institutionen und damit verbunden auf eine Umformulierung ihrer Selbstauslegung. In manchen Emanzipationstheorien sieht es so aus, als sei Freiheit einzig über den Abbau von Kontrollsystemen zu erreichen, als seien machtlose oder nicht existente Institutionen die Garantie neuer Freiheit. „Alle Macht ist böse." Dieser auf Jacob Burckhardt zurückführbare Satz der Nachkriegstheologie verkennt die notwendige Präsenz von Macht auch in der humanitären Organisation. Ohne Mittelkonzentration sind wir hilflose Interaktionspartner. Wenn wir irgend etwas, ein materielles oder geistiges Produkt erzeugen wollen, machen wir uns durch die erforderliche Interaktion und den Wert des Produktes abhängig von anderen, mit denen wir zusammenarbeiten. In diesem Augenblick gewinnt die Gemeinschaft eine gewisse Mächtigkeit über den einzelnen. Wegen des Wertes der Interaktion übt sie Macht über die Mitglieder aus. Macht ist indessen nicht prinzipiell anti-emanzipatorisch. Anti-emanzipatorische Macht ist falsch gebrauchte Macht, falsch eingesetzte, falsch konstruierte Macht. Macht kann auf solche Weise wirksam werden, dass es den einzelnen Mitgliedern einer Interaktionsgemeinschaft Spaß macht, wegen der Effekte zusammenzuarbeiten. Diese Mächtigkeit, die der einzelne in der Interaktion, im organisierten Handeln erfahren kann, ist eine wesentliche Voraussetzung der Freiheit. Freiheit setzt immer die Mächtigkeit der Interaktionspartner voraus. Ressourcenlose Partner und hinfällige Organisationen sind uninteressant. Sie machen auch den einzelnen ohnmächtig. Man braucht also Mittel der Mächtigkeit, um frei zu sein, um etwas tun zu können. Das heißt: Macht und Freiheit stehen in einem unauflöslichen Zusammenhang. Negativ wird dieser Zusammenhang, wenn Macht falsch institutionalisiert wird. Freiheit entsteht in Organisationen und kann auch in Organisationen untergehen. Macht ist nicht der Gegner der Freiheit, sondern falsche Macht ist ihr Gegner. Aber auch gut institutionalisiert, bleibt sie in ihrer engen Beziehung zu den Deutungssystemen der Institutionen immer fragwürdig. Diese Fragwürdigkeit der sozialen Organisation überhaupt kann uns möglicherweise am leichtesten davon überzeugen, dass Orientierungskrisen nicht heillose Zeichen der Zeit sind, sondern aus dem Bauplan eines intelligenten gesellschaftlichen Geschöpfs erwachsen. Die Natur hat den Menschen zur Freiheit programmiert. Er besitzt keine Problemlösungsschemata, die neurophysiologisch garantiert sind. Dafür aber wurde er mit einer einzigartigen Problemlösungsbefähigung ausgestattet: Phantasie und Handwerk. Diese konkrete Gestalt von Geist macht ihm, wie einem von der Natur gleichsam ausgesetzten Wesen, freilich immer wieder zu schaffen.

## 2. Der Staat als Orientierungshelfer und Sinnvermittler?

Darf der demokratische Staat – der ja keine Wahrheitsverwaltung ist – dem Bürger Orientierungshilfen geben und als Sinnvermittler auftreten? Ist das nicht die Sache der intermediären Institutionen, der Medien, der Bildungseinrichtungen, der Kirchen, der Parteien und überhaupt der sozialen Kommunikation, also der Gesellschaft und der in ihr wirksamen Ressourcen und Kontrollen? Das wäre liberales Vertrauen – um 1900 verbreitet – in die Kraft der Selbstorganisation der Gesellschaft und die Vernunft der Öffentlichen Meinung, ihre Funktionsfähigkeit für Orientierung und Handlungsanleitung eingeschlossen. Dieser Gedanke ist in Deutschland spätestens 1933 gescheitert.

Drei Gründe zwingen den Staat, Orientierungspflichten gegenüber dem Bürger zu übernehmen:

1. Die Notwendigkeit, die Verfassung der Offenheit zu wahren, also die Erhaltung der eignen Struktur.
2. Der Verfassungsauftrag, das Leben und die Freiheit der Bürger zu schützen.
3. Die Aufgabe, Rahmenordnungen für neue technische, wirtschaftliche und gesellschaftliche Entwicklungen zu formulieren und zu gewährleisten. Die Entwicklung der Informationsgesellschaft erfordert neue Regelungen, Gesetze und Kontrollen, und sie bedarf auch gezielter Förderung.

Zur Erinnerung: Der demokratische Staat und die mit ihm entstandene pluralistische Gesellschaft sind die konsequente Umsetzung der Aufklärung und der Prinzipien der französischen Revolution. Die Väter der amerikanischen Verfassung haben mit einem Einfallsreichtum, den das Misstrauen beflügelte, über Tyrannei und Machtmissbrauch nachgedacht, und wie dies zu verhindern sei. Das Ergebnis waren zwei Verbote von weltgeschichtlicher Tragweite: 1. Das Verbot der Machtkonzentration und Wahrheitsdefinition in einer politischen Zentrale. 2. Das Verbot der Diskriminierung. Um sie durchzusetzen waren zwei organisatorische „Erfindungen" notwendig: Die Gewaltenteilung und die Öffentlichkeit, insbesondere der Staatsfinanzen. Publizität als Mittel der Kontrolle ist nur wirkungsvoll, wenn die Bürgerschaft, der neue Souverän, sich informieren und artikulieren kann. Meinungs- und Pressefreiheit, Vereins- und Koalitionsfreiheit, Partizipation und allgemeines gleiches Wahlrecht sind die Instrumente.

Für die Gesellschaft ergibt sich aus dieser politischen Verfassung, dass die Subsysteme in ihrer Wissensproduktion autonom sind. Die Herstellung neuen Wissens und der Zugang zu Wissensquellen sind grundsätzlich frei.

Da Positionen und politische Ämter nach Qualifikation vergeben werden sollen, ist der allgemeine Zugang zu Bildung zwingend.

Soziologisch zeichnet sich diese Gesellschaft durch Mobilität aus. Wirtschaftlich ermöglicht sie hohe Veränderungsraten. In den Demokratien sind Gemeinwesen mit einer beispiellosen Reorganisationsfähigkeit entstanden, trotz Zeiten der Rezession. Noch nie in der Geschichte hat es produktivere Gemeinschaften gegeben. Diese Gesellschaften sind immer unterwegs unter dem Leitstern der Freiheit. – Die französische Revolution wird ihre Kinder nie entlassen.

Aus diesen obersten Prinzipien leiten sich sechs Postulate für den Orientierungsdienst der Institutionen ab:

1. Die pluralistische Demokratie darf weltanschaulich nicht neutral sein. Die Auseinandersetzungen mit Sekten, radikalen Gruppen und menschenfeindlichen Vereinigungen zeigen, dass die Demokratie tatsächlich nicht neutral ist. Sie wird immer die Partei der Freiheit, der Menschenrechte ergreifen. Die Anschauungen von Gruppen und deren Interessen macht sie jedoch nicht zum Staatsziel. Die ihr genau das vorwerfen, sie repräsentiere nur bestimmte Interessengruppen, greifen zentral ihre Legitimität an. Die Demokratie ist eine prinzipienstrenge Form von Staat und Gesellschaft. Diese Prinzipien müssen verteidigt und immer wieder neu, auf neue Situationen angewendet werden.

Das Mediensystem hat die politische Wissenschaft erstaunlicherweise erst vor Kurzem als „legitimierende Struktur" entdeckt.[133] Zur Demokratie gehören Öffentlichkeit und Kommunikation.

Das Internet aber bietet Kommunikation ohne Öffentlichkeit. Es hilft dem Bürger, sich zu informieren, aber es ist auch hervorragendes Mittel der Organisation für abweichende, für kriminelle und staatsgefährdende Gruppen. Das Internet ist ein schwer zu kontrollierender Raum, politisch wie kriminologisch. Die Gestaltungsaufgabe, vor der die Öffentlichkeit steht, erfordert noch viel Phantasie. Externe Kontrolle wird ebenso notwendig sein wie die Selbstkontrolle, die meistens zu lasch ist. Die Frage ist, wie nichtöffentliche politische Kommunikation in den öffentlichen Diskurs zurückgeholt werden kann.

2. Wenn der Staat auch keine Wissenskontrolle ausüben darf, so wünschen wir uns die Regierenden doch nicht blind gegenüber geistigen Prozessen, nicht dumm und ahnungslos gegenüber den mentalen Nöten in der Bevölkerung. Wir wünschen uns keine Regierung, die ohne jede Vision ist, wie es weitergehen soll. Die Bürger erwarten vom Staat Orientierungshilfen. Sie sind enttäuscht. Wie die schon erwähnte Manageruntersuchung der Bertelsmann Stiftung zeigt, gilt die Führung in Regierung und Wirtschaft in zahlreichen gesellschaftlichen Fragen als hilflos, Arbeitslosigkeit, Kriminalität, Verkehrspolitik sind die Stichworte. Nur ein Prozent der Manager meint, die führenden Leute in Regierung und Opposition könnten klare Ziele ansprechen und den Bürgern eine sichere Orientierung geben. 56 Prozent bestritten das und 43 Prozent meinten, wenigsten teilweise bekomme man Orientierung.[134]

3. Der Staat hat eine Verantwortung für die ethische Orientierung. Es ist bequem, die Verantwortung dadurch auszuklammern, dass sie den Kirchen übertragen wird. Lautet der Entlastungssatz nicht, der Staat lebe von Voraussetzungen, die er selbst nicht geschaffen habe? Die Kirchen allein können die Moralisierung der Bevölkerung nicht leisten. Dazu sind sie organisatorisch viel zu schwach. Die Massenmedien haben mehr fest Angestellte als die Kirchen. Die Moral entsteht an anderen Orten. Im Osten Deutschlands, einem Gebiet überwiegend bekennender Atheisten, hat sich in den letzten vierzig Jahren eine Mo-

---

133 Heinrich Oberreuter in Karl Rohe (Hrsg.): Politik und Demokratie in der Informationsgesellschaft. Nomos, Baden Baden 1997
134 Gerhard Schmidtchen: Lebenssinn und Arbeitswelt. Orientierung im Unternehmen. Eine Untersuchung für die Bertelsmann Stiftung in Verbindung mit dem Institut für Marktforschung Leipzig. Gütersloh 1996

ral herausgebildet, die der im Westen sehr ähnlich ist. Die Quellen dieser Moral liegen im Alltagshandeln.

In der Familie, in der Schule, im Betrieb erfahren junge Menschen Bestätigung, wenn sie sich an die Regeln des gemeinschaftlichen Lebens halten. In den wechselseitigen Erwartungen stecken Normen. Das ist der moralische Kern. Ohne dass dies zum Thema gemacht wird, nehmen gute Beziehungen zugleich moralischen Charakter an.[135] Alles hängt jetzt davon ab, wie weit sich die kleinen und großen Institutionen selbst moralisch verhalten, welchen Leitbildern sie folgen. Der Staat könnte die Moral der Institutionen fördern, tut es aber nicht sehr deutlich. So sind junge Menschen in Ost und West – wie schon dargestellt – mehrheitlich der Überzeugung, moralisches Verhalten lohne sich nicht.

4. Kann der Staat Lebenssinn vermitteln? Ist das nicht eine abwegige Frage? Gehört die Reflexion über den Sinn des Lebens nicht ausschließlich zum Verkündigungsauftrag der Kirchen?

Menschen, deren Leben nicht in Ordnung ist, aus den Fugen geraten, empfinden Ihr Dasein als sinnlos. Für die anderen ist die Sinnfrage nicht akut. In guten gesellschaftlichen und politischen Ordnungen zu leben macht Sinn. Diese Ordnungen oder Unordnungen sind auch das der Ergebnis der Politik. Insofern ist der Staat *indirekt* ein Sinnvermittler. Er kann diesen Teil der Gestaltung von Ordnungen, die als sinnvoll erlebt werden können, nicht an die Kirchen delegieren.

Der Staat kann ganz wesentlich am Umbau von Institutionen mitwirken, in denen intelligente und autonome Personen ihre als sinnvoll erlebten Aufgaben finden. Auch mehr Bürgerbeteiligung in der Politik würde zu einer besseren „Sinnbilanz" beitragen.

5. Dehnen wir die Betrachtung auf das Regierungssystem aus, so fällt Orientierungsleistung der Parteien ins Gewicht. Sie haben den Verfassungsauftrag, an der politischen Willensbildung mitzuwirken. Zu diesem Zweck müssen sie geistige Organisationsmittel formulieren, das sind Ideologien. Sie bestehen praktisch aus Prioritätenlisten, die in eine Beziehung zum Gemeinwohl gesetzt werden. Es wird darin versprochen, das gesamte politische Einkommen möglichst vieler Menschen zu erhöhen.[136] Diese Ideologien präsentieren sich notwendigerweise symbolisch und diffus, damit möglichst viele Menschen ihre Wünsche in das Programm hineinprojizieren können. Schließlich

---

135 Das wurde weiter oben dargelegt (S. 122f.).
136 Anthony Downs: Ökonomische Theorie der Demokratie. J. C. B. Mohr (Paul Siebeck), Tübingen 1968

werden die Erwartungen an populäre Repräsentanten gebunden. Diese Politik ist umso rationaler, je mehr Wähler ambivalent sind. Zu einer sachgerechten Orientierung und Auseinandersetzung mit politischen Inhalten trägt dies nicht bei. Dieses Defizit gehört untrennbar zum Wesen der zentralistischen repräsentativen Demokratie. Ideologien haben ihre Rückwirkungen. Diejenigen, die sie verkünden, glauben am Ende selber daran, dass die Welt so einfach ist, wie sie in ihrem geistigen Organisationsmittel beschrieben wird, und dass sie sich in Zukunft so einfach verhalten wird.

Eine politische Elite, die sich der eigenen Ideologie anvertraut, als handle es sich um Erkenntnisse, die Parteiideologie also für eine zureichende Beschreibung der Realität hält, wird das mit einem Realitätsverlust bezahlen, der sich in politischen Fehlentscheidungen, in Machtverlust und Wahlniederlagen auswirken wird. Dies ist in groben Zügen die Geschichte der Selbstideologisierung der CDU, die zu ihrer Wahlniederlage von 1998 führte.

## 7.4. Die Klugheit der Bürger wächst mit der Intelligenz der Institutionen

Seine Orientierung leistet das Individuum immer im Dialog mit der Gesellschaft. Es ist auch in seinem Denken Mitglied des kulturellen Systems, wenn auch nur partiell. In Interaktion und Kommunikation realisiert sich diese Teilhabe am Ganzen. Die Qualität und Reichweite des kulturellen Systems wird durch die Leistungen der Institutionen bestimmt. Der geistige Zuschnitt der Institutionen und ihr Auftrag beeinflussen das Niveau der Orientierung der einzelnen Personen und Gruppen, begründen die Chancen der Vernunft, der Autonomie. In guten Ordnungen kann sich das Individuum gelassen verhalten, wenn nicht auf Zustimmung so doch auf einsichtige Prinzipien vertrauend.

Die Differenzierungsleistung der Institutionen ist nicht nur für die Beherrschung komplizierter Produktions- und Forschungsprozesse bedeutsam, sondern vor allem auch für die politische Kultur. Die Reichweite dieser Differenzierungsleistung ist begrenzt. Sichtbar wird dies an extremistischen inhumanen Gedankenwelten von erschreckender Primitivität, und den Gewalttaten, die bekenntnishaft aus ihnen hervorgehen. Daraus folgt, dass die politische Kultur unterorganisiert ist. Außerhalb ihrer Reichweite siedelt die Revolte. Leerräume waren entstanden, in denen der Baseball-Schläger der schnellste Weg zur Herrschaft über die

Umgebung und zum Bewusstsein der Stärke ist. Wo solche Organisationen sich ausbreiten, sind andere schwach gewesen. An den Rändern aufgeklärter kultureller Systeme kann es finster werden.

Die Institutionen einschließlich des Regierungssystems haben nicht nur die Aufgabe, das kulturelle Niveau einer Gesellschaft zu pflegen und weiterzuentwickeln – sie müssen von den Bürgern eine Gegenleistung verlangen. Ein Klima neuer Verantwortlichkeit müsste entstehen, das aber ist nur möglich mit neuen Formen des Engagements für Gemeinwesen und Politik. Der Bürger müsste aus seiner Minimalrolle als Medienzuschauer mit folgenlosen Erregungszuständen heraustreten können.

In den alten Demokratien wird schon auf der Schule gelehrt, welche Pflichten der Bürger gegenüber der Gemeinschaft hat. Verachtung verdient in diesen Texten der „Gratisbürger", der nichts für das Gemeinwesen tut, aber alles von ihm erwartet. Der „Fürstenspiegel" klärte über vorbildliches Denken und Handeln des Herrschers auf. Es müsste heute ein „Demokratenspiegel" formuliert werden, in den jeder Bürger hineinschauen könnte, ob er dem Bild eines aktiven und aufgeklärten Bürgers entspricht. In das Pflichtenheft des Demokraten könnte folgendes hineingeschrieben werden:

*Das Pflichtenheft des Demokraten*

1. Sich bilden und berufliche Kompetenz erwerben, um ein interessanter Partner zu sein und um für sich selber sorgen zu können.
2. Pflichten in der familiären Gemeinschaft übernehmen.
3. Die Sprache und kulturelle Überlieferung pflegen.
4. Sich über Staat und Gesellschaft informieren, beginnend in der Gemeinde.
5. Staatsbürgerlichen Pflichten nachkommen: Wählen, abstimmen und sich für Ämter zur Verfügung stellen, Steuern zahlen und Gesetze respektieren.
6. Seine Meinung vertreten, nicht feige sein, gleichzeitig die Würde des politischen Gegners achten.
7. Verantwortung übernehmen, auch Ehrenämter.
8. Menschen als gleichberechtigte Partner behandeln, niemals Macht ausnutzen, um andere untertänig zu machen.
9. Dem Wohl des Landes dienen.
10. Die Demokratie verteidigen.

# 8. Wissensflut und Aufklärungsverrat

Die Informationstechnologien sind segensreich. Sie bescheren uns leichten Zugang zu ungeahnten Quellen des Wissens, sie beschleunigen die Kommunikation, machen zum Teil unabhängig von Ort und Kabel, versehen uns mit Produktionsanlagen, die präziser und schneller sind, auch flexibler als das, was einmal die klassische „Industrie" ausmachte. Für Verkehr und Forschung eröffnen sich neue Dimensionen. Mit den neuen Medien und der intelligenten Technik scheint sich die Hoffnung auf allseitige Rationalität zu verbinden. Die Beobachtung, dass es den Menschen Spaß macht, in dieser sich weiter modernisierenden Welt zu leben und zu arbeiten, darf indessen nicht zu der Annahme verführen, sie gehörten damit schon zu einem Kosmos aufgeklärten Denkens. Die rationale Technik bleibt auf erschreckende Weise gleichgültig gegenüber den Motiven und der Kultur (oder Unkultur) der Benutzer. So macht die rechte antidemokratische Szene intelligenten Gebrauch der neuen Medien für ihre Zwecke. Das Glasfaserkabel transportiert klaglos Destruktives und jede Gesetzwidrigkeit. Mit den Informationstechnologien ist kein automatischer Aufklärungseffekt verbunden. Sicherlich wird durch sie der Intelligenzquotient steigen, aber es mehren sich auch die Chancen neuer Dummheit, und zwar immer dann, wenn der Aufklärungsdiskurs versagt, wenn die Institutionen vergessen, dass Aufklärung eine Daueraufgabe ist. Die Technik ist nicht der Ort des Aufklärungsgeschehens, sondern das Denken – jetzt freilich gestützt durch Informationssysteme.

Exponentiell ist die Wissensvermehrung. Wir als Einzelne, als je *ein* Bewusstsein und Gedächtnis, können wahrscheinlich nicht mehr Wissen speichern als früher. Aber wir bewegen uns in Wissenssystemen, das ist das Neue. Dies greift nicht nur in unsere Tätigkeiten ein, sondern auch in unsere Persönlichkeiten, unsere Selbstauffassung. Mehr Umgang mit hochverwendungsfähigem Wissen heißt: Mehr Ressourcen stehen uns zur Verfügung. Das ressourcenreiche Individuum gerät in ein neues Ver

hältnis zu den Institutionen. Die absolute Informationskontrolle der Institutionen geht verloren. Das gilt für Elternhaus, Schule, Betrieb, Kirche
– und intern für alle Hierarchien.

Gleichzeitig verflüchtigt sich die Wirklichkeit der Person, wenn sie
nur ein Punkt in einem unübersehbaren Informationsnetz ist. Die In-
formationswelt ist stark, die sozialen Netze und die institutionellen Bindungen werden schwach. So kommt es zu einer merkwürdigen Verschiebung der Selbsterfahrung zu den Medien hin. Wer im Fernsehen erscheint, hat Seinswirklichkeit. Treffsicher hat ein Karikaturist im New
Yorker diese Tendenz erfasst: Ein kleiner verzagter Mensch blickt gen
Himmel und hat eine Epiphanie. Aus einer Wolke zeigt Gottes Hand auf
ihn und es ertönt die Stimme: „You will never appear on TV." Das ist
die höchste Verdammnis.

Unter unseren Augen ist die neue Technik dabei, unsere Gesellschaft,
unsere Lebenswelt umzukrempeln. Daraus erwächst die Aufgabe, in
Wissensflut und sozialem Wandel das Denken zu bewahren, von dem
allein Orientierung kommen kann. Die Person wird wichtig und ihr Zusammenspiel mit den Institutionen. Diesem Thema ist das letzte Kapitel
gewidmet. Am Anfang stehen Überlegungen zu einer Orientierungsethik.
Sodann gilt die Betrachtung religiösen Fragestellungen. In der religiösen
Überlieferung sind Wissensformen enthalten, die insbesondere in der
deutschen Geschichte verdrängt und vergessen wurden, immer hatte
dies katastrophale Folgen. So ist die erste Frage, warum gerade auch in-
tellektuell diese Verdrängung so naheliegend sein kann. Eine Betrachtung über das Verhältnis von Soziologie und Theologie kann Auskunft
geben. Daran schließen sich praktische Beobachtungen an über das religiöse Verhalten der Bevölkerung und den Antworten der Kirchen. Sind
die Kirchen ein Aufklärungshindernis oder ist ihre Orientierungshilfe im
Informationszeitalter wichtiger geworden?

In einer Epoche triumphaler Technik und einer Kultur der Ungewissheit, in der Widersprüchlichkeit von rationaler Welterklärung und religiöser Verwilderung geschieht etwas Unerwartetes mit der Person: sie
verzweifelt nicht, sondern ist gezwungen, sich neu zu definieren. Der
Vorgang ist aus der Renaissance bekannt. Warum wiederholt er sich?
Das ist das Thema des letzten Abschnitts.

## 8.1. Beobachtungen zu einer Orientierungsethik

Wenn man Orientierung auf die Frage reduziert, wie man Ziele auswählt und mit welchen Methoden, welchen Verfahrensweisen man ein Ziel erreicht, so könnte der Orientierungsprozess unter rein rationalen, technischen Gesichtspunkten betrachtet werden. Ist Orientierungsverhalten demnach ethisch neutral? Da sich jede Orientierung auf ein kulturelles System bezieht, werden in orientierende Pläne auch andere Akteure einbezogen, sei es unmittelbar durch Zusammenarbeit, durch die Herstellung von Beziehungen oder durch die Folgen eines Orientierungsverhaltens. Die Beziehungen von Akteuren aber, seien es Personen oder Organisationen aller Art oder Institutionen, sind einer Betrachtung nach ethischen Prinzipien zugänglich. Diese leiten sich aus den allgemeinsten Grundsätzen der Gemeinschaft ab: Freiheit, Gerechtigkeit und Legitimität. Da der Einzelne in seinem Orientierungsstreben auf die Vorleistungen des kulturellen Systems und der Institutionen angewiesen ist, ergibt sich eine erste ethische Relation.

1. Die Orientierungssysteme der Institutionen müssen öffentlich sein und dürfen öffentlich diskutiert werden.
2. Der Zugang zur Information muss frei sein.
3. Orientierungsleistungen der Institutionen müssen konsistent und überprüfbar bleiben.
4. Das Orientierungssystem der Institutionen sach- und realitätsgerecht zu halten, ist ein wesentliches ethisches Erfordernis.
5. Institutionen müssen wahrhaftig sein. Das Festhalten an Irrtümern schränkt die Freiheit des Denkens ein, senkt die Produktivität der Gesellschaft. Das Eingeständnis von eventuellen Irrtümern und gescheiterten Versuchen gehört zu den wichtigen institutionellen Tugenden.

Institutionen, die in ihren Informations- und Orientierungsdienstleistungen auch nur eines der ethischen Prinzipien verletzen, begehen Verrat am Autonomieideal der Person, zu dessen Schutz sie eigentlich da sind.

An exemplarischen Beispielen, die dem Gang unserer Untersuchung entnommen sind, soll die ethische Bedeutung des Orientierungsverhaltens von Personen und Institutionen unter fünf Titeln betrachtet werden.

## I. Raum und Mobilität

Die Industrie predigt jungen Menschen Mobilität und Flexibilität. Wo sind die Vorteile dieser Beweglichkeit und bei wem liegen die Kosten?

*Die Perspektive der Person:* In der Mobilität liegen die Versprechungen größerer beruflicher Chancen. Neue Erfahrungsräume tun sich auf, beruflich und menschlich. Ein interessantes berufliches Engagement, zu dem
es am eigenen Ort keine Alternative gibt, ist sicher ein verlockendes,
vielleicht sogar zwingendes Motiv. Um solche Chancen ergreifen zu können, ist eine überregionale Orientierung notwendig. Sie wächst Menschen zu, die sich auf einen längeren Bildungsweg begeben. So finden
wir in den gehobenen Bildungsschichten eine bedeutende, wenn auch
nicht universelle Mobilitäts- und Migrationsbereitschaft. Sie wird in allen
Bildungsgruppen deutlich geringer, wenn es sich um Positionen im Aus-
land handelt. Sprachbarrieren spielen die Hauptrolle, aber auch die
Angst, das eigene kulturelle System zu verlassen. Je geringer die Bildung
und je weiter die Reise gehen soll, desto größer die Mobilitätswiderstän-
de. Diese Mobilitätsunlust ist das Ergebnis einer durchaus rationalen
Güterabwägung. Die Kosten der Mobilität fallen schwer ins Gewicht.
Der Verlust des eigenen Beziehungsnetzes und Bekanntenkreises, der
ortsgebundenen kulturellen Gewohnheiten und der Vertrautheit mit
Sprache, Ortsbild und Landschaft wird mit Gewissheit für Heimweh
sorgen. Dies kann nur aufgewogen werden durch glänzende berufliche
Perspektiven und die Aussicht, sich in der neuen Umgebung einzuleben,
ein neues soziales Netz aufzubauen und sich mit der kulturellen Variante
des neuen Ortes vertraut zu machen, am Ende Heimatgefühle zu entwickeln. Räumliche Mobilität führt nicht nur Versprechungen mit sich,
sondern ist auch von hohen psychischen Kosten, von Anstrengungen
begleitet. Zu den Pflichten der Einzelnen gehört es, eine sorgfältige
Evaluation einer solchen Angebotssituation vorzunehmen. Dazu gehört
nicht nur die Erkundung, was sie im neuen Betrieb, in der neuen Dienst-
stelle vorfinden werden, sondern auch in der kulturellen Umgebung,
welche Anschlussmöglichkeiten sich in Vereinsleben, Bildungs- und
Kulturangeboten, Gemeindepolitik und Kirche ergäben. Einige Gemeinden bieten neu Zugezogenen Eingliederungshilfen.

*Die Perspektive der Institutionen:* Wer die Mobilität des Arbeitsmarktes nutzen will, wer Mitarbeiter von weither holt, muss wissen, dass er damit
psychische und soziale Kosten erzeugt, die unter Umständen auch in
seinen Betrieb importiert werden können. Mitarbeiter, die sich am neuen
Ort nicht heimisch fühlen oder noch nicht, sind auf unspezifische Weise
belastet und in ihrer Arbeitsmotivation beeinträchtigt. Es kann allerdings
auch der Effekt eintreten, dass sie den Betrieb zu ihrem Zuhause machen und ihn mit Anforderungen an sich selbst und die Organisation

gleichsam überladen. Betriebe und Institutionen, die Mitarbeiter aus der
Ferne holen, sollten darauf achten, dass sie in der Zielgemeinde Fuß fassen können. Die Unternehmung, der Betrieb sollte einen aktiven Part in
der Gemeindepolitik spielen. Wir wissen auch, dass Migration in großem
Stil die Gemeinschaft als Ganze belasten kann. Die Kehrseite misslun-
gener Integration ist z.B. eine hohe Kriminalitätsrate. Wer unbedacht,
ohne flankierende Maßnahmen, Migration in großem Stil auslöst, wälzt
einen beträchtlichen Teil der sozialen Kosten auf die Gemeinschaft ab.
Dieses ethische Ungleichgewicht ist mit dafür verantwortlich, dass Mitglieder einer autochthonen Kultur skeptisch gegenüber Zuzug werden.

Mobilität kann umso leichter erfolgen, je universalistischer das kulturelle System ist. Wenn die Migranten am Zielort ähnliche kulturelle Einrichtungen vorfinden wie in ihrer Heimat, ist die Integration wesentlich
erleichtert. Das große Beispiel bildet die katholische Kirche. Sie erleichterte die Integration polnischer Zuwanderer in das Ruhrgebiet im 19.
Jahrhundert und sie erleichterte auch die polnische Westmigration im
Gefolge des 2. Weltkrieges. Die katholische Kirche hat sie begleitet oder
sie war, wie in Westdeutschland, vor ihnen schon da. Räumliche Mobilität ist ein wesentliches Erfordernis für einen funktionierenden modernen
Arbeitsmarkt. Aber es ist auch ein psychisch und sozial unabweisbares
Bedürfnis, am neuen Arbeitsort neue Geborgenheit zu finden. Die Un-
terstützungssysteme dafür sind bisher zu schwach ausgebildet. Durch
Mobilität kann man schnell in schlechte Gesellschaft geraten. Das gilt
auch für die virtuelle Mobilität im Internet. In allen Bereichen moderner
Mobilität sind institutionelle Kontrollen notwendig. Sie sind kein antili-
berales Hindernis für Mobilität, sondern der Sicherheitsrahmen, der
neue Freiheiten ermöglicht.

## II. Ziel und Zeit

Die zeitliche Ordnung von Tätigkeiten ist nicht nur die Voraussetzung
für Zusammenspiel, sondern auch für die Gestaltung von Biografien.
Dies geschieht in enger Interaktion zwischen individuellen Bedürfnissen und institutionellen Regulierungen. Die Wahl der Ziele, was man
in einer zeitlichen Ordnung tun und erledigen sollte, ist weitgehend
dem Individuum überlassen. Der Verfassungsgrundsatz der Freiheit
der Berufswahl sichert das Recht auf persönliche Evaluation und Motivation.

*Die Perspektive der Person:* Mit dem Wachstum des Dienstleistungs- und Informationssektors auch innerhalb der Industrie und der Differenzierung und Intellektualisierung des Berufssystems wird die Berufswahl zunehmend schwierig. Das Berufsverzeichnis wächst nicht nur, es verschwinden auch alte, klassische Berufe, und es wird neue Berufe geben, von denen man noch nichts gehört hat. Die Berufswahl wird zu einem aufwendigen Informationsgeschäft. Die Wahl wird risikoreich. Die einzelne Person kann sie rational nicht mehr leisten. So wird in der Phase der Überlegungen zur Berufswahl zunächst in der sozialen Umgebung diskutiert, vornehmlich in der Familie. Und hier kommt es zu Konflikten, weil die Berufsperspektiven der älteren Generation und der jüngeren nicht mehr zusammenpassen. Es geht zunehmend bei der Berufswahl nicht nur um Eignungs- und Motivationsabklärung, sondern auch um die Chanceneinschätzung. Der Arbeitsmarkt dringt in die Überlegungen der Einzelnen ein. Weniges findet soviel Aufmerksamkeit wie eine spezifische Arbeitslosenstatistik, wenn zum Beispiel gemeldet wird, dass Biologen und Pädagogen für ganz andere Dienstleistungs- und sogar industrielle Berufe umgeschult werden müssen.

Eine Gesellschaft, die sich technisch, organisatorisch und wirtschaftlich schnell entwickelt, eine Transformationsgesellschaft also, die sich auch bei geringem Wachstum fortlaufend verändert, macht das Berufssystem und seine Chancen in gewisser Weise obskur. Wem aber die Ziele entrücken, der hat es schwer, die Motive zu sammeln. Da bei einer so wichtigen Frage wie der Berufswahl sich niemand gern auf eine Lotterie verlassen will, werden andere Sicherheiten gesucht. Sie können nur in etwas Abstrakterem gefunden werden, im Bildungsweg selbst und in dem Bemühen, ein Wissen, Befähigungen zu erwerben, von denen man annehmen kann, dass sie ziemlich unverderblich sind, also kein kurzes Verfallsdatum haben. So sind Eltern in der Regel bemüht, ihre Kinder auf die höchstmöglichen Bildungswege zu schicken, in der Annahme, dass sie, mit einem qualifizierten Schulabschluss und möglichst mit dem Abitur, ihre Entscheidung über den Beruf auf der Basis der später dann zugänglichen Information treffen können. Das setzt voraus, dass Schüler und Schülerinnen in einen langen Bildungsweg investieren können, ohne genau zu wissen, wohin er sie führt. Wie ist das psychisch möglich? Der klassische Hinweis auf erlernten Bedürfnisaufschub erklärt dieses Verhalten nur zum Teil. Talcott Parsons sagt über das zeitliche Arrangement von Belohnungen: „Die Unterscheidung zwischen unmittelbar erhältlichen und zukünftigen Gratifikationen (Belohnungen) und die Beurteilung deren relativen Wertes ist ein wesentlicher Teil des Handelns".[137] Klassischer Bedürfnisaufschub wäre es, eine definierbare große Belohnung in der Zukunft anstelle einer kleineren in der Gegenwart zu wählen. Wenn aber die große Belohnung in der Zukunft nur die Form einer diffusen Erwartung hat, kann das Motivationssystem beeinträchtigt werden. Also müssen aktuelle Gegenwartsmotive hinzutreten. Sie liegen in der Attraktivität des Schulalltags, in der Erfahrung von Zuspruch und sozialer Unterstützung, in der Faszination, Neues zu lernen, Schwieriges zu begreifen und ein Gefühl der eigenen Kompetenz zu bekommen. Dies beschreibt freilich ein Ideal, das nicht immer erreicht wird. Es sind meistens die Eltern, die nach dem Verwendungszusammenhang dessen fragen, was da alles in der Schule gelernt wird. Diese pragmatische Einstellung kann die Lernmotivation in allgemeineren Fächern stören, in Geschichte, Literatur, Kunst und Zeichenunterricht. Gerade diese Fächer aber sind wichtig für die Entwicklung der persönlichen Kreativität und für eine lebendige Beziehung zum kulturellen System. Es sind identitätsstiftende Fächer, die bei Schülern auch sehr beliebt sein können, wenn man ihnen nicht einredet, sie beschäftigten sich mit etwas Obsoletem.

*Die Perspektive der Institutionen:* Wenn steigende und thematisch neue Bildungsanstrengungen notwendig sind, um die Entwicklung von Wirtschaft und Gesellschaft zu gewährleisten, muss von allen Institutionen dafür gesorgt werden, dass diese Anstrengungen sich lohnen. Natürlich ist es riskant, auf Grund noch so schöner statistischer Extrapolationen Prognosen abzugeben und Versprechungen zu machen. Mit ein paar neuen Erfindungen werden in der Regel alle Erwartungen über den Haufen geworfen. Es gibt keine Sicherheiten, es gibt nur die Sicherheit des Wandels. Daraus ergibt sich für das Bildungssystem, die Berufsberatung und die Personalbereiche der Firmen die Aufgabe, eine Politik unter Bedingungen der Ungewissheit zu formulieren. Das Ziel muss sein, einen künftigen, noch nicht definierbaren Bedarf an qualifiziertem Personal mit einiger Sicherheit zu decken. Es wäre sehr unzweckmäßig, die Unsicherheiten in Bezug auf die Zukunft als bloße Offenheit in die Gegenwart zu transportieren, so dass viele Menschen nicht mehr wissen, was sie machen sollen.

Trotz Zukunftsunsicherheit muss in der Gegenwart Handlungssicherheit hergestellt werden. Wie ist das zu bewerkstelligen? Was sich wie

---

137 Talcott Parsons and Erdward A. Shils: Toward a General Theory of Action, a.a.O.,
S. 11

eine unlösbare Aufgabe anhört, haben moderne Gesellschaftssysteme in ihren Einrichtungen für Bildung und Ausbildung immer schon pragmatisch geregelt. Die leitenden Prinzipien sind Zerlegung und Abstraktion. Das Fernziel wird in erreichbare Teilziele zerlegt, in zeitlich geordnete Bildungsinhalte und Unterrichtseinheiten. Die Bildungsinhalte sind insofern abstrakt gefasst, als sie sich für die Anwendung in den verschiedensten Bereichen eignen, wie klassisch zunächst Lesen, Schreiben und Rechnen. Zu diesem Kanon gesellt sich die Informatik. Wesentlich ist die Fungibilität des gelehrten Wissens, die Anwendbarkeit in den verschiedensten Lebens- und Berufssituationen, die Übertragbarkeit. Das Wissen sollte wie Geld sein, das man in den verschiedensten Situationen umsetzen kann. Dazu gehören weitere Fächer, deren Fungibilität heute vielfach bezweifelt wird. Die Beschäftigung mit großen Kultur- und Weltsprachen, wie Englisch, Spanisch, Französisch, auch Russisch und Chinesisch, werden sozusagen als kulturelle Türöffner akzeptiert. Aber wie steht es mit den klassischen geisteswissenschaftlichen Fächern, die den humanistischen Kanon ausmachen: Latein, Griechisch, deutsche Literatur, Musik- und Kunstunterricht? Ist das nicht etwas für Spezialisten, hält dies nicht ab von der Möglichkeit, das Spiel der Moderne oder Postmoderne mitzuspielen? Die Fungibilität und Übertragbarkeit dieses Wissens wird übersehen. Klassische und musische Fächer können sehr viel zur Problemlösungsfähigkeit beitragen. Heisenberg[138] hat einmal vom Platonismus der Physik gesprochen, dem Bemühen, das Einfache in der Vielfalt zu erkennen. Da ein großer Teil der Problemlösungsfähigkeit – bis hinein in die Informatik – auf dem Boden ästhetischer Empfindungen beginnt, gibt es eigentlich gute Gründe, die „nutzlosen" Kulturfächer neu zu bewerten.

Ein weiteres pragmatisches Problem ist die Äquifinalität, ein Ausdruck aus der Systemtheorie, der besagt, dass man ein Ziel auf sehr unterschiedlichen Wegen erreichen kann. Dieses Prinzip der Äquifinalität sollte in der Konsequenz zur Durchlässigkeit der verschiedenen Bildungsstränge führen. Es wäre wichtig, dieses Prinzip der Durchlässigkeit auch unter motivationalen Gesichtspunkten und unter Berücksichtigung der Entwicklungspsychologie junger Menschen noch konsequenter durchzusetzen. In der Schweiz kann man zum Beispiel in das Gymnasium (dort Mittelschule genannt) nach 6 Jahren Primarschule aufgenommen werden oder aber nach 2 weiteren Jahren Sekundarschule. Auch in den Studienordnungen der Universitäten müssten mehr Äquifi-

---

138 Werner Heisenberg: Der Teil und das Ganze. Piper, München 1969

nalitäten eingebaut werden (Gleichwertigkeit verschiedener Bildungszüge).

Die Auflösung des Fernziels in kleine Schritte der Versetzungen und Zwischenprüfungen bedeutet, dass der Weg zum Ziel wird. Für viele bleibt der Weg indessen steinig, so dass sie die Motivation verlieren. Daher lohnt sich jede Anstrengung der Pädagogik und Didaktik, um die Motivation der Schüler ins Spiel zu bringen, ihnen die Chance zu geben, die Schulsituation und den Stoff emotional zu besetzen, sich ihn also im wahrsten Sinne des Wortes anzueignen. Wir können es uns nicht leisten, den kathektischen Aspekt des Wissens zu vernachlässigen. Wenn man den Unterricht in einem methodischen Sinne realistischer machen würde und den Schülern Gelegenheit gäbe, das Handwerk der Mobilisierung von Wissen zu erlernen und das der Wissensproduktion, dann würde sich eine bessere Motivation ergeben als in einem Unterricht, der auf einer prüfungsgerechten Wiedergabe von Wissen beruht. Der vorzeitige Bildungsabbruch in der Schule und auch auf der Universität ist nicht nur ein soziales, sondern auch ein immens wirtschaftliches Problem. Mit jedem Schüler, jeder Schülerin, die die Ausbildung abbrechen, gehen nicht nur Bildungsinvestitionen verloren, sondern es entstehen auch Biografien, die unter beruflichem Gesichtspunkt keinen höherwertigen Beitrag für die Gemeinschaft leisten, ein Index wäre etwas das Lebenseinkommen. Bildungskatastrophen schädigen nicht nur die Biografie des Einzelnen, sondern auch den Gesamtstatus der Gemeinschaft. Langzeitarbeitslosigkeit korreliert negativ mit Bildung. Also wäre es lohnend, sich bildungspolitisch mit der Frage der emotionalen Störung von Intelligenz und Arbeitsfähigkeit auseinanderzusetzen. Es ist wichtig, dies als Institutionenproblem zu erkennen und nicht als individuelles beiseite zu legen.

Trotz aller Bemühungen zur Modernisierung des Bildungssystem und der Lehrlingsausbildung durch Industrie und Handwerk ist es schwierig geblieben, der jungen Generation eine klare Berufsperspektive zu geben. Minderheiten der Jugendlichen zwischen 15 und 20 sehen die Berufswelt klar vor sich, die Mehrheit nur ungefähr. Und eine beträchtliche Gruppe sagt, noch unklar. Das Bild ändert sich auch bei den 27- bis 30-Jährigen nicht wesentlich.[139] Besonders junge Menschen, die die Universität besuchen, bleiben unsicher. Daraus sind zwei Schlüsse zu ziehen: 1. der schnelle Wandel des Beschäftigungssystems wirkt verunsichernd in die

---

[139] vgl. Gerhard Schmidtchen: Ethik und Protest. Moralbilder und Wertkonflikte junger Menschen, Leske + Budrich, Opladen 1993, S. 64ff.; Wie weit ist der Weg nach Deutschland?, S. 107 und 122ff

Sozialisationsphase junger Menschen zurück. 2. In den Bildungs- und Ausbildungssystemen wächst nicht das Vertrauen, in der Berufswelt einen interessanten Beitrag leisten zu können. Die Konkordanz der Bildungs- und Beschäftigungssysteme ist gestört. Eine Konseqenz wird sozialpsychologisch sichtbar. Je verschwommener die persönliche berufliche Zukunft erscheint, desto mehr sinkt generell das Zukunftsvertrauen. Jetzt wird verständlich, warum so viele junge Menschen sagen, das Leben sei schwer für die junge Generation.[140] Es kann zu Einbrüchen des Selbstvertrauens kommen. Motive degenerieren, wenn sie nicht in Anspruch genommen werden. Wenn wir sagen, das war immer so, das kann man nicht ändern, dann werden wir eines Tages der Kosten der Fehlentwicklungen tragen.

### III. Lebensplanung und Persönlichkeitsentwicklung

Wer sein Leben plant, rückt die Vorhaben und Entscheidungen in eine zeitliche Perspektive. Gesetzlich ist nur wenig geregelt: Beginn und Ende der Schulpflicht, die Phase der Jugendschutzbestimmungen, die Volljährigkeit und ab welchem Alter man Führerscheine bestimmter Klassen machen darf, wann der Wehrdienst kommt. Alles andere ist in das Belieben der Eltern und der jungen Leute gestellt. So gibt es in allen entwickelten Gesellschaftssystemen eine weite Streuung des Beginns und der Dauer der Ausbildung oberhalb der Schulpflicht, eine beträchtliche Streuung des Heiratsalters und des Alters der Mütter und Väter bei der Geburt des ersten Kindes. In traditionalen Gesellschaften ist diese Streuung deutlich geringer. Konventionen erzwingen eine frühe Ehe. In den Industriegesellschaften wurden vor dem „Pillenknick", vor 1960, viele Ehen erst kurz vor der Geburt des ersten Kindes geschlossen, die Schwangerschaft war der Grund zur Eheschließung. Die jungen Leute konnten sich, auch wenn sie noch so heiratsängstlich waren, dem Druck der beteiligten Familien und der sozialen Umgebung kaum entziehen. Mit der hormonalen Empfängnisverhütung geriet die Frage, ob man ein Kind haben will oder nicht, unter die Herrschaft psychischer, wirtschaftlicher und sozialer Motive. Die entscheidende Änderung für Frauen bestand darin, dass sie bestimmen konnten, welche Pläne Priorität haben sollten, die Ausbildung oder die Familiengründung. Viele Frauen entscheiden sich für die Ausbildung, weil sie nach der Familiengründung die Chancen schwinden sehen, eine berufliche Bildung durchzuhalten und

---

140 Daten weiter oben S. 121.

abzuschließen. Die meisten Frauen möchten heute Beruf und Familie
vereinbaren können. Das hat nicht nur wirtschaftliche Gründe. Der Beruf gilt als wichtiges Feld der Persönlichkeitsentwicklung.

Die Studierenden an den Universitäten und Hochschulen weisen nach
Studiendauer eine erhebliche Streuung auf. Dies hängt mit der unterschiedlichen Straffheit der Studienordnungen und dem Fehlen rigoroser
Studienzeitbegrenzungen zusammen. Die Erinnerung an diese gut bekannten Sachverhalte verweist auf drei Problemfelder individuellen und
institutionellen Verhaltens: Das vorzeitige Verlassen des Bildungssy-
stems mit niedriger Qualifikation, das zu lange Verweilen im Bildungssystem, der zu späte Beginn beruflicher Erfahrung und schließlich das Dilemma der Frauen, zwischen Beruf und Familie sich orientieren zu müssen.

*Die Perspektive des Individuums:* Es gibt eine schöne britische Studie, in der
die Frage beantwortet wird, wie man Hilfsarbeiter wird. Man muss sich
einer Clique anschließen, die es nicht schick findet, sich in der Schule
herumzuplagen. Die Schule wird geschwänzt oder man geht so früh wie
möglich heraus, um etwas zu jobben, damit etwas ganz Wichtiges finanziert werden kann: der Kauf eines Motorrades. Die Freude darüber hält
nicht lange vor. Nach einiger Zeit geht den Betreffenden auf, dass sie
keine richtige Arbeit bekommen, dass sie sich ins soziale Abseits manö-
vriert haben. Wenn diese Einsicht wächst, ist es meistens zu spät, einen
Wiedereinstieg in den Bildungsprozess zu leisten. Ein Leben als Hilfs-
und Gelegenheitsarbeiter beginnt.[141] Diese Jugendlichen folgen einem
kurzfristigen Optimierungsverhalten, durchaus rational, aber diese Art
der Rationalität führt nach kurzer Zeit in die Chancenlosigkeit. Hier fehlt
es an der richtigen Selbstinstruktion. Unlust in der Schule müsste ein
Alarmzeichen sein, sich selber zu reorganisieren. Und das Ziel, die
Schule und eventuell weiterführende Bildungswege erfolgreich durchzuhalten, müsste wieder auf den ersten Platz der Prioritätenliste rücken.
Das aber geht nur mit sozialer Unterstützung.

Anders der Langzeitaufenthalt im Bildungswesen: Diejenigen, die lange studieren, haben sich zum Teil nebenberuflich als Studenten und Stu-
dentinnen eingeschrieben. In diesen Fällen ist die Dehnung des Studien-
verlaufs verständlich. Viele Langzeitstudierende aber weichen dem Ex-
amenstest aus. Wenn diese Situation sich anbahnt, sollte der Betreffende
die Organisation seines Studiums, seiner Arbeit überprüfen und sich

---

141 Paul E. Willis: Learning to Labour. How Working Class Kids get Working Class
Jobs. Gower, Aldershot, Hampshire 1981

klarmachen, dass man mit Systematik und Fleiß einen Abschluss erreichen kann. Die Ausdehnung des Studiums gilt sehr zu Recht nicht als
Zeichen der Begabung. Begabte erledigen ihre Aufgaben meist mit größerer Geschwindigkeit. Wer in seiner Studienzeit ins Rutschen kommt,
sollte wissen, dass er oder sie sich eine Selbststigmatisierung einhandelt,
die bei Bewerbungen unter Umständen kritische Aufmerksamkeit bekommt. Auf jeden Fall gilt: wer Schwierigkeiten im Studium verspürt,
sollte unbedingt Hilfe aufsuchen.

Die meisten Frauen finden, dass Berufstätigkeit und Familie konfliktfrei miteinander vereinbar sein müssen. Verheiratete Frauen, die be-
rufstätig sind, erklärten schon seit Jahrzehnten in großen Mehrheiten,
dass sie gern arbeiteten.[142] Das Ideal, Beruf und Familie zugleich leben
zu wollen, ist in der Praxis nicht einfach. Die Frauen wissen das und
schauen sich nach Ressourcen um. Das Familienleben wird zu einem
Organisationsproblem. Die Kinder müssen betreut werden, Hilfen für
den Haushalt werden gesucht. Die Rolle des Mannes ändert sich. Die
Frauen erwarten, dass er sich an den täglichen Dingen der Haushaltsor-
ganisation beteiligt. Die Frauen entwickeln in dieser Doppelrolle ein
Selbstbewusstsein, das es ihnen ermöglicht, die Ansprüche der Familie
durchzusetzen, auch gegenüber dem Arbeitgeber. Diese Ansprüche sind
nicht individuell, sondern haben einen allgemeinen Charakter. Die Frau-
en fordern ein, was zu einer gerechten Ordnung ihrer Rolle und der Verantwortung gegenüber der Familie gehört.

*Aus der Perspektive der Institutionen:* Wenn wir massenhafte Versäumnisse
in der Gestaltung von Biografien nicht wollen, weil die Einzelnen sich
damit psychisch und wirtschaftlich schädigen, und weil auch die Gesellschaft als ganze die Kosten des Misslingens zu tragen hat, dann sind Hilfen angezeigt für die zeitliche Strukturierung wichtiger biografischer
Entscheidungen. Wenn es viele Kinder gibt, die aus Motivationsgründen
und nicht aus Intelligenzmangel vorzeitig den Bildungsprozess verlassen,
so ist das insofern eine optimistische Feststellung, als man gegen Motiv-
schwächen etwas unternehmen kann. Es braucht Stützung, auch durch
Einbeziehung der Eltern, und Anreize vielleicht durch besondere Bildungszüge, um Kindern den Abschluss der Schulzeit, oder den Einstieg
in eine weiterführende Schule zu ermöglichen. Es ist hier nicht der Ort,
Organisationsmodelle durchzudiskutieren, gewiss ist nur, dass ein solches Unternehmen aufwendig wäre. Aber diese Kosten sind wesentlich
geringer als diejenigen, die die Aussteiger aus dem Bildungssystem später

---

142 Gerhard Schmidtchen: Die Situation der Frau, Duncker und Humblot, Berlin 1984

verursachen werden; ihr Wertschöpfungspotential wird im Durchschnitt geringer sein, das soziale Belastungspotential größer.

Das andere Problem der Langzeitstudenten hat die Bildungspolitiker schon lange beschäftigt. Studienzeitregelungen, Änderungen der Prüfungsordnungen, die Einführung von Zwischenprüfungen mit Berufsberechtigung sind im Gespräch und wurden an verschiedenen Universitäten und Hochschulen eingeführt. Beim Thema Studienzeitbegrenzung plagt die Politiker meist ein schlechtes Gewissen. Unter ethischen Gesichtspunkten muss indessen klar sein, dass die Verweigerung ungebührlich langen Aufenthalts an den Hochschulen auch eine Form der ethischen Klarheit und damit der Unterstützung sein kann. Im Bewusstsein einer Studienzeitbegrenzung werden die Studierenden ihre Arbeit anders organisieren.

Zur institutionellen Unterstützung von Frauen, die Beruf und Familie miteinander verbinden wollen: Manches ist auf dem richtigen Weg, wie Mutterschafts- und Vaterschaftsurlaub. Die Frauen, insbesondere in Ostdeutschland, klagen über fehlende Kindergärten und Ganztagsschulen. Eine konsequente Entlastung der Familien wäre zugleich unter bildungspolitischen Gesichtspunkten wünschenswert, weil Kindergärten und Ganztagsschulen eine kompensatorische Bedeutung für Kinder aus kulturell benachteiligten Familien haben. Zudem könnten privatwirtschaftlich organisierte Familiendienste, die finanziell von Firmen getragen werden, berufstätige Frauen in der Betreuung von Kindern und bei der Pflege hilfsbedürftiger Angehöriger entlasten.

Die Mutter, die den ganzen Tag zu Hause ist, nur für die Kinder da, kann den kulturellen Anforderungen für die Kindererziehung in der Regel nicht mehr genügen. Der Haushalt hat längst aufgehört, eine komplexe Produktionsstätte zu sein. Er ist durch Dienstleistung und Technik zu einer Konsumstelle geworden. Mithin ist der Lehr- und Erlebnisreichtum des Haushalts begrenzt. Die Mutter kann unter diesen Umständen den Kindern auch nur einen Teil der Fähigkeiten vermitteln, die früher bei einer komplexen produktiven Haushaltführung entstanden sind. Die Kinder erleben in solchen Haushalten eine reduzierte Welt, die nur durch das Fernsehen nach außen geöffnet wird. Wenn man weiß, dass soziale Komplexität für die Persönlichkeitsentwicklung von großer Bedeutung ist, dann muss man Kinder wie Mütter aus dieser Lage befreien.

Über Jahrhunderte haben die Kirchen in Religionsunterricht und Predigt gelehrt, wie man das Leben bis in die Ewigkeit hinein gestalten sollte, was man tun muss, um in den Himmel zu kommen, und was man lassen sollte, um nicht in die Hölle zu geraten. Biografiegestaltung ist ein zutiefst moralisches Thema. Lebensplanung müsste in Sozialkunde und Religions- bzw. Ethikunterricht gelehrt werden. Deutlich müsste gesagt werden, welche Wege zu einem guten Leben, und welche ins Verderben führen.

## IV. Informationsflut und -auswahl

Als Studierende der Philipps-Universität in Marburg, es war unmittelbar nach dem 2. Weltkrieg, betraten wir ehrfurchtsvoll die Universitätsbibliothek. Sie beherbergte damals auch die Hälfte der Bestände der preußischen Staatsbibliothek, 3 Millionen Bücher. Sie waren dorthin evakuiert. Also verfügte die preußische Staatsbibliothek über 6 Millionen Bände, das fanden wir eindrucksvoll. Aber wie sollte man sich dazu in Beziehung setzen? Könnte man je alles in Erfahrung bringen, was in diesen Büchern steht? Studierte man jede Woche ein Buch durch, so käme man bei 70 Lesejahren auf gut 3500 gelesene Bücher. Man könnte den Leseeifer natürlich steigern, jede Woche zwei Bücher, das wären dann 7000.

Man würde nur noch lesen, hätte für nichts anderes Zeit und verfügte am Ende doch über kein universales und kein brauchbares Wissen. An diesem nicht einmal vollständigen Beispiel ist erkennbar, dass die Gesellschaft als Ganze über mehr Wissen verfügt, als der Einzelne bei sich versammeln kann. Gegenüber dem möglichen Wissen befindet der Einzelne sich in einer schroffen Endlichkeitssituation, wobei die Vergesslichkeit eines ihrer Momente ist. Was ist der Sinn so vieler Bücher, wenn die meisten lange Zeit still herumstehen, nicht den Weg zum Leser finden? Ihre Aufgabe ist schlicht die Präsenz für unbestimmte Situationen und Zwecke. In welcher Beziehung steht nun die einzelne Aktivität zum Wissensarsenal der Gesellschaft? Dieses besteht ja nicht nur aus Bibliotheken, sondern ist auch ein hochorganisiertes System in den Betrieben und ihren Verfahrensweisen, es ist in Bedienungsanleitungen enthalten, in den Schriften der Patentämter, in der Sammlung von Gerichtsentscheidungen, in der Gesetzgebung, in Schriften religiöser Überlieferung und im kirchlichen Handeln, in Datenbänken und im Internet.

Wie kann sich der Einzelne zu dieser unübersehbaren Wissenswelt in Beziehung setzen? Das ist möglich ist durch einen Reduktionsprozess, der auf Arbeitsteilung und Themenwahl beruht. Die Tätigkeit in einem gut definierten, begrenzten Segment des wirtschaftlich-kulturellen Systems erzeugt eine selektive Nachfrage nach Wissen und Information. Das aber heißt, das organisierte Wissen der Gesellschaft kann nur durch eine spezifische Organisation der Nachfrage genutzt werden. Die Mobilisierung von Wissen geschieht zur Lösung von Problemen. Dieser Zusammenhang lässt sich auch pädagogisch nutzen. Die Schüler bekommen ein Problem gezeigt und sollen es gemeinschaftlich lösen. Über die Informations- und Wissensquellen werden sie orientiert. Dieses Verfahren wurde im Reichsstift Marchtal für die katholischen Privatgymnasien entwickelt. Eine der Folgen war, dass Schülerinnen in Mathematik genau so gut wurden wie die Schüler.

Es sind Interaktionszusammenhänge, in denen Probleme entstehen oder formuliert werden. Also entspringt die Informations- und Wissensnachfrage immer einem sozialen Feld, wenngleich dieses sehr unterschiedliches Organisationsniveau aufweisen kann. Um eine wirksame Informations- und Wissensnachfrage ausüben zu können, bedarf es sowohl eines Vorwissens als auch zeitlicher und technischer Aufwendungen. Sie schlagen sich in der Budgetierung organisatorischer Einheiten als Personalkosten, Investitionskosten und Gebühren nieder.

Die elektronischen Systeme versprechen Leichtigkeit und Universalität des Wissenszuganges. Aber diese Tore öffnen sich nur mit Vorbildung, durch Mitgliedschaft in Organisationen, und die Dienste sind mit Kosten verbunden. Damit aber wird der Zugang zu Wissen wiederum zu einer Statusfrage. Je komplexer die Wissensstrukturen, je anspruchsvoller die Zugänge, desto größer wird die Ungleichheit in der Wissensverteilung. Neue Ungleichheiten sind die Quelle neuer Konflikte.

Die Verfassungsprinzipien von Meinungsfreiheit und Öffentlichkeit enthalten praktisch die Forderung nach Chancengleichheit des Zugangs zu Informations- und Wissensquellen. Dies ist ein politisch-ethisches Postulat. Die ubiquitäre Verbreitung von Fernseh- und Rundfunkinformationen, Zeitungen und Publikumszeitschriften ist kein Ersatz für den direkten Zugang zu Wissensquellen. Die Information muss problembezogener, spezifischer und komplexer sein. Wie könnte man es erreichen, zum Beispiel Kleinbetriebe in der Informationsnachfrage genauso gut zu stellen wie Großbetriebe, Bürgergruppen so gut wie Regierungsstellen? Auf mehreren Wegen wäre an diesem Problem zu arbeiten.

Die Beschäftigung mit der Logik und Technik des Informationsretrieval, des Wiederhervorholens von Informationen müsste schon an den Schulen gelehrt und geübt werden. Ferner sollte der Zugang zu Datenbanken als öffentliche Dienstleistung zur Verfügung stehen, also nicht nur den Spezialisten in Forschungsorganisationen, Staatsverwaltungen und Betrieben sowie einigen Hackern. Gleichheit der Zugangschancen zu Information und Wissen: es geht nicht nur um die Vermeidung potentieller sozialer Konflikte neuer Art, sondern um etwas Wichtigeres, um die Produktivität, Klarheit und Humanität der Gesellschaft.

Es gibt keine Probleme, die Menschen nicht versuchen würden technisch zu lösen. So sind Informationstechnologien im Gespräch, mit deren Hilfe die Nutzer eines breiten Fernseh- und Hörfunkangebots der Flut von Unterhaltung und Information das ihnen Zusagende geliefert bekommen, ohne in den Auswahlprozess viel Zeit und Energie investieren zu müssen. Internet-Fernsehen und digitales Radio können mit Informatik-Programmen versehen werden, die den Zuschauern oder Hörern die Wünsche zwar nicht von den Augen ablesen, aber aus dem bisherigen Verhalten ableiten. Der Medien-Nutzer bekommt die Programme eingespielt, die zu seinem bisherigen Verhalten passen. Dies nennt man die Individualisierung der Medien.[143] Das Individuum erhält, lerntheoretisch betrachtet, immer nur Verstärkungen für sein einmal entstandenes Interessenprofil. Die Person wird auf ihre Gewohnheiten reduziert. Lernprozesse werden verlangsamt oder kommen zum Stillstand. Das ganz persönliche Fernsehen und das persönliche Radio (Me-Channel und „Mein Radio kennt mich") vereiteln den Überstieg über die Grenzen des gegebenen kulturellen Horizonts. Wir stehen vor der Entwicklung einer genial funktionierenden Verblödungsmaschine. Eine Nachfrage nach neuer Erfahrung, neuem Wissen ist nur in einem soziokulturellen Zusammenhang möglich, der seinerseits den Zugang zu Wissensquellen hat, und der von einem Entwicklungsmandat zu einem Ziel bestimmt wird. Institutionelle und informelle Lerngemeinschaften erzeugen die Nachfrage nach Information und kulturellem Angebot.

In der weiter oben bereits zitierten Manageruntersuchung für die Bertelsmann-Stiftung war zu erkennen, wo Orientierungssicherheit entsteht. Je besser der Kommunikationsfluss in der Gruppe verläuft und je höher die Arbeitsmotivation, desto geringer ist das Informationsmalaise. Es wurde unter anderem mit der Frage gemessen, ob durch die Informationsfülle die Meinungsbildung erschwert werde. Nur die organisatorisch schlecht eingegliederten Manager fühlen sich überfordert. Daraus sind allgemeine Konsequenzen zu ziehen. Die Qualität der Information und der sozialen Organisation bedingen sich gegenseitig. Die Förderung sozialer Informationsverwendungsnetze, vielleicht auf Gemeindeebene, würde das Verhältnis der Bürger zum Staat stabilisieren helfen. Zugleich käme es in Wechselwirkung zu einer Persönlichkeitsstabilisierung. Diejenigen, die außerhalb des Informationsgeschehens stehen, nur auf Fern-

---

143 Vgl. Bertelsmann-Briefe 145, Sommer 2001

sehen und Zeitungen verwiesen, haben eher das Gefühl, dass sie mit der Informationsfülle nicht fertig werden. Dieses Hilflosigkeitssyndrom ist das Ergebnis des gesellschaftlichen Umgangs mit Information. Diese Menschen, die sich überfordert fühlen, bilden den Markt für Vereinfachungsanbieter, für pseudoreligiöse und politische Sekten. Will die aufgeklärte Gesellschaft denen das Feld für ihre Saaten bereiten?

## V. Ambivalenz und Verführung

Ein prekärer Gleichgewichtszustand von positiven und negativen Empfindungen gegenüber einem Gegenstand oder gleichrangige Bewertung zweier Gegenstände wird als Zustand der Ambivalenz bezeichnet. Aus dem Gleichgewicht von positiver und negativer Kathexis ergeben sich – so war in der Analyse des Ambivalenzproblems zu sehen – typische Verhaltensweisen: Dehnung der Interaktionsintervalle, Hinausschieben der Entscheidung, scheinbarer Rückgang des Interesses als Ergebnis des Motivkonfliktes und generelle Entscheidungsunfähigkeit. Kommt es dann zu einer Entscheidung, so hat sie nichts Selbstverständliches, wird auch nachträglich noch lange reflektiert.

Welche Rolle spielen Ambivalenzen für die politische Orientierung und die Wahlentscheidungen? Um diese Frage beantworten zu können, muss das Wechselspiel zwischen Wählererwartungen und der Selbstpräsentation der Parteien ins Licht gerückt werden. Die Wähler sind daran interessiert, ihr politisches Einkommen zu maximieren. Das politische Einkommen setzt sich komplex zusammen, nicht nur aus wirtschaftlichen Dingen, sondern auch aus Komponenten der Lebensqualität, aus Momenten kultureller Gestaltung. Eine Partei wird gewählt mit dem Ziel größtmöglicher Kongruenz zwischen den eigenen Anschauungen, in denen Lebensstil-Bilder und Vorstellungen von sozialer Gerechtigkeit enthalten sind, und den Programmen der Parteien. In ihrem Wahlverhalten sind Wähler, die sich hauptsächlich an ihrem Status, ihrer Schicht orientieren, und die sie nur in einer Partei repräsentiert finden, relativ unelastisch. Je weniger aber die persönliche Interessenlage durch eine Statuszugehörigkeit ausgedrückt werden kann, desto elastischer werden die Wähler auf eine politische Sprache reagieren, die ihre neuen Anliegen, Hoffnungen und Sorgen formuliert. Je weniger aber politische Programme und Auseinandersetzungen einzig aus Klassengegensätzen heraus verstanden werden konnten, desto häufiger wurde dieser Wählertyp, der in seinem Verhalten informations- und symbolabhängig ist. Die Wahlsiege von Tony Blair und Gerhard Schröder sind auch aus dieser Dynamik heraus zu verstehen.

Ziel der Parteien ist es, die Stimmen zu maximieren. Sie sind in ihrem Verhalten insofern unelastisch, als sie sich auf eine historische Identität verpflichten, Kontinuität repräsentieren und so das Vertrauen der Wähler zu erhalten versuchen. Andererseits wird von ihnen erwartet, dass sie unter dem Leitstern alter Werte an die Neugestaltung der Gesellschaft gehen.

Politische Offerten und Wählermotivation sind also aufeinander bezogen. In den politischen Offerten, im Nachrichtenstrom über die Parteien, in ihren polemischen Auseinandersetzungen stecken positive und negative Mitteilungen. Wähler werden zu der Partei tendieren, der sie ein Übergewicht positiver Eigenschaften zuschreiben können, vorausgesetzt, dass sie dadurch nicht ihre Selbstachtung und die Unterstützung der sozialen Umgebung herabsetzen. Die Parteien müssen also danach trachten, einen möglichst großen Anteil *unterschiedlich motivierter* Wähler zu gewinnen. Die Hotellingschen Theorien klären uns darüber auf, dass die größten Märkte sich ganz in der Nähe der Konkurrenzanbieter befinden. Notwendigerweise müssen Parteien in ihren Programmen, wenn sie große Wählerschichten behalten wollen, einander ähnlich werden. Wenn die Parteien aus der Perspektive der Wähler immer ähnlicher werden, dann nimmt die Ambivalenz im Wahlvolk zu. Es ist nachgewiesen worden, dass unter Gesichtspunkten der Sachkompetenz viele Wähler die großen Parteien nicht mehr unterscheiden können. Die Ambivalenz oder die Entscheidungsschwierigkeiten, in die Wähler geraten sind, werden umso größer sein, je wirksamer Positives und Negatives über die einzelnen Parteien von den Medien verbreitet wird. Ebenfalls in der 2. Hälfte des 20. Jahrhunderts erfolgte der Ausbau des psychologisch penetranten Mediums Fernsehen, die Zeitungen und Zeitschriften wurden attraktiver, in ihrer Nachrichtengebung und -kommentierung besser. Mit der Steigerung der wirksamen Informationsmenge jedoch konnten sich die Wähler nicht mehr so verhalten wie früher, nur die Informationen aufzunehmen, die zu ihren Anschauungen passten – die alte Selektivität wurde durch die Medien gleichsam überrannt. Parallel zur Erhöhung der wirksamen Informationsmenge stieg die Ambivalenz, wobei gleichzeitig die Parteien inhaltlich einander näherrückten.

Wenn Wähler zwischen den Parteien nicht mehr unterscheiden können, sich also in einem Zustand der Entscheidungsunfähigkeit befinden, müssen sie den Versuch unternehmen, trotzdem eine Entscheidung herbeizuführen, wenn sie überhaupt politisch interessiert sind. Sie treffen ihre Entscheidung durch Übernahme von Zusatzkriterien. Eine Persönlichkeit sagt ihnen zu oder der engere Freundeskreis bestimmt die Wahl oder sie gewinnen einen Anker in stilistischen Vorlieben und prüfen, ob sie all das in dem Bild einer Partei wiederfinden. Diese ambivalenten Wähler sind durch Zusatzkriterien sehr leicht hin- und herzubewegen, sie sind leicht organisierbar. Beobachtungen über längere Zeiträume zeigen, dass die Wähler in größerer Zahl als früher nervös wechseln. Wenn die Parteien sich bemühen, diese beweglichen Wähler durch eine fantasievolle, moderne, produktive Politik zu gewinnen, so gilt der Satz: Je entscheidungsunfähiger die Wähler, desto interessanter die Politik. Fehlt aber dieses produktive politische Angebot, so werden sich die entscheidungsunfähigen Wähler an fragwürdigen Merkmalen orientieren, an der persönlichen Attraktivität der Politiker, an Parolen der Propaganda und der Diffamierung. Unter diesen Voraussetzungen würde der Satz lauten: Je entscheidungsunfähiger die Wähler, desto größer ist die Chance, dass die Wahlkämpfe rein psychologisch geführt werden und die Sachdiskussion degeneriert. Das ist der Zustand, den manche Beobachter zu Beginn des 3. Jahrtausends zu erkennen glauben.

Die Massenmedien tragen zu einem allgemeinen Wachstum des politischen Interesses bei und gleichwohl zur Entscheidungsunfähigkeit der Wähler. Sie erhöhen die Ambivalenz. Mithin gilt allgemein der Satz: Je besser und wirksamer die Information durch die Massenmedien, desto irrationaler die Politik. Das gilt nur dann nicht, wenn die soziale Struktur und die Struktur des politischen Angebots die Ambivalenz in produktiver Weise nutzen können. Die bisherige Forschung zeigt indessen, dass große Wählergruppen sich in einer Ambivalenzsituation von irrelevanten Zusatzkriterien leiten lassen. Die politische Kontrolle der Wählermassen durch irrelevante Symbolik ist für die Parteien ökonomischer, preiswerter, als Wähler durch sachliche Darstellung politischer Alternativen und deren Vorteile und Kosten zu gewinnen.

Der Habitus diffuser politischer Identifikation ermöglicht eine symbolische Kontrolle von Massen. Das ist das Feld der politischen Propaganda und Werbung. Die diffuse Orientierung vieler Wähler wird damit aber zu einer neuartigen Machtquelle. Die Verfügbarkeit der Menschen für neue Organisationen und Stilbildungen kann als allgemeinste Ressource für den Aufbau neuer Machtpotenziale angesehen werden. Verfügbar werden die Menschen durch Nachlassen der sozialen Kontrolle der intermediären Organisationen, denn zu starke Kontrolle im persönlichen Bereich widerspricht dem Prinzip einer mobilen Gesellschaft. Die Massenmedien thematisieren dies unter dem Stichworten Emanzipation und Datenschutz. Die Verfügbarkeit wird erhöht durch Etablierung eines Machtsystems, das den Konsens deaktualisiert. Sie wird erhöht

durch Auseinanderbrechen einheitlicher Anschauungssysteme unter Bedingungen pluralistischer Sozialisation. Schwache soziale Kontrolle, De-
aktualisierung von Konsens als Mittel politischer Kontrolle und pluralistischer Synkretismus sind die Voraussetzungen für einen hohen Grad
der Verfügbarkeit menschlicher Motivation. Beherrschbar wird sie über
Nachrichtenströme, die Material für den sozialen Vergleich, Maßstäbe
für die Selbstbewertung, Beschreibung von Entwicklungen enthalten, die
Erwartungen auslösen. Damit wird die Vorstellungswelt der Menschen
in all ihrer Labilität zu einer politischen Ressource ersten Ranges, die
aber erst auf der Ebene der intermediären Systeme organisiert wird und
damit Durchschlagskraft erlangt. War die hochindustrielle Gesellschaft
vom Wunsch nach Stabilität geleitet, ist die postindustrielle Gesellschaft
die eines unspezifischen Veränderungsglaubens. Diese Unfähigkeit, sich
festlegen zu können, diese Toleranz und Offenheit für alles und jedes
wird positiv als skeptisch aufgeklärte Identität erfahren. So können desorganisierte Anschauungssysteme leicht über ein positives Selbstbild aufrechterhalten werden. Diese desorganisierten Anschauungssysteme aber
erweisen sich als eine billige Machtquelle. Daher wird das System trotz
staatsbürgerlicher Aufklärungsgebärde zu einer Befestigung dieser Verhaltensweisen tendieren. Unter solchen Voraussetzungen können weder die
Massenmedien noch die Parteien ihren Aufklärungsanspruch einlösen.

Wenn es zwischen Parteien und Wählern ein ethisches Ungleichgewicht gibt, wird es auf die Dauer nicht ohne Folgen bleiben. Um in einer
repräsentativen Demokratie mit Proportionalwahlrecht einen möglichst
großen Konsens unter den Wählern zu erzielen, werden die Parteien
hauptsächlich symbolisch argumentieren, das allzu Spezifische unterlassen. In der Tat ist ja in der repräsentativen Demokratie die nichtssagende
Rede zu einer Kunstform entwickelt worden. Clyde Kluckhohn macht in
einer Fußnote eines Beitrages über Wertorientierung die Bemerkung,
dass Werte dazu dienen, Ambivalenzen aufzulösen.[144] Es ist konsequent,
also nicht verwunderlich, dass Parteien Wertdiskussionen führen. So
wird den Wählern auf Grund diffuser Projektionschancen eine Entscheidung ermöglicht. Der Nachteil einer diffusen Orientierung aber ist,
dass sie keine Erfolgskriterien enthält. Wonach soll man den Erfolg einer
Partei in der Regierung bewerten? Danach, dass sie vor der nächsten
Wahl wieder ähnlich argumentieren wird? Die Wähler bekommen nicht,
was ihnen zusteht. Sie finden eine bessere Orientierung, wenn sie sich
den Wirtschaftszeitungen anvertrauen.

---

144 Talcott Parsons and Edward A. Shills: Toward a Genereral Theory of Action, S. 395

Bekommen die Parteien, was sie wollen? Die Folgen der unausgewogenen ethischen Relation zwischen Parteien und Wählern sind beträchtlich und inzwischen breit dokumentiert. Die Bereitschaft, sich mit Parteien zu identifizieren, sinkt. Die Bereitschaft junger Menschen, in den Parteien mitzuarbeiten, schwindet. Andere Formen der Organisation des Politischen sind attraktiver. Das Gefühl der Machtlosigkeit breitet sich aus. Die Parteien werden nicht mehr als die Repräsentanten des eigenen Willens angesehen. Die Skepsis gegenüber den Parteien hat nichts mit Finanzskandalen unmittelbar zu tun, sie hat tiefere Gründe.

Was ist zu tun? Vermehrte Publizität über politische Planung und die Details ihrer Verwirklichung, mehr Sachargumentation würde zweifellos auf Interesse stoßen, aber die Begrenzung dieser Öffentlichkeitspolitik liegt darin, dass der Zuhörerkreis umso kleiner wird, je spezifischer die Information. Mit rein publizistischen Mitteln ist das Dilemma nicht zu lösen. Da die Bürger die Wahlentscheidungen nicht mehr an ihrer Klassenlage festmachen, wie dargelegt (S. 171ff.), sondern medienabhängig virtuell abstimmen, verflüchtigt sich die politische Verantwortung. Der enge Zusammenhang zwischen Orientierung und Organisationsform verweist darauf, dass im Rahmen der bisherigen Organisation des politischen Lebens die ethische Frage nach einer sinnvollen Struktur der wechselseitigen Verpflichtungen nicht beantwortet werden kann. Also wird man über die Reorganisation des Parteiwesens und auch über Verfassungsänderungen nachdenken müssen, mit dem Ziel, den Bürgern mehr Macht in die Hand zu geben. Damit würde automatisch ihr politisches Interesse auf sehr spezifische Weise geweckt. Mehr Rechte auf Gemeindeebene könnten die Bürger aus repräsentativer und ideologischer Entrückung in die Wahrung realer Interessen zurückholen. Das würde der Degenerierung politischer Orientierung entgegenwirken. Massenhaft schlechte Beziehungen, wie zwischen Wählern und Parteien, kann man nicht durch Predigen verbessern, sondern nur durch neue ethisch bedeutsame Bewährungsfelder. Schlechte psychologische Verhältnisse sind immer das Ergebnis schlechter Organisation. Also wird jede Behandlung dieses im Grunde ethischen Themas zu organisatorischen und verfassungspolitischen Überlegungen führen müssen.

## 8.2. Zeitgeist, Religion und Kirche – die merkwürdige Sicht der Soziologie

Religiösen Entscheidungen kann man nicht ausweichen. Die Unausweichlichkeit religiöser Probleme ist eine Ergebnis der Tatsache, dass Menschen in ihren Entscheidungen über existentielle Fragen keinen Rat im rationalen Denken, im wissenschaftlichen System holen können. Das Verhältnis zu Bewusstsein und Zeit, zur Expansivität des Lebenwollens und Endlichkeit, das Verhältnis zu Person und Körper, zum Geschöpfsein, d.h. sich nicht grundlegend umkonstruieren zu können, all diese Fragen können nicht mit jener Vernunft behandelt werden, der wir den wissenschaftlich-organisatorischen Fortschritt verdanken. Religiöse Gestaltungen entspringen imaginativer Vernunft, einer Vision vom Menschsein, die absolut gültig nur ist, wenn sie einen Offenbarungsanker hat.[145] In der Orientierung gegenüber Fragen zwischen Religion und Gesellschaft unterliegen wir Grundvoraussetzungen des Denkens, die am besten durch den Dialog zwischen Soziologie und Theologie deutlich gemacht werden können. Die Darstellung erfolgt in drei Schritten: erstens die Gegenüberstellung der Grundannahmen von Soziologie und Theologie, zweitens die Skizzierung einer sozialen Handlungstheorie unter Einschluss der religiösen Problematik und drittens, zur Veranschaulichung, die Diskussion kirchenpolitischer Auswirkungen unterschiedlicher theologischer Positionen gegenüber der Gesellschaft.

I.

Wenn der pastorale Grundsatz richtig ist, die Menschen da abzuholen, wo sie sich befinden, dann muss pastorale Praxis und die dahinterstehende Theologie sich für diese menschlichen Befindlichkeiten interessieren und auch für die Wissenschaften von solchen Befindlichkeiten: Soziologie, Sozialpsychologie, Psychologie, Psychiatrie. Das akute Interesse der Priester, der Theologiestudenten und der Priesteramtskandidaten an diesen Fächern, ihre Vorschläge, sie in ihren Ausbildungskanon aufzunehmen, um einen höheren Grad von Professionalisierung zu erreichen, ist nicht nur modisch oder kaum verhüllter Säkularisierungsdrang, sondern unmittelbarer Ausdruck eines grundlegenden theologischen Postulats. Sozialwissenschaftliche Erkenntnisse sind Werkzeuge in der Hand

---

145 Dieser Religionsbegriff wurde zum ersten Mal vorgetragen in Gerhard Schmidtchen: Protestanten und Katholiken. Soziologische Analyse konfessioneller Kultur. Francke Verlag, Bern und München 1973, S. 361f. (als Habilitationsschrift eingereicht 1966)

des Theologen. Soziologie kann als Hilfswissenschaft der Theologie aufgefasst werden. Solche Stichworte betonen einen Ordnungszusammenhang, den wir häufig in der angewandten Forschung, der angewandten Wissenschaft antreffen: die Vor- und Nachordnung von Ziel und Instrument, die Über- und Unterordnung von Auftrag und Methode.

Das Verhältnis von Theologie und Soziologie ist indessen weder so problemlos noch harmlos. Die Soziologie hat Eigenschaften, die sich ihrer bruchlosen Einbeziehung in theologisches Denken widersetzen. Es ist nicht das naive Aufklärungspathos der Soziologie, von dem die Schwierigkeiten ausgehen – damit kommt der Theologe leicht zurecht. Die Schwierigkeiten liegen in den allgemeinen Theoriestrukturen der Soziologie. Das umfassendste Axiom aller Sozialtheorie ist insgeheim dies, dass Gesellschaft nicht transzendiert werden kann. Vergesellschaftung ist total, durch nichts aufzulösen, auch neue Strukturen der Gemeinschaften oder der größeren Gemeinwesen heben den Zustand der vergesellschafteten Existenz nicht auf. Von dieser Axiomatik geht ein beständiger Säkularisierungsdruck aus.

Je mehr sich der Theologe der Analyse nach soziologischer Methode verschreibt, um in den Vorzug ihrer praktischen Prognose- und Anwendungsmöglichkeiten zu gelangen, desto mehr wird er mit seiner Rolle, seinem religiösen Anliegen selbst zum Objekt dieses Analysesystems. Und wie sieht er sich da? Die Soziologie lehrt ihn, an seine eigene Obsoletheit zu glauben. Religion ist zwar selbst gesellschaftliches Produkt, aber „evolutionär rückständig"[146], und daher im Niedergang, wo Gesellschaft sich modernisiert. Sie hat ihre Funktion, wo Gesellschaft defizitär ist. Dabei stützt sich Religion auf Motivbestände, auf Glaubensbefähigungen, die ihrerseits der Erosion ausgesetzt sind: Religion als defizitärer Helfer bei Defiziten.

Soziologie tendiert dazu, Religion nur unter historischen Kategorien zur Kenntnis zu nehmen. Systematisch ist nämlich kein Platz für sie. Trutz Rendtorff meint in seiner scharfsinnigen theologisch-gesellschaftstheoretischen Analyse „Gesellschaft ohne Religion?", dies folge eigentlich gar nicht aus den Theorien, sondern sei vielmehr vorwissenschaftlich übernommen.[147]

Die Ableitung des „Untergangs der Religion" aus jenen Theorien sei nicht zwingend. Und doch ist die Struktur der Theorien selbst zum Motiv geworden, nur noch historisch von Religion Notiz zu nehmen: in der

---

146 Trutz Rendtorff, Gesellschaft ohne Religion?, Piper, München 1975, S. 29
147 Trutz Rendtorff, a a O , S. 19

mit soziologischen Kategorien zu Ende gedachten Gesellschaft ist sie
nicht mehr unterzubringen. Soweit die soziologischen Theorien über den
sozialen Wandel einem schlichten rationalistischen Aufklärungsschema
verhaftet sind, wird Gesellschaft letztlich nur noch in Kategorien rationaler Organisationen beschreibbar. Das gilt gerade auch für die Darstellung „nicht-rationalen", religiösen Verhaltens durch soziologische Theorie. Dieses ist nichts anderes als die Antwort auf strukturelle Spannungen, auf anomische Situationen, die lediglich als Symptome davon zeugen, dass Gesellschaft hinter einem Organisationsschema zurückbleibt,
das einem Zustand vollkommener Aufklärung entspräche. In solcher
Perspektive sozialen Wandels muss Religion immer als das Rückständige
erscheinen, ihre Lebendigkeit gleichsam umgekehrt als ein Gradmesser
für die Distanz vom total aufgeklärten Zustand.

Die Anerkennung, die der Religion als faktisch greifbarer Gruppentat-
sache, als Institution entgegengebracht wird, erklärt sich mehr aus dem
soziologischen Respekt vor den Normen der pluralistischen Gesellschaft, als aus den Voraussetzungen der Theorie. Die Struktur der Erklärung, die Soziologie für Religion bereithält, folgt einem kausalistischen
Rationalitätsschema. Auch wo man ihr die Funktion der Kontingenzbewältigung zuweist, bleibt Religion in ihrem Rationalitätsstatus unterpri-
vilegiert. Wirksame Kontingenzbewältigung, also die religiöse Verarbeitung eines Schicksalsschlages zum Beispiel, ist nur für den möglich, der
aus dem Aufklärungsdenken heraustritt und Trost findet in Beziehungen, die ein Soziologe in der Regel nicht glauben und nicht erleben kann.

Gesellschaftlich wird Religion als ein Subsystem unter anderen betrachtet, scheinbar ohne jeden qualitativen Unterschied. Bei dem Glau-
benssystem jedoch, auf dem die Funktion, die Macht dieses Subsystems
institutionalisierter Religion beruht, wird ein bedeutender Unterschied gemacht. Der unverständliche Glaube wird in Kategorien von Ersatzsyste-
men erklärt, als abweichend, spleenig, rückständig, als Phantasiewelten, die
dort entstehen, wo Menschen sich nicht direkt verwirklichen können, als
falsche Introjekte, die nach Freud zu pathogenen „Illusionen" führen.

Religion wird grundsätzlich nicht mit anderen Mitteln soziologisch
untersucht als mit denen, durch die man die soziale Genese von Geistes-
krankheiten erforscht. Religion wird nicht neutral, sondern negativ analysiert. Ihr Inhalt interessiert nicht. Es wird nicht gefragt, wie die Menschen leben wollen, die das Glück oder Unglück haben, von Soziologie
als religiös klassifiziert zu werden.

Die falsche Vergegenständlichung von Religion versperrt der Soziologie zugleich die tiefergreifende Erkenntnis religiösen Wandels in der Ge-

sellschaft, religiöser Motivation inmitten rationaler Handlungssysteme, der religiösen Entscheidungen, die in der soziologischen Theoriebildung selbst liegen.

Viele Soziologen haben nicht die Bündigkeit aber doch die Intention von Lenins Satz, dass Religion für eine rückständige Gesellschaftsordnung charakteristisch sei und die Befriedigung der sozialen Bedürfnisse blockiere.[148] Müsste sich Soziologie nicht auch einmal mit der Frage beschäftigen, wie weit Lenins Religionskritik eine Kritik an der Ostkirche ist, die keinen Protestantismus und keine Gegenreformation erlebt hatte? Bis in die Wortwahl hinein erkennen wir eine Verwandtschaft zwischen Lenins Äußerung über Religion und neueren sozialwissenschaftlichen Texten. Die Soziologien, „im Dienste einer Selbstauslegung der Gesellschaft"[149], legen dem Theologen nahe, sich vor der Gesellschaft zu rechtfertigen, und zwar möglichst in soziologischen Kategorien. Steigt der Theologe in diese intellektuelle Offerte ein, so bleiben ihm nur zwei Wege offen:

1. Suche nach sozialen Nischen, in denen seine Tätigkeit noch eine „Funktion" hat.
2. Mitarbeit an der Evolution der Gesellschaft, Veränderung der Struktur des Zusammenlebens, um die Menschen zu ändern, in der Hoffnung, wenigstens einen Abglanz des Evangeliums in die neuen gesellschaftlichen Bezüge zu retten.

Indem Theologie sich in der einen oder anderen Weise soziologisch „modern", anpassungsfähig gibt, vollzieht sie nur das Selbstkonzept der jeweiligen Gesellschaft. Die religiöse Funktion, das religiöse Subsystem entdifferenzieren sich. In ihrer prinzipiellen Austauschbarkeit würde dann die kirchliche Organisation zur religiösen Aufladung gesellschaftlicher Strukturen beitragen. Der Pfarrer als spiritualisierter Sozialarbeiter, Sozialtechniker, dessen geistliche Herkunft nur noch als achtenswertes, aber unverständliches persönliches Spezialmotiv erscheint. Beide Unterfangen sind aussichtslos. Sie fördern nur die Selbstauslegung der Gesellschaft als der Totalen, die letztlich alles bedingt und integriert. Wenn alles Heil und Unheil nur in ihr ist, nimmt sie sakralen Charakter an – und beendet so ihre eigene Aufklärung.

---

148 Zitiert bei E. M. Bajkov, Die Änderung der Wertorientierung der Personen. Institut für wissenschaftlichen Atheismus: Zur religionsfreien Gesellschaft, Moskau 1970 (in Russisch)

149 Trutz Rendtorff, a.a.O., S. 20

Wie kann sich der Theologe in dieser Situation orientieren? Aus Handlungsaporien können nur Umwege befreien. Theologie muss sich zuerst weigern, Soziologie so zu akzeptieren, wie sie sich darstellt. Theologie und philosophische Anthropologie verfügen über Analysemöglichkeiten, die geeignet sind, über eine Erkenntniskritik der Soziologie die charakteristischen Denkblockaden im Bereich der Religion aufzulösen. Theologie, so sagt Trutz Rendtorff, sei als Theoriepartner der Soziologie fast völlig aus dem Blick gekommen. Sein Postulat lautet: „Eine Theorie der Gesellschaft kann nicht ohne eine Theorie der Religion entworfen werden."[150] Gesellschaftstheorie hat Religionskonzepte. Aber wie sehen sie aus? Rendtorff kritisiert:

1. Religion als „Produktivkraft" der Gesellschaft wird von Soziologie nur noch historisch, nicht systematisch wahrgenommen.
2. Theologie hat den Prozess der Entgegenständlichung von Religion und Welt bereits durchlaufen, aber Soziologie verweist sie gleichsam von außen auf die gegenständlichen Bezüge religiöser Wirklichkeit zurück.[151]

Entgegenständlichung bezeichnet einen Punkt, an dem soziologisches Denken abreißt. Der soziologische Leser nimmt zunächst wahrscheinlich nur wahr, dass der Theologe mit einem nur ihm möglichen Kunstgriff Axiomatik und empirische Beweisverfahren der Soziologie gegenstandslos machen möchte, theologisches Denken gleichsam gegen die Soziologie abdichten. Mir scheint es wichtig, an diesem entscheidenden Punkt die Kommunikation herzustellen.

Das ist nur dadurch möglich, dass empirisch fassbare Vorgänge für die Prozesse der Entgegenständlichung namhaft gemacht werden können. Der Prozess der Entgegenständlichung wird von Rendtorff deutlich beschrieben: das religiöse Bewusstsein müsse sich in seiner weltbestimmenden Produktivität auch als Auflösung bestimmter historischer Realisierungen seiner selbst bestätigten[152] oder die Personalität werde durch die Reflexion (die den Glauben bestimmt) darüber hinausgeführt, „sich als durch endlich-historische Sozialität von Welt definiert aufzufassen".[153]

Mit dem Konzept der Entgegenständlichung ist also ein Prozess besonderer sozialpsychologischer Motivation ins Auge gefasst. Übersetzen

---

150 Trutz Rendtorff, a.a.O., S. 18
151 Trutz Rendtorff, a.a.O., S. 32, 39-43
152 Trutz Rendtorff, a.a.O., S. 32
153 Trutz Rendtorff, a.a.O., S. 42

wir: Ein bestimmter Gedanke mag eine spezifische gesellschaftliche Genese haben. Er mag z.b. durch irgendeine Situation partieller Unterdrükkung, zweifelhafter Legitimation oder durch diskrepanten, z.B. überbelohnten Status ausgelöst worden sein. – Dieser Gedanke, der auf Reorganisation des Sozialen und der Person zielt, kann eine Allgemeinheit gewinnen, die weit über die soziale Nische hinausreicht, in der er entstanden ist. Ein sozialkreativer Gedanke macht sich indessen wieder durch Kommunikation und Konsens, durch Etablierung von Interaktionsnetzen in einer sozialen Struktur fest, und er erweist die Form und Reichweite seiner Macht gerade in seinen soziologischen Konturen, aber er ist als Kommunikationspotenzial nicht mit diesen identisch.

In Kategorien der sozialen Organisation könnte die theologische Vorstellung von Entgegenständlichung durchaus verständlich gemacht werden, d.h. also zugleich, empirisch fassbar, also gegenständlich. Vielleicht wäre dies ein Weg, in der Soziologie das zu überwinden, was ein Autor wie Rendtorff als „unaufgeklärt" empfindet.[154]

Die Soziologen gehen mit dem groben Werkzeug der Statustheorien an religiöse Probleme heran. Die Dynamik des Religiösen aber vollzieht sich in der Subjektivität. Für die sozialpsychologische Forschung gilt: Das Subjektive ist das Objektive. In der Frömmigkeit sieht Walter Sparn die gegenständliche Seite christlicher Praxis. Sie wird als Lebensstil sichtbar und damit kommunikabel.[155] Gesagt und bekräftigt werden religiöse Inhalte in der sozialen Kommunikation. Sie braucht Aufmerksamkeit und Pflege. Seit geraumer Zeit ist zu beobachten, dass Meinungsänderungen rascher sind als Statusverschiebungen. Änderungen in den Auffassungen der Menschen wandern durch alle Statusgrenzen. Geist bewegt Gesellschaft.

## II.

Kann man sich eine Handlungstheorie vorstellen, die Religion einschließt? Wäre erst eine solche Handlungstheorie die vollständige Beschreibung gesellschaftlicher Orientierungsweisen?

An zwei Begriffen möchte ich die Probleme und Möglichkeiten einer umfassenden Handlungstheorie zu entwickeln versuchen. Es sind die Konzepte Transzendenz und Identität.

---

154 Trutz Rendtorff, a.a.O., S. 43
155 Walter Sparn: Religion als Kultus und Kultur. In: Anna-Katharina Szagun (Hrsg.): Jugendkultur – Medienkultur: Exemplarische Begegnungsfelder von Christentum und Kultur. LIT Verlag Münster 2002. (Rostocker Theologische Studien, Band 8)

Transzendenz ist – jedenfalls in einer Metatheorie sozialen Handelns – eine Grundstruktur, ohne die sich nicht beschreiben lässt, in welcher Weise Objekte und Selbst einander bedingen. „Selbstsein ist nur möglich im Vollzug des Verhältnisses zu etwas anderem."[156] das ist die allgemeinste Formulierung dessen, was ich als das Mead-Gehlensche Axiom vom direkten Selbstbewusstsein bezeichnen möchte. Die Person kommt nur zur Entfaltung ihrer Möglichkeiten, wenn sie sich auf etwas anderes hin auslegt, das die Grenzen des Organismus transzendiert. Ein Selbst hat man nur in einem Weltzusammenhang. Die Struktur dieses Zusammenhangs mit anderem Sein bestimmt die Struktur und das Niveau des Selbstseins. So kann die Person als System, dem immer Optionen offen stehen, auch seinen eigenen jeweiligen Status transzendieren. Die Qualität des ewigen Transzendierenmüssens (Wolfgang Philipp[157]) wird durch die Objektbeziehungen bestimmt. Damit stehen wir vor der Frage der Qualität der Transzendenzgefüge. Wir können zum Beispiel unterscheiden:

a) Transzendenz der primären, sozialen Eingliederung in Familie oder Beruf

b) Transzendenz der Institutionen, von denen her die Individuen handeln

c) Transzendenz der Gesellschaftssysteme in ihrer Evolution, im Fortschritt

d) Transzendenz ins Jenseits.

Erst mit der Idee des einen Gottes kann eine allgemeine Verständigung zwischen Menschen von unterschiedlichem Status und unterschiedlicher Kultur erreicht werden, die Abwertung der gesellschaftlich vorfindlichen Ränge und Segmente und damit die Aufwertung der Person. Erst die höherwertigen Transzendenzgefüge verleihen der Beziehung des einzelnen Selbst im Rahmen der alltäglichen sozialen Gehäuse, der Familie, der Freundschaft, des Berufs so etwas wie eine vollständige Motivation. Die Beziehung zum Allgemeinsten verleiht dem Besonderen eine Motivstärke, die reflexiv als Glück erfahren wird. Erst in einem komplexen Transzendenzgefüge, in komplexen überpersönlichen Beziehungen sind jene Verstärkungen präsent, die eine multiple Motivation ausmachen. Erst die

---

156 Vgl. Wilhelm Keller, Psychologie und Philosophie des Wollens, Reinhardt, München/Basel 1954, S. 297, zit. in: Gerhard Schmidtchen, Protestanten und Katholiken, S. 376 und 381

157 Wolfgang Philipp: Die Absolutheit des Christentums und die Summe der Anthropologie. Quelle & Meyer, Heidelberg 1959

multiple Motivation führt zu einer Überdetermination des Handelns, in deren Gefolge sich Verhaltenssicherheit einstellt und jene positive Selbsterfahrung möglich wird, die darauf beruht, dass man von seinen unmittelbaren Interessen Abstand nehmen kann.

Transzendenzen in Jenseits sind in der Praxis immer allgemeinste Ideen von Menschsein, die höchste unter ihnen die, die dem Bilderverbot unterliegt. Damit wäre sie zugleich die dynamischste Form der Transzendenz. Suche nach den Möglichkeiten des Menschseins verbindet sich mit der Einsicht in die Grenzen des Kreatürlichen, Ungewissheit mit Brüderlichkeit. Wenn es also nicht gleichgültig ist, mit welchen Gegenständen und Ideen der einzelne oder die Gesellschaft sich befasst, dann müsste sich auch eine Gesellschaftstheorie dieses Themas annehmen.

Zum Konzept der Identität: Mit dem Begriff der Identität kann eine Struktur im Orientierungssystem der Personen bezeichnet werden. Unter Struktur verstehen wir eine Anordnung von Elementen mit sehr geringer Veränderungsrate. Identität, das mit sich selbst gleich sein, gibt es als Selbstwahrnehmung und Fremdwahrnehmung. So lässt sich personale von sozialer Identität unterscheiden. Zwischen ihnen gibt es keine notwendige Kongruenz. Im Gegenteil, die Diskrepanz von personaler und sozialer Identität erzeugt die beständigen Anpassungskonflikte. Es ist der Unterschied zwischen zugeschriebener und erlebter Identität. Identität haben wir nur soweit wir Gedächtnis haben. Gelöschte Inhalte können die personale Identität nicht mehr bestimmen. Somit kann Identität als gleitende Gleichgewichtsfunktion im Zeitverlauf bestimmt werden.

Kein junger Mensch wäre damit einverstanden, genau so zu bleiben, wie er zur Zeit ist. Niemand unter den Älteren möchte so sein – rückblickend – wie mit 18 Jahren. Die Materie der Identität sind die Verhältnisse vom Selbst zum anderen. Also können wir sagen: Identität ist eine Informationsmatrix zur Koordination der Rollenbeziehung und zu ihrer Kontrolle. Identität ist wie ein Monitor, der eine definitorische Funktion hat.

Ohne Rollensysteme, ohne Partner, ohne Modelle und Identifikationsmöglichkeiten, ohne Probehandeln und das Ausprobieren vieler Gesichter (Oscar Wilde) kann es keine Identität geben. Die Frage danach wäre sinnlos. Wird nun Identität durch die gegebene Gesellschaft, durch die Umgebung der Menschen, der Symbole und der Gegenstände bestimmt? Das hängt von den verfügbaren Modellen und Informationen ab. Identitäten bilden sich an Referenzsystemen heraus. Referenzsysteme bestehen aus handlungsleitenden Symbolen, Modellen, Maßstäben, wie sie historisches Wissen oder spekulative Fantasie bereithalten. Mit diesen

Objekten des Referenzsystems kann man sich positiv oder negativ in seinen Entscheidungen identifizieren. Man kann diese Identifikation auch gegen den Druck bestehender Verhältnisse ausspielen. Referenzsysteme signalisieren einen aktuellen oder potentiellen Konsens, liefern Rechtfertigung und Motivation. Von ihnen her kann man sich verstehen und definieren. Also sind sie Materialien für den Aufbau und gegebenenfalls für die Rekonstruktion von Identität. Die Frage der Referenzsysteme müsste daher für die Religionstheorie und Gesellschaftstheorie gleichermaßen bedeutend sein. Bei der Behandlung dieser Frage könnten sie sich treffen, bei der Frage nach der Struktur und der Qualität der Referenzsysteme. Damit berühren wir die Frage der Freiheit, der Möglichkeit des Widerstandes gegen bestehende Strukturen. Mead meinte, man müsse mit anderen und stärkeren Stimmen reden können als die gegebene soziale Welt. Wo liegen die Entwicklungsmöglichkeiten sozialer Netze?

Wie kann man also der Sklaverei der sozialen Rollen entgehen, der Einkerkerung des Bewusstseins in eine Rollendefinition? Wie kann man eine Kernidentität entwickeln, die nicht immer wieder umgebaut werden muss? Worin liegt die Bedeutung der Institution für die Entfaltung einer freien, vielleicht minimalen Identität, einer Identität, die nicht so überlastig ist, dass sie die Erlebnisfähigkeit und Einfühlung in andere zerstört?

## III.

Für die kirchenpolitischen Auswirkungen des Verhältnisses von Gesellschaft und Theologie lassen sich zwei Szenarien skizzieren:

*erstes Szenario*: Auswirkungen einer Theologie der Anpassung.
Im Gesellschaftssystem wird es zu einer Freisetzung religiöser Motive kommen. Politische Systeme werden religiös aufgeladen, sind aber nicht in der Lage, religiöse Probleme zu gestalten. Politische Konflikte können auf diese Weise verschärft werden, wie in Nordirland. Das Problemlösungsrepertoire des demokratischen Prozesses kann an Grenzen gelangen. Für den einzelnen ergibt sich ein Zustand, in dem die Orientierung in der Regel über affektive Identifikation mit gesellschaftlichen Gruppen und Organisationsideen verläuft. Das Niveau der Persönlichkeitsorganisation bleibt unbefriedigend.

*zweites Szenario*: Theologie der Evolution.
Charakteristisch wäre der Widerstand gegen die bildliche, konkretistische Ausformulierung und Festlegung eines politischen Heilszustandes. Eine Theologie der Evolution muss notwendigerweise eine gesellschaftskriti-

sche Komponente enthalten. Das religiöse Subsystem wird in seiner
qualitativen Verschiedenheit von anderen betont. Der Beitrag zur Entwicklung der Gesellschaft geschieht zum Teil durch partielle Negationen.
Das Transzendieren, das jeweils gegeben ist, die Erinnerung an die Endlichkeit der je gegebenen Zustände, hält Entwicklungen offen und thematisiert sie beständig. Religion kann so einen Beitrag zur Differenzierung sozialer Beziehungen und zu höheren Formen der Persönlichkeitsorganisation leisten.

Eine Gesellschaft, die religiöse Fragen als religiöse und nicht als politische oder sozialtechnische behandelt, ist keine rückständige, sondern gerade die entwickeltere Gesellschaft. Der Dialog zwischen Theologen und Soziologen sollte dem Ziel dienen, sich eine Gesellschaft denken zu können,
die auch ihrer religiösen Problematik aufgeklärt gegenüberstehen kann.

## 8.3. Religion als Aufklärungshindernis?

Die Informationsgesellschaft unterliegt einer Rationalitätsillusion. Niemand kann übersehen, dass diese Gesellschaft in all ihrem Wissensstolz
von irrationalen Strömungen heimgesucht wird, die sich über ihre technischen Medien verbreiten. Unter der Oberfläche moderner Technik
und hinter den Glasfassaden rationaler Architektur nistet das Okkulte.
Nie gab es eine rationalere und mit soviel Macht ausgestattete Kultur –
warum wird gerade sie zu einem Hort von Religionsformen in einer
Schreckensgestalt? Es war die Erwartung vieler Enthusiasten der Aufklärung, auch in ihrem sozialistischen Zweig, die rationale Gesellschaft voll-
ende sich mit dem Absterben der Religion. Aber die existentiellen Fragen des Menschseins blieben, riefen nach Antworten, die eine rationale
Welt nicht gab. So entstand unbehauste Religiosität. Ihr gegenüber wirkt
die Informationsgesellschaft hilflos – und, wo sie mit ihren Mitteln Stellung nimmt, auch dumm. Daher ist es wichtig, sich mit religiösen Problemen auseinander zu setzen, die eine Informations- und Wissensgesellschaft mit ihren Mitteln nicht lösen kann. Religiöse Strömungen unterhalb der Hochreligionen und jenseits unseres Humanitätsverständnisses
können die Rationalität der Informationsgesellschaft gefährden. Religion
gilt vielen als „irrational", was ihnen das Verständnis erschwert. Religion
ist der Bereich der „imaginativen Rationalität", aus dem Entwürfe für
das richtige Leben und Personsein hervorgehen, Offenbarungswissen.[158]

---

158 wie oben begründet, S. 250f.

Wenn 64 Prozent der jungen Leute im Osten Deutschlands und 20 Prozent im Westen sich zu den bekennenden Atheisten zählen, dann stellt sich die Frage nach der Reichweite der orientierenden Funktion der Kirche und der Rolle des Religiösen in der Gesellschaft. Der Aufklärer Immanuel Kant hat in seiner Analyse der Typen der sogenannten Gottesbeweise dargelegt, dass man die Existenz Gottes auf keinem Wege logischer Argumentation beweisen kann. Das aber heißt zugleich, das Gegenteil kann man auch nicht beweisen. Vielleicht ist dies die radikalste Fassung des Bilderverbots. Die Atheisten aber fallen mit ihrer negativen Beweisillusion hinter das Niveau der Aufklärung zurück. Religiöse Fragestellungen lassen sich nicht abschütteln, sie gehören zur Seinsweise des Menschen. Wen die Endlichkeit plagt, kann versuchen, rationalen Rat zu finden. Der Betriebswirt wird ihm einen guten Organisationsplan entwerfen, der Arzt Vitamintabletten verschreiben, der Anwalt wird ihm raten, ein Testament zu machen, der Psychologe rät vielleicht zum Loslassen oder Quellen der Lebensfreude aufzusuchen. Wohin der Ratsuchende auch schaut, an wen er sich auch wendet, nirgends findet er eine befriedigende Antwort auf die existentielle Frage nach der Zeitlichkeit. Das System der rationalen Institutionen weiß keine Antwort. Es gibt andere Existentialien, wie Leiden und Krankheit, Liebe und Partnerschaft, das Verhältnis zum Mitmenschen, das Hineingeborensein in eine bestimmte Kultur, an einen bestimmten Ort, die Frage nach dem Sinn der Schöpfung, wie man sich zu dieser Welt verhalten solle. Wie soll man auf existentielle Fragen antworten? Viele verdrängen die Frage, nicht zu ihrem Vorteil. Andere suchen ihr Heil bei Religionsanbietern, die man unter „Sekten- und Psychokultur" einordnen könnte. Religiöse Antworten können gefährlich werden. Darin besteht das Orientierungsproblem. Die religiöse Szenerie wirkt paradox. Die Kirchlichkeit sinkt, die Zahl der Sektenanhänger steigt. Gegenüber der kirchlichen Verkündigungen werden rationale Glaubensbarrieren geltend gemacht, aber ohne Umstände widmen sich insbesondere die Gebildeten dem Okkulten. Am Arbeitsplatz bedient man die modernsten Geräte, aber wenn es um Gesundheit geht, wenden sich viele der rational trainierten Menschen der Magie und Hexenmedizin zu, überzeugend ist das Unbeweisbare. Nächstenliebe langweilt, fasziniert ist man von Fernheilung. Die Veräußerlichung des Lebens wird theologisch als Grund für die Verständnisschwierigkeiten gegenüber der Kirche genannt, aber die Esoterik feiert in neuaufgezogenen Sektionen des Buchhandels und auf Kongressen Massenerfolge. Warum ist all dies attraktiver als die Esoterik des Christentums?

## I. Die rationale Gesellschaft ist religionsproduktiv

Menschen optimieren ihr Leben innerhalb der Gegebenheiten von Situationen. Im Großen werden die Lebensbedingungen durch die Strukturen der pluralistischen Gesellschaft definiert. Pluralismus ist institutionalisierter Synkretismus. Das Kommunikationssystem und die plurale Ordnung des Lebens erzeugen Ambivalenz. Die Auflösung von Sicherheit führt zu Körperlichkeit, die Entwicklungsgeschwindigkeit zu Nostalgie. Die pluralistische Gesellschaft fördert Konsensbildung, aber deswegen nicht notwendigerweise ein rationales Weltbild. In dem Versuch, sich aus seelischen Nöten zu retten, geraten viele auf Abwege. 1978 wurde geschrieben: „Wissenschaftliches Denken erzeugt ungeahnte Machtpotentiale und Herrschaft, stellt indessen keine Verhaltensmöglichkeiten zur Verfügung gegenüber den Existentialien des Menschseins, gegenüber der Zeitlichkeit, dem Abenteuer des menschlichen Bewusstseins angesichts der Frage, wer wir sind und was wir miteinander sein wollen. So gesehen gilt der Satz: Je radikaler die Rationalität einer Gesellschaft, desto mehr setzt sie religiöse Motivation frei. In je größerem Umfang das geschieht, desto mehr werden nicht-religiöse Institutionen mit religiösen Gestaltungsansprüchen konfrontiert.

Da ungelöste religiöse Fragen, zum Beispiel ungelöste Sinnfragen, ein Moment persönlicher und sozialer Desorganisation sind, werden die großen gesellschaftlichen Teilsysteme versuchen, Sinn zu produzieren, voran die politischen Organisationen. Die verbleibende nichtinstitutionalisierte Religiosität ist der Marktplatz für Sekten und subkulturelle Organisationsversuche.

Desorganisierte Religiosität führt zu einem Pluralismus von Sekten. Deren prekärer Status unterhalb der Hochreligionen ist gekennzeichnet durch die Unfähigkeit, eine verallgemeinerungsfähige Lehre zu formulieren, die sich zu einer umfassenden Sozialorganisation eignen würde, und es fehlt ihnen die Rationalitätskontrolle der Öffentlichkeit. So geraten ihre Gestaltungen meistens ins Bizarre, zuweilen ins Grauenhafte. Der Glaube einer rationalistischen Kultur, religiöse Probleme ließen sich einfach abschütteln, beschert uns Religion in ihren verhängnisvollsten Formen, subrational und subhuman. Ist das die Zukunft der Aufklärung?"[159]

Was 1978 aufgrund einer Strukturanalyse prognostiziert wurde, ist heute Wirklichkeit geworden. Die Reichweite der Sekten liegt bei 1,7 Prozent der

---

159 Gerhard Schmidtchen, Was den Deutschen heilig ist. Religiöse und politische Strömungen in der Bundesrepublik Deutschland. Kösel, München 1979, S. 194

Bevölkerung, aber bei 6,5 Prozent der Jugendlichen zwischen 14 und 19 Jahren. Während das Warnungsgefühl gegenüber Sekten groß ist, würden doch insgesamt 10 Prozent aufgrund ihrer Erfahrungen oder dem, was sie wissen, anderen empfehlen, in bestimmten Sekten mitzumachen. So groß ist das sektenfreundliche Umfeld. Jeder Zweite, der schon mit Sekten Kontakt hatte oder hat, gehört zu denen, die missionieren. In einer Untersuchung über Sekten und Psychokultur, aus der diese Ergebnisse entnommen sind, zeigte sich weiter, dass unbehauste religiöse Gestaltungsbedürfnisse verbreitet sind, mindestens bei einem Drittel der Bevölkerung einigermaßen ausgeprägt. Je höher die Bildung, desto größer diese religiösen Gestaltungsbedürfnisse. Dazu zählen Erleuchtungs- und Identifikationskulte, erotisch-religiöse Sehnsüchte, Kulte der Selbsterhöhung, Harmoniekulte, teilhaben an Kräften des Übersinnlichen, Transformationskulte, ein neues Selbst gewinnen, Nahrungs- und Genussmittelaskese, New Age-Tendenz, Sinn und Liebe in der Gruppe und anderes mehr.

Sektenorganisationen und sektiererische Psychologie verbergen sich in Bildungs- und Therapieangeboten. Eine große Rolle, so zeigt eine Faktorenanalyse dieses Marktes, spielen mystisch-biologische oder energetische Therapien. Der zweite Faktor repräsentiert medidative interaktionistische Therapien. Sodann gibt es gruppendynamische und bewusstseinsbildende Therapien, worunter zum Teil auch rationale Strategien zu verstehen sind. Im Faktor vier finden wir körperliche Übungs- und ausdrucksorientierte Therapien, die auch medizinisch sein können. Der Faktor fünf besteht aus der Deutung von Schicksals-Chiffren. Darunter finden sich auch die okkulten Angebote. Das potentielle Publikum dieses Psychomarktes umfasst 54 Prozent der erwachsenen Personen in der Bundesrepublik. Davon sind 35 Prozent außerordentlich rege Kursbesucher. Sie haben mindestens drei solcher Kurse schon besucht, einige bis über dreißig. Je größer das Interesse an diesem Psychomarkt, desto größer ist auch das Interesse für Sekten allgemein. Psychomarkt und religiöse Gestaltungsbedürfnisse hängen sehr eng zusammen. Diese religiösen Gestaltungsbedürfnisse führen nicht zur Kirche hin, sondern von ihr weg. Was macht diese Dinge so attraktiv?

Alle diese sektiererischen Praktiken und Psychologien handeln vom Generalthema der Person. Diese zu erklären und zu stärken, die Selbstakzeptanz zu erhöhen, die Person im Dasein kräftiger zu machen, überlegener auch, fähig mit Konflikten fertig zu werden, das ist das Anliegen des Einzelnen und das Versprechen der Anbieter. Das Problem des Personseins wird offenbar umso stärker akzentuiert, je höher die Bildung. Das Interesse, den Geheimnissen des Personseins nachzugehen, neue Kräfte zu entdecken, ist gerade bei Gebildeten am stärksten, wobei sie den Weg ins mystische, Transrationale und Okkulte nicht im geringsten scheuen. Hier hat Bildung nichts zur Aufklärung beigetragen. In einer Sektenstudie heißt es dazu: „Mit dem Eintritt in das höhere Bildungswesen sind zwei Haupteffekte verbunden. Der erste Effekt ist der der sozialen Mobilität, das heißt der Rollenverunsicherung, sich einlassen auf die Ungewissheiten einer mobilen Gesellschaft, die Punkte des Engagements werden herausgerückt und entrückt am Ende, die langfristige Verwendbarkeit erworbenen Wissens wird problematisiert, die Autorität der Institutionen muss infolgedessen auch hinterfragt werden, und damit zerfallen moralische Gewissheiten. Man kann sich nicht mehr darauf verlassen, dass andere sich an Prinzipien halten. Wenn die Außenhalte schwinden, bleibt für die Vergegenständlichung eines Engagements nur noch die eigene Person übrig. Wer nichts anderes zu pflegen hat, pflegt seine Person. Die Person, die persönliche Entwicklung werden zum Gegenstand von Sorge, Aufmerksamkeit, Investition. Wenn sonst nichts wirklich zählt, zählt das, was man als Bedürfnis und Personsein verspürt. Mit der Problematisierung der geistigen Strukturen wird dann der Körper wieder wichtig. Körperkulte spielen bis in die Sexualität hinein eine große Rolle, gerade unter Gebildeten.“[160] Sekten und der subrationale Teile des Psychomarktes bieten ein Krafttraining für die Seele.

Warum ist höhere Bildung so durchlässig geworden für okkulte Interpretationen? Zwei Tendenzen sind dafür verantwortlich. Die erste liegt im Bildungsangebot selbst. Die Popularisierung der Gesellschaftskritik hat dazu geführt, dass alles und jedes hinterfragt wird. Hinter allem wird ein Interesse vermutet, sogar noch hinter mathematischen Sätzen. Dieses Interesse ist angeblich immer Herrschaft, und mit der Herrschaft Unfreiheit. Bildung also für Unfreiheit? Wenn allem nur ein Interesse zugrunde liegt, dann ist Wissenschaft doch selber nur so etwas wie ein Schleier vor dem Wirklichen. Ist die wirkliche Wirklichkeit anders? Gibt es nicht andere Zugänge, andere Erfahrungen? Das emotionale Unbehagen, das den Bildungsweg begleitet, ist wie ein Tor zu anderen Welten, in denen es nach anderen Regeln zugeht, nach Regeln, die höhere Einsicht vermitteln und der Seele bekömmlicher sein sollen.

Und das zweite: Der rationalistische Unterricht wird erlebnismäßig als miserabel empfunden. Er gibt emotional wenig her. Die emotionale Ar-

---

160 Gerhard Schmidtchen: Sekten und Psychokultur. Reichweite und Attraktivität von Jugendreligionen in der Bundesrepublik Deutschland. Herder, Freiburg 1987, S. 58

mut der Schule wird durch das Elternhaus verstärkt. Die Eltern haben Angst, dass die Kinder nicht mithalten. Selber im Wettbewerb überbeansprucht, stellen sie nur Forderungen an die Kinder. Eine weitere große Gruppe von Eltern ist in jeder Beziehung gleichgültig, fordert nichts und bietet keine emotionale Unterstützung. Ein Drittel junger Menschen wächst unter diesen misslichen Bedingungen auf. Besonders schädlich ist der paradoxe Erziehungsstil: Normen werden hochgehalten, aber die Kinder wachsen ohne Wärme auf.

Aus diesem Kreis kommen die Selbstschädiger. Ein Drittel junger Menschen zeigt starke Symptome der Selbstschädigung: Rückzugstendenzen, Selbstmitleid und Aggressivität, mangelndes Selbstwertgefühl, Selbstmordphantasien sind verbreitet. Charakteristisch ist auch die Überschwemmung durch negative Gefühle. Im Forschungsbericht von 1989 über Selbstschädigungstendenzen junger Menschen heißt es weiter dazu: „Negative Gefühlswelten treten nach außen, werden ausagiert, wenn die Gelegenheit sich bietet. dadurch wird der Versuch unternommen, ein Gleichgewicht zwischen Empfinden, eigenem Handeln und Umwelt herzustellen. Auch Drogenkonsum ist so zu betrachten. Er leistet in einem umfassenden Sinne das Management negativer Gefühle. Von der nicht geliebten Umwelt kann man sich absetzen dank dem Schock, der für die Betrachter vom Verbotenen ausgeht. Sich selbst Verbotenes zuordnen ist wegen der negativen Identität befriedigend, die man inzwischen akzeptiert hat. Die Droge dient der Selbstoptimierung. Durch sie hindurch soll dann der Weg in die positiven Empfindungen eröffnet werden. Ein Irrtum, der Körper und Psyche ruiniert, wenn niemand die Hand zur Umkehr bietet." Viele junge Menschen werden im Elternhaus emotional desorganisiert. Sie sind später nicht mehr in der Lage, sich die positiven Ressourcen zu verschaffen, die für persönliche und berufliche Erfolgserlebnisse notwendig sind. Nicht nur die Gesellschaft wird für sie zu einer Quelle negativer Erfahrung, sie sehen sich selber auch negativ, ziehen sich zurück. Sie sind Null-Bock-Personen. Wertvolle Bestandteile der Identität werden geopfert, die Erwartungen an sich selbst zum Beispiel. „Das Ich ist angesichts solcher Verhältnisse als Willensquelle nur noch der lahme Konkursverwalter, erkennbar am auftretenden Selbstmitleid ... Im Gefühl der absoluten Wertlosigkeit, gewissermaßen ausgeschieden aus der Gesellschaft, treten dann Todesphantasien auf."[161]

---

161 Ergebnisse und Hinweise stammen aus: Gerhard Schmidtchen: Schritte ins Nichts. Leske + Budrich, Leverkusen 1988

Rückzugs- und Selbstschädigungstendenzen sind ein bisher weitgehend unbeachtetes pastorales Problem. Die Drogenkonsumenten mögen auffällig sein, aber es gibt mehr Jugendliche, die in aller Stille ihre Lebenschancen zerstören. Wer kann ihnen Daseinsleidenschaft vermitteln?

## II. Über Geist und soziale Organisation

Glaube hört sich altmodisch an, wie ein Relikt aus der Zeit vor den philosophischen, den politischen und den sozialen Aufklärungsschüben. Im Religiösen selbst aber hat sich auch Aufklärung vollzogen, das wird häufig vergessen. Sichtbar wird, dass viele ein durchaus unaufgeklärtes Verhältnis zur Religion haben. Glaube ist die Akzeptanz von Wirklichkeit, ist das Bekennen und das Handeln von einer Wahrheit her.

Wie aber ereignet sich Glaube? Er wurde zunächst weitergesagt, dann aufgeschrieben und wiederum weitergesagt. Die Jünger Jesu hatten etwas Ungewöhnliches und Großes erlebt, sie konnten, so sagte Wilhelm Kasch einmal, einfach ihre Klappe nicht halten. So sind die Wege allen Geistes: das neue offenbarte und in seiner Fruchtbarkeit unüberbietbare Wissen läuft die Kommunikationsstraßen entlang, verdichtet sich auf den Märkten, auf der Agora, macht sich in Gruppen heimisch und verlangt, je größer der Konsens wird, nach Feier, nach Repräsentation und nach Organisation. Und umgekehrt, es gibt keine Organisation ohne einen geistigen, und wir können jetzt sagen, „spirituellen" Bauplan. In jeder Organisation wohnt ein Geist oder Ungeist. Wessen Geist eine Organisation ist, bestimmt ihr Schicksal und ihre Geschichte.

Kehren wir vom Allgemeinen zurück zu einer einfachen Beobachtung. Etwa die Hälfte der Jugendlichen gehört irgendwelchen Cliquen an. Sie haben die verschiedensten Themen und Aktivitäten. Ein dominierendes Thema ist Gesundheit. Es gibt Gruppen, ungefähr ein Viertel der Jugendlichen gehört zu ihnen, für die Gesundheit und Fitness ein Thema ist.

Diese Thematisierung wirkt sich auf viele Lebensbereiche aus. So ist der Drogenkonsum in diesen gesundheitsbewussten Gruppen nur halb so hoch wie in den übrigen. Wer einer solchen gesundheitsbewussten Clique angehört, bekommt eine nachhaltige Verstärkung für seine eigene Orientierung: 42 Prozent dieser Jugendlichen finden es sehr wichtig, auf ihre Gesundheit zu achten; aber nur 17 Prozent der übrigen.[162]

Die Lebensstimmung von etwa zwei Dritteln aller Jugendlichen ist durch negative Gefühle geprägt. Es ist folgerichtig, mit der Amtsmiene

---

162 Schritte ins Nichts, a.a.O., S. 94

von James Dean herumzulaufen. Biografische Frustrationen im Elternhaus und auf dem Bildungsweg sind im Hintergrund. Diese unspezifischen negativen Affektlagen können sehr unterschiedlich manifest werden, je nachdem wie die weitere Organisation verläuft.

Stoßen diese Jugendlichen zum Beispiel auf Gruppen von Drogenkonsumenten, besteht die Gefahr, dass sie deren Einstiegsphilosophie in
der Hoffnung übernehmen, neue und bessere Erlebnishorizonte zu eröffnen; treffen sie auf politische Zirkel, die das System für alle Widrig-
keiten verantwortlich machen, so wächst die Wahrscheinlichkeit des
Übergangs zu illegalen Ausdrucksformen und Gewalt.

Der Erklärungs- und Methodenkonsens solcher Gruppen, deren Ressourcen, bestimmen erst das Verhalten. Treffen biografisch Frustrierte auf
andere Erfahrungswelten, fühlen sie sich angenommen, gut repräsentiert
und werden sie von der Einsicht in die Legitimität der demokratischen
Ordnung bestimmt, so haben sie die Chance, ihre negativen Erfahrungen
zu transformieren oder zu „sublimieren", wie es in der psychoanalytischen
Sprache heißt; illegaler Aktionismus ist dann unwahrscheinlich. Kommu-
nikationswege, Verstärkungsnetze und Ausdrucksofferten bestimmen das
Handeln, also Geist in seiner sozial eingekleideten realen Gestalt.

In religionssoziologischen empirischen Studien sind diese Zusammenhänge längst dokumentiert. In der Synodenumfrage von 1972 zeigte
sich, dass die spirituelle Orientierung das Verhältnis zur Kirche bestimmt und nicht die Vorstellung, dass sie auch gesellschaftlich nützliche
Dienste leistet. Die Katholiken, die der Kirche einen Verkündigungsauftrag zuordnen, für die wichtig ist, dass die Kirche das Wort Gottes lebendig werden lässt, dass die Kirche sie anleitet das Gute zu tun und das
Böse zu lassen, dass sie für das persönliche Heil Sorge trägt, sind der
Kirche zugetan und die übrigen sehr viel weniger, unabhängig davon, ob
sie den gesellschaftlichen Auftrag schätzen oder nicht.

Das bedeutet umgekehrt, dass man allein mit Sozialleistungen nicht
missionieren kann, sonst wäre jeder Wohlfahrtsverband eine Kirche.
Diese spirituelle Orientierung ist eingebettet in einen sozialen Kreis von
Einverständnis und Bekräftigung. Das kommt vielfältig zum Ausdruck.
So haben 86 Prozent der Katholiken, die jeden Sonntag zur Kirche gehen, eine enge oder wenigstens mittlere Bindung an die Pfarrgemeinde;
aber die, die nie zur Kirche gehen, kennen diese Gemeinde gar nicht, nur
drei Prozent sagen, sie hätten überhaupt eine Bindung zu ihr.[163]

---

163 Gerhard Schmidtchen: Zwischen Kirche und Gesellschaft. Herder, Freiburg 1972, S.
    103. Auch wenn Rahmendaten sich ändern, bleiben Zusammenhänge, die etwas Ge-

In der evangelischen Parallelstudie zeigt sich, dass diejenigen, die die Kirche als zeitgemäß empfinden und zu den gesellschaftlichen Werten passend, viele Bekannte haben, die zur Kirche gehen. Am anderen Ende der Skala finden wir diejenigen, die die Kirche als unzeitgemäß empfinden und meinen, die gesellschaftlichen Werte und die, die durch die Kirche repräsentiert werden, stimmten überhaupt nicht überein. Sie haben auch kein Kommunikationsfeld, in dem man irgendetwas anderes hören oder erfahren könnte.[164]

Ein religiöses Elternhaus, also die Tradition, trägt zum späteren Kirchenbesuch bei, bildet eine Voraussetzung, aber das spätere Verhalten ist nicht vollkommen davon abhängig. Das ist heute insofern wichtig, als man sich auf die Religiosität des Elternhauses nicht mehr verlassen kann. Entscheidend ist, ob man Kontakt zu einer Gemeinde findet. Die, die viele Bekannte haben, die zur Kirche gehen, sieht man zu 78 Prozent unter dem weitesten Kreis der Kirchenbesucher. Diejenigen, die niemand kennen, der zur Kirche geht, gehören diesem leger definierten Kreis der Kirchenbesucher nur zu 13 Prozent an.[165]

Der Entschluss, in einem kirchlichen Verein mitzutun, ist zugleich ein Ausweis für die geistige Orientierung. Sind die Wertvorstellungen von Kirche und Gesellschaft kongruent, ist das Motiv mitzutun groß und sonst eher gering.[166]

Eine Untersuchung über Wertkonflikte junger Menschen zeigt einige neuartige Züge in dem sonst bekannten Bild nachlassender Kirchlichkeit. Die Kirchenbesucherzahlen sinken, aber das religiöse Interesse wird lebhafter, verläuft sich andererseits aber auch in Gruppierungen und Sekten, die Psychisches zu retten versprechen, oder aber verbindet sich eng mit einem historisch-nostalgischen Sinn für die großen wiederkehrenden Feste, die das Leben im Jahresablauf ritualisieren. Von einem Stillstand der religiösen Entwicklung kann also nicht die Rede sein. Das Verhältnis zur Kirche wird nicht mehr allein in den inzwischen gesunkenen, aber auf niederem Niveau dann doch relativ stabilen Kirchenbesucherzahlen fassbar. So haben die kirchlichen Feste eine hohe Anziehungskraft. Junge Protestanten und Katholiken (zwischen 15 und 35 Jahren) gehen zu 51 Prozent an Weihnachten in die Kirche, zu 32 Prozent an Ostern. Die

---

setzmäßiges haben, im Laufe der Zeit konstant. Auf die kommt es hier an. Insofern bilden auch ältere Untersuchungen eine zuverlässige Informationsquelle.

164 Gerhard Schmidtchen: Gottesdienst in einer rationalen Welt. Calwer und Herder, Stuttgart und Freiburg 1973, S. 71

165 Gerhard Schmidtchen: Gottesdienst ..., a.a.O., S. 69

166 Gerhard Schmidtchen: Gottesdienst ..., a.a.O., S. 70

Beachtung der kirchlichen Feste ist im katholischen Bereich dann allerdings sehr viel ausgeprägter. Die Menschen tun immer etwas aus vielfältiger Motivation heraus. Die kirchlichen Feste berühren sie in einer komplexen Weise, und den Kirchen ist damit eine große Gestaltungs- und Sozialisationsmacht in die Hand gegeben.

Für das Verhältnis zur Kirche zählt das kirchliche Milieu; 9 Prozent der evangelischen Jugendlichen sagen, sie hätten viele Freunde und Freundinnen, die zur Kirche gingen; unter Katholiken befindet sich jeder fünfte in einem religiös interessierten Kreis (19 Prozent). Als sehr religiös bezeichnen sechs Prozent der Evangelischen ihr Elterhaus und 26 Prozent der Katholiken. Kirchenbesuch ist abhängig von dieser sozialen Unterstützung, der Zusammenhang ist mit GAMMA 0.72 sehr eng. Trotzdem darf man dies nicht im Sinne einer Kausalbeziehung missverstehen. Beides, die Verstärkungssituation und ihre Folgen unterliegen ja den gleichen gesellschaftlichen Bedingungen. Die Sozialisationsinstanzen sind ihrerseits abgeleitet. Positiv tritt die Kirche als Sozialisationsinstanz für religiöse Motivation in Erscheinung, und negativ wirken großenteils absichtslos alle jene gesellschaftlichen Institutionen, die Konflikte mit dem Glauben erzeugen, oder auch nur Zeitkonflikte mit den Anforderungen, die nun einmal dazu gehören, wenn man am kirchlichen Leben teilnehmen will.

Das Ehesakrament greift nachhaltig in die Überlegungen junger Menschen ein. 62 Prozent der Ledigen wünschen sich eine kirchliche Trauung. Wenn es zur Heirat kommt, wählen dann sogar noch mehr die kirchliche Trauung, 71 Prozent. das waren Daten des Jahres 1986. Acht Jahre später indessen – 1994 – war die Zahl der kirchlichen Trauungen im Westen gesunken auf 61 Prozent. Im Osten Deutschlands lag sie bei 14 Prozent. Allerdings wählten im Osten, in den kleinen Gemeinden unter 5000 Einwohnern, 24 Prozent die kirchliche Trauung.

Bei wichtigen personalen Entscheidungen vertraut man sich der Kirche an. Es geht um Gestaltung, aber dann auch um eine Sicherung der Entscheidung in einem höheren Sinne, man wählt das Angenommensein und die Verpflichtung im Sakrament. Je kleiner die Gemeinde, desto größer das Interesse an kirchlicher Trauung. Mit der kirchlichen Trauung wird also auch die Solidität der sozialen Eingliederung gesucht. Die Trauung ist nur ein Beispiel für anderes. Man muss sich fragen, ob die religiöse Sozialisation durch die Kirche nicht auch anders gedacht werden kann als bisher. Sie muss vielleicht nicht notwendigerweise nur über die Vermittlung geschlossener kirchlicher Kulturen laufen. Die Frage ist also, über welche Medien und Möglichkeiten verfügen die Kirchen, die unabhängig von den primären sozialen Voraussetzungen sozialisierend wirksam gemacht werden könnten. Eines ist sicher, die konfessionell homogene Wohngemeinde als die Basis der Verkündigung wird kleiner. Junge Menschen wollen die Präsenz der Kirche, sie möchten nicht, dass sie nur noch als Museum zu besichtigen ist. Aber das Interesse an der Präsenz der Kirche scheint zu sinken. Im Osten ist Teilnahmslosigkeit verbreitet. Die jungen Menschen wachsen nach wie vor in einem christlichen Selbstverständnis auf, aber es ist kritischer geworden. Bei Protestanten vornehmlich wächst zudem die Gleichgültigkeit. Im Osten ist sie die Mehrheitsorientierung. Unter Kirchenbesuchern gibt es nicht mehr die frühere Form fragloser Identifikation. Die Mehrheit derer, die man am Sonntag in der Kirche sieht, denkt kritisch. Die Pfarrer sprechen zu einem anderen Publikum als früher.

Wie leben die jungen Christen? Kein Glaube ist so introvertiert-personal, dass er nicht nach außen tritt. Wie macht er sich in der äußeren Lebensorganisation bemerkbar? Die aktiven Christen finden es wichtig, Menschen um sich zu haben, mit denen sie über religiöse Fragen sprechen können. Christ sein vollzieht sich in der Kommunikation, und die meisten finden es auch nicht schwer, diese Kommunikation herzustellen. Die Kirchentreuen wollen nach dem Vorbild Christi leben. Wirklichkeit kann dieses Vorbild nur gewinnen durch die Stiftung neuer Beziehung zu anderen. So ergeht das Wort in einem ganz praktischen Sinne unter Menschen.

Die aktiven Christen fühlen sich in kirchlichen Gruppen gut aufgehoben und als Personen ernst genommen. Diese kirchlichen Gruppen sind wichtigere Orte der Verkündigung als die Predigt im sonntäglichen Gottesdienst. Die Mitglieder kirchlicher Gruppen haben mehr gute Nachbarn und Freunde, sind aktiver im Vereinsleben. Aktives Christentum geht also Hand in Hand mit einer erhöhten sozialen Motivation. Aus einem christlichen Menschenverständnis heraus wird der andere bedeutsamer.

In ihren Verhaltensmaximen unterscheiden sich aktive junge Christen deutlich von den übrigen. Sie fühlen sich der Wahrhaftigkeit verpflichtet, Bescheidenheit und Höflichkeit finden sie wichtig, Dankbarkeit und vergeben können sind für sie wesentliche Tugenden.

In den christlichen Familien gibt es mehr emotionale Stabilität und Kultur, und so sind Jugendliche aus diesen Familien besser vor Brüchen in der Sozialisation geschützt. Schulkonflikte, Abbruch von Ausbildungsgängen, auch Vor- und Jugendstrafen sind in den aktiven christlichen Familien wesentlich seltener.

Das persönliche Zukunftsvertrauen der aktiven Christen ist im Durchschnitt etwas größer. Dies stützt sich zum Teil ganz praktisch auf eine ausgeprägte Berufsorientierung. Das Lebensgefühl der aktiven jungen Christen tendiert stärker zum Positiven, sogar ihren Gesundheitszustand beschreiben sie positiver.

Im ganzen zeigen viele Einzelbefunde, dass aktive junge Christen eine bessere Chance zu einer guten Persönlichkeitsentwicklung haben. Es gibt so etwas wie die Organisationskraft des Glaubens.[167] Eine säkularisierte Gesellschaft vermag dies nicht zu verwischen. Wir können alle diese Beobachtungen auf den Satz bringen: Es ist nicht gleichgültig, was die Menschen denken und von welchen Ideen die Organisationen und Institutionen geprägt sind.

## III. Wie verhält sich die Kirche?

Wir leben in einer Zeit nicht nur des technischen, wirtschaftlichen, gesellschaftlichen Wandels, sondern auch einer tiefgreifenden Veränderung des politischen Weltsystems. Machtblöcke, scheinbar für die Ewigkeit gezimmert, brachen auseinander.

Im Gefolge dieser Machtverschiebung konnte aus zwei deutschen Staaten einer werden, der in sich jetzt eine doppelte Dynamik beherbergt: rasche technisch-wirtschaftliche Änderungen und im Gefolge Änderungen des Beschäftigungssystems einerseits und dies andererseits überlagert von einer politisch gesellschaftlichen Diskontinuität im Osten, deren Folgen uns noch lange in Atem halten werden.

Sicherheiten, auf die früher zu setzen empfehlenswert erschien, brachen weg; ideologische Positionen, die bisher in unserer Biografie eine Rolle gespielt haben, sind nicht mehr akzeptabel und dysfunktional. Wieviel Unternehmungen haben nicht Karriere angeboten und sind dann verschwunden? Solche Zeiten setzen Skepsis frei gegenüber den Institutionen und ihren Erklärungsmustern oder Ideologien. Damit aber verlieren die Institutionen auch einen Teil ihrer Macht und ihres symbolischen Einflusses. Die erste und einfachste Reaktion ist, man glaubt ihnen nicht mehr.

An Stelle der Identifikation tritt etwas anderes: Die Suche nach einem authentischen Leben, die Suche nach wirklicher Autonomie. Darin, im Übergang von Identifikation zu Autonomie, besteht der kulturgeschichtliche Wandel in der Selbstauffassung der Person. Da wir eine Gesellschaft unvollkommener Menschen in einer unvollkommenen Welt sind,

---

167 Andreas Püttmann: Leben Christen anders? Befunde der empirischen Sozialforschung. Kirche und Gesellschaft Nr. 248. Bachem, Köln 1998

gerät dieser Marsch aus den Institutionen heraus auf Holzwege. Die Suche nach Autonomie kann jenseits der Institutionen nicht gelingen, sondern nur in ihnen, aber nicht in den alten. Der Marsch durch die Institutionen ist misslungen, und ebenso wird der Marsch aus den Institutionen heraus scheitern.

Dies alles macht den Eindruck der Verlorenheit der Menschen in dieser pluralistischen Gesellschaft, die reich an Optionen, aber arm an Trost ist. Die Kirche hat etwas, das die Menschen brauchen. Wer sagt es ihnen – und so, dass sie es verstehen?

Unter dem Schock der industrialisierten Aufklärung und der zweiten nachfolgenden gesellschaftlichen Aufklärung hat die Kirche die Flucht in die Rationalität angetreten. Sie ist dahin gegangen, wo die Gesellschaft auch hingegangen ist. In Marburg wurde aus dem Wissenschaftsanspruch, den die Theologie verspürte, die textkritische Schule. In Zürich sagte man, man muss sich der Erfahrungswissenschaft stellen. Walter Bernet bei der Analyse von Grabpredigten: „Jesus klopft an, sagte ein Pfarrer. So ein Unsinn. Der kann nicht anklopfen, der ist tot." Die Preisgabe des Mysteriums in Theologie und Liturgie, das falsche Abholen der Menschen bei einem angeblich rationalistischen Weltverständnis war nichts als falsche Anpassung. Die Kirche hat, wie Wilhelm Kasch es ausgedrückt hat, zur religiösen Desozialisation beigetragen. Eine moderne rationalistische Theologie hat die Glaubensfähigkeit insbesondere derer untergraben, die Glauben verkünden sollen. Natürlich haben es die meisten Pfarrer gelernt, geschickt um ihren Unglauben herumzureden. Die Gemeinde spürt das. Die Glaubwürdigkeit ist fort.

Was muss die Kirche tun? Wir verdanken die Problemlösungsfähigkeit und den Wohlstand, wie immer wir ihn definieren, den Wirtschaftsorganisationen. Sie verfügen nicht nur über eine hohe Belohnungs- und Kontrollkapazität, sie sind auch energische Organisationen, die ihre Ziele erreichen und die Motivation ihrer Mitglieder erhalten können. Zu diesen energischen Organisationen gehört die Kirche nicht. Während wir auf eine Gesellschaft des tertiären Sektors zugehen, schrumpft absolut und relativ der Einfluss der Kirchen, die doch prominent diesem tertiären Sektor, dem Dienstleistungssektor im weitesten Sinne, angehören sollten. Um den seelsorgerischen Dienst für die Mitglieder lebendig zu erhalten, genügt die bloße Wortverkündigung nicht. Welche Erwartungen, so fragten einmal Akademieleiter, haben die Menschen an die Kirche? Die Frage ist verkehrt. Sie muss lauten: Welche Erwartungen kann die Kirche erzeugen? Die Kirche war immer lebendig und stark, wenn sie Heilserwartungen verbreitet hat, wenn sie dem Menschen hilft, das richtige Leben zu suchen und das falsche, heillose zu vermeiden. Die Kirche muss eine Angebotspolitik betreiben. Sie muss Dienste ausbauen. Sie muss den Status ihrer Mitarbeiter heben. Unter Besinnung auf die mystischen Traditionen des Christentums ist ein neuer Dienst an der emotionalen Kultur notwendig. Sie kann nur entstehen, wo Menschen sich grundlegend als gleichwertig erleben, und zwar im Sakrament der Eucharistiefeier, des Abendmahls und in der geselligen Zusammenkunft und in der sozialen Aktivität. Über die Bedeutung der Emotionalität hat sich ein Kirchenvater, der heilige Basilius von Cäsarea, wie folgt geäußert: „Es ist die Leidenschaft unserer Seele zu vielen Tugendübungen behilflich, wenn sie nämlich wie ein Soldat, der beim Feldherrn Posten steht, auf Befehl willig Dienste leistet und der Vernunft im Kampfe gegen die Sünde hilft. Gleichsam ein Nerv der Seele ist die Erregbarkeit, die ihr zur Vollbringung des Guten die Spannkraft gibt."[168] Die Familienpastoral müsste es interessieren, dass viele der Kinder in emotionaler Kälte aufwachsen oder unter einem normativ defekten Erziehungsstil. Die Familien müssten aufmerksam gemacht und angenommen werden in diesen Problemen, denn die Hilflosigkeit in der Erziehung schlägt später, wenn die Jugendlichen herangewachsen sind, furchtbar auf die Eltern zurück.

Viele Frauen, die Kinder haben oder hilfsbedürftige Angehörige betreuen, arbeiten außer Haus in einem Anstellungsverhältnis oder möchten es. Dazu brauchen sie Hilfen, Personen, die sich kompetent um die Kinder kümmern, individuell oder durch andere Betreuungsangebote. Da die meisten dieser Frauen, die Hilfen, die sie brauchen, weder in der Familie noch in der Nachbarschaft mobilisieren können, kam Gisela Erler 1991 auf die Idee, einen Familienservice zu gründen, der qualifizierte Betreuer und Betreuerinnen findet, prüft und vermittelt.[169] Der in München zusammen mit BMW entwickelte Familienservice besteht inzwischen aus einem Netzwerk an 20 weiteren Standorten in deutschen Großstädten bzw. in Ballungszentren sowie in Wien und Winterthur. Der Familienservice kooperiert mit etwa 150 Unternehmungen. Die Kosten tragen Industriebetriebe, die daran interessiert sind, dass ihre Mitarbeiterinnen ohne Sorgen um die Betreuung der Kinder ihrem Beruf nachgehen können. Die Kirchen könnten christliche Familiendienste ins Leben rufen. Auf diesem Markt ist noch Platz.

---

168 Basilius Predigten II, Kösel-Ausgabe der Kirchenväter, S. 285
169 pme Familienservice GmbH, Flottwellstr. 4-5, 10785 Berlin

Warum bietet die Kirche nicht Hand zur Bildung genossenschaftlicher Zusammenschlüsse, die das Wohnungsproblem auf bessere Weise lösen? Warum gibt es keine kirchlichen Mustersiedlungen, in denen sich ein Dasein nach christlichem Personenverständnis ereignen kann? Warum bietet die Kirche nicht Kurse an, die die persönliche Problemlösungsfähigkeit steigern? Warum bietet sie nicht Managerkurse an, in denen gezeigt wird, dass ein emotionaler Führungsstil die Kreativität der Mitarbeiter steigert? Warum werden für kirchlich veranstaltete Kurse keine Gebühren erhoben, die kostendeckend sind? Dadurch würde der Wert dieser Kurse für die Beteiligten und die Motivation möglicherweise sehr erhöht. Die Kirche muss unkonventionelle und aktive Wege der Verkündigung gehen. Sie muss attraktive Modelle des Zusammenlebens schaffen. Aus der Überlieferung lassen sich neue Antworten auf die religiöse Situation von heute entwerfen. Wenn das geschieht, können religiöse Aufklärungsrückschläge vermieden werden, die jetzt schon das Publikum der Hörsäle erreicht haben.

Das Schicksal der menschlichen Seele ist das Thema der Kirche. Aus Gesellschaft und Politik wird dieser Seele vieles zugemutet. Also darf sich der Verkündigungsauftrag nicht auf das Individuum in seiner Gemeinde beschränken. Der Geist der Institutionen ist missionsbedürftig. Hier entscheidet sich auch vieles für die Moral des Einzelnen, hier wird sie bestärkt oder korrumpiert. Der wissenschaftlich-technische Fortschritt wirft fortwährend neue moralische Fragen auf, die rechtlich oder politisch schwer zu beantworten sind. Wie weit sollte die Genforschung und deren technische Umsetzung die vorgefundene Schöpfung verändern dürfen? Oder: Die Organtransplantation macht große Fortschritte. Es gibt Wartelisten für Patienten. Sollen wir uns über jeden jungen und gesunden Menschen freuen, der im Straßenverkehr stirbt, damit ein gebrechlicher dessen Organe bekommt? Der religiöse Schrecken einer neuen moralischen Fragestellung wird spürbar.

Die Kirche ist auch ausersehen, die Universalität der Moral zu sichern. Es gibt eine pluralistische Gesellschaft, aber es kann keine pluralistische Moral geben. Das wäre ihre Auflösung. Moral ist ökumenisch. Die Kirche kann zu solchen Fragen fundiert und unerschrocken sprechen, mit ungetrübter existentieller Ehrlichkeit. Sie kann der Erziehung zur Feigheit entgegenwirken, wie sie in vielen Unterordnungsverhältnissen noch geschieht. Ihre Worte sind aus Offenbarungswissen abgeleitet. Die Menschen aber sind – so sagte es Max Scheler – offenbarungsbedürftige Wesen.

Die Aufgabe der Kirche ist es, den Geist zu bewegen und lebendig zu halten durch den Mut zu einer bekennenden Auseinandersetzung. Rückfälle in primitives Denken sind immer ein Sturz in die Unmenschlichkeit. Alle sind wir aufgerufen, dafür zu sorgen, dass unsere Gesellschaft differenziert, einfühlsam, wandelbar und geistvoll bleibt. Ohne ein aufgeklärtes Verhältnis zur Religion kann die rationale Gesellschaft ihre Rationalität nicht behalten.

## 8.4. Konturen einer Neo-Renaissance

Entdeckungen verändern unser Weltbild. Wenn dies geschieht, bleibt nichts beim alten. Kolumbus ging von der Kugelgestalt der Erde aus, und so segelte er 1492 zuversichtlich nach Westen, um in einem Land im Osten (Indien, wie er meinte) zu landen. Nikolaus Kopernikus veröffentlichte 1514 erste Beweise für ein heliozentrisches Weltbild. Im Jahre 1517 schlug Martin Luther 95 Thesen an der Schlosskirche zu Wittenberg an. Johannes Gutenberg hatte mit neuer Technik 1455 eine lateinische Bibel herausgebracht. Das neue Buchdruckverfahren blieb nicht lange geheim. In allen bedeutenden Städten entstanden Druckereien. So konnte die deutsche Bibel Martin Luthers 1534 in diesem neuen Massenmedium von Wittenberg aus verbreitet werden. Dies sind Schicksalsdaten aus der Spätrenaissance im Übergang zur Neuzeit. Die atemberaubenden Kosmologien der Astronomen waren eine Bedrohung des Lehrgebäudes der römischen Kirche, rührten an die Vesten ihrer Autorität. Wolfgang Philipp, ein Religionswissenschaftler der Universität Frankfurt/Main schildert den Zusammenbruch des mittelalterlichen Weltbildes. Die himmlischen Kristallglocken des Welthauses zersprangen, „die die Wandelsterne trugen und die Welt zum Geborgenheitsraum schlossen. Nun erst löste sich auch die äußerste, die himmelbewegende Fixsternschale in nichts auf." Galileo Galilei musste noch 1633 unter Papst Urban VIII den kopernikanischen Lehren abschwören, aber es nützte nichts, „das kosmische Grauen" vor der Unendlichkeit frisst um sich.[170] Die unerhörten Lehren von der Gottesunmittelbarkeit des Menschen konnten sich gegen die Autorität der römischen Kirche nur durchsetzen, weil starke Städte und Landesherren den Wissenschaftlern und Reformatoren Schutz boten. Zürich und Genf suchten ebenso wie Territorialherren in der Mitte Deutschlands politische Autonomie, die Unabhängigkeit von Rom. Die Reformatoren hatten die passenden Lehren.

---

170 Wolfgang Philipp: Die Absolutheit des Christentums und die Summe der Anthropologie. Quelle und Meyer, Heidelberg 1959, S. 235ff. Ders.: Religiöse Strömungen unserer Gegenwart. Quelle und Meyer, Heidelberg 1963, S. 21f. und 221f.

Die Geburt der Reformation aus dem Geist der Renaissance mündete nicht etwa nur in reiner Ideen-Esoterik und neuer Frömmigkeit, sondern es geschah Unerwartetes. Die theologischen Lehren über die religiöse Autonomie der Person ermöglichten neue Verhaltensweisen, gesellschaftlich, aber vor allem auch wirtschaftlich und politisch. Die reformatorische Theologie wurde zentrales Organisationsmittel einer sich modernisierenden Gesellschaft. Dies geschah, wie Ernst Troeltsch später nachgewiesen hat, vor allem durch Freisetzung wirtschaftlicher Motive, auch durch ethische Neutralisierung der Politik. Damit vollzog die neue Theologie die in der Renaissance angelegten Tendenzen. Durch Handel, Geldwirtschaft, die Entwicklung von Verwaltung in Finanzwesen und Politik war es zu Ressourcensteigerungen und Machtverschiebungen gekommen, die zu neuen autonomen Entscheidungsstrukturen drängten, einschließlich einer Bürgerbeteiligung, deren architektonische Zeugnisse noch heute in Italien zu sehen sind.

Für die Menschen bis hin zu den Verwaltungstheologen im Vatikan war die Renaissance eine schlimme Epoche stets neuer Orientierungsdesaster. Alte Wegmarken wurden ungültig, und das weite Feld des Neuen konnte nur als Unbestimmtheit und Offenheit erfahren werden. Darauf reagierten die konservativen Institutionen zunächst mit Repression, später dann mit dem großartigen intellektuellen Entwurf der Gegenreformation. Glaube vergegenständlichte sich in Heiligengeschichten. Diese Bewegung hat uns nicht nur den bis heute anhaltenden Wallfahrtstourismus beschert, sondern auch die schönsten Barockkirchen.

Die Menschen reagierten auf die Verunsicherungen der Epoche auf paradoxe Weise. Sie erfanden sich selbst neu, als Individuen, als starke Persönlichkeiten. Jacob Burckhardt sieht den Aufstieg der Person als ein wesentliches Ergebnis der Renaissance an. Sein Blick ist auf die expansive auch moralisch grenzüberschreitende Persönlichkeit gerichtet.[171] Verbreiteter war ein anderer Typus. Die Portraitbilder der Renaissance zeigen Gesichter von hoher Individualität und Unverwechselbarkeit. Den Betrachter trifft ein ruhiger wacher Blick. Die Symbolgemälde von Tugenden und Lastern weisen nach, dass die Person in einer moralischen Fassung gedacht wird, in einem ethischen Bezug zu sich selbst und anderen.

In der Gegenwart erleben wir einen Abschied von alten Gewissheiten, der in seiner Radikalität Ähnlichkeiten mit der Hochphase der Renais-

---

171 Jacob Burckhardt: Die Kultur der Renaissance in Italien. Verlag E. A. Seemann, Leipzig 1885. Zwei Bände.

sance aufweist. Einsteins Relativitätstheorie hat die meisten Menschen in ihrer Alltagspraxis kaum berührt, aber das Bewusstsein, dass selbst diese Fixpunkte von Raum und Zeit sich kosmisch verschränken, übersetzbar werden, dass die Kategorien von Raum und Zeit nur zur Ordnung unserer engeren Welt taugen, ist als Hintergrundbeunruhigung geblieben.

Das Atom – benannt mit dem griechischen Wort für das Unteilbare – bewies über Hiroshima seine fürchterliche Teilbarkeit, Energien freisetzend, die man sich bis dahin nicht vorstellen konnte. Die Beschäftigung der breiten Öffentlichkeit mit der Frage der Kernenergie und ihrer friedlichen Nutzung war von diesem Moment an angstbesetzt. Auch der Atomkern, nicht nur seine Hülle, ist zugänglich. Welche Fusionsenergien er beherbergt, zeigt die Wasserstoffbombe.

Bis zum Flug des Sputnik und insbesondere bis zur ersten spektakulären Landung auf dem Mond am 20. Juli 1969, hat niemand außer ein paar Raumfahrtenthusiasten sich vorstellen können, dass Menschen den Gravitationsbereich der Erde verlassen könnten. Nie mehr werden wir den Mond wie einst betrachten können, als unerreichbaren Satelliten. Jetzt war von dort aus der Blick auf den blauen Planeten möglich. Die Gen-Forschung vollzieht Grenzüberschreitungen zum Innersten der Schöpfung, das als ewig verschlossen galt. Die Öffentlichkeit begrüßt es sicher, wenn mit Hilfe der Gen-Forschung und ihren Genom-Sequenziermaschinen Verbrecher an Hand winziger organischer Spuren überführt werden können, aber wenn Tomaten mit veränderten Genen angeboten werden können, die auf dem Marktstand nicht faulen, kriechen Bedenken ins Bewusstsein der Konsumenten. Angst aber geht um bei dem Gedanken, was die Wissenschaft und deren wirtschaftliche Verwertung der Natur und dem Menschen selbst antun könnte. Stehen wir vor einer Neuauflage der Eugenik? Und wer übt dann am Ende Macht über Sein und Nichtsein aus?

Die Umweltprobleme haben einen Endlichkeitsschock ausgelöst. Die Ressourcen der Erde galten früher als unendlich. In den 30er Jahren des 20. Jahrhunderts wurde an den Schulen noch gelehrt, das Meer sei eine unerschöpfliche Nahrungs- (Eiweiß-) Quelle. Das war insofern anachronistisch als man hätte wissen können, dass die radikale Fischerei der Holländer in der Rheinmündung um die Wende zum 20. Jahrhundert die Lachspopulation im Rhein beseitigt hatte. Es scheint heute nicht sicher, ob die Erde das industrielle Verhalten der Menschen auf die Dauer tragen wird. Bevölkerung und politische Eliten machen sich gleichermaßen Sorgen. Der Anteil ethischer Überlegungen an politischen Entscheidungen über Atom, Umwelt, Genetik und Migration ist im Steigen begriffen.

Die Mikroelektronik und die auf diesen Techniken beruhende Informatik führten die anschaulichsten und fühlbarsten Entwicklungen herbei. Mit fast zehnjähriger Verspätung begann die deutsche Industrie den Maschinenpark der Teilefertigung und die Arbeitsplätze in der Verwaltung auf elektronische Steuerung und Computer umzurüsten. Anfang der 80er Jahre des zwanzigsten Jahrhunderts waren in der Metallindustrie 34 Prozent der Arbeitsplätze durch Elektronik definiert. Etwa bis Mitte der neunziger Jahre waren elektronische bzw. informatikbestimmte Arbeitsplätze universell geworden. In wenigen Jahrzehnten ist Elektronik zu einem Bestandteil unserer Kultur geworden. Die elektronisch gesteuerte Produktion ist deswegen attraktiv, weil sie die Kosten senkt, die Präzision und die Durchlaufgeschwindigkeit erhöht und zur Flexibilität und damit Wettbewerbsfähigkeit beiträgt. Es gibt keine Alternative. In Wissenschaft, Dienstleistung und Kunst sind Computer unentbehrlich, bilden die Basis neuer Kreativität, im Konsumbereich werden immer mehr Geräte mit elektronischen Hilfen ausgestattet, vom Backofen bis zum Automobil mit Navigationssystem, oder die digitalen Kameras. In die Kinderzimmer ziehen elektronische Spielzeuge ein, als willkommene Vorübung für die Berufswelt. Internet, E-Mail und Fax ermöglichen leichte Informationsgewinnung und Übertragung. Der Persönliche Computer, der PC ist die technische Voraussetzung für die Demokratisierung der Informationspotenziale und der Kommunikation. Die landes- und weltweite persönliche Kommunikation wird zu einem leichten Spiel. Die Attraktivität der Elektronik ist unübersehbar.

Jede technische Neuerung, insbesondere, wenn sie so unwiderstehlich daherkommt, führt zu einem tiefgreifenden Wandel der wirtschaftlichen und gesellschaftlichen Organisation. Die Höhe der Arbeitslosenzahlen spiegelt das Ausmaß der wirtschaftlichen Umgestaltung. Die (fast) menschenleere Fabrik ist Wirklichkeit geworden. In den Kathedralen der Produktion arbeiten mit feierlicher Strenge die geisterhaft sich bewegenden Aggregate. Die elektronische Revolution fordert ihre Opfer. Andere Folgen stellen sich fast unmerklich, schleichend ein. Dienstleistungen werden von den Organisationen, wie zum Beispiel Banken, zum Kunden verlagert. Er wird auf die Geräte verwiesen oder auf seinen PC. Werden Kontenbewegungen von Angestellten vorgenommen, so sind Gebühren fällig. Eine weitere und indirekte Folge der Nutzung der Informatik liegt in der Notwendigkeit, die Bedienungssprache eines der Software-Oligopolisten zu erlernen. Dabei stellt sich dann heraus, das die Entwickler der Bedienungsoberflächen meist keine leidenschaftlichen Philologen oder Didaktiker sind. Man sieht das daran, dass in den verschie-

denen Bedienungsfeldern gleiche Worte mit sehr verschiedenen Bedeutungen auftauchen. Die Subsumtionen sind teilweise überraschend. Man
erfährt einen gewissen Abschied vom normalen Sprachgebrauch. Mit
kantischer Logik lässt sich wahrscheinlich kein PC bedienen, aber diejenigen, die vorgeben, benutzerfreundliche Programme zu erfinden, sollten vielleicht einmal da hineinschauen. Sprachen entwickeln sich in
Richtung der effektiven Macht einer Verständigungsgemeinschaft. Die
elektronischen Geräte haben eine große gesellschaftliche Macht erlangt.
Durch ihre Beherrschung gliedert man sich in eine Gemeinschaft der In-
formierten ein. So ist eine Entwicklung der Sprache mit einem Einschlag
des Informatik-Kauderwelsch wahrscheinlich. Was das für die Philolo-
gie, die Liebe zur Literatur bedeutet, mag man sich ausmalen.

Unbeschadet solcher Folgen verleiht die Informatik Herrschaft über
Prozesse. darin ist sie unschlagbar. Aber gerade dies wiederum ist die
Quelle neuen Fortschritts-Argwohns. Informatik und die ihr zugeord-
neten Speichermöglichkeiten ermöglichen eine weitgehende Kontrolle
des Daseins. In Datenschutz-Diskussionen spiegeln sich diese Ängste.
Als besonders sinister wird die Kombination von Informationsspeicherung und Genetik empfunden. Die Furcht vor genetischer Stigmatisierung geht um. Im Laufe des Lebens erzeugt jede Person eine immer
größer werdende Datenschleppe. Werden eines Tages, zum Beispiel bei
einer Bewerbung, Dinge hervorgeholt, über die sich die Person längst
hinausentwickelt hat? Die Befürchtung ist die, dass eine persönliche
Datenhistorie zu einer Identitätsfixierung führt und die Möglichkeiten
einer Freiheit der Entwicklung leugnet. Erstarren wir eines Tages alle zu
einer Informatik-Salzsäule?

Das Geschiebe des sozialen Wandels wird am deutlichsten und für die
einzelne Biografie gefahrvoll spürbar durch die wachsende Unsicherheit
der Berufswege. Die Berufswahl wird schwierig, althergebrachte Anpas-
sungsweisheiten, wie „Identifikation", versagen, weil niemand weiß, wer
einen am Ende dafür belohnt. Die Moral der Unterordnung ist außer
Verkehr gesetzt, die neue Moral der Kooperation ist als Lippenbekennt-
nis geläufig, aber nicht überall in Kraft. Verbreitet ist moralische Skepsis,
an welche Regeln sich die Partner halten. Mit dem naturwissenschaftlichen Weltverständnis der Renaissance haben sich die Menschen aus einer das Bewusstsein beherrschenden moralischen Kosmologie heraus-
gelöst, die aus Himmel und Hölle, Lohn und Strafe, Schuld und Verge-
bung, Jammer und Erlösung bestand. Jetzt sah sich der Mensch als win-
ziges Wesen im Kosmos und musste seine Moral neu begründen, durch
Vernunft, als rationale Option, oder verhaltensbiologisch als Lehre, wie

eine menschliche Gemeinschaft überhaupt oder besser überlebt. Jacob Burckhardt spricht von beiden Seiten des Bewusstseins, „nach der Welt hin und nach dem Innern des Menschen selbst".[172] Wenn es so ist, dann hat jede Änderung der Weltsicht, haben neue Lehren vom Aufbau der Welt Auswirkungen auf die Formen der sozialen Organisation und auf das Selbstverständnis der Menschen.

Die Durchdringung der Gesellschaften mit Informatik-Systemen, die hohen Investitionen, die dafür aufgewendet werden, die Verlagerung der Bildungsschwerpunkte in Richtung auf neue Technologien zeigen einen wesentlichen Aspekt des elektronischen Zeitalters, den praktizierten Glauben an die Unüberbietbarkeit dieser Technik und ihrer Fortentwicklung. Die Zukunft wird durch IT bestimmt. damit verbinden sich Verheißungen von Dauer und Wohlstandssegen. Die Erwartungen sind chiliastisch. Ein segensreiches Jahrtausend bricht an. In dieser Endzeit- und Vollendungsstimmung lassen sich die Menschen ein auf das, was jetzt von ihnen verlangt wird. War früher die Anpassung an die Technik eine äußere, indem der Mensch sich körperlich dem Lauf der Maschine unterwarf, eine Stückzahl-Moral entwickelte, geschieht die Anpassung jetzt durch ein Inneres: eine geistige Leistung wird verlangt. Während der Bayrischen Unternehmertage am 15. Januar 1987 fiel die enthusiastische Äußerung, die Menschen würden aus der Knechtschaft der Maschine befreit, sie müssten nicht mehr Teil der Mechanik sein. Das ist wahr, aber es geschieht etwas Aufregendes: die intelligenten Maschinen dringen mit ihrer Bedienungsoberfläche in die Köpfe ein, und besetzen das neue Bedienungswissen sogar emotional, Karl Jaspers hat in einer erschreckenden Weise Recht behalten, als er sagte: „Nicht die Erleiterung der Mühen der hartnäckigen Bearbeitung der Natur, sondern das Verwandeln des Menschen zu einem Teil der Maschine bestimmt die Arbeit."[173]. Die Steigerung dieses Sachverhalts besteht jetzt darin, dass der Kopf zum Teil der neuen Geräte wird. So verwandeln wir uns zu Maschinisten einer digitalen Welt. Die neue und sich als endgültig darstellende Technik gebiert in schneller Folge neue Produkte, neue Dienstleistungen, neue Erkenntnisse und neue Organisationsformen, sie erzeugt das Gegenteil von Beständigkeit. So steigen Zweifel auf, wie lange das Neue bleiben wird. Die Chiliasmus ist mit einem unbestimmten Fortschritts-Schrecken unterlegt. Lassen wir unsere Person prägen durch etwas, das nicht überdauert?

---

172 Jacob Burckhardt, a.a.O., Bd. I, S. 143
173 Karl Japsers· Vom Ursprung und Ziel der Geschichte. Piper, München 1960

In der Renaissance vollzog sich psychologisch ein Vorgang von welt-
bewegender Einfachheit. Die Menschen verließen das mittelalterliche
Weltbild und die dazugehörige Lebensorganisation: „der Mensch wird
geistiges Individuum, und erkennt sich als solches".[174] Jacob Burckhardt
spricht von einem „Antrieb zur höchsten Ausbildung der Persönlichkeit".[175] Diese Personen wollen ihre geistige Entwicklung unabhängig
von der Herkunft gestalten. Selbständige und politisch robuste Persönlichkeiten betreten die Bühne. Das Individuum manifestiert sich in
Geist und Handlung. Darin zeigt sich eine dichte Substanz. Das Individuum analysiert die Welt, es ist nicht Gegenstand der Analyse.

Wird aus den Unsicherheiten der Gegenwart ein neues Individuum
hervorgehen? Die These von der Individualisierung erweckt die Hoffnung auf Selbstvergewisserung durch Streben nach äußerer Unverwechselbarkeit. Über das Individuum der Renaissance schreibt Jacob Burckhardt: „Kein Mensch scheut sich davor, aufzufallen, anders zu sein und
zu scheinen als die anderen."[176] Gerade dieses radikale Anderssein ist
heute selten zu beobachten. Der Mut dazu erschöpft sich im Erwerb
neuer Meinungs- und Textilkostüme, in Fragen des Lebensstils, in dem
sich das ängstliche Bemühen um Anpassung zeigt. Das rührt daher, dass
die Individualität selbst fragwürdig geworden ist. Das griechische ato-
mon, das Unteilbare ist seit Mitte des zwanzigsten Jahrhunderts teilbar
geworden. Das lateinisch Unteilbare, das Individuum wirkte schon um
1900 als zerbrochen, nicht mehr fähig, aus eigner Substanz heraus der
Welt gegenüberzutreten. Georg Simmel sagte 1908: „Wir alle sind Frag-
mente ... unserer selbst."[177] Wir seien nur Ansätze unserer möglichen Individualität. Picasso hat dies in der bildenden Kunst zum ersten mal dargestellt, als er 1907 fraktionierte Personen malte, das im Museum of
Modern Art in New York hängende Bild der Demoiselles d' Avignon.

Die Gesellschaft wird durch ihre Institutionen und Vereinigungen
präsent. Dem entspricht im Individuum ein Inneres: es übernimmt Rollen, in der Ausbildung, in der Familie, in Vereinen, Kirche, Politik, und
nicht immer freiwillig beim Militär. Diesen Rollen entspricht eine seg-
mentierte Aufmerksamkeit und Motivation. Rollen werden emotional
besetzt und bilden damit eigene Bereiche, Segmente in der Person. In jedem dieser Compartements geht es nach eigenen Regeln und Empfin-

---

174 Jacob Burckhardt, a.a.O., Bd. I, S. 143
175 ebenda, S. 149
176 ebenda, S. 144
177 Georg Simmel: Soziologie. Untersuchungen über die Formen der Vergesellschaf-
    tung. Duncker & Humblot, Leipzig 1908, S. 33-34

dungen zu. In einem Rollensegment kann ein Mensch liebevoll sein, im anderen unverständlich autoritär. Zwischen den Abteilungen der segmentierten Person gibt es nicht notwendig Übereinstimmung, keine Korrespondenz, keine Konsistenz. Dies wird umso mehr der Fall sein je angstbesetzter die Rollenübernahme erfolgt. Als Introjekte werden Forderungen nicht mehr reflektiert.

Das Innewerden des Treibens der Segmente wird indessen durch Rollenkonflikte angeregt. Sie lassen die Pirandello-Frage akut werden: Wer bin ich denn ...? Gibt es etwas, das die Teile des ehedem unteilbaren Individuums zusammenhält? Was könnte die jeweilige Situationsgerechtigkeit des Handelns, die bloß zweckmäßige und erfolgreiche Anpassung transzendieren? Ist nicht das Denken der nicht mehr reduzierbare Beweis für das Unzerstörbare der Identität des Individuums? Das cogito ergo sum des Descartes war in Zeiten absolutistischer Herrschaft die Bürgschaft für die Selbstvergewisserung der Person und ihrer letzten Freiheit. Gedanken sind zollfrei. Wenn wir beobachten, dass Organisationen nicht nur Tätigkeiten und Belohnungen anbieten, sondern zugleich eine Informationshegemonie ausüben, dann stehen wir vor einer neuen existenziellen Frage.

In der Informationsgesellschaft erhebt sich der radikalste Zweifel an der Identität: wem diene ich, wenn ich denke? Sind die Gedanken meine eigenen, oder sind sie eingepflanzt, habe ich sie mir als vorgeformte angeeignet, um meine Rolle besser ausüben zu können, um verständig, fromm, verfügbar zu sein? Sind persönliche Interessengegner in meiner Gedankenwelt? Wenn das Denken nicht mehr die Lösung der Identitätsfrage ist, dann ist das Individuum nicht mehr als bloß fraktioniertes vorzustellen, es löst sich vielmehr zur Gesellschaft hin auf. Der Situationsmensch steht vor uns. Als Einheit der Person bleibt nur, dass sie einen Körper hat, den sie nur zum Nichtsein hin verlassen kann. Ich habe einen Körper, also bin ich. Die Kultur der Körperlichkeit ist ein Ergebnis der Diffusion des Individuums. „Das körperliche Selbst bleibt ein Leben lang der Ankergrund für unser Selbstbewusstsein."[178]  Aber das körperliche selbst ist nicht das Ganze. Auf den Körper kann man keine befriedigenden Beziehungen zu anderen und zu sich selbst gründen. Die Basis der Sozialität und Selbstachtung muss anderswo gesucht werden.

Obskure Laufbahnperspektiven, diffuse Moral und Identitätszweifel: Dies sind die großen Komponenten der Orientierungskrise. Wie reagieren

---

178 Gordon W. Allport: Gestalt und Wachstum in der Persönlichkeit. Verlag Anton Hain, Meisenheim am Glan 1970, S. 111

Menschen auf solche Krisensituation? Die Persönlichkeitssysteme werden zunächst beunruhigt und dann aktiviert. Die Orientierungskrise der Gegenwart erhöht die Bedeutung der Person. Wie jede Veränderung geschieht auch diese Dynamisierung der Person nicht konfliktfrei. Im Unmut über die Verhältnisse kündigt sich die Abwehr von Forderungen an und nach innen gerichtet der Versuch, sich von drückenden Introjekten zu befreien, sie gleichsam an die Absender, auch mit Gewalt, zurückzuschicken. Dieser körpernahen Rebellion gegen das, was die Person verkümmern lässt, fehlen die kulturellen Momente zur Persönlichkeitsentwicklung, die eigentlich angestrebt wird. Angesichts der Konjunktur der Ungewissheit hätte man Niedergeschlagenheit, Verzweiflung, Verzagen gegenüber der neuen Informationsfülle erwarten können, aber es geschieht etwas anders. Aller alten Gewissheiten beraubt und neuen sozialen, intellektuellen und wirtschaftlichen Ungewissheiten entgegengehend, die Evolution eines neuen politischen und wirtschaftlichen Weltsystems und Kräfteverhältnisses misstrauisch miterlebend, die Globalisierung fürchtend, sehen sich die Menschen auf sich selbst zurückgeworfen und versuchen, ihre Handlungssouveränität wiederzugewinnen.

Diesen paradox wirkenden Prozess kann man an Hand der Antworten auf die Frage nachvollziehen, was der Sinn des Lebens sei. Sie wurde 1970 und 1995 gestellt. Die Unterschiede sind frappierend. Wenn man Personen betrachtet, die im Jahre 1970, zur Zeit der früheren Umfrage, 60 Jahre und älter waren, also etwa der Jahrgang 1910 und früher, so war deren Vorstellung, was der Sinn des Lebens sei, von einer grandiosen Schlichtheit: Pflichterfüllung in Familie und Beruf. Im Gegensatz zu den damals jungen Leuten haben die Älteren nur zu 12 Prozent erklärt, das Leben zu genießen, sei auch sein Sinn. Inzwischen erklären (1995) die bis zu 30jährigen zu 75 Prozent, das Leben zu genießen, sei der Sinn des Daseins, wenn auch nicht der einzige. Eine leidenschaftliche Beziehung zur Welt, die auch in der Reiselust zum Ausdruck kommt, ist für die heutige Generation der Jungen charakteristisch. Das ist nicht Fluchtbewegung, sondern Welt- und Personerfahrung in einem. In all den Antworten auf die Frage nach dem Sinn des Lebens ist die Persönlichkeitsentwicklung am wichtigsten: vor sich selber bestehen können, stark sein, nicht einfach tun, was andere wollen, eine unabhängige Persönlichkeit werden, ohne Angst und Überheblichkeit, tun, was das Gewissen sagt, meine Persönlichkeit entwickeln, Fähigkeit erwerben und einsetzen. Diese und andere Äußerungen fügen sich zu einem Faktor zusammen, den man als Persönlichkeitsentwicklung und Engagement bezeichnen könnte. Diese Persönlichkeitsentwicklung wird mit einem geradezu religiösen Enthusiasmus gesucht.

Eine Änderung in der Persönlichkeitsentwicklung kann nicht dadurch eintreten, dass hehre Ziele verkündet werden. In der Praxis gehören Mut und Opfer dazu, Horchen auf Sinnfragen und die Verständigung mit anderen, der soziale Diskurs. 84 Prozent der Manager in Industrie und Medien beschäftigen sich mit der Frage, wie man ein sinnvolles Leben führen kann. In welchem Medium widmen sie sich diesen Fragen? In Reflexion und Gespräch. 69 Prozent erwähnen Selbstbesinnung und 66 Prozent persönliche Gespräche mit anderen. Daneben spielt Lektüre eine Rolle. Wesentlich für diese Gruppe ist der Widerstand gegen eine vollkommene Identifikation mit dem Beruf. Leben ist noch etwas anderes als Beruf. Weit liegt das puritanische Lebensideal hinter ihnen, die Rechtfertigung des Lebens allein durch den Beruf. Die Persönlichkeitsideale sind: an erster Stelle an Partnerschaft und Liebe interessiert (87 Prozent), zweitens sehen sie sich als Familienmenschen und erst an dritter Stelle als Berufsmensch.[179] Die Manager relativieren den Beruf durch Betonung einer größeren sozialen Komplexität in Partnerschaft und Familie. Mit ethischer Legitimation suchen sie der rein sektoriellen Existenz zu entkommen. Diese Strategie, in der ein neues Persönlichkeitsideal erkennbar ist, dient der Wiedergewinnung psychischer Sicherheit. Es ist als strebten die Menschen nach Persönlichkeitsstärke als Schutz gegen die Wechselfälle des Lebens, wenn andere Sicherheiten nicht gegeben werden können. In Zeiten der Unsicherheit zieht sich die Moral in die Zitadelle der Person zurück. Aber dies ist kein resignativer Vorgang. Die Äußerungen zeigen, dass zugleich Forderungen an die Institutionen gestellt werden. Der Drang nach neuer Autonomie wird eine Herausforderung für alle Institutionen bleiben.

In der sektoriell organisierten Gesellschaft wird die Einheit und Ganzheitlichkeit der Person zum Thema. Diese Einheit scheint zunächst naturgegeben, der Körper bewegt sich, wohin wir wollen. Das Ich repräsentiert die Intentionen und unseren Willen, ihnen zu folgen. Aber in den Sektoren, in denen wir leben, erfahren wir Mächte und deren Widerstände, mit denen wir uns auseinandersetzen müssen. Haben wir im Konfliktfall die Stärke zu sagen: da mache ich nicht mit? Alle Organisationen haben mit ihren Belohnungen und Sanktionen die Chance unser Ich zu schwächen, Ja zu sagen, wo wir widersprechen müssten. Unser Ich wird dann allmählich zum Exekutivorgan der Organisation und wir scheinen stark, nur weil wir deren Stärke übernehmen. So tragen viele erfolgreiche Manager statt eines lebendigen Ich

---

179 Gerhard Schmidtchen: Lebenssinn und Arbeitswelt, a.a.O. S. 31, 44, 107 u. 112

eine Ich-Prothese, die nichts anderes repräsentiert als ihre Firma, ein fremder Bestandteil in der Person, der mit den anderen Sektoren des Lebens nicht mehr in einer konsistenten Beziehung stehen wird.

Das Werden einer ganzheitlichen Existenz ist nur möglich, wenn die sektorverhaftete Existenz transzendiert werden kann. Der Weg würde zu einer geistig-moralischen Persönlichkeitsentwicklung führen, wenn es dafür institutionelle Verstärkung und kulturellen Rückhalt gäbe. Das Wesen der Person besteht – so Bernard Casper – darin, dass sie sich nicht vertreten lassen kann.[180] Sucht die Person ihre Stellvertreter, so gibt sie sich auf. Viele Menschen leben so und lassen sich von den Angeboten und Anforderungen in den einzelnen Lebenssektoren der Gesellschaft führen. Sie leben ganz angenehm so, und es kommt ihnen nicht in den Sinn, dass irgend etwas nicht stimmt. Das geht gut bis zu Konflikten und einem aufsteigenden Gefühl der Sinnlosigkeit.

Alle Organisationen folgen der Systemlogik, sich selbst zu bewahren, während die Personen ausgetauscht werden können. Die Organisationen nehmen nur einen Sektor der Personen in Anspruch, nur bestimmte spezifische Leistungen zählen, der ganze Mensch zählt im Grunde nicht, trotz manch anders lautender Lippenbekenntnisse. Das bedeutet, dass die gesellschaftlich-wirtschaftliche Organisation bei aller beeindruckender Wertschöpfung fortwährend auch Sinnzerstörungen auslöst. Es gehört zur Definition einer technischen Fortschrittsgesellschaft, dass sie altes Gerät und alte Orientierungen gegenstandslos macht. Zum Fortschritt gehört die Destruktion des alten, oder vornehmer, die Dekonstruktion. Für das Bewusstsein der Zeitgenossen bedeutet das Verlust von Orientierungsgewohnheiten, sektorielle Existenz und die Sehnsucht nach ganzheitlichen idyllischen Zuständen, wie sie vermeintlich in der Vergangenheit waren. Geschäfte mit der Nostalgie sind strukturgerechte Antworten auf die Verlorenheitsgefühle in einer radikal sich modernisierenden Gesellschaft.

Ein sozialer und geistiger Wandel, der so machtvoll alle Lebensbereiche durchdringt, belastet die Persönlichkeitssysteme. Nicht alle werden damit fertig, jedenfalls nicht mit den Mitteln und auf den Wegen der herrschenden Kultur. Einerseits ist Rückzug in Depressivität und Drogenkonsum ein Weg, um dem Druck auszuweichen, andererseits begeben sich Menschen auf die Suche nach personaler Sicherheit und Entwicklung in transrationale Subkulturen. Die rationale Gesellschaft erzeugt Lebensbedingungen, die zur Desorganisation der Persönlichkeit führen, aber sie bietet kei-

---

180 zur Debatte. Themen der Katholischen Akademie Bayern, Jan./Febr. 1995

ne Hilfen. Sie bietet nur Positionen gegen Bezahlung an. Mit persönlichen Problemen muss jeder selbst fertig werden. Dieser konsequente liberale Grundsatz öffnet den Markt für psychologische Beratung. Mit Hilfsangeboten zur überlegenen Persönlichkeitsentfaltung treten auch Sekten und esoterische Organisationen auf den Plan. Jetzt wird erkennbar, warum gerade in der rationalen Gesellschaft das Mystisch-obskure, das Okkulte, der Glaube an Fernheilung und Seelenwanderung so erstaunliche Chancen haben. Desorganisierte Persönlichkeiten suchen in der Gemeinschaft kultureller Alternativen jene Wahrheiten, von denen her sie sich zu rekonstruieren hoffen. Wir wissen, wie das in der Regel endet.

Die Zahl der Menschen, die sich auf kulturelle Irrwege begeben, ist ein direktes Maß für die psychische Zerstörungskraft einer rationalen und informationsreichen Wirtschaft und Gesellschaft. Groß ist die Zahl der Menschen, die unruhig sind, nicht zufrieden mit der Art, wie sie sich als Person in ihrer Umwelt erfahren. Noch in den Paradoxien der Selbstschädigung und des Ausstiegs aus der Kultur sind Ideale nach höherwertiger Existenz, nach besserer, nach stärkerer Person verborgen. Hoffnungsvoll stimmt die Beobachtung, dass junge Menschen nach Freiheit streben und Selbstbestimmung auch im Berufsalltag. Zumutungen von außen werden zurückgewiesen, wenn sie der neuen Selbstauffassung nicht genügen. Dieser Aufstand der Person, zuweilen kaum von Rebellion zu unterscheiden, zielt auf ein neues Verhältnis von Mensch und Institution. Ein neuer Diskurs ist notwendig über das Persönlichkeitsideal unserer Epoche, über eine Neufassung des Autonomiegedankens. Freilich müssten sich auch die Institutionen selbst ändern, um die selbstbewusste, autonome Beziehungen anstrebende Person willkommen zu heißen und nicht als eine mögliche Quelle der Störung des Betriebsfriedens zu betrachten. Wenn wir die Formulierung eines Persönlichkeitsideals den Sekten überlassen, esoterischen oder politischen, wenn wir teilnahmslos zuschauen, wie Menschen zu Situationspersonen verkommen, dann begehen wir Verrat an der Aufklärung.

Die Grundzüge eines Persönlichkeitsideals für das Informationszeitalter müssen nicht neu erfunden werden. Die christliche Überlieferung enthält wesentliche Momente eines rollen- und sektortranszendenten Persönlichkeitsideals, das eine aufgeklärte Existenz in der kommunikationsreichen Gesellschaft ermöglicht. Für die „religiös Unmusikalischen"[181]: Ein christlich fundiertes Persönlichkeitsideal wäre die Fortset-

---

181 Max Weber bezeichnete sich als religiös unmusikalisch.

zung der Aufklärung mit religiösen Mitteln. Nur so lässt sich rational über das Mysterium der Person reden. Eine reformatorische Unruhe ist in der Gesellschaft. Wer wird noch einmal 95 Thesen an die Portale der Institutionen schlagen?

# Literaturauswahl zum Thema „Informationsgesellschaft"

Deutscher Bundestag (Hrsg.): Bürger und Staat in der Informationsgesellschaft. Enquéte-Kommission „Zukunft der Medien in Wirtschaft und Gesellschaft – Deutschlands Weg in die Informationsgesellschaft. Bonn 1998.

Glotz; Peter: Von Analog nach Digital. Unsere Gesellschaft auf dem Weg zur digitalen Kultur. Huber. Frauenfeld, Stuttgart, Wien 2001.

Graf, Hans Georg (Hrsg.): ... und in Zukunft die Wissensgesellschaft? Der Umgang mit Wissen im Entscheidungsprozess. Verlag Rüegger, Chur/Zürich 2001.

Grob, Heinz Lothar; Bieletzke, Stefan: Aufbruch in die Informationsgesellschaft. Verlag Lit, Münster 1998.

Hauf, Oliver: Die Informationsgesellschaft. Anatomie einer Lebenslüge. Verlag Lang, Frankfurt am Main 1996.

Hensel, Matthias: Die Informationsgesellschaft. Neuere Ansätze zur Analyse eines Schlagwortes. Verlag R. Fischer, München 1990.

Kiefer, Heinz J.; von Lojewski, Günther (Hrsg.): Auf dem Weg zur Informationsgesellschaft. Essener Beiträge zur gesellschaftspolitischen Forschung und sozialen Kommunikation. Verlag Brockmeyer; Bochum 1982.

Kubicek, Herbert: Möglichkeiten und Gefahren der „Informationsgesellschaft". Tübinger Studientexte Informatik und Gesellschaft. Universität Tübingen 1999.

Lutz, Christian: Vom Industriezeitalter zur Informationsgesellschaft, eine Trendwende? Hochschule St. Gallen für Wirtschafts- und Sozialwissenschaften, St. Gallen 1984.

Mahle, Walter A. (Hrsg.): Orientierung in der Informationsgesellschaft. AKM-Studien, Band 43. UVK – Medien Verlagsgesellschaft, Konstanz 2000.

Meissner, Kurt: Die dritte Aufklärung. Wissenschaft und Erwachsenenbildung in einer Informationsgesellschaft. Verlag Westermann, Braunschweig 1969.

Rohe, Karl (Hrsg.): Politik und Demokratie in der Informationsgesellschaft. Nomos-Verlag, Baden-Baden 1997.

Schoeler, Andreas von; Denninger, Erhard; Herold, Horst; Simitis, Spiros (Hrsg.): Informationsgesellschaft oder Überwachungsstaat? Strategien zur Wahrung der Freiheitsrechte im Computerzeitalter. Westdeutscher Verlag, Opladen 1986.

Spinner, Helmut F.: Die Architektur der Informationsgesellschaft. Entwurf eines wissensorientierten Gesamtkonzepts. Verlag Philo, Bodenheim 1998.

Stoll, Clifford: LogOut. Warum Computer im Klassenzimmer nichts zu suchen haben. S. Fischer, Frankfurt/Main 2001.

Stockinger, Gottfried; Stifter, Martin: Wege in die Informationsgesellschaft. Eine soziologische Vision. Frankfurt/M., Berlin, Bern, Bruxelles, New York, Oxford, Wien,
1999.
Tietz, Bruno: Wege in die Informationsgesellschaft. Szenarien und Optionen für Wirtschaft und Gesellschaft. Ein Handbuch für Entscheidungsträger. Verlag Poller, Stuttgart 1987.
Wagner, Robert: Die Informationsgesellschaft. Chancen für eine neue Lebensqualität am
Beginn des dritten Jahrtausend. Verlag Waxmann. Münster, München 1996.
Zöller, Michael: Was heißt Informationsgesellschaft. Kommunikationstechnik und sozialer Wandel. Mitgliederversammlung Bayerische Chemieverbände. München 2000.

## Nachweise

Die folgenden Texte und Forschungsarbeiten von Gerhard Schmidtchen
dienten als Bausteine zum Buch. Sie sind als Anregungen präsent oder
als redigierte Auszüge.

## Bücher und Schriften

Was den Deutschen heilig ist. Religiöse und politische Strömungen in der Bundesrepu-
blik Deutschland. Kösel, München 1979.
Die Funktion der Massenmedien in unserer Gesellschaft. In: Sekretariat der Deutschen
Bischofskonferenz (Hrsg.): Kirchliche Medienarbeit. Arbeitshilfen Nr. 20. Bonn, 23.
Sept. 1980. Erschienen 1981.
Terroristische Karrieren. Soziologische Analyse anhand von Fahndungsunterlagen und
Prozeßakten. In: Jäger, Herbert; Schmidtchen, Gerhard; Süllwold, Lieselotte: Lebens-
laufanalysen. Westdeutscher Verlag, Opladen 1981 (Reihe Analysen zum Terrorismus
2).
Der Mensch – Die Orientierungswaise. Probleme individueller und kollektiver Verhal-
tenssteuerung aus sozialpsychologischer Sicht. In: Der Mensch als Orientierungswaise?
Karl Alber, Freiburg/München 1982.
Jugend und Staat. Übergänge von der Bürgeraktivität zur Illegalität. Eine empirische
Untersuchung zur Sozialpsychologie der Demokratie. In: Matz, Ulrich; Schmidtchen,
Gerhard: Gewalt und Legitimität. Westdeutscher Verlag, Opladen 1983 (Reihe Ana-
lysen zum Terrorismus 4/1).
Neue Technik – neue Arbeitsmoral. Eine sozialpsychologische Untersuchung über Moti-
vation in der Metallindustrie. Deutscher-Instituts-Verlag, Köln 1984.
Menschen im Wandel der Technik. Wie bewältigen die Mitarbeiter in der Metallindu-
strie die Veränderungen der Arbeitswelt? Deutscher Instituts-Verlag, Köln 1986.
Sekten und Psychokultur. Reichweite und Attraktivität von Jugendreligionen in der Bun-
desrepublik Deutschland. Herder, Freiburg 1987.
Ethik und Protest. Moralbilder und Wertkonflikte junger Menschen. Leske + Budrich,
Opladen 1992, 1993.
Dazu Ergänzungsband: Tabellen und Methoden. Opladen 1993
Lebenssinn und Arbeitswelt. Orientierung im Unternehmen. Verlag Bertelsmann Stif-
tung. Gütersloh 1996.

Wie weit ist der Weg nach Deutschland? Sozialpsychologie der Jugend in der postsoziali-stischen Welt. Leske + Budrich, Opladen 1997, zweite Auflage im selben Jahr.

Ist Glaube altmodisch? Zur Orientierungskrise der Informationsgesellschaft. Reihe „Kir-che und Gesellschaft" Nr. 276. Hrsg. Kath. Sozialwissenschaftliche Zentralstelle Mön-chengladbach 2001

## Aufsätze

Balance Theory of Object Relationships. Public Opinion Quarterly, Vol. XXXVIII, No. 3, Fall 1974, pp. 472-473

Ferner Rotaprintdruck: A Balance Theory of Object Relationships. Vortrag auf der WAPOR/AAPOR-Konferenz in Bolton Landing, Lake George/USA, Mai 1974.

Test of Ambivalence and Prediction of Political Behaviour. Vortrag auf der AAPOR/ WAPOR- Konferenz in Asheville, North Carolina/USA, Mai 1976.

Irrational durch Information. Paradoxe Folgen politischer Massenkommunikation. In: Reimann, Helga & Reimann, Horst (Hrsg.): Information. Das wissenschaftliche Ta-schenbuch, Abt. Soziologie (soziale Probleme 6). Wilhelm Goldmann, München 1977, S. 51-67.

Bewaffnete Heilslehren. Gesellschaftliche Organisation und die Entstehung destruktiver Verständigungsmuster. In: Geissler, Heiner (Hrsg.): Der Weg in die Gewalt. Günter Olzog, München 1978.

Interdependenz zwischen der theologischen und soziologischen Betrachtungsweise und ihre politischen Auswirkungen. In: Weber, Wilhelm (Hrsg.): Politische Denautierung von Theologie und Kult. Pattloch, Aschaffenburg 1979, S. 134-143.

Über die Erforschbarkeit religiöser Orientierungssysteme. Vorläufiger Plan für eine religi-onssoziologische Erhebung. In: Rendtorff, Trutz (Hrsg.): Religion als Problem der Aufklärung. Vandenhoeck & Ruprecht, Göttingen 1980, S. 246-257.

Angst und Hoffnung. Beobachtungen zur Sozialpsychologie der Krise. In: Lobkowicz, Nikolaus (Hrsg.): Irrwege der Angst, Chancen der Vernunft, Mut zur Offenen Gesell-schaft. Hanns Martin Schleyer-Stiftung, Band 10, 1983.

Moralische Erziehung und Kriminalität. In: Schäuble, Wolfgang (Hrsg.): Kriminalitäts-bekämpfung – Eine Herausforderung für Staat und Gesellschaft. Öffentliche Anhö-rung der CDU/CSU-Bundestagsfraktion am 15. Mai 1984 in Bonn. Bonn, Juli 1984.

Freiheit und Kontrolle. Tendenzen und Optionen des Wertewandels. In: Bundesverband der Deutschen Industrie e. V: BDI (Hrsg.): Perspektiven der industriellen Entwick-lung in der Bundesrepublik Deutschland. Dokumentation eines BDI-Workshops. In-dustrie-Förderung, Köln 1987, S. 105-122.

Die Kälte der rationalen Gesellschaft. Neue Zürcher Zeitung, Nr. 117, 21./22. Mai 1988.

Auch in: Fink, Ulf (Hrsg.): Der neue Generationenvertrag. Die Zukunft der sozialen Dienste (ungekürzte Fassung). Piper, München 1988, S. 23- 24.

Religiös-emotionale Bewegungen in der Informationsgesellschaft. Trends und Interpreta-tionen aus religionssoziologischer Sicht. In: Baadte, Günter & Rauscher, Anton (Hrsg.): Kirche heute 1. Glaube und Weltverantwortung. Styria, Graz 1988, S. 127-144.

Triumphe der Aufklärung und Katastrophen der Seele. In: Härle, Wilfried (Hrsg.): Kir-che und Gesellschaft. Analysen – Reflexionen – Perspektiven. Wissenschaftliche Ver-lagsgesellschaft mbH, Stuttgart 1989, S. 143-151.

Der tollpatschige Riese. Von guten Absichten und bösen Folgen in der Medienwelt. In: von Bredow, Wilfried (Hrsg.): Medien und Gesellschaft. Hirzel, Stuttgart 1990, S. 69-75.

Der Aufstand in Person. Orte der Gefühlskultur in einer rationalen Gesellschaft. In: F. Hilterhaus und M. Zöller (Hrsg.): Kirche als Heilsgemeinschaft – Staat als Rechtsgemeinschaft: Welche Bindungen akzeptiert das moderne Bewusstsein? Hanns Martin Schleyer-Stiftung. Bd. 38, Köln 1993, S. 21-33.

Auf der Suche nach Sinn und Selbst. Seelische Nöte in einer rationalen Gesellschaft. In: Carlhoff und Wittemann (Hrsg.): Neue Wege zum Glück? Psychokulte – Neue Heilslehren – Jugendsekten. Aktion Jugendschutz. Stuttgart 1994, S. 15-31.

Ethik, Protest und Gewalt. Modernisierung und Normative Revolte. In: Ansgar Klein (Hrsg.): Grundwerte in der Demokratie. Bundeszentrale für politische Bildung, Bonn 1995.

Weiterer Abdruck in Ansgar Klein (Hrsg.): Wertediskussion im vereinten Deutschland. Bund Verlag, Köln 1995.

Der Staat als Exorzist? Sechs Thesen über Kirche und Staat als Vermittler von Lebenssinn und geistiger Orientierung. In: Die öffentliche Dimension der Religion. Ettersburger Gespräche. Herausgegeben vom Thüringer Ministerium für Bundesangelegenheiten. Erfurt 1997.

Die Moral der Lebenspläne – Orientierungsschwäche der Gesellschaft und Persönlichkeitsstärke der Jugend. In: Alberto Godenzi (Hrsg.): Abenteuer Forschung. Universitätsverlag Freiburg Schweiz, 1998.

Weitere Adrucke in: Die politische Meinung. 334. 1997. Andreas Schröer (Hrsg.): Die Zukunft der Bildung in der Zivilgesellschaft. Evangelische Akademie Bad Boll, Protokolldienst 7/1998.

# Sachregister

# Personenregister